# Der sachliche und persönliche Anwendungsbereich des deutschen Verbraucherkreditrechts und des britischen Consumer Credit Act 1974

Saarbrücker Studien
zum Privat- und Wirtschaftsrecht

Herausgegeben von Johann Paul Bauer,
Michael Martinek (geschäftsführender Herausgeber)
und Helmut Rüßmann

Band 32

PETER LANG
Frankfurt am Main · Berlin · Bern · Bruxelles · New York · Oxford · Wien

Anne Christine Janert

# Der sachliche und persönliche Anwendungsbereich des deutschen Verbraucherkreditrechts und des britischen Consumer Credit Act 1974

## Ein Beitrag zu den Möglichkeiten und Grenzen verbraucherrechtlicher Harmonisierung in Europa

PETER LANG
Europäischer Verlag der Wissenschaften

Die Deutsche Bibliothek - CIP-Einheitsaufnahme

Janert, Anne Christine:

Der sachliche und persönliche Anwendungsbereich des deutschen Verbraucherkreditrechts und des britischen Consumer Credit Act 1974 : ein Beitrag zu den Möglichkeiten und Grenzen verbraucherrechtlicher Harmonisierung in Europa / Anne Christine Janert. - Frankfurt am Main ; Berlin ; Bern ; Bruxelles ; New York ; Oxford ; Wien : Lang, 2002
(Saarbrücker Studien zum Privat- und Wirtschaftsrecht ; Bd. 32)
Zugl.: Saarbrücken, Univ., Diss., 2002
ISBN 3-631-39899-9

D 291
ISSN 1433-8866
ISBN 3-631-39899-9



www.peterlang.de

*Meinem Vater*

## Vorwort

Die vorliegende Arbeit wurde im August 2001 abgeschlossen und von der Rechts- und Wirtschaftswissenschaftlichen Fakultät der Universität des Saarlandes am 26. November 2001 als Dissertation angenommen.

Mein herzlicher Dank gilt meinem Doktorvater, Herrn Prof. Dr. Dr. Michael Martinek, M.C.J., der das Zustandekommen dieser Arbeit ermöglicht und durch manche Diskussion zur kritischen Würdigung des gesamten Umfeldes ihr Gelingen entscheidend gefördert hat.

Für die rasche Zweitkorrektur habe ich Prof. Dr. Johann Paul Bauer zu danken.

Besonderer Dank gebührt meiner Familie und dabei besonders meinem Vater für die Unterstützung während der Erstellung dieser Arbeit.

Schließlich möchte ich den Herausgebern, den Herren Professoren Dr. Dr. Michael Martinek, M.C.J., Dr. Johann Paul Bauer und Dr. Helmut Rüßmann, für die Aufnahme der Arbeit in die Schriftenreihe danken.

Köln, im August 2002

*Anne Junert*

**Inhaltsverzeichnis**


ABKÜRZUNGSVERZEICHNIS ..... 15

EINLEITUNG ..... 21

1. KAPITEL

EUROPÄISCHER VERBRAUCHERSCHUTZ ..... 23

A. RICHTLINIEN IN DER EUROPÄISCHEN GEMEINSCHAFT ..... 23
I. Bedeutung der Richtlinie als Instrument der Europäischen Gemeinschaft ..... 23
II. Richtlinien und nationales Recht ..... 24
B. VERBRAUCHERSCHUTZ UND DIE VERBRAUCHERKREDITRICHTLINIE ..... 25
I. Verbraucherschutz in der Europäischen Gemeinschaft ..... 25
II. Verbraucherschutz im Finanzdienstleistungsbereich ..... 28
1. Begründung einer Verbraucherkreditrichtlinie ..... 33
2. Zielsetzung der Verbraucherkreditrichtlinie ..... 33
3. Umsetzung der Verbraucherkreditrichtlinie in den Mitgliedstaaten ..... 34
4. Einfluß des nationalen Rechts auf die Verbraucherkreditrichtlinie ..... 35
III. Das Verbraucherbild in der Europäischen Gemeinschaft ..... 36

2. KAPITEL

UMSETZUNG DER VERBRAUCHERKREDITRICHTLINIE IN DEUTSCHLAND UND GROßBRITANNIEN ..... 39

A. DEUTSCHLAND ..... 39
I. Entstehung der Verbraucherkreditgesetzgebung ..... 39
II. Das Verbraucherkreditgesetz ..... 41
III. Weiterentwicklungen ..... 42
IV. Anwendungsbereich ..... 44
B. GROßBRITANNIEN ..... 45
I. Geschichte der Verbraucherkreditgesetzgebung ..... 45
1. Entwicklung bis 1968 ..... 45
2. Der Crowther Report ..... 47
II. Der Consumer Credit Act 1974 ..... 49
1. Aufbau des Consumer Credit Act 1974 ..... 49
2. Wichtige Kategorien und Definitionen ..... 49
a) „Running-account“ und „fixed-sum credit“ ..... 50
b) „Restricted-use“ und „unrestricted-use credit“ ..... 50
c) „Debtor-creditor-supplier“ und „debtor-creditor agreements“ ..... 51

3. Anwendungsbereich ... 51
C. ZUSAMMENFASSUNG ... 52

3. KAPITEL

SACHLICHE ANWENDUNGSBEREICH ... 55
A. ÜBERBLICK ÜBER DEN SACHLICHEN ANWENDUNGSBEREICH DES DEUTSCHEN VERBRAUCHERKREDITRECHTS UND DES CONSUMER CREDIT ACT 1974 ... 55
I. Sachliche Anwendungsbereich des Verbraucherkreditrechts ... 55
1. Entstehung ... 55
2. Umsetzung ... 61
II. Sachliche Anwendungsbereich des Consumer Credit Act 1974 ... 62
1. Entstehung ... 62
2. Umsetzung ... 63
III. Zusammenfassung ... 64
B. KREDITVERTRAG ... 65
I. Kreditvertrag im deutschen Verbraucherkreditrecht ... 66
1. Entstehung ... 66
2. Umsetzung ... 67
a) Darlehen ... 68
b) Zahlungsaufschub und Finanzierungshilfen ... 70
II. Kreditvertrag im Consumer Credit Act 1974 ... 74
1. Entstehung ... 74
2. Umsetzung ... 76
a) Kreditbegriff ... 76
b) Kreditmerkmale ... 77
III. Zusammenfassung ... 81
C. VERBUNDENE GESCHÄFTE ... 83
I. Verbundene Geschäfte im deutschen Verbraucherkreditrecht ... 84
1. Entstehung ... 84
2. Umsetzung ... 85
II. Verbundene Geschäfte im Consumer Credit Act 1974 ... 87
1. Entstehung ... 87
2. Umsetzung ... 89
III. Zusammenfassung ... 91
D. KREDITVERMITTLUNGSVERTRAG ... 93
I. Darlehensvermittlungsvertrag im BGB ... 94
1. Entstehung ... 94
2. Umsetzung ... 95
II. Kreditvermittlungsvertrag im Consumer Credit Act 1974 ... 95
1. Entstehung ... 95
2. Umsetzung ... 96
III. Zusammenfassung ... 96

E. MIETVERTRAG ..... 97
I. Mietvertrag im Verbraucherkreditrecht ..... 98
1. Entstehung ..... 98
2. Umsetzung ..... 100
II. Mietvertrag im Consumer Credit Act ..... 103
1. Consumer Hire Agreement ..... 104
a) Entstehung ..... 104
b) Umsetzung ..... 105
2. Hire Purchase und Conditional Sale ..... 106
III. Zusammenfassung ..... 107
F. LANGFRISTIGER LIEFERVERTRAG ..... 107
I. Langfristiger Liefervertrag im deutschen Verbraucherkreditrecht ..... 108
1. Entstehung ..... 108
2. Umsetzung ..... 109
II. Langfristiger Liefervertrag im englischen Recht ..... 110
III. Zusammenfassung ..... 110
G. VORGESEHENE AUSNAHMEN ..... 110
I. Vorgesehene Ausnahmen im Verbraucherkreditrecht ..... 111
II. Vorgesehene Ausnahmen im Consumer Credit Act 1974 ..... 111
III. Immobiliarkredite ..... 112
1. Immobiliarkredite im Verbraucherkreditrecht ..... 112
a) Entstehung ..... 113
b) Umsetzung ..... 114
2. Immobiliarkredite im Consumer Credit Act 1974 ..... 116
a) Entstehung ..... 116
b) Umsetzung ..... 117
3. Zusammenfassung ..... 119
IV. Krediteröffnungsverträge in Form von Überziehungskrediten und Kreditkartengeschäften ..... 121
1. Überziehungskredite ..... 122
a) Überziehungskredite und das Verbraucherkreditrecht ..... 122
b) Überziehungskredite und der Consumer Credit Act 1974 ..... 123
2. Kreditkartengeschäfte ..... 125
a) Kreditkartengeschäfte und das Verbraucherkreditrecht ..... 125
b) Kreditkartengeschäfte und der Consumer Credit Act 1974 ..... 126
3. Zusammenfassung ..... 127
V. Aufgrund des Vertragswertes ausgeschlossene Kreditverträge ..... 128
1. Verbraucherkreditrecht ..... 129
a) Entstehung ..... 129
b) Umsetzung ..... 130
2. Consumer Credit Act 1974 ..... 131
a) Entstehung ..... 132
b) Umsetzung ..... 133
3. Zusammenfassung ..... 137

VI. Aufgrund ihrer Laufzeit ausgeschlossene Kreditverträge ..... 138
1. Verbraucherkreditrecht ..... 138
2. Consumer Credit Act 1974 ..... 140
3. Zusammenfassung ..... 142
VII. Aufgrund ihrer Vorzugszinsen und geringen Kosten ausgeschlossene Kreditverträge ..... 142
1. Verbraucherkreditrecht ..... 143
a) Entstehung ..... 143
b) Umsetzung ..... 144
2. Consumer Credit Act 1974 ..... 148
a) Entstehung ..... 148
b) Umsetzung ..... 149
3. Zusammenfassung ..... 150
VIII. Aufgrund ihrer Beurkundung teilweise ausgeschlossene Kreditverträge ..... 151
1. Verbraucherkreditrecht ..... 151
2. Englisches Recht ..... 153
3. Zusammenfassung ..... 154

4. KAPITEL

PERSÖNLICHER ANWENDUNGSBEREICH ..... 155
A. KREDITNEHMER ..... 155
I. Natürliche Person (statusbezogene Definition: „status of the borrower") ..... 156
1. Natürliche Person im deutschen Verbraucherkreditrecht ..... 156
a) Entstehung ..... 157
b) Umsetzung ..... 157
c) Ausnahmen ..... 160
2. Natürliche Person im Consumer Credit Act 1974 ..... 160
a) Umsetzung ..... 161
b) Diskussion über Trennlinie zwischen juristischen und natürlichen Personen ..... 162
c) Ausnahmen ..... 164
II. Funktionsbezogene Definition: „purpose of the loan test" ..... 165
1. Verbraucherkreditrecht ..... 165
a) Entstehung ..... 166
b) Umsetzung ..... 167
c) Existenzgründer ..... 170
(1) Entstehung ..... 171
(2) Umsetzung ..... 173
(3) Abgrenzung ..... 173
2. Consumer Credit Act 1974 ..... 176
a) Entstehung und Umsetzung ..... 176
b) Existenzgründer ..... 178

c) Mieter ... 180
III. Zusammenfassung ... 180
B. KREDITGEBER UND KREDITVERMITTLER ... 182
I. Kreditgeber ... 182
1. Kreditgeber im Sinne des Verbraucherkreditrechts ... 182
a) Entstehung ... 183
b) Umsetzung ... 183
(1) Person ... 183
(2) gewerbliche oder berufliche Tätigkeit ... 184
(3) Öffentliche Hand ... 186
2. Kreditgeber im Sinne des Consumer Credit Act 1974 ... 186
a) Entstehung ... 186
b) Umsetzung ... 187
(1) Person ... 187
(2) gewerbliche oder berufliche Tätigkeit ... 187
(3) Öffentliche Hand ... 189
II. Kreditvermittler ... 189
1. Kreditvermittler im Sinne des deutschen Verbraucherkreditrechts ... 190
a) Entstehung ... 190
b) Umsetzung ... 190
2. Kreditvermittler im Sinne des Consumer Credit Act 1974 ... 191
a) Entstehung ... 192
b) Umsetzung ... 192
III. Lizenzpflicht ... 192
1. Lizenzpflicht der Kreditvermittler in Deutschland ... 193
2. Lizenzpflicht der Kreditgeber und Kreditvermittler in Großbritannien ... 194
a) Entstehung ... 194
b) Umsetzung ... 196
IV. Zusammenfassung ... 196
C. VERPFLICHTUNG DRITTER ... 198
I. Mitverpflichtung Dritter ... 199
1. Bürgschaft ... 199
a) Bürgschaft und das deutsche Verbraucherkreditrecht ... 199
b) Bürgschaft im Consumer Credit Act 1974 ... 203
(1) Entstehung ... 204
(2) Umsetzung ... 206
(3) Guarantee und indemnity ... 211
2. Schuldbeitritt ... 213
a) Schuldbeitritt und das deutsche Verbraucherkreditrecht ... 213
(1) Entstehung ... 213
(2) Umsetzung ... 214
b) Schuldbeitritt im englischen Recht ... 217
II. Sukzession: privative Schuldübernahme und Vertragsübernahme ... 220
1. Sukzession und das deutsche Verbraucherkreditrecht ... 221

a) Schuldübernahme ........ 221
b) Vertragsübernahme ........ 223
2. Sukzession im englischen Recht ........ 224
III. Erbfolge ........ 227
1. Erbfolge im deutschen Recht ........ 227
2. Erbfolge im Consumer Credit Act 1974 ........ 227
IV. Zusammenfassung ........ 228

SCHLUSSBETRACHTUNG ........ 233
A. ZUSAMMENFASSENDE WÜRDIGUNG DER WICHTIGSTEN ERGEBNISSE ........ 233
I. Zusammenfassung der wichtigsten Ergebnisse ........ 233
II. Würdigung der Ergebnisse ........ 234
1. Entwicklung ........ 235
2. Ziele ........ 236
3. Rechtstradition ........ 240
4. Rechtsverständnis ........ 242
5. Europarechtliche Probleme ........ 243
B. AUSBLICK ........ 245

LITERATURVERZEICHNIS ........ 249

REGISTER DER ZITIERTEN ENGLISCHEN UND AMERIKANISCHEN ENTSCHEIDUNGEN-TABLE OF CASES- ........ 261

## Abkürzungsverzeichnis

| | |
|---|---|
| a.A. | andere Ansicht |
| a.a.O. | am angeführten Ort |
| ABl. | Amtsblatt der Europäischen Gemeinschaft |
| Abs. | Absatz |
| AbzG | Abzahlungsgesetz |
| AC | Law Reports (Urteilssammlung, Court of Appeal Entscheidungen) |
| AcP | Archiv für die civilistische Praxis |
| AGBG | Gesetz zur Regelung des Rechts der Allgemeinen Geschäftsbedingungen |
| a.F. | alte Fassung |
| AktG | Aktiengesetz |
| All ER | All England Law Reports (Urteilssammlung) |
| AO | Abgabenordnung (1977) vom 16.3.1976, BGBl. I 1976, 613 |
| App. Cas. | Appeal Cases (Urteilssammlung, House of Lords Entscheidung 1876 bis 1890) |
| Art. | Artikel |
| Aufl. | Auflage |
| | |
| BAG | Bundesarbeitsgericht |
| BB | Betriebs-Berater |
| B & C | Barnewall & Cresswell Reports (Urteilssammlung von 1822 bis 1830, King's Bench Division Entscheidungen) |
| Bd. | Band/Bände |
| BErzGG | Gesetz zur Erziehungsgeld und zur Elternzeit (Bundeserziehungsgeldgesetz) |
| Beschl. | Beschluß |
| BeurkG | Beurkundungsgesetz |
| BGBl. | Bundesgesetzblatt |
| BGB RE | Regierungsentwurf zur Schuldrechtsmodernisierung v. 9.5.2001 |
| BGB | Bürgerliche Gesetzbuch, BGBl. 2001 I, S. 3138 v. 29.11.2001 |
| BGH | Bundesgerichtshof |
| BGHZ | Entscheidungen des Bundesgerichtshof in Zivilsachen |
| BT.-Drucks. | Drucksache des deutschen Bundestages |
| BR.-Drucks. | Drucksache des deutschen Bundesrates |
| BullEG | Bulletin der Europäischen Union |

| | |
|---|---|
| Bulst. | Bulstrode (Urteilssammlung von 1610 bis 1625) |
| BVerfG | Bundesverfassungsgericht |
| BVerfGE | Entscheidungen des Bundesverfassungsgerichtes |
| | |
| CA | Companies Act |
| Camp. | Campbell (Urteilssammlung von 1807 bis 1816) |
| CCA | Consumer Credit Act 1974 |
| CC (EA) Ord | Consumer Credit (Exempt Agreements) Order |
| CC (EA) (A) Ord | Consumer Credit (Exempt Agreements) (Amendments) Order |
| Ch.D. | Chancery Division (Urteilssammlung) |
| Cl. & Fin. | Clark and Finelly (Urteilssammlung, House of Lords Entscheidungen von 1831 bis 1846) |
| cm | Column |
| Ct. | Court |
| | |
| DB | Der Betrieb |
| Dis. | Dissertation |
| DTI | Department of Trade and Industry |
| | |
| ed. | Edition |
| EEA | Einheitliche Europäische Akte |
| EG | Europäische Gemeinschaft |
| EGBGB | Einführungsgesetz zum Bürgerlichen Gesetzbuch |
| EGV | Vertrag zur Gründung der Europäische Gemeinschaft |
| endg. | endgültig |
| EU | Europäische Union |
| EuGH | Gerichtshof der Europäischen Gemeinschaft |
| EUV | Vertrag über die Europäische Union |
| EuZW | Europäische Zeitschrift für Wirtschaft |
| e.V. | eingetragener Verein |
| EWG | Europäische Wirtschaftsgemeinschaft |
| EWGV | Vertrag über die Europäische Wirtschaftsgemeinschaft |
| EWiR | Entscheidungen zum Wirtschaftsrecht: Kurzkommentare |
| EWiV | Europäische wirtschaftliche Interessenvereinigung |
| ex p | ex parte: ohne Anhörung des Gegners |
| | |
| f., ff. | folgende |

| | |
|---|---|
| FernAbsG | Fernabsatzgesetz |
| FernAbsRL | Fernabsatzrichtlinie |
| FLF | Finanzierung Leasing Factoring |
| F Supp | Federal Supplement (US amerikanische Fallrechtssammlung der erstinstanzlichen Bundesgerichte) |
| gem. | gemäß |
| GenG | Gesetz die Genossenschaften betreffend |
| GewArch | Zeitschrift für Verwaltungs- und Gewerberecht |
| GewO | Gewerbeordnung |
| GCCR | Goode Consumer Credit Reports (Urteilssammlung) |
| GmbH | Gesellschaft mit beschränkter Haftung |
| GmbHG | Gesetz die Gesellschaften mit beschränkter Haftung betreffend |
| HausTWG | Gesetz über den Widerruf von Haustürgeschäften und ähnlichen Geschäften |
| HGB | Handelsgesetzbuch |
| HPA | Hire-Purchase Act |
| hrsg. | herausgegeben |
| i.V.m. | in Verbindung mit |
| i.d.R. | in der Regel |
| JuS | Juristische Schulung |
| KG | Kammergericht |
| KWG | Gesetz über das Kreditwesen |
| LAG | Landesarbeitsgericht |
| LG | Landgericht |
| lit. | litera |
| LJCh | Law Journal Reports, Chancery (Urteilssammlung von 1831 bis 1946) |
| LJQB | Law Journal Reports, Queen's Bench (Urteilssammlung von 1831 bis 1946) |
| Lloyd's Rep. | Lloyd's List Law Reports (Urteilssammlung) |
| LP (MP) A | Law of Property (Miscellaneous Provisions) Act |

| | |
|---|---|
| L.R.C.P. | Common Pleas Cases (Urteilssammlung von 1865 bis 1875) |
| LR Ir | Law Reports, Ireland (Urteilssammlung von 1878 bis 1893) |
| LS Gaz | Law Society Gazette |
| L.T.Rep. | The Law Times Reports (Urteilssammlung) |
| MaBV | Makler- und Bauträgerverordnung |
| Man. & G. | Manning & Granger (Urteilssammlung von 1840 bis 1844) |
| Mass App Ct | Massachusetts Appeal Court Report (US amerikanische Fallrechtssammlung) |
| MDR | Monatsschrift des deutschen Rechts |
| MLR | Modern Law Review |
| M & W | Meeson & Welsby (Urteilssammlung von 1837 bis 1847) |
| NE end | Regionalfallrechtssammlung North Eastern, 2. Serie |
| NJW | Neue Juristische Wochenschrift |
| NJW-RR | NJW-Rechtsprechungs-Report |
| NLJ | New Law Journal |
| Nr | Nummer |
| OFT | Office of Fair Trading |
| OLG | Oberlandesgericht |
| Ord | Order |
| para. | Paragraph |
| Prot. | Protokoll |
| QB | Queen's Bench Division Law Reports (Urteilssammlung) |
| R | Reg. (the Queen) oder Rex. (the King) |
| Rdnr. | Randnummer |
| reg | Regulation |
| RG | Reichsgericht |
| RGBl. | Reichsgesetzblatt |
| RGZ | Entscheidungen des Reichsgerichts in Zivilsachen |
| RPI | Retail Price Index |
| RSC | Rules of the Supreme Court |
| Russ. | Russell (Urteilssammlung von 1823 bis 1829) |

| | |
|---|---|
| S. | Section/Seite/Satz |
| Salk | Salked (Urteilssammlung von 1689 bis 1712) |
| S.C. | Court of Session Cases, Scotland (Urteilssammlung) |
| Sch. | Schedule |
| Slg. | Sammlung der Entscheidungen des Gerichtshofs |
| SD Fla | (Southern District) höchstrichterliche Fallrechtssammlung des Gerichtsbezirk des erstinstanzlichen Bundesgerichts Floridas |
| SS. | Sections |
| StGB | Strafgesetzbuch |
| Swan | Swantson Reports (Urteilssammlung) |
| | |
| T.R. | Taxation Reports (Urteilssammlung) |
| TzWrG | Gesetz über die Veräußerung von Teilzeitnutzungsrechten an Wohngebäuden |
| | |
| u.a. | unter anderem |
| Urt. v. | Urteil vom |
| UGW | Gesetz gegen den unlauteren Wettbewerb |
| | |
| v. | versus (against) |
| VAG | Versicherungsaufsichtsgesetz |
| VAT | value added tax |
| VerbrKrG | Verbraucherkreditgesetz |
| VerbrKrRL | Verbraucherkreditrichtlinie |
| vgl. | vergleiche |
| Vorlagebeschl. | Vorlagebeschluß |
| VuR | Verbraucher und Recht (Zeitschrift) |
| VVG | Versicherungsvertragsgesetz |
| VwVfG | Verwaltungsverfahrensgesetz |
| | |
| WLR | Weekly Law Reports (Urteilssammlung) |
| WM | Wertpapier-Mitteilungen |
| | |
| z.B. | zum Beispiel |
| ZGR | Zeitschrift für Unternehmens- und Gesellschaftsrecht |
| ZHR | Zeitschrift für das gesamte Handelsrecht und Wirtschaftsrecht |
| Ziff. | Ziffer |

| | |
|---|---|
| ZIP | Zeitschrift für Wirtschaftsrecht und Insolvenzpraxis |
| zit. | zitiert |
| ZPO | Zivilprozeßordnung |
| ZVglRWiss | Zeitschrift für vergleichende Rechtswissenschaft |

## Einleitung

2,8 Millionen deutsche Privathaushalte sind laut der „Arbeitsgemeinschaft Schuldnerberatung" zur Zeit überschuldet. Dies bedeute, daß sechs Millionen Menschen in Deutschland unmittelbar betroffen seien. Deutschland sei damit in Europa nach Großbritannien das Land mit der zweithöchsten Rate überschuldeter Privatpersonen. Hauptsächlich betroffen seien „kinderreiche Familien, Langzeitarbeitslose und selbständige Existenzgründer wie Gewerbetreibende"[1]. Angesichts dieser Zahlen erscheint eine Ursachenforschung dringend notwendig. Diese wurde aber in Deutschland nicht jetzt erst begonnen, sondern bereits vor über einhundert Jahren. Ins Blickfeld geriet dabei neben dem Abzahlungskauf auch der Verbraucherkredit. Der Verbraucherkredit fand aber nicht nur in Deutschland, sondern auch in anderen Staaten der Europäischen Gemeinschaft eine gesetzliche Regelung, die dem Kreditnehmer verschiedene Rechte garantieren sollte. Die Rechte des Kreditnehmers schrieb schließlich auf europäischer Ebene die Verbraucherkreditrichtlinie[2] fest. Diese Verbraucherkreditrichtlinie sollte durch eine Rechtsvereinheitlichung der Materie Wettbewerbsverzerrungen beseitigen und den Verbraucher in der Gemeinschaft effektiv schützen.

Als Mittel zur Rechtsvereinheitlichung wurde eine Richtlinie gewählt. Richtlinien geben lediglich das Ziel vor, Wahl und Form der Mittel bleiben den Mitgliedsstaaten überlassen[3]. Zu überprüfen ist, inwieweit sich Mittel und Form in den einzelnen Mitgliedsstaaten unterscheiden und ob dies die Zielerreichung beeinträchtigt. Dabei ist irrelevant, ob ein Land seine nationale Gesetzgebung ergänzen mußte oder die Vorgaben direkt durch bereits bestehende Gesetzgebung erfüllte.

Ziel der Richtlinie war die Rechtsvereinheitlichung. Zu untersuchen ist also, ob es zu dieser angestrebten Rechtsvereinheitlichung gekommen ist. Dies wird im Folgenden am Beispiel der Umsetzung des Anwendungsbereichs in Deutschland und Großbritannien untersucht. Wenn es nicht zu einer Rechtsvereinheitlichung gekommen ist, dann bleibt zu klären, warum dies nicht geschehen ist.

Bereits nach einer oberflächlichen Betrachtung der beiden nationalen Bestimmungen, die im Zusammenhang mit der Verbraucherkreditrichtlinie stehen, ergeben sich große Unterschiede. Es handelt sich beim Verbraucherkreditgesetz und den daraus

---

[1] Die Welt, 12.6.2001, S. 40.

[2] *Rat der Europäischen Gemeinschaft,* Richtlinie (1987/102/EWG) v. 22.12.1986 zur Angleichung der Rechts- und Verwaltungsvorschriften der Mitgliedstaaten über den Verbraucherkredit, ABl. L 42 v. 12.2.1987, S.48 (zit. VerbrKrRL).

[3] Art. 249 EGV.

hervorgegangenen Bestimmungen im BGB[4] und dem Consumer Credit Act 1974[5] um mehr als nur bloße Umsetzungen der Richtlinie. Sowohl die Bestimmungen des BGB als auch der Consumer Credit Act 1974 gehen in ihrem Schutz weit über die Anforderungen der Richtlinie hinaus. Dies wird ihnen durch die in der Richtlinie befindlichen Minimalklausel ermöglicht. Bei näherer Betrachtung wird deutlich, daß es sich um völlig unterschiedliche Bestimmungen handelt.

Eine vollständige Beurteilung beider Gesetze muß Licht auf die Hintergründe der Unterschiede werfen. Um diese Unterschiede bewerten zu können, bietet sich eine Untersuchung der Entstehungsgeschichte der jeweiligen Bestimmungen und ihres Anwendungsbereichs an. So können das Umfeld ihrer Entstehung und die Ziele der Gesetzgeber beleuchtet werden.

Diskussionswürdig, aber nicht Thema dieser Arbeit, ist der Verbraucherschutzgehalt der Richtlinie und seiner nationalen Umsetzungen. So stellte sich die Frage, ob es sich bei der Schutzregelung um übertriebenen Verbraucherschutz handelt, der auf eine Modeerscheinung[6] ohne praktische Notwendigkeit zurückzuführen sei, dem Bild des eigenständig handelnden Bürgers widerspreche[7] und zu Preissteigerungen und einem opportunistischen Verhalten der Käufer führe[8].

---

[4] Ursprünglich fanden sich die Regelungen zum Verbraucherkredit im Verbraucherkreditgesetz, BGBl. 1990 I, S. 2840 v. 17.12.1990. Der Schuldrechtsmodernisierungsentwurf der Bundesregierung (*Bundesministerium der Justiz*, Regierungsentwurf Schuldrechtsmodernisierung v. 9.5.2001 (auch BT.-Drucks. 14/6040 v. 14.5.2001) (zit. Regierungsentwurf Schuldrechtsmodernisierung)) schlug die Eingliederung des Verbraucherkreditgesetzes in das BGB vor. Am 1.1.2002 trat die Schuldrechtsmodernisierung in Kraft (BGBl. 2001 I, S. 3138 v. 29.11.2001). Die neue Regelung ist auf Verträge, die nach dem 31.12.2001 geschlossen werden, und auf bestehende Dauerschuldvehältnisse nach einer einjährigen Anpassungsfrist anwendbar, Art. 229, § 5 S. 2 EGBG.

[5] Cm 39.

[6] *Heidrich*, Verbraucherschutz in der Kredtiwirtschaft, S. 25; *Lieb*, Grundlagen einer Schuldrechtsreform, AcP 183 (1983) S. 327, 360.

[7] *Lieb*, Grundlagen einer Schuldrechtsreform, AcP 183 (1983) S. 327, 361, 364.

[8] *Schäfer*, Grenzen des Verbraucherschutzes, in: *Grundmann*, S. 563 f.

## *1. Kapitel*
## Europäischer Verbraucherschutz

### A. Richtlinien in der Europäischen Gemeinschaft

Diese Arbeit beschäftigt sich mit dem Anwendungsbereich der nationalen Umsetzungen der Verbraucherkreditrichtlinie in Deutschland und Großbritannien. Bei der Bewertung einer Richtlinie ist es sinnvoll auch, die europarechtlichen Hintergründe von Richtlinien mit einzubeziehen.

Richtlinien sind ein häufig genutztes Mittel im europäischem Verbraucherschutz. Eine Richtlinie ist ein generell abstrakter Rechtssetzungsakt. In ihr wird das zu erreichende Ziel festgesetzt. Den Mitgliedsstaaten wird hingegen die Wahl der Form und Mittel zur Erreichung dieses Zieles belassen[9]. Die Mitgliedsstaaten müssen aber ihre Pflichten aus den Richtlinien genau einhalten[10].

#### *I. Bedeutung der Richtlinie als Instrument der Europäischen Gemeinschaft*

Die Richtlinie ist ein wichtiges Instrument der Rechtsentwicklung in der Europäischen Gemeinschaft[11]. Sie ist neben der Verordnung gem. Art. 249 EGV das Instrument der Harmonisierung und der verbindlichen Rechtssetzung. Im Anhang zum Maastrichter Vertrag wird die Kommission verpflichtet, im Zweifel der Richtlinie den Vorrang zu geben.

Die Ermächtigungsgrundlage für den Erlaß von Richtlinien sind oft Art. 94 oder 95 EGV. Rechtsgrundlage ist dann die Schaffung von Rechts- und Verwaltungsvorschriften für die Entstehung und das Funktionieren des Gemeinsamen Marktes. Richtlinien sind somit vor allem für die Rechtsvereinheitlichung und für die europäischen Integration maßgeblich[12]. Sie sind das wichtigste gesetzgebende Instrument zur Schaffung des Gemeinsamen Marktes und zur Förderung von Verbraucherschutzprogrammen[13].

Grundsätzlich ist neben der Frage einer ordnungsgemäßen und vollständigen Umsetzung gerade die in der Natur der Richtlinie selbst verankerte Zweistufigkeit problematisch. Die Richtlinie selbst bestimmt ein Ziel, zu dessen Erreichung sie die Mitgliedstaaten verpflichtet. Die Mitgliedstaaten müssen dieses Ziel durch die Gestaltung ihrer Rechtsordnung erreichen. Die Gestaltungsfreiheit räumt den Mitgliedstaaten in der Regel einen gewissen Spielraum ein. Daraus ergibt sich, daß Mitgliedstaaten

---

[9] Art. 249 EGV.

[10] EuGH Urt. v. 15.6.1995, C-220/94, Kommission/Luxemburg, Slg. 1995 I, S. 1589.

[11] Zwischen 1962 und 1991 wurden 750 Richtlinien erlassen.

[12] *Schmidt*, Gesellschaftsrecht, S. 1.

Maßnahmen im Rahmen ihrer Rechtsordnung treffen, die die rechtliche und tatsächliche Wirksamkeit einer Richtlinie entsprechend ihrer Zielsetzung gewährleisten. Durch eine Richtlinie wird „nicht formell identisches, sondern nur materiell gleichwertiges Recht“ geschaffen[14]. Sie lassen der nationalen Gesetzgebung bewußt Spielräume, die aber von der Judikative zunehmend eingeschränkt worden sind[15]. Diese Spielräume führen zu unterschiedlichen Umsetzungen, welche das eigentliche Ziel, wenn es um die Rechtsvereinheitlichung geht, behindern können.

*II. Richtlinien und nationales Recht*

Wie bereits erwähnt, haben die Mitgliedstaaten nach Art. 249 EGV die freie Wahl von Form und Mittel, wenn sie eine europäische Richtlinie umsetzen. Die Ziele einer Richtlinie sind dagegen für sie verbindlich. Es besteht also eine Durchführungspflicht. Diese kann sowohl durch eine aktive als auch durch eine passive Umsetzung erfüllt werden[16]. Art. 249 EGV in Verbindung mit Art. 10 EGV ergibt, daß sich die Auslegung des harmonisierten Rechts an den Zielen der Richtlinie orientieren muß[17]. Es ist also eine interpretative Umsetzung[18] gefordert. Der Europäische Gerichtshof ist nach Art. 234 EGV durch die nationalen Gerichte für eine „Vorabentscheidung“ über die vollständige und richtige Umsetzung der Richtlinie ins nationale Recht anzurufen. Die darauf gründende Methode der richtlinienkonformen Auslegung besagt, daß das nationale Recht vor dem Hintergrund der einschlägigen Richtlinie auszulegen und gegebenenfalls fortzubilden ist[19].

Eine mögliche Sanktion ergibt sich aus Art. 226 EGV. Die EG-Kommission kann hiernach den Europäischen Gerichtshof anrufen, wenn Mitgliedstaaten oder deren Organe ihrer Meinung nach gegen Verpflichtungen aus dem EGV verstoßen[20]. Organe der Mitgliedstaaten sind auch die Gerichte, und eine Verpflichtung aus dem EGV ist die Erfüllung von Richtlinien. Ein Urteil des Europäischen Gerichtshof stellt lediglich den Vertragsverstoß fest[21]. Eine Vertragsverletzung durch ein nicht EG-Recht

---

[13] *Goode*, March 2000, Rdnr. IJ 121.2/3672.

[14] *Hoffmann*, Analyse the europäischen Rechtssetzungstechniken, in *Heusel*, S. 41.

[15] *Steindorff*, EG-Vertrag und Privatrecht, S. 431.

[16] *Kommission der Europäischen Gemeinschaft*, Bericht der Kommission über die Anwendung der Richtlinie 87/102/EGV, KOM (1995) 117 endg., 11.5.1995 (zit. Bericht der Kommission zur Richtlinie), para. 55 f.

[17] *Geiger*, EG-Vertrag, Art. 189, Rdnr. 12; EuGH Urt. v. 8.10.1987, C – 80/86, *Kolpinghuis Nijmegen B.V.*, Slg. 1987, S. 3969.

[18] Bericht der Kommission über die Richtlinie, para. 59.

[19] Deutschland: BGH Urt. v. 9.3.1993 XI ZR 179/92, NJW 1993, S. 1594, 1595; England: *Litster and others v. Forth Dry Dock and Engineering Co. Ltd. and another* [1989] 1 All ER 1134.

[20] Art. 227 EGV gibt diese Möglichkeit auch jedem Mitgliedstaat.

[21] Art. 228 EGV.

konformes Gesetz muß allerdings aufgehoben werden. Letztlich heißt dies, daß nationale Gerichte grundsätzlich diese nicht EGV-konformen Normen nicht anwenden dürfen[22].

Richtlinien kommt in der Regel keine unmittelbare Wirkung zu. Hiervon wurden durch den EuGH aber eng begrenzte Ausnahmen gemacht. In Entscheidungen Anfang der 90er Jahre[23] wurde festgelegt, daß es zwar keine unmittelbare Wirkung auf die Rechtsbeziehungen zwischen Privaten gibt, aber daß der mit der Umsetzung in Verzug geratene Mitgliedsstaat den aus der Verspätung entstandenen Schaden zu ersetzen hat.

## B. Verbraucherschutz und die Verbraucherkreditrichtlinie

Die Verbraucherkreditrichtlinie ist ein Verbraucherschutzinstrument der Europäischen Gemeinschaft. Eine Bewertung der Verbraucherkreditrichtlinie bedarf der grundsätzlichen Betrachtung des Verbraucherschutzes in der Gemeinschaft im Allgemeinen und des Verbraucherschutzes im Finanzdienstleistungsbereich im Besonderen. Aus diesen Beobachtungen lassen sich auch Schlüsse auf das Verbraucherbild in der Europäischen Gemeinschaft ableiten.

### *I. Verbraucherschutz in der Europäischen Gemeinschaft*

Das Thema Verbraucherschutz ist nicht explizit in den EG-Gründungsverträgen zu finden. Die Liberalisierung und die Wettbewerbsregulierung innerhalb der Gemeinschaft wurden in sich als eine vorteilhafte Entwicklung für den Verbraucher gesehen. Aber die Liberalisierung und der Wettbewerb der nationalen Märkte können selber eine Gefahr für den Verbraucher darstellen. Außerdem kann eine Internationalisierung der Rechtsbeziehungen innerhalb des Gemeinsamen Marktes zu Rechtsunsicherheit und einem verminderten Rechtsschutz[24] führen. Mit dem Fortschritt der Integrationspolitik auf konsumorientierte Bereiche, besonders im Bereich Dienstleistungen, wuchs das Verlangen, innerhalb der Gemeinschaft die bislang unterschiedliche Schutzpolitik der Mitgliedstaaten zu koordinieren[25]. Bald wurde Rechtsvereinheitlichung beim Verbraucherschutz angestrebt, begründet mit dem Argument, daß unterschiedliche nationale Gesetzgebungen den Wettbewerb verzerrten und so das Funktionieren des

---

[22] EuGH Urt. v. 13.7.1972, C - 48/71, Kommission der Europäischen Gemeinschaft/Italien, Slg. 1972, S. 529 f., 534 f.; *Schmidt*, Einfluß der europäischen Richtlinie auf innerstaatlichs Privatrecht, S. 2.
[23] EuGH Urt. von 19.11.1991, C – 6, 9/90, *Francovich*/Italien, Slg. 1991, S. 5357.
[24] *Beutler*, Die Europäische Union: Rechtsordnung und Politik, S. 518.
[25] *Reich*, Europäisches Verbraucherrecht, Rdnr. 142.

Gemeinsamen Marktes störten[26]. Als Rechtsgrundlage diente demnach in der Regel Art. 94 EGV (100 a.F.)[27].

Bereits im Oktober 1972 wurde in der Schlußerklärung der Gipfelkonferenz der Staats- und Regierungschefs der erweiterten Gemeinschaft festgehalten, daß Wirtschaftsexpansion kein Selbstzweck ist, sondern zu Lebensqualität und einem gewissen Lebensstandard führen sollte[28]. 1975 wurde vom Rat das „Erste Programm für eine Politik zum Schutz und zur Unterrichtung der Verbraucher" verabschiedet[29]. Es folgten weitere Programme[30] und Aktionspläne[31]. Die Berechtigung der Verbraucherschutzprogramme von 1975 und 1981 wird weniger mit der Notwendigkeit einer Rechtsangleichung begründet, sondern als Mittel zur Verbesserung und Hebung der Lebensqualität entsprechend Art. 2 EWGV[32]. Diese Verbraucherschutzprogramme bildeten keine Rechtsgrundlage für Maßnahmen der Gemeinschaft. Sie zeigen aber, daß Prinzipien wie Transparenz und Information des Verbrauchers zum Schutz desselben zu dieser Zeit entwickelt wurden[33]. In der Gemeinschaftspolitik besteht also ein enger Zusammenhang zwischen Schutz und Unterrichtung des Verbrauchers[34].

Obwohl der Verbraucherschutz mittlerweile in einer Vielzahl von Regelungen Eingang in das Gemeinschaftsrecht gefunden hatte[35], fand dies keinen Niederschlag in der „Einheitlichen Europäischen Akte" von 1987. Allerdings wurde eine neue Gesetzgrundlage für Richtlinien geschaffen[36], die eine Erleichterung der Rechtsangleichung bewirkte. Anders als in Art. 94 EGV (100 a.F.) kann der Rat eine Richtlinie mit Rechtsgrundlage gem. Art. 95 EGV (100 a a.F.) durch eine qualifizierte Mehrheit er-

---

[26] In der Frühphase war noch vereinzelt Art. 308 EGV (235 a.F.) eingesetzt worden, *Hoffmann*, Analyse the europäischen Rechtssetzungstechniken, in: *Heusel,* S. 39.

[27] Z.B. Richtlinie (84/450/EWG ) v. 10.9.1984 zur Angleichung der Rechtsvorschriften der Mitgliedstaaten über irreführende Werbung, ABl. L 250 v.19.9.1984, S. 17; VerbrKrRL.

[28] *Beutler*, Die Europäische Union: Rechtsordnung und Politik, S. 520.

[29] *Rat der Europäischen Gemeinschaft,* Entschließung betreffend das erste Programm für eine Politik zum Schutz und zur Unterrichtung der Verbraucher, ABl. C 92 v. 14.4.1975, S. 1.

[30] *Rat der Europäischen Gemeinschaft,* Entschließung betreffend eines zweiten Programmes der Europäischen Wirtschaftsgemeinschaft für Politik zum Schutz und zur Unterrichtung der Verbraucher, ABl. C 133 v. 3.6.1981, S. 1.

[31] *Kommission der Europäischen Gemeinschaft*, Dreijähriger verbraucherpolitischer Aktionsplan für die EWG, 90-92, KOM (1990) 98 endg. v. 3.5.1990; *Kommission der Europäischen Gemeinschaft*, zweiten Aktionsplan, 93-95, KOM (1993) 378 endg. v. 28.7.1993; *Kommission der Europäischen Gemeinschaft*, Dritten Dreijahresaktionsplan, 95-98, KOM (1995) 519; *Kommission der Europäischen Gemeinschaft*, Verbraucherpolitische Aktionsplan 1999-2000, KOM (1998) 696 endg. v. 6.12.1998.

[32] *Reich*, Zur Theorie des Europäischen Verbraucherrechts, ZEuP 1994, S. 381, 393.

[33] *Goode*, March 2000, Rdnr. IJ 124.12.

[34] EuGH Urt. v. 7.3.1990, C – 362/88, *GB-INNO-BM/Conferderation du commerce Luxembourgeois*, Slg. 1990 I, S. 667, EuZW 1990, S. 223.

lassen[37]. Diese Rechtsgrundlage wird herangezogen, wenn es um die Schaffung und das Funktionieren des Binnenmarktes geht. Im Wesentlichen geht es um den Bereich des freien Warenverkehrs[38], es wird aber auch „von einem hohen Schutzniveau" beim Verbraucherschutz ausgegangen[39].

Durch den Vertrag über die Europäischen Union (EUV), den Maastrichter Vertrag, geht schließlich der Verbraucherschutz als konkrete Aufgabe der Europäischen Gemeinschaft in den EGV ein[40]. Es wurde ein eigenes Kapitel „Verbraucherschutz" geschaffen[41]. Zum ersten Mal gab es eine ausdrückliche Rechtsgrundlage für Maßnahmen des Verbraucherschutzes[42].

Damit wurde das vorangegangene gesetzgeberische Kompetenzproblem beseitigt, da Verbraucherschutzmaßnahmen oft mit der Verwirklichung des Binnenmarktes begründet werden mußten. Nun können auch Verbraucherschutzmaßnahmen verabschiedet werden, die unabhängig von Regelungen zum Binnenmarkt sind[43]. Die Tragweite des Art. 153 EGV ist aber begrenzt[44], zum Beispiel durch das Subsidiaritätsprinzip[45]. Das Subsidiaritätsprinzip besagt, daß Sachverhalte, die durch eine kleinere gesellschaftliche Einheit geregelt werden können, nicht durch eine größere geregelt werden sollten. Beim Verbraucherschutz sind Regelungen durch die Mitgliedsstaaten durchaus üblich und eine Regelung durch die Europäische Gemeinschaft bedarf einer Begründung.

Der Amsterdamer Vertrag hat den Stellenwert des Verbraucherschutzes durch die Einfügung des Art. 153 EGV unter Titel XIV weiter erhöht. Um im Interesse der Verbraucher und eines hohen Verbraucherschutzniveaus zu handeln, soll die Gemeinschaft einen Beitrag zum Schutz der Gesundheit, Sicherheit und wirtschaftlichen Interessen der Verbraucher leisten. Außerdem soll sie das Recht der Verbraucher auf Information und die Bildung von Organisationen, die ihre Interessen vertreten, fördern[46]. Der Verbraucher soll bei allen Aktivitäten der Europäischen Gemeinschaft berücksich-

---

[35] *Rat der Europäischen Gemeinschaft*, Entschließung über die Integration der Verbraucherpolitik in die anderen gemeinsamen Politiken, ABl. C 3 v. 7.1.1987, S. 1.

[36] Art. 95 EGV (100 a a.F.).

[37] Art. 249 EGV, auch eine Beteiligung des Parlamentes.

[38] *Geiger*, EG-Vertrag, Art. 100 a Rdnr. 3.

[39] Art. 95.

[40] Art. 3 (t) EGV (Art. 3 (s) EGV a.F.).

[41] Titel XI des dritten Teiles des EGV a.F.

[42] Art. 153 EGV.

[43] *Heidrich*, Verbraucherschutz in der Kreditwirtschaft, S. 49.

[44] EuGH Urt. v. 7.3.1996, C-192/94, *El Corte Inglés SA/ Cristina Blásquez Rivero*, Slg. 1996 I, S. 1281, 1303 f.

[45] *Heidrich*, Verbraucherschutz in der Kreditwirtschaft, S. 49 f.

[46] Art. 153 I EGV.

tigt werden[47]. Schließlich kann Art. 153 EGV auch eine eigenständige Gesetzgrundlage bilden. Neben Maßnahmen im Sinne von Art. 95 EGV können auch Maßnahmen zur Unterstützung und Ergänzung der Politik in den Mitgliedstaaten zur Förderung der angestrebten Ziele auf dieser eigenständigen Gesetzgrundlage beruhen[48]. Das Subsidiaritätsprinzip findet sich nun in der Formulierung des Art. 153 EGV, führt aber zu keiner weiteren Einschränkung[49].

Nachdem dem Verbraucherschutz auch in der europäischen Gesetzgebung eine besondere Stellung zugewiesen worden war, kam es zu einer stark ansteigenden Anzahl von Verbraucherschutzrichtlinien, die gleichzeitig eine gesteigerte Regelungsdichte aufwiesen. Hintergrund dieser Entwicklung ist auch die Entstehung einer autonomen „Politik zur Förderung und zum Schutz von Verbraucherinteressen"[50]. Richtlinien sollen nicht nur Wettbewerbsverzerrungen beseitigen, sondern das selbständige Ziel eines hohen Verbraucherschutzniveaus in der Europäischen Gemeinschaft verfolgen.

Zusammenfassend ist festzuhalten, daß, obwohl die Rechtsgrundlagen für Maßnahmen zum Verbraucherschutz erst spät geschaffen worden sind, Verbraucherschutz schon früh ein Thema innerhalb der Europäischen Gemeinschaft gewesen ist. Es wurden zunehmend Grundlagen geschaffen, die die Rechtssicherheit und die Transparenz förderten und somit nicht nur die Verbraucher, sondern auch die Unternehmer davon profitierten. Mittlerweile ist Verbraucherschutz zu einem zentralen Thema der Europäischen Gemeinschaft geworden. Der Verbraucherschutz hat heute sogar eine gewisse Eigendynamik entwickelt[51]. Der verbraucherpolitische Aktionsplan 1999-2001[52] beschäftigt sich vor allem mit Information, Bildung und Beratung von Verbrauchern.

*II. Verbraucherschutz im Finanzdienstleistungsbereich*

Die Kredit- und Bankwirtschaft war schon früh ein Handlungsgebiet der Europäischen Gemeinschaft. Bereits in den 70er Jahren hatten Bestrebungen, die Bankwirtschaft in der Gemeinschaft einheitlich zu regeln, eingesetzt. Eine Erste Koordinierungsrichtlinie entstand 1977[53]. Die Harmonisierung wurde damals als Langzeitziel gesehen, das nur

---

[47] Art. 153 II EGV.

[48] Art. 153 III a, b EGV.

[49] *Reich*, Verbraucherpolitik und Verbraucherschutz im Vertrag von Amsterdam, VuR 1999, S. 3, 5.

[50] *Martinek*, Unsystematische Überregulierung und kontraintentionale Effekte im europäischen Verbraucherschützrecht, in: *Grundmann*, S. 516.

[51] *Dreher*, Der Verbraucher - Das Phantom in der Oper des europäischen und deutschen Rechts? JZ 1997, S. 167, 168.

[52] KOM (98) 696 endg. v. 6.12.1998.

[53] *Rat der Europäischen Gemeinschaft*, Erste Richtlinie (1977/780/EWG) v. 12.12.1977 zur Koordinierung der Rechts- und Verwaltungsvorschriften über die Aufnahme und Ausübung der Tätigkeit der

schrittweise erfüllt werden könnte. In der ersten Phase sollten lediglich Minimalstandards für alle Mitgliedstaaten geschaffen werden[54]. Das Ziel, ein weitgehend harmonisiertes europäisches Bankwirtschaftsrecht zu schaffen, ist heute erreicht[55].

Erste Vorschläge zur Harmonisierung der Verbraucherkreditgesetzgebung wurden 1974 erstellt[56]. Während die Kommission bereits im März 1979 einen offizielle Vorschlag vorlegte[57], erfolgte die Verabschiedung der Verbraucherkreditrichtlinie aber erst 1986. Eine Implementierung durch die Mitgliedstaaten sollte bis zum 1.1.1990 erfolgen. Die verabschiedete Richtlinie ist ein Kompromiß, da die Richtlinie noch nach dem Einstimmigkeitsgebot für Ratsentscheidungen verabschiedet werden mußte. Außerdem bestanden bereits sehr unterschiedliche nationale Schutzbestimmungen, die auf Schutztendenzen in den einzelnen Mitgliedsstaaten zurückzuführen sind[58]. Bei der Erarbeitung der Richtlinie lagen die Hauptproblemfelder beim Anwendungsbereich der Richtlinie, der gesamtschuldnerischen Haftung und bei der Formel zur Berechnung des effektiven Jahreszins[59]. Eine einheitliche mathematische Formel zur Berechnung des effektiven Jahreszins wurde sogar erst in einer späteren Richtlinie endgültig festgelegt[60].

Die Richtlinie zur Angleichung der Rechts- und Verwaltungsvorschriften der Mitgliedstaaten über das Verbraucherkreditrecht vom 22.12.1986 setzt im Bereich des Konsumentenkredits die Programme der EG für Schutz und Unterrichtung des Verbrauchers um[61]. Die Richtlinie enthält bekannte methodische Werkzeuge der europäischen Verbraucherschutzgesetzgebung: Information und Transparenz. Der Schutz begründet sich vor allem auf die genaue und präzise Unterrichtung des Verbrauchers bezüglich der Kreditbedingungen und –kosten einschließlich des effektiven Jahres-

---

Kreditinstitute, ABl. L 322 v.17.12.1977, S. 30; *Rat der Europäischen Gemeinschaft,* Zweite (Allgemeine) Richtlinie (1989/646/EWG) v. 15.12.1989 zur Koordinierung der Rechts- und Verwaltungsvorschriften über die Aufnahme und Ausübung der Tätigkeit der Kreditinstitute, ABl. L 386 v. 30.12.1989, S. 1.

54 1977/780/EWG, Präambel.

55 *Beutler*, Die Europäische Union: Rechtsordnung und Politik, S. 333.

56 Bericht der Kommission über die Richtlinie, para. 48.

57 *Goode*, March 2000, Rdnr. IJ 125.1/3901.

58 *Reich / Micklitz*, Verbraucherschutzrecht in den EG-Staaten, Rdnr. 174.

59 Bericht der Kommission über die Richtlinie, para. 53.

60 *Rat der Europäischen Gemeinschaft*, Richtlinie (1990/88/EWG) v. 22.2.1990 zur Änderung der Richtlinie 1987/102/EWG zur Angleichung der Rechts- und Verwaltungsvorschriften der Mitgliedstaaten über den Verbraucherkredit, ABl. Nr. L 61 v. 10.3.1990, S. 14; *Rat der Europäischen Gemeinschaft*, Richtlinien (1998/7/EGV) des Europäischen Parlamentes und des Rates v. 16.2.1998 zur Änderung 1987/102/EWG zur Angleichung der Rechts- und Verwaltungsvorschriften der Mitgliedstaaten zum Verbraucherkredit, ABl. L 101 v. 1.4.1998, S. 17.

61 *Ulmer*, in: MünchKomm, Vor § 1 VerbrKrG, Rdnr. 12, 3. Aufl.

zins[62] und der rechtlichen Verpflichtungen. Die Verträge müssen schriftlich vorliegen[63] und ein Mindestmaß an Informationen enthalten[64]. Die Mitgliedstaaten müssen ein Kontroll- und Überwachungssystem für Kreditanbieter und Kreditvermittler schaffen[65]. Es fehlt allerdings an dem aus anderen Richtlinien bekannten Rechtsinstitut des Lösungsrecht von der vertraglichen Verpflichtung innerhalb einer bestimmten Frist[66]. Enthalten ist dieses Lösungsrecht aber in der teilweise auf Kredite anwendbare[67] Haustürgeschäft-Richtlinie[68] und in der sich im Entstehungsprozeß befindenden Richtlinie über den Fernabsatz von Finanzdienstleistungen an Verbraucher[69].

Bei den Vorgaben der Richtlinie handelt es sich lediglich um Minimalschutzregelungen. Sie dürfen jederzeit durch die nationalen Regelungen überschritten werden. Mindeststandards eröffnen den Mitgliedstaaten die Möglichkeit, weitergehende Maßnahmen zu schaffen. Diese Maßnahmen sind dann nur begrenzt an europarechtliche Vorgaben geknüpft und unterscheiden sich in den verschiedenen Mitgliedstaaten oft deutlich. Diese Mindestklausel entspricht der von der Kommission vorgestellten „neuen Strategie" von 1985[70]. Nach dieser „neuen Strategie" sind, zur schnelleren Verwirklichung des Binnenmarktes, eher Ziele zur Ausfüllung durch nationales Recht statt detailliert ausformulierter Richtlinien vorzugeben[71]. Diese Entwicklung ist allerdings gegenläufig zu der in der Rechtsprechung des Europäischen Gerichtshofs. Hier wurde zur gleichen Zeit zum ersten Mal entschieden, daß harmonisiertes nationales Recht nach Zielsetzung und Wortlaut der Richtlinie auszulegen ist[72].

In den 90er Jahren blieb Verbraucherschutz auch weiterhin Thema bei den Finanzdienstleistungen. Mit Verbraucherfragen beschäftigt sich die im März 1995 geschaffene Generaldirektion XXIV, die an die Stelle des „Dienstes für Verbraucher-

[62] 1998/7/EGV, Art. 1 (d), welcher 1987/102/EWG, Art. 3 ersetzt.
[63] Art. 4 I VerbrKrRL.
[64] Art. 4 II VerbrKrRL.
[65] Art. 12 VerbrKrRL.
[66] *Kainz*, Umsetzung der Verbraucherschutzrichtlinie: Länderbericht Deutschland, in: *Heusel*, S. 66.
[67] EuGH Urt. v. 17.3.1998, C – 45/96, *bayrische Hypotheken- und Wechselbank AG/Edgar Dietzinger*, 1998, Slg. I 1998, S. 1199.
[68] EG-Richtlinie vom 20.12.1985 über den Verbraucherschutz (Widerrufsrecht bei außerhalb der Geschäftsräume geschlossenen Verträgen), ABl. L 372, S. 31.
[69] KOM (1998) 468 endg.; KOM (1999) 385, 23.7.1999.
[70] *Kommission der Europäischen Gemeinschaft*, Entschließung zum Weißbuch der Kommission der Europäischen Gemeinschaft an den Europäischen Rat (Mailand, 28.-29.6.1985) über die Vollendung des Binnenmarktes, ABl. C 36 v. 17.2.1986, S. 53.
[71] *Kommission der Europäischen Gemeinschaft*, - Entschließung zum Weißbuch der Kommission der Europäischen Gemeinschaft an den Europäischen Rat (Mailand, 28.-29.6.1985) über die Vollendung des Binnenmarktes, ABl. C 36/1983 v. 17.2.1986, S. 53, Rdnr. 65 ff.
[72] EuGH Urteil vom 8.10.1987, C - 80/86, *Kolpinghuis Nijmegen B.V.*, Slg. 1987, S. 3969.

schutz" trat. 1997 wurde der Wirkungskreis noch erweitert. 80% der Regelungen zum Banken- und Finanzbereich sind heute auf Gemeinschaftsrecht zurückzuführen[73].

Im Mai 1996 wurde das Grünbuch „Finanzdienstleistungen: Wahrung der Verbraucherinteressen"[74] von der Kommission vorgelegt. Finanzdienstleistung-Richtlinien lägen im Interesse des Verbrauchers wegen ihrer Bestimmungen zu Informationsgehalt, Rechtssicherheit und dem Zugang zu Abhilfeverfahren. Aber auch die durch die europäischen Regelungen gewährleistete Stabilität und Vertrauenswürdigkeit sei im Interesse des Verbrauchers. Das wichtigste bereits erreichte Ziel sei die Schaffung eines einheitlichen Marktes[75]. Konkrete Verbraucherschutzregelungen wurden nicht erwähnt. Nach der Veröffentlichung der „Studie 1996" über das Funktionieren des Binnenmarktes[76] und mit den Ergebnissen der Konsultation zum vorangegangenen Grünbuch wurde eine Mitteilung der Kommission „Finanzdienstleistungen: Das Vertrauen der Verbraucher stärken"[77] veröffentlicht. Das Vertrauen der Verbraucher soll im Finanzdienstleistungssektor gestärkt werden. Dabei geht es aber vor allem um einen Verbrauchervorteil und nicht um einen Verbraucherschutz. Insgesamt scheint dies die neue Einstellung der Kommission zum Verbraucherschutz bei Finanzdienstleistungen zu beschreiben, der sich vom „Verbraucherschutz" zum „Vorteile für den Verbraucher" wandelt. Mehr Wettbewerb und ein kollektiver Wertzuwachs sollen dem Verbraucher diese Vorteile bringen. In neuen Richtlinien könnte sogar ein impliziertes Verbraucherschutzverbot zu finden sein, indem die Mindeststandardregelung abgeschafft und eine Überschreitung untersagt wird[78].

In der Mitteilung „Finanzdienstleistungen: Das Vertrauen der Verbraucher stärken"[79] kommt die Kommission außerdem zu dem Schluß, daß die Verbraucherkreditrichtlinie überarbeitet werden sollte, wobei die Vorschläge aus den verschiedenen Berichten, wie zum Beispiel dem Bericht der Kommission über die Verbraucherkreditrichtlinie[80], zu berücksichtigen seien. Dies sollte bis Mitte 1998 geschehen[81]. Die Änderungsvorschläge würden die Richtlinie auf ein mittleres Niveau der Mitgliedstaaten anheben und an die Weiterentwicklungen in der Finanzwelt anpassen. Dieses mittlere

---

[73] *Heidrich*, Verbraucherschutz in der Kreditwirtschaft, S. 26 f.
[74] *Kommission der Europäischen Gemeinschaft*, KOM (1996) 209 endg. v. 22.5.1996.
[75] *Kommission der Europäischen Gemeinschaft*, KOM (1996) 209 endg. v. 22.5.1996, S. 1, 3 ff.
[76] *Kommission der Europäischen Gemeinschaft*, KOM (1996) 520 endg. v. 30.10.1996.
[77] *Kommission der Europäischen Gemeinschaft*, Maßnahmen im Anschluß an das Grünbuch der Kommission, Finanzdienstleistungen: Wahrung der Verbraucherinteressen, KOM (1997) 309 endg. v. 26.6.1997.
[78] *Reifner*, Finanzdienstleistungen und Verbraucherschutz in der Europäischen Harmonisierung, in: *Grundmann*, S. 598 ff.
[79] *Kommission der Europäischen Gemeinschaft*, KOM (1997) 309 endg. v. 26.6.1997.
[80] Bericht der Kommission zur Richtlinie.
[81] *Kommission der Europäischen Gemeinschaft*, KOM (1997) 309 endg. v. 26.6.1997, S. 2, 9, 13.

Niveau ist laut *Schirnding* eher ein Höchstniveau[82]. Die darauf zurückzuführende „Harmonisierungsspirale" und die daraus folgende Detailharmonisierung widerspreche zwar dem Subsidiaritätsprinzip[83], aber entspreche dem allgemeinen Trend in der europäischen Verbraucherschutzgesetzgebung[84]. An einer Überarbeitung fehlt es allerdings immer noch.

Die Kommission bewertet ihre bisherigen Initiativen im Finanzsektor positiv. In der Auswertung der „Auswirkungen des Binnenmarktes auf das Bank- und Versicherungswesen"[85] wird ein geringer, aber doch spürbarer Effekt ausgemacht. Im Banksektor sei es auch für den privaten Verbraucher aufgrund der mehr wettbewerbs- und marktorientierten Rahmenbedingungen zu Preissenkungen gekommen, die Preisunterschiede bei Girokonten und Aktiengeschäften würden aber immer noch bestehen. Der offene Wettbewerb sei eben „der beste Verbündete des Verbrauchers"[86].

Die Verbraucherkreditrichtlinie bildet mit der Richtlinie zur Produkthaftung[87] und zum Widerrufsrecht bei außerhalb von Geschäftsräumen geschlossenen Verträgen[88] heute ein vereinheitlichtes Sonderprivatrecht innerhalb der EG. Mit der Entscheidung für ein Sonderprivatrecht des europäischen Verbraucherschutzes wurde gegen ein vollkommen vereinheitlichtes allgemeines Privatrecht entschieden. Daraus ergeben sich verschiedene Probleme: Die Anwendung der Grundsätze von Subsidiarität und Proportionalität auf Gemeinschaftsrecht führt dazu, daß die Verbraucherschutzgesetzgebung wie eine „einsame Insel im Meer" des nationalen Rechts wirkt. Eine weitere Ausprägung dieser Prinzipien ist, daß die meisten Regelungen lediglich Mindeststandards darstellen. Dies wird besonders deutlich durch die sogenannten Minimalklauseln, die in allen Richtlinien zum Verbraucherschutz zu finden sind[89]. Hinzu

---

[82] *Schirnding*, Zur Novellierung der EG-Verbraucherkreditrichtlinie, FLF 1996, S. 25, 26.
[83] Es ist fraglich, ob Subsidiaritätsprinzip für Art. 95 EGV Maßnahmen gilt (ausschließliche Zuständigkeit der Gemeinschaft laut Kommission): *Hoffmann*, Analyse der europäischen Rechtssetzungstechniken, in: *Heusel*, S. 40.
[84] Siehe oben.
[85] *Kommission der Europäischen Gemeinschaft*, KOM (1997) 309 endg. v. 26.6.1997, Anhang 1.
[86] Die noch nicht immer optimal funktionierenden Marktmechanismen seien einerseits auf eine Verzögerung der Umsetzung der Richtlinie zurückzuführen, andererseits würden verschiedene nationale Vorschriften, in der Regel zum Schutz des Verbrauchers, hinderlich sein, und schließlich ergäben sich Probleme aus einer unterschiedlichen Besteuerung der Finanzprodukte und Finanzdienstleistungen, *Kommission der Europäischen Gemeinschaft*, KOM (1997) 309 endg. v. 26.6.1997, Anhang 1, S. 1 f.
[87] *Rat der Europäischen Gemeinschaft*, Richtlinie (1985/374/EWG) v. 25.7.1985 zur Angleichung der Rechts- und Verwaltungsvorschriften der Mitgliedstaaten über die Haftung für fehlerhafte Produkte, ABl. L 210 v. 7.8.1985, S. 29.
[88] *Rat der Europäischen Gemeinschaft*, Richtlinie (1985/577/EWG) v. 20.12.1985 betreffend den Verbraucherschutz im Fall von außerhalb der Geschäftsräume geschlossenen Verträgen, ABl. L 372 v. 31.12.1985, S. 31.
[89] *Hoffmann*, Analyse der europäischen Rechtssetzungstechniken, in: *Heusel*, S. 40.

kommt, daß es dem „Sonderprivatrecht“ an Kontinuität mangelt. So variieren Verbraucherbild, Recht und Behelfe und sogar die Berechnung von Rücktrittsfristen zwischen den erwähnten Richtlinien. Insgesamt ergibt sich das Bild eines „Mosaiks mit blinden Stellen“, wobei „erst bei näherer Betrachtung erkennbar wird, daß die verwendeten Steine von unterschiedlicher Qualität .. sind...“ [90].

*1. Begründung einer Verbraucherkreditrichtlinie*

Die Notwendigkeit von Regelungen zum Verbraucherkredit läßt sich auf unterschiedliche Weise begründen. Aus wirtschaftlicher Sicht erschien eine Richtlinie über Verbraucherkredite allein schon wegen der schnell ansteigenden Anzahl von Verbraucherkrediten sinnvoll. Zusammen mit dieser Zunahme war ein starkes Ansteigen der Verbraucherverschuldung zu beobachten[91]. Dies wiederum ist die Begründung für Regelungen aus einer sozialpolitischen Perspektive. Die erhöhte Verbraucherverschuldung ist besonders bedrohlich wegen der verschiedenen Gefahren eines Verbraucherkredites. Erstens enthält ein Verbraucherkredit die Gefahren eines jeden Kreditvertrages. Ein Kreditvertrag verpflichtet einen Kreditnehmer generell über einen längeren Zeitraum hinweg ohne die Möglichkeit, die Verpflichtung bei Änderung der persönlichen oder wirtschaftlichen Lage des Kreditnehmers anpassen zu können. Kreditnehmer können in Not geraten, wenn sie sich mit Einzelraten in Zahlungsverzug befinden und dann bei Kündigung des Kredites den offenen Saldo nicht erfüllen. Zusammen mit Verzugsschaden kann so ein moderner „Schuldturm“ entstehen[92].

Beim Verbraucherkredit schien der Wettbewerb dem Verbraucher nicht ausreichend Schutz zu bieten, ein Marktversagen schien vorzuliegen. Der Verbraucher war vielmehr einem mit zunehmendem Wettbewerb wachsenden Druck der Finanzinstitute ausgesetzt. Diese Tendenz wird dadurch verstärkt, daß der Kreditnehmer das Geld braucht und daher als der schwächere Verhandlungspartner eher bereit ist, die Bedingungen des Kreditgebers zu akzeptieren[93]. Bei Verbraucherkrediten ist im Gegensatz zu Investitionskrediten die Gefahr der Verarmung und der unüberlegten Festlegung des Kreditnehmers größer[94].

*2. Zielsetzung der Verbraucherkreditrichtlinie*

Die Richtlinie begründet ihre Legitimation auf der Basis des Art. 94 EGV (100 a.F.) Die Rechtsvereinheitlichung soll grundsätzlich zu der Entstehung des Gemeinsamen

[90] *Heusel*, Neues europäisches Vertragsrecht und Verbraucherschutz, S. 10.
[91] In Deutschland: *Ulmer*, in MünchKomm, Vor. § 1 VerbrKrG, Rdnr. 8, 3. Aufl.
[92] In Deutschland: *Ulmer*, a.a.O.
[93] Bericht der Kommission über die Richtlinie, para. 47.

Marktes führen. Konkretere Ziele der Verbraucherkreditrichtlinie sind in der Richtlinie selbst zu finden. In der Präambel wird festgestellt, daß sich die Rechtsvorschriften im Bereich des Verbraucherkredits in den Mitgliedsstaaten sehr unterscheiden. Ziel der Rechtsvereinheitlichung ist deshalb erstens, den Einfluß auf den freien Verkehr von Waren zu mindern, damit es nicht mehr zu einer Wettbewerbsverzerrung und einer Beschränkung der Verbraucherinteressen kommt. Es wird herausgestellt, daß eine Vereinheitlichung bei der wachsenden Zahl von Verbraucherkrediten allgemein von Vorteil sein würde. Zweitens wird durch die Richtlinie Verbraucherschutz durch konkreten Schutz und die Unterrichtung des Verbrauchers angestrebt. Dies würde durch einheitliche Schutz- und Informationsbestimmungen gefördert. Ziel der Verbraucherkreditrichtlinie war also einerseits die Errichtung eines gemeinsamen Verbraucherkreditmarktes und andererseits der Schutz des Verbrauchers vor rechtsmißbräuchlichen Kreditbedingungen[95].

Von diesen Zielen ist eine Reihe von Kreditverträgen ausgenommen. Das sind vor allem Kredite nichtkommerzieller Art und Kredite, die aus dem vorgesehenen Größenrahmen fallen. Außerdem soll eine Überlastung verhindert werden, indem Kredite ausgeschlossen werden, bei denen in den Mitgliedstaaten bereits ein Schutzmechanismus durch Beurkundung vorliegt.

*3. Umsetzung der Verbraucherkreditrichtlinie in den Mitgliedstaaten*

Für den nationalen Gesetzgeber birgt die Umsetzung einige Probleme. So geben einige Vorschriften der Richtlinie konkrete Vorgaben, andere Artikel enthalten lediglich abstrakte Regelungsziele, die den Mitgliedstaaten auferlegen, in einem bestimmten Zusammenhang dem Verbraucher Schutz zu gewähren[96]. Letzteres ist oft ein Ergebnis von unterschiedlichen Vorstellungen in den Mitgliedstaaten[97]. Den Mitgliedstaaten wird besonders viel Freiheit bei der Umsetzung der Richtlinie gelassen.

Bei der Umsetzung der Richtlinie in den Mitgliedstaaten ist von der Mindestklausel intensiv Gebrauch gemacht worden. Der Anwendungsbereich ist in vielen Staaten erweitert worden. Dies bezieht sich sowohl auf die Definition des Verbrauchers, als auch auf die des Darlehensgebers und teilweise sogar auf die des Kreditvertrages. Die Mitgliedstaaten schützen zum Beispiel oft Kredite, die nicht in den Anwendungsbereich der Richtlinie fallen. Außerdem sind die Richtlinienbestimmungen für Werbung häufig ausführlicher umgesetzt. Es gibt vielfach genauere Regelungen

---

[94] Bericht der Kommission über die Richtlinie, para. 151.

[95] *Blaurock*, Verbraucherkredit und Verbraucherleitbild in der Europäischen Union, JZ 1999, S. 801, 803.

[96] Art. 7, 8, 10, 11, 12, 14 VerbrKrRL.

über die zwingenden Angaben, die ein Vertrag enthalten muß. Die Wiederinbesitznahme ist in vielen Fällen detailliert geregelt, und Wechsel sind oft generell verboten. In mehreren Mitgliedstaaten ist der Schutz des Verbrauchers durch die enge Verbindung von Kreditvertrag und Kaufvertrag gestärkt[98].

Die Richtlinie enthält grundsätzlich klare Formulierungen und verursachte keine besonderen Schwierigkeiten. Probleme traten aber bei der Umsetzung der Richtlinie auf. Problemfelder waren der Anwendungsbereich der Richtlinie, die dem Verbraucher mitzuteilenden Informationen und die Gesamtkosten des Kredits[99].

### *4. Einfluß des nationalen Rechts auf die Verbraucherkreditrichtlinie*

Neben den Auswirkungen, die die Verbraucherkreditrichtlinie auf das nationale Recht hat, kann es auch zu einer Einflußnahme des schon in den Mitgliedsstaaten vorhanden gewesenen nationalen Rechts auf die Verbraucherkreditrichtlinie gekommen sein. Als die ersten Entwürfe geschaffen wurden, gab es in vielen Mitgliedstaaten, darunter Deutschland und Großbritannien, bereits entsprechende Regelungen. Nur wenige erfaßten aber das gesamte Verbraucherkreditrecht. Während der erste Entwurf des Verbraucherkreditrichtlinie noch von Plänen mehrerer Mitgliedstaaten spricht, umfassende Regelungen zu schaffen[100], war der Consumer Credit Act 1974 bereits fünf Jahre lang in Kraft. Daß gerade die Harmonisierung der bestehenden Regelungen Ziel der Verbraucherkreditrichtlinie war, spricht für die Möglichkeit, sich an bestehenden Regelungen orientieren zu können. Auf eine ausdrückliche Berufung auf bestimmte nationale Bestimmungen wurde jedoch vollständig verzichtet. Eine solche findet sich weder in den Entwürfen[101], noch im Bericht der Wirtschafts- und Sozialausschusses[102]. Dies ist aber bei der besonderen Situation eines multinationalen Projektes, wie es die Europäische Gemeinschaft darstellt, auch nicht anders zu erwarten, schon um nationale Eifersüchteleien zu vermeiden.

---

[97] z.B. Art. 10 VerbrKrRL.
[98] Bericht der Kommission über die Richtlinie, para. 385.
[99] Bericht der Kommission über die Richtlinie, para. 60.
[100] *Kommission der Europäischen Gemeinschaft*, Vorschlag für eine Richtlinie des Rates zur Angleichung des Rechts- und Verwaltungsvorschriften der Mitgliedstaaten über den Verbraucherkredite, KOM (1979) 69 endg., ABl. C 80 v. 27.3.1979, S. 4, 5.
[101] *Kommission der Europäischen Gemeinschaft*, Vorschlag für eine Richtlinie des Rates zur Angleichung des Rechts- und Verwaltungsvorschriften der Mitgliedstaaten über den Verbraucherkredite, KOM (1979) 69 endg., ABl. C 80 v. 27.3.1979, S. 4; *Kommission der Europäischen Gemeinschaft*, Geänderter Vorschlag für eine Richtlinie des Rates zur Angleichung der Rechts- und Verwaltungsvorschriften der Mitgliedstaaten über des Verbraucherkredit, KOM (1984) 342 endg., ABl. C 183 v. 10.7.1984, S. 4.

Trotzdem kann man davon ausgehen, daß es zu einer Einflußnahme gekommen ist. Die Schöpfer der Verbraucherkreditrichtlinie haben Erfahrungen aus ihren eigenen Rechtsordnungen eingebracht, und Experten, die aus Ländern mit Rechtsordnungen kamen, die bereits über eine weitgehende Regelung verfügten, wie dies in Großbritannien der Fall war, waren bestimmt gern gesehen. Somit geht *Goode* von einem starken Einfluß des Consumer Credit Act 1974 auf die Verbraucherkreditrichtlinie aus[103]. Ähnlichkeiten der Verbraucherkreditrichtlinie mit zu dieser Zeit bereits bestehenden nationalen Gesetzen sind deshalb kein reiner Zufall. So finden sich in der Verbraucherkreditrichtlinie, wie auch im Consumer Credit Act 1974 und im Abzahlungsgesetz, Bestimmungen zu Formvorschriften, zur Angabe eines effektiven Jahreszins[104] und zu verbundenen Geschäften. Sowohl der Consumer Credit Act 1974, als auch die Verbraucherkreditrichtlinie begrenzen ihren Anwendungsbereich grundsätzlich mit einem Höchstbetrag für Kredite und mit Definitionen zum Kreditnehmer. Letzteres gilt auch für das Abzahlungsgesetz. Der Schwerpunkt der Information des Kreditnehmers findet sich in allen drei Gesetzen. Die eigenwilligen Definitionen des Consumer Credit Act 1974 zum sachlichen Anwendungsbereich entsprechen zwar nicht denen der Verbraucherkreditrichtlinie, aber beide Gesetze stellen Definitionen, mit denen sie ihren Anwendungsbereich bestimmen, an den Anfang.

### *III. Das Verbraucherbild in der Europäischen Gemeinschaft*

Das Gemeinschaftsrecht kennt keinen einheitlichen Verbraucherbegriff. Die Formulierungen des Verbraucherbegriffs unterscheiden sich, und es fehlt eine einheitliche Definition in den verschiedenen Verbraucherschutzgesetzen. *Heidrich* schließt daraus, daß es keinen einheitlichen Grund für das Schutzbedürfnis des Verbrauchers gibt[105]. *Dreher* stellt die Frage, ob Verbraucherschutz ohne den Begriff des Verbrauchers möglich sei, und beantwortet diese Frage positiv. Einzelpersonen seien durch Vertragsrecht und Wettbewerb grundsätzlich geschützt, jeder weitere Eingriff benötige eine Rechtfertigung, die das Verbraucherrecht aber leider oft vermissen lasse. Die zu

---

[102] *Wirtschafts- und Sozialausschuß der Europäischen Gemeinschaft*, Stellungnahme zu dem Vorschlag für eine Richtlinie des Rates zur Angleichung des Rechts- und Verwaltungsvorschriften der Mitgliedstaaten über den Verbraucherkredit, ABl. C 113 v. 7.5.1980, S. 22.

[103] *Goode*, February 2001, Rdnr. 1A 1.181.

[104] Auf dessen Berechnungsweise man sich wegen Differenzen in den bestehenden Regelungen erst später einigen konnte, *Rat der Europäischen Gemeinschaft*, Richtlinie (1990/88/EWG) v. 22.2.1990 zur Änderung der Richtlinie 1987/102/EWG zur Angleichung der Rechts- und Verwaltungsvorschriften der Mitgliedstaaten über den Verbraucherkredit, ABl. Nr. L 61 v. 10.3.1990, S. 14.

[105] *Heidrich*, Verbraucherschutz in der Kreditwirtschaft, S. 34.

schützende Person sei also für den jeweiligen Eingriff zu bestimmen. Ein allgemeiner Verbraucherbegriff könne gar nicht hilfreich sein[105].

Für *Blaurock* sprechen unterschiedliche Definitionen aber nicht gegen ein, diesen unterschiedlichen Definitionen zugrunde liegendes Verbraucherbild[106]. Da das Gemeinschaftsrecht in der Regel die Unterrichtung des Verbrauchers fordert, ist davon auszugehen, daß das europäische Verbraucherschutzrecht von einem informierbaren[107], selbstverantwortlich handelnden und entscheidungsfähigen Verbraucher ausgeht, der sich selber schützen kann, wenn er über die entsprechenden Hilfsmittel verfügt. Dies entspricht auch der Rechtsprechung des Europäischen Gerichtshofs, die von einem verständigen[108] und mündigen Verbraucher ausgeht[109]. Das Verbraucherleitbild wird aber nicht klar kommuniziert. Dies könnte mit dem langen Zeitraum zusammenhängen, in dem bereits Verbraucherschutzgesetze verabschiedet wurden, Verbraucherschutz nach dem EGV aber - noch - nicht Aufgabe der Europäischen Gemeinschaft war. Verbraucherschutz konnte in diesen Fällen lediglich ein Teilaspekt der Herstellung des Binnenmarktes sein. Andererseits spricht gegen ein einheitliches Verbraucherleitbild, daß die jeweilige Problemlage behandelt werden soll und ein klar definiertes Verbraucherleitbild zu starr sei[110].

---

[105] *Dreher*, Der Verbraucher - Das Phantom in der Oper des europäischen und deutschen Rechts? JZ 1997, S. 167, 170.

[106] *Blaurock*, Verbraucherkredit und Verbraucherleitbild in der Europäischen Union, JZ 1999, S. 801, 802.

[107] I.d.R. ist die tatsächliche Möglichkeit der Kenntnisnahme für die Richtlinien ausreichend, *Dreher*, Der Verbraucher - Das Phantom in der Oper des europäischen und deutschen Rechts? JZ 1997, S. 167, 171.

[108] EuGH Urt. v. 6.6.1995, C-470/93, *Mars/Verein v. Unwesen im Handel und Gewerbe Köln* e.V., Slg. 1995 I, S. 1923, 1944.

[109] EuGH Urt. v. 13.1.2000, C-220/98, *Estée Lauder Cosmetics GmbH & Co./ Lancaster Group GmbH*, Rdnr. 27; EuGH v. 16.7.1998, C-210/96, *Gut Springernheide GmbH und Rudolf Tusky/ Oberdirektor des Kreises Steinfurt*, Slg. 1998 I, S. 4657 ff.

[110] *Blaurock*, Verbraucherkredit und Verbraucherleitbild in der Europäischen Union, JZ 1999, S. 801, 802.

Während *Heidrich* davon ausgeht, daß dieses Verbraucherbild auch Auswirkungen auf das deutsche Recht haben wird[111], bestreitet dies *Dreher* noch[112]. Durch die richtlinienkonforme Auslegung ist der Einfluß der europäischen Vorstellung heute aber bereits über die deutsche Rechtsprechung deutlich auszumachen[113]. Auch im britischen Recht ist diese Einflußnahme wahrgenommen und begrenzt worden[114].

---

[111] *Heidrich*, Verbraucherschutz in der Kreditwirtschaft, S. 33.

[112] *Dreher*, Der Verbraucher - Das Phantom in der Oper des europäischen und deutschen Rechts? JZ 1997, S. 167, 174 f.

[113] BGH Urt. v. 9.3.1993 XI ZR 179/92, NJW 1993, S. 1594, 1595.

[114] Gesetze, die europäisches Recht umsetzen, können so weit im Sinne des europäischen Instrumentes, zum Beispiel einer Richtlinie, ausgelegt werden, daß sie sogar vom wörtlichen Sinn des britischen Gesetzes abweichen. *Litster and others v. Forth Dry Dock and Engineering Co. Ltd. and another* [1989] 1 All ER 1134, 1139 f.; Dies gilt nur für Gesetze, die ein europäisches Instrument umsetzen, da Gesetze, die zwar europäische Vorgaben erfüllen, aber nicht in diesem Sinne oder vor der europäischen Regelung verabschiedet worden sind, aus dem Blickwinkel der Zeit ihrer Verabschiedung interpretiert werden müssen, *Duke v. GEC Reliance Ltd.* [1988] 1 All ER 626, 636.

## *2. Kapitel*
## Umsetzung der Verbraucherkreditrichtlinie in Deutschland und Großbritannien

Nach einer Untersuchung der europarechtlichen Gegebenheiten kann nun auf die nationale Umsetzung der Verbraucherkreditrichtlinie in Deutschland und Großbritannien eingegangen werden. Dabei ist es sinnvoll, sowohl die Entstehung der jeweiligen Verbraucherschutzregelung, als auch die Verbraucherschutzregelung selber in ihren Grundzügen zu beschreiben. Von Bedeutung ist dabei vor allem der Anwendungsbereich.

### A. Deutschland

#### *I. Entstehung der Verbraucherkreditgesetzgebung*

Das Thema der Konsumkredite beschäftigt den deutschen Gesetzgeber bereits seit über 100 Jahren. Am 16.5.1894 trat das heute nicht mehr geltende Abzahlungsgesetz in Kraft, womit der Beginn der Verbraucherschutzgesetzgebung in Deutschland markiert wird. Es handelte sich dabei um ein Gesetz zum Schutz sozial schwacher und unerfahrener Käufer gegen übermächtige Verkäufer[1]. Die Verabschiedung des Abzahlungsgesetzes[2] ist auf die damalige Situation der Kleingewerbetreibenden zurückzuführen. Ende letzten Jahrhunderts versuchten viele, mit Hilfe des neuen Zwangssparens in Form von Abzahlungsgeschäften eine wirtschaftliche Existenz aufzubauen[3]. Diese Käufer waren oft auf den Erwerb von teuren Investitionsgütern angewiesen[4]. Sie sollten davor geschützt werden, daß die erworbenen Gegenstände ohne Rückgewähr der bereits erbrachten Leistungen wieder herausgegeben werden mußten[5]. Der Kauf unter Eigentumsvorbehalt nahm mit der Massenproduktion stetig zu. Verschiedene Mißstände wurden durch das neue Gesetz beseitigt, ohne die wirtschaftlichen Vorteile der Existenzgründung ohne Anfangskapital zu beseitigen[6].

Diskussionen und gesetzgeberische Bemühungen über einen stärkeren Verbraucherschutz[7] begannen in den 60er Jahren[8]. Durch die zweimalige Änderung des Abzahlungsgesetzes kam es nur bei den Abzahlungsgeschäften zu einer Umsetzung dieser Überlegungen. 1969 wurde im Rahmen der ersten Novellierung der Gerichtstand beim

---

[1] *Scholz*, (Fast) 100 Jahre Abzahlungsgesetz, FLF 1994, S. 148.
[2] RGBl. 1894, S. 450 v. 16.5.1894.
[3] *Drexel*, Wirtschaftliche Selbstbestimmung des Verbrauchers, S. 18 f.
[4] *Westermann*, in: MünchKomm, Vor § 1 AbzG, Rdnr. 2, 2. Aufl.
[5] BGH Urt. v. 12.12.1973 VIII ZR 183/72, BGHZ 62, S. 43, 45.
[6] *Drexel*, Wirtschaftliche Selbstbestimmung des Verbrauchers, S. 18 f.
[7] Schutz des Verbrauchers vor sich selbst, *Scholz*, (Fast) 100 Jahre Abzahlungsgesetz, FLF 1994, S. 148, 150.
[8] *Ulmer*, in: MünchKomm, Vor. § 1 VerbrKrG, Rdnr. 4, 3. Aufl.

Abzahlungskäufer festgelegt[9] und die Schriftform modifiziert. Abzahlungsgeschäfte bedurften nun der Schriftform und verschiedener Mindestangaben[10]. 1974 wurde mit der zweiten Novellierung das Widerrufsrecht des Käufers eingeführt, Schriftform- und Widerrufsregelungen auf langfristige Lieferverträge ausgedehnt und die Angabe des effektiven Jahreszinses eingeführt[11]. Ein Kündigungsrecht des Darlehensnehmers, gegebenenfalls auch vor Ende der Darlehensfrist, wurde 1986 im BGB geschaffen[12]. Mit dieser Erweiterung kam es auch zu einer Änderung des Schutzzweckes des Abzahlungsgesetzes. Mit dem Widerrufsrecht sollte der Käufer vor seinen eigenen Fehleinschätzungen geschützt werden[13]. Weitergehende Forderungen konnten sich in den 70er und 80er Jahren aber nicht durchsetzen. 1979 gab es einen Regierungsentwurf zu einem Gesetz über finanzierte Rechtsgeschäfte sowie über Maklerverträge[14]. Dieses Gesetz, welches durch Änderungen im BGB das Verbraucherkreditrecht beeinflußt hätte, wurde nicht verabschiedet. Der Bundesrat und die Konferenz der Justizminister der Länder ersuchten 1984 die Bundesregierung, die Lage der Schuldner von Ratenkrediten zu untersuchen[15], da die Bundesländer gesetzgeberischen Handlungsbedarf sahen[16]. Es kam aber zu keinem Gesetzentwurf, wohl auch aus Rücksicht auf die Entstehung der Verbraucherkreditrichtlinie[17].

Ein erster eingehend begründeter Referentenentwurf zum Verbraucherkreditgesetz wurde schließlich im Juni 1988 als Reaktion auf die Verbraucherkreditrichtlinie[18] vorgelegt. Der zweite Referentenentwurf wurde nach Stellungnahmen der Länder und verschiedener Verbände mit teilweise deutlichen Veränderungen im März 1989 vorgelegt[19]. Mit geringfügigen Änderungen entstand daraus der Regierungsentwurf „Entwurf eines Gesetzes für Verbraucherkredite“[20]. Nach einer Stellungnahme durch den Bundesrat kam es zu zahlreichen Änderungen[21]. Das Verbraucherkreditgesetz wurde am 25.10.1990 vom Bundestag verabschiedet und trat am 1.1.1991 in Kraft. Damit wurde die Umsetzungsfrist in Art. 16 I Verbraucherkreditrichtlinie um genau ein Jahr

---

[9] § 6a I AbzG.
[10] § 1 a AbzG.
[11] §§ 1 b-d AbzG.
[12] § 609 a BGB, RGBl. 1896, S. 195 v. 18.8.1896, BGBl. III 400-2.
[13] *Westermann*, in MünchKomm: Vor § 1 AbzG, Rdnr. 2, 2. Aufl.
[14] BT-Drucks. 8/3212.
[15] Beschluß des Bundesrates vom 16.11.1984, BR-Drucks. 346/84.
[16] BT-Drucks. 11/5462 S. 11, 13.
[17] *Ulmer*, a.a.O. Rdnr. 6.
[18] ZIP 1988, S. 1215 ff.
[19] ZIP 1989 A 69 Nr. 254.
[20] BT-Drucks. 11/5462.
[21] BT-Drucks. 11/5462 v. 11.8.1989, S. 34 ff.

überschritten. Es konnte aber bereits die Änderungsrichtlinie vom 22.2.1990 berücksichtigt werden[22].

Das Verbraucherkreditgesetz ersetzte das Abzahlungsgesetz. Für Altverträge galt das Abzahlungsgesetz allerdings fast vollständig fort[23], außerdem blieben die Auslegungsergebnisse der Gerichte in Verbindung mit dem Abzahlungsgesetz für das Verbraucherkreditgesetz von Bedeutung[24]. Abschließend läßt sich sagen, daß sich der deutsche Gesetzgeber zwar früh mit der Problematik „Kredite an Konsumenten" auseinandergesetzt hat, aber dann später mit der Entwicklung auf diesem Gebiet nur unzureichend mithalten konnte. Die Anpassung wurde in der Regel durch die Rechtsprechung vorgenommen. Eines der Hauptanliegen der Verfasser des Verbraucherkreditgesetz war dann auch, nachträglich Lösungen in Gesetzform zu bringen, die bereits in der Praxis entwickelt worden waren[25]. Eine Vielzahl von Fragen wurde durch den Gesetzgeber aber nicht gesehen oder auch bewußt der Rechtsprechung zur Klärung überlassen[26]. Zum Beispiel wurden die bereits bestehenden Grundsätze der Rechtsprechung zu Krediten, die gegen die guten Sitten verstoßen, im Verbraucherkreditgesetz nicht umgesetzt[27]. Deshalb kann sich die Rechtsprechung nun in diesem Gebiet ungehindert weiterentwickeln[28].

*II. Das Verbraucherkreditgesetz*

Das Verbraucherkreditgesetz enthält 18 Paragraphen, die in vier Abschnitte eingeteilt sind. Es ist somit ähnlich lang wie die Verbraucherkreditschutzrichtlinie, aber es hat doppelt so viele Paragraphen wie sein Vorgänger, das Abzahlungsgesetz.

Im ersten Abschnitt wird der Anwendungsbereich definiert. Der zweite Abschnitt ist mit „Kreditvertrag" überschrieben und enthält alle auf ihn anwendbare Vorschriften, wie die Formvorschriften und die Rechtsfolgen der Nichteinhaltung, aber auch den Widerruf, außerdem Verträge, die im weiteren Sinne auch unter das Verbraucherkreditgesetz fallen, wie der Überziehungskredit und verbundene Geschäfte. Der dritte Abschnitt behandelt den Kreditvermittlungsvertrag. Im letzten Abschnitt

---

[22] *Rat der Europäischen Gemeinschaft*, Richtlinie (1990/88/EWG) v. 22.2.1990 zur Änderung der Richtlinie 87/102/EWG zur Angleichung der Rechts- und Verwaltungsvorschriften der Mitgliedstaaten über den Verbraucherkredit, ABl. Nr. L 61 v. 10.3.1990, S. 14.

[23] Ausnahmen sind §§ 6 (a), (b) AbzG.

[24] *Ulmer*, a.a.O. Rdnr. 41.

[25] *Blaurock*, Verbraucherkredit und Verbraucherleitbild in der Europäischen Union, JZ 1999, S. 801, 808; *Kessal-Wulf*, in: Staudinger, Einleitung zum VerbrKrG, Rdnr. 6.

[26] *Scholz*, (Fast) 100 Jahre Abzahlungsgesetz, FLF 1994, S. 148, 152.

[27] Überhöhte Zinsen, vertragliche Bindung geschäftlich unerfahrener Verbraucher, Regelungsprobleme des § 138 BGB, *Ulmer*, a.a.O. Rdnr. 19.

[28] Bericht der Kommission zur Richtlinie, para. 245.

sind schließlich allgemeine und Schlußbestimmungen zu finden, wobei es vor allem um das Umgehungsverbot und den zwingenden Charakter des Verbraucherkreditgesetzes geht.

*III. Weiterentwicklungen*

Zu einer ersten Änderung des Verbraucherkreditgesetzes kam es bereits 1993 durch das Bauhandwerksicherungsgesetz[29]. Aus der Fülle von Zweifelsfragen hatte der Gesetzgeber einige Anwendungsbereichs- und Formfragen herausgenommen und änderte das Verbraucherkreditgesetz durch das Bauhandwerksicherungsgesetz[30] dementsprechend[31].

Verschiedene Änderungen des Verbraucherkreditgesetzes brachte auch die Umsetzung der Fernabsatzrichtlinie[32]. Neben der Schaffung des Fernabsatzgesetzes kam es durch das Gesetz über Fernabsatzverträge und andere Fragen des Verbraucherrechts[33] zu einer Vereinheitlichung des Widerrufsrecht, das aus verschiedenen Sondergesetzen, die wie auch das Verbraucherkreditgesetz nicht in das BGB integriert waren, hervorgeht. Es findet sich nun eine gemeinsame Blankettvorschrift für alle diese Regelungsbereiche im BGB. Außerdem wurden die Definitionen des Verbrauchers und des Unternehmers in den ersten Titel des Ersten Buches des Bürgerlichen Gesetzbuches über „natürliche Personen" eingefügt[34].

Im Rahmen der Schuldrechtsmodernisierung[35] ist es zu einer Integration verschiedener Sondergesetze, zu denen auch das Verbraucherkreditgesetz gehört, in das BGB gekommen. Dies soll laut Begründung des Regierungsentwurfs nur zu wenigen

---

[29] BGBl. 1993 I v. 27.4.1993, S. 509.

[30] Art. 2 Bauhandwerksicherungsgesetz; siehe Immobiliarkredite S. 117.

[31] *Bülow*, Änderung des Verbraucherkreditgesetzes durch das Bauhandwerksicherungsgesetz, NJW 1993, S. 1617.

[32] *Rat der Kommission,* Richtlinien (1997/7/EG) des Europäischen Parlaments und des Rates v. 20.5.1997 über den Verbraucherschutz bei Vertragsschlüssen im Fernabsatz, ABl. L 144 v. 4.6.1997, S. 19.

[33] BGBl. 2000 I, S. 897 v. 29.6.2000, Neufassung BGBl. 2000 I, S. 940 v. 30.6.2000.

[34] §§ 13, 14 BGB; Auf diese Regelungen verwiesen auch die Definitionen des Kreditnehmers und des Kreditgebers im Verbraucherkreditgesetz, § 1 I VerbrKrG. Mit der Integration des Verbraucherkreditgesetzes können diese Verweise entfallen.

[35] Die Schuldrechtsmodernisierung ist einerseits auf die notwendige Umsetzung der Verbrauchsgüterkaufrichtlinie, der Zahlungsverzugsrichtlinie und der E-Commerce-Richtlinie in das deutsche Recht und andererseits auf die Feststellung, daß das Schuldrecht auf dem Stand von vor 100 Jahren stehen geblieben sei, eine Behebung einiger Mängel erforderlich wäre und der Auslagerung von Rechtsmaterie und so der Rechtszersplitterung entgegen gewirkt werden muß, zurückzuführen. *Bundesministerium der Justiz*, Regierungsentwurf Schuldrechtsmodernisierung v. 9.5.2001 (auch BT-Drucks. 14/6040 v. 14.5.2001) (zit. Regierungsentwurf Schuldrechtsmodernisierung), S. 1 f., BGB, BGBl. 2001 I, S. 3138 v. 29.11.2001.

inhaltlichen Änderungen führen[36]. Die angestrebte Integration der Sondergesetze soll eine Vereinfachung des BGB bewirken. Die Schuldrechtsordnung würde übersichtlicher, das BGB würde als zentrale Zivilrechtskodifikation gestärkt und die Einheit des Schuldrechts wäre durch die „integrative Kraft“ des BGB gesichert. Die Sondergesetze hätten sich zusehends verselbständigt und erhielten nun ihren gebührenden Platz innerhalb des Schuldrechts zugewiesen[37].

Allerdings hat die Integration erhebliche Veränderungen in Aufbau und Systematik der Regelungen zum Verbraucherkredit zur Folge. Das Verbraucherkreditgesetz ist nun in seine Bestandteile aufgeteilt und den entsprechenden Abschnitten des BGB zugeordnet worden. Nach Veränderungen im persönlichen Anwendungsbereichs durch das Gesetz zu Fernabsatzverträgen und anderen Fragen des Verbraucherrechts bringt die Schuldrechtsmodernisierung neben der völligen Einordnung der Vorschriften des Verbraucherkreditgesetzes in das Bürgerliche Gesetzbuch vor allem Änderungen für den sachlichen Anwendungsbereich[38].

Die meisten Bestimmungen des Verbraucherkreditgesetz finden sich nun im Titel 3 „Darlehensvertrag; Finanzierungshilfen und Ratenlieferungsverträge zwischen einem Unternehmer und einem Verbraucher“ bei den Vorschriften zu den einzelnen Schuldverhältnissen. Sie sind aufgeteilt in Verbraucherdarlehensverträge, Finanzierungshilfen und Ratenlieferungsverträge, wobei Finanzierungshilfen auch Zahlungsaufschübe, Finanzierungsleasingverträge und Teilzahlungsgeschäfte sein können. Bestimmungen, die dem Verbraucherkreditgesetz entsprechen, finden sich in den §§ 491 ff. BGB selber oder es gibt Verweise auf Regelungen in anderen Teilen des BGB, wie zum Beispiel das Widerrufsrecht in §§ 355 ff. BGB. Regelungen, die zwar im Verbraucherkreditgesetz enthalten waren, aber nur indirekt zur Thematik Verbraucherkredit gehörten, wie zum Beispiel die Kreditvermittlung, sind jetzt ihrem Inhalt entsprechend Abschnitten des BGB zugeordnet.

Die Schuldrechtsmodernisierung ist aber von der Wissenschaft nicht kritiklos angenommen worden. So sei zu bedenken, daß eine Vereinfachung der Regelungen ohne eine Abstraktion nicht möglich ist. Der Entwurf sei also nicht moderner als das BGB selber, da abstrakte Begriffsbildung und Verweisungstechnik noch verstärkt werden. Auch die „Beseitigung des Wildwuchses“ würde nicht konsequent vorangetrieben, da zum Beispiel das Produkthaftungsgesetz nicht in das BGB integriert werde. Der konkrete Nutzen sei für den Rechtsanwender außerdem nicht unbedingt ersichtlich, da die Einbindung teilweise, wie zum Beispiel beim AGB, unübersichtlich gelöst

[36] Regierungsentwurf Schuldrechtsmodernisierung, S. 596.
[37] Regierungsentwurf Schuldrechtsmodernisierung, S. 170.
[38] Der Regierungsentwurf der Schuldrechtsmodernisierung wurde am 9.5.2001 vom Kabinett gebilligt.

sei. Eine Integration der Sondergesetze sei momentan schließlich ungünstig, da dies eine zu diesem Zeitpunkt unnötige Weichenstellung für die in Zukunft notwendige Neubestimmung des Verhältnisses des allgemeinen Zivilrechts, des Verbraucherrechts und des Unternehmerprivatrechts bedeute[39].

*IV. Anwendungsbereich*

Der Anwendungsbereich der Regelungen zum Verbraucherrecht ist im Gegensatz zum Verbraucherkreditgesetz nicht mehr zentral festgelegt. Im Verbraucherkreditgesetz war der erste Abschnitt maßgeblich. § 1 I VerbrKrG definierte den persönlichen Anwendungsbereich, Art. 1 II der Verbraucherkreditrichtlinie folgend, mit den Begriffen Kreditgeber, Verbraucher und zusätzlich Kreditvermittler. Außerdem fanden sich im § 1 II, III VerbrKrG auch Definitionen zu Kreditvertrag und Kreditvermittlungsvertrag. Der sachliche Anwendungsbereich erfuhr in § 2 VerbrKrG eine Erweiterung durch die teilweise Einbeziehung der langfristigen Lieferbeziehungen ohne Kreditgewährung. Dies ging weit über den Anwendungsbereich der Verbraucherkreditrichtlinie hinaus. In § 3 VerbrKrG wurde der sachliche Anwendungsbereich auf Kredite mit bestimmten Eigenschaften eingeschränkt.

Mit dem Schuldrechtsmodernisierungsgesetz werden in § 491 BGB die §§ 1 I und 3 VerbrKrG, die im Wesentlichen den Anwendungsbereich des Verbraucherkreditgesetzes bestimmen, fast ohne inhaltliche Änderungen zusammengefaßt. Die §§ 491 I, 655a BGB entsprechen weitgehend § 1 I VerbrKrG[40]. Der Ausnahmefall Existenzgründer ist nun räumlich getrennt in § 507 BGB geregelt. Es entfällt der Oberbegriff Kredit, und so können der Darlehensvertrag und Finanzierungshilfen getrennt behandelt werden[41]. Die Bestimmung des § 1 II VerbrKrG findet sich daher sowohl in § 488 I BGB zum Darlehen, als auch in § 499 I BGB zum Zahlungsaufschub und zu Finanzierungshilfen. Lieferungen in Teilleistungen oder wiederkehrenden Leistungen sind nun nicht mehr in § 2 VerbrKrG, sondern in § 505 BGB geregelt. Die Ausnahmeregelungen des § 3 VerbrKrG sind nun für Darlehen in § 491 II, III BGB und für Zah-

[39] Es wurde vorgeschlagen, dieses Reformvorhaben zurückzustellen, *Dauner-Lieb*, Die geplante Schuldrechtsmodernisierung – Durchbruch oder Schnellschuß? JZ 2001, S. 8, 16.

[40] Regierungsentwurf Schuldrechtsmodernisierung, S. 602; *Bundesministerium der Justiz*, Einführung in den Entwurf der Bundesregierung und der Koalitionsfraktionen für ein Gesetz zur Modernisierung des Schuldrechts v. 15.6.2001 (zit. Einführung in den Regierungsentwurf Schuldrechtsmodernisierung), S. 38.

[41] Da viele Regelungen des Verbraucherkreditrechts weiterhin auf alle der im Verbraucherkreditgesetz behandelten Kreditformen anwendbar sind, wird der Oberbegriff Kredit im Folgenden wo sinnvoll weiterhin auftauchen.

lungsaufschübe und sonstige Finanzierungshilfen in §§ 499 I, III, 500 BGB zu finden[42].

## B. Großbritannien

### *I. Geschichte der Verbraucherkreditgesetzgebung*

#### *1. Entwicklung bis 1968*

Verbraucherkredite erfuhren in England 800 Jahre lang keine gesonderte Behandlung, weder durch die Gerichte, noch durch Gesetzgebung oder Regierung. „The Chancery mends no man's bargain"[43] war der überall anerkannte Grundsatz. Von Interesse war lediglich der Schutz des Kreditgebers. Dies wurde zunehmend wichtiger, als auch andere Sicherungsarten neben dem Faustpfand möglich wurden[44].

Über die Zeit entstand einiges Recht zu Wucher, dieses wurde 1854, im selben Jahr des Inkrafttreten der Bills of Sales Acts, aber außer Kraft gesetzt. Die Bills of Sales Acts schafften ein neues Registrierungssystem für Kaufurkunden beweglicher Sachen[45], woraus folgte, daß nicht registrierte Kaufurkunden gegenüber den Kreditgebern unwirksam waren[46]. In 1882 wurde zum ersten Mal dem Schutzbedürfnis des Sicherheitengebers selber Rechnung getragen. Für Sicherheiten, in Form von „Bills of Sale" entstanden einige Formvorschriften, und verschiedene Vertragsklauseln wurden verboten[47].

Von 1854 bis 1900 gab es für Kreditgeber durch die Außerkraftsetzung der Wuchergesetzgebung eine fast unbeschränkte Freiheit, was zu Mißbrauch führte. Es gab zum Beispiel Kreditverträge mit Zinsraten von 3000 % bis zu 18 000 000 %[48]. 1900 trat deswegen der erste „Moneylenders Act" in Kraft. Es entstand ein Registrierungssystem für Kreditgeber, und man eröffnete den Gerichten die Möglichkeit, skrupellose Kreditverträge zu berichtigen. Problematisch war allerdings, daß der angebotene Schutz nur in einem Gerichtsverfahren genutzt werden konnte, die Zielgruppe dieser Schutzvorschriften sich in der Regel aber kein gerichtliches Verfahren leisten konnte. Zu bemerken ist außerdem, daß der Anwendungsbereich dieser Gesetzgebung

---

[42] Einführung in den Regierungsentwurf Schuldrechtsmodernisierung, S. 38.
[43] Das Kanzlerministerium (damals das „Equity"-Gericht) bessert nicht geschlossene Geschäfte aus; *Lord Nottingham* in *Maynard v. Moseley* (1676) 3 Swan 651.
[44] Zur Geschichte der Kreditgesetzgebung allgemein siehe *Diamond*, Commercial and Consumer Credit, S. 3 ff.
[45] Schriftliche Einigung über ein Besitzkonstitut.
[46] *Cookson v. Swire* (1884) 9 App Cas 653.
[47] Bills of Sales Act 1878, 41 & 42 Vict cm 31, Bills of Sales Act (1878) Amendment Act 1882, 45 & 46 Vict cm 43.
[48] *Director General of Fair Trading*, Annual Report 1987, S. 14; Diese hohen Zinsen sind darauf zurückzuführen, daß es sich um Wucherzinsen für sehr kurze Zeiträume handelte, die auf ein Jahr hochgerechnet sind.

sich am Kreditgeber festmachte, und somit waren zum Beispiel Banken ausgenommen. Obwohl als Verbraucherschutz gedacht, fanden diese Schutzvorschriften deshalb bei Kreditverträgen kaum Anwendung[49]. 1927 wurde die Registrierungspflicht durch eine jährliche Lizenzvergabe ersetzt. Außerdem wurde auf die Methoden der Kreditgeber eingewirkt. So wurden zum Beispiel detaillierte Regelungen zu Werbung in Zeitungen geschaffen. Problematisch war allerdings die Behinderung der rechtmäßigen Kreditgeschäfte. So konnten auch geschäftliche Kreditverträge durch technische Fehler nichtig werden, da es zum Beispiel im Moneylenders Act an einer Unterscheidung zwischen Krediten für gewerbliche und private Zwecke fehlte. Außerdem mangelte es im Moneylenders Act an einer klaren Definition von Kredit und somit des Anwendungsbereichs[50].

Diese Schwierigkeiten mit der Gesetzgebung hatten zwei grundsätzliche Auswirkungen: Ersten gab es eine intensive Entwicklung von Finanzierungsmöglichkeiten[51], die nicht unter diese Gesetzgebung fielen, und zweitens wurden Geschäftsformen entwickelt[52], die die Kreditgeber aus dem Anwendungsbereich des Moneylenders Act fallen ließen[53].

Ein Beispiel für die Entwicklung von alternativen Finanzierungsmöglichkeiten ist der „hire-purchase"[54]. „Hire-purchase"-Verträge wurden nicht vom Anwendungsbereich der Moneylenders Acts erfaßt, da sie im englischen Recht nicht als Kredite gesehen wurden[55]. Sie galten auch nicht als Sicherheiten für Kredite und fielen somit nicht in den Anwendungsbereich der Bills of Sales Acts[56]. Selbst die Kosten wurden nicht als Zinsen angesehen, sondern lediglich als ein „time-price differential"[57]. Schutz für den Verbraucher wurde aber durch den Hire-Purchase and Small Debt Act 1932 in Schottland und den Hire-Purchase Act 1938 in England geschaffen. Es entstand ein Kündigungsrecht für den Verbraucher[58], der vertragliche Ausschluß der Haftung für Mängel wurde beschränkt[59], und der sogenannte „snatch-back" wurde eingeschränkt: Wenn bereits ein Drittel der zu zahlenden Summe gezahlt worden war, war eine Wie-

---

[49] Dies ändert sich erst mit dem Consumer Credit Act 1974.
[50] Crowther Report, para. 4.2.6.
[51] Z.B. Miete mit Kaufoption, Abzahlungskredite.
[52] Es wurde z.B. der Bankenstatus intensiv genutzt. Für diesen Zweck entwickelte sich ein separates Bankensystem.
[53] *Goode*, March 2000, Rdnr. IA 1.1.-1.7/3 – 6.
[54] Miete mit Kaufoption.
[55] *Beete v. Bidgood* (1827) 7 B & C.
[56] *McEntire v. Crossley Bros Ltd.* [1895] AC 457.
[57] D.h. ein höherer Preis, weil er erst später zu zahlen ist.
[58] Hire-Purchase Act 1938, S. 4 I.
[59] Hire-Purchase Act 1938, S. 8.

derinbesitznahme nur nach Anordnung durch das Gericht möglich[60]. Die Anwendung des Hire-Purchase Act 1938 war aber durch vorgegebene Höchstgrenzen beschränkt.

Spätere Änderungen des Hire-Purchase Act führten zu verschiedenen Verbesserungen. 1964 wurde eine „cooling-off period" verpflichtend, währenddessen ein Schuldner seine Zustimmung zu seinem Vertrag widerrufen konnte, wenn er den Vertrag nicht in den Verkaufsräumen abgeschlossen hatte[61]. Es wurden außerdem Körperschaften vom Schutz des Gesetzes ausgenommen[62]. Diese Gesetzgebung war aufgrund der Verspätung des Inkrafttreten des Consumer Credit Act 1974 bis 1985 gültig[63]. Die Werbung für „hire-purchase"-Verträge wurde durch den Advertisements (Hire-Purchase) Act 1957 reglementiert. Die Verträge mußten ein Minimum an Informationen beinhalten. Von 1964 an mußte auch die „effective rate" angegeben werden[64].

*2. Der Crowther Report*

Im September 1968 wurde eine Kommission durch die Labour-Regierung eingesetzt, als Vorsitzender wurde *Lord Crowther* benannt[65]. Die Untersuchung des Verbraucherkreditmarktes wurde als eine Aufgabe gesehen, deren Erledigung lediglich sechs Monate beanspruchen würde und deren Ergebnis einige kleinere Änderungen an der bestehenden Gesetzgebung sein würde. Der Bericht der Crowther Committee wurde im März 1971 veröffentlicht. Er enthielt den Vorschlag, zwei völlig neue Gesetze zu erlassen, einen allgemeinen Lending and Security Act und einen spezielleren Consumer Sale and Loan Act. Als die größten Mißstände der bestehenden Gesetzgebung wurden unter anderem genannt, daß die Verträge nach ihrer Form und nicht nach ihrem Inhalt beurteilt werden, daß es an der Differenzierung von Verbraucherverträgen und anderen Verträgen fehle, daß die Trennung zwischen Kreditverträgen und Sicherungsverträgen künstlich sei, daß die Gesetzgebung zu technisch sei und daß der Verbraucher nicht ausreichend geschützt werde[66].

Eine Schutzgesetzgebung habe laut Crowther Report grundsätzlich drei Ziele. Sie soll die Rechtsmittel bei Zahlungsverzug regulieren, problematische Geschäftspraktiken mit Sanktionen belegen und ungleich starke Verhandlungspositionen[67] durch Informationsregelungen und vorgegebene unabdingbare Klauseln bei Verträgen aus-

[60] Hire-Purchase Act 1938, S. 11.
[61] Hire-Purchase Act 1964, cm 53, S. 4.
[62] Hire-Purchase Act 1964, S. 9.
[63] *Goode*, March 2000, Rdnr. IA 1.8-1.20/8.
[64] Advertisement (Hire-Purchase) Act 1957, S. 2 A I, II.
[65] im Folgenden: Crowther Committee.
[66] Crowther Report.
[67] Bargaining inequality.

gleichen[68]. Insgesamt soll eine Balance zwischen Kreditnehmer und Kreditgeber geschaffen werden.

Die inzwischen konservative Regierung äußerte sich erst 15 Monate später zu den Ergebnissen der Crowther Committee. Sie nahm die Anregungen zur Verbraucherkreditgesetzgebung bereitwillig auf, ein allgemeines Gesetz zum Kreditwesen dagegen fand keine Zustimmung. Als Reaktion auf den Bericht wurde ein Verhaltenskodex entwickelt, der bis zum Inkrafttreten der neuen Gesetzgebung Mißstände ausgleichen sollte. Eine Labour-Regierung verabschiedete das Gesetz am 31. Juli 1974[69]. Die Mitwirkung von Regierungen unterschiedlicher politischer Ausrichtung zeigt deutlich, daß diese Reform eine breite Unterstützung gefunden hat.

Nicht gefolgt ist die Regierung den Empfehlungen der Crowther Committee, „hire-purchase" in das allgemeine Kreditsystem einzugliedern[70]. Auch wurde das generelle Gesetz zu „lending and security" nicht in Angriff genommen[71]. Obwohl man im Moment Mißstände sehe, gebe es aber auch keinen Anlaß anzunehmen, daß die Vorschläge der Crowther Committee angebracht seien. Die Situation sollte aber beobachtet werden[72]. Das Gesetz führt neben den Forderungen des Crowther Reports zusätzlich unter anderem die Widerrufsfrist bei allen Hypotheken ein[73]. Von Bedeutung für die Regierung war außerdem, daß die gesetzlichen Bestimmungen flexibel genug bleiben, um auch zukünftige Entwicklungen abdecken zu können. Dies wird durch das System der „orders"[74] ermöglicht, die in Verbindung mit dem Gesetz entstehen sollen[75].

Vollständig in Kraft getreten ist der Consumer Credit Act 1974 erst 1985. Er gilt im gesamten Vereinigten Königreich[76]. Das Gesetz ist aber nicht ausschließlich: Wenn dies nicht den Regelungen des Consumer Credit Act 1974 widerspricht, bleiben Richterrecht und andere Gesetze anwendbar[77].

---

[68] Crowther Report, para. 6.1.15.

[69] Das „White Paper" war im September veröffentlicht worden (*Department of Trade and Industry*, Reform of the Law on Consumer Credit, Her Majesty's Stationary Office, cm 5427, London September 1973 (zit. White Paper)). Im November wurde das zu verabschiedende Gesetz veröffentlicht und fand weite Zustimmung. Obwohl das Gesetz im Februar 1974 bereits seinen Weg durch den Rechtsausschuß des Unterhauses genommen hatte, wurde eine Verabschiedung durch Neuwahlen verhindert, die wiederum die Labour-Partei gewann. Das Gesetz wurde aber von der neuen Labour-Regierung schnell wieder eingebracht.

[70] White Paper, Rdnr. 8.

[71] White Paper, Rdnr. 13.

[72] White Paper, Rdnr. 14.

[73] White Paper, Rdnr. 9.

[74] Verordnungen.

[75] White Paper, Rdnr. 10.

[76] *Goode*, March 2000, Rdnr. IA 1.41-1.62/25 – 44.

[77] *Goode*, March 2000, Rdnr. IB 11.2/243.

*II. Der Consumer Credit Act 1974*

Der Consumer Credit Act 1974 ist in 12 Abschnitte eingeteilt, außerdem sind fünf Tabellen angehängt. Die 12 Abschnitte beinhalten insgesamt 193 Paragraphen[78]. Der Umfang bedeutet auch, daß das Gesetz eher unübersichtlich und schwer verständlich ist. Eine Beschäftigung mit dem Aufbau und einigen grundlegenden Definitionen ist deshalb notwendig.

*1. Aufbau des Consumer Credit Act 1974*

Im ersten Abschnitt werden die Aufgaben des „Director General of Fair Trading" beschrieben, der das „Office of Director General of Fair Trading" leitet. Zusammen sind sie für verschiedene Verbraucherschutzbelange zuständig, unter anderem auch für die Umsetzung und Einhaltung des Consumer Credit Act 1974. Im zweiten Abschnitt werden erst der Anwendungsbereich definiert und dann die für die späteren Abschnitte wichtigen Kategorien beschrieben. Das Lizenzsystem, das das System aus dem Moneylenders Act 1900 ersetzt und erweitert, wird im dritten Abschnitt umrissen. Der vierte Abschnitt heißt „seeking business" und umfaßt sowohl Werbung als auch Geschäftsmethoden. Im fünften Abschnitt sind die Voraussetzungen für den Abschluß von wirksamen Verträgen zu finden, wozu auch die Unterrichtungspflicht gehört. Neben Formvorschriften sind aber auch ein Widerrufsrecht und seine Rechtsfolgen beschrieben. Abschnitt VI beschäftigt sich dann mit Rechten und Pflichten während der Laufzeit der Verträge. Im siebten Abschnitt werden sowohl das Kündigungsrecht als auch die Rechtsfolgen bei Nichtleistung behandelt. Der achte Abschnitt beinhaltet alle Regelungen zu Sicherheiten in Verbindung mit Verträgen, die unter den Consumer Credit Act 1974 fallen. Abschnitt IX beschreibt Eingriffe durch die Judikative. Abschnitt X behandelt Geschäfte, die in Verbindung mit dem Kreditgeschäft auftreten. Hierunter fällt zum Beispiel die Kreditvermittlung[79]. Der elfte Abschnitt beschäftigt sich schließlich mit Durchsetzungsmaßnahmen, und im zwölften Abschnitt sind lediglich verschiedene Ergänzungen zu finden.

*2. Wichtige Kategorien und Definitionen*

Im zweiten Abschnitt des Consumer Credit Act 1974 werden Einteilungen geschaffen, die alle möglichen Kredite und sonstige Finanzierungshilfen in Kategorien fassen, mit denen das Gesetz dann im Folgenden umgeht. Die folgenden drei Unterscheidungen sind wichtig für das Verständnis des Consumer Credit Act 1974, da diese Kategorien

[78] Sections.

[79] Credit brokage, S. 145 I a CCA.

genutzt werden, um an ihnen die Anwendbarkeit der verschiedenen Vorschriften festzumachen.

*a) „Running-account" und „fixed-sum credit"*

S. 10 teilt alle „personal credits" in „running-account" oder „fixed-sum credit". „Running-account" Kredite sind alle Kredite, bei denen der Kreditnehmer von Zeit zu Zeit innerhalb eines vom Kreditgeber gestellten Kreditrahmens einen Kredit in Anspruch nehmen kann. Dies ist eine fortlaufende Verbindung und ist dem deutschen Kontokorrentkredit ähnlich. Alle Kredite, die nicht unter diese Kategorie fallen, sind „fixed-sum" Kredite[80].

*b) „Restricted-use" und „unrestricted-use credit"*

S. 11 zieht eine Grenzlinie zwischen Krediten, bei denen der Kreditnehmer absolute Kontrolle über den Verwendungszweck der Kreditsumme hat, auch wenn ein bestimmter Verwendungszweck vereinbart ist (unrestricted), und Krediten, bei denen der Kreditgeber die absolute Kontrolle über die Verwendung der Kreditsumme hat (restricted). Diese Unterscheidung hat Bedeutung bei der Bestimmung von „debtor-creditor-supplier" und „debtor-creditor agreements" und außerdem bei den Regelungen zu Kündigung[81] und Rücktritt[82].

Für ein „restricted-use agreement" gibt es drei Ausgestaltungsmöglichkeiten. Wichtig ist die wirkliche Kontrolle des Kreditgebers über die Verwendung des Kredites[83]. Möglich ist ein Vertrag zwischen dem Kreditnehmer und Kreditgeber[84]. Hierunter fallen zum Beispiel Abzahlungskäufe. Außerdem ist ein Vertrag zwischen einem Kreditnehmer und einem Lieferanten möglich[85], worunter zum Beispiel Kreditkartenkäufe bei anerkannten Partnern zählen, nicht aber, wenn eine Kreditkarte genutzt wird, um Bargeld abzuheben. Die dritte Ausgestaltungsmöglichkeit sind „restricted-use agreements"[86]. Alle übrigen Verträge fallen in die Kategorie „unrestricted-use agreements".

---

[80] *Goode*, March 2000, Rdnr. IIB 5.9/142.
[81] Cancellation, SS. 69, 71, 72, 74 CCA.
[82] Withdrawal, SS. 57, 58, 61 CCA.
[83] *Goode*, March 2000, Rdnr. IIB 5.21/122 f.
[84] S. 11 I a CCA.
[85] S. 11 I b CCA.
[86] S. 11 I c CCA.

*c) „Debtor-creditor-supplier" und „debtor-creditor agreements"*

Die Unterscheidung zwischen einem Kreditnehmer-Kreditgeber-Lieferanten und einem Kreditnehmer-Kreditgeber-Vertrag ist besonders wichtig. Abgekürzt läßt sich sagen, daß ein Kreditnehmer mehr Schutz erfährt, wenn es sich um einen Kreditnehmer-Kreditgeber-Lieferanten Vertrag handelt. Es ist zu beachten, daß der Lieferant die Person ist, mit dem der Kreditnehmer eine vertragliche Beziehung hat, dies ist nicht notwendiger Weise die Person, die die Kaufsache übergibt. Dies ist wichtig, da bei einem Abzahlungskauf der Kreditgeber eventuell Eigentümer der Kaufsache wird, auch wenn die Sache vom Verkäufer übergeben wird.

Das Vorliegen eines Dreiparteienvertrages ist für „debtor-creditor-supplier-agreements"[87] eigentlich nicht zwingend, vielmehr dient diese Kategorie der Bezeichnung aller Kredite, die in Verbindung mit einem Kaufvertrag vergeben werden, worunter auch Verträge fallen, bei denen Kreditgeber und Lieferant ein und dieselbe Person sind[88].

*3. Anwendungsbereich*

Der Anwendungsbereich des Consumer Credit Act 1974 ist in Abschnitt II beschrieben. Schwierig an Abschnitt II ist aber, daß darin nicht nur der Anwendungsbereichs des Consumer Credit Act 1974 definiert ist, sondern auch eine völlig neue Methode der Einteilung von Kreditverträgen im weitesten Sinne Platz greift. Insgesamt folgt das Gesetz hier den Empfehlungen der Crowther Committee. Eine Einteilung nach der wirtschaftlichen Funktion der Mittel wurde geschaffen. Es wurde aber nicht die von der Crowther Committee geforderte generelle Reform der Kredit- und Sicherheitsverträgen durchgeführt.

Bei der Bestimmung des Anwendungsbereiches sind der Inhalt, der Wert und die Vertragsparteien, aber nicht die Form der Vereinbarung von Bedeutung. Grundlegend ist der Anwendungsbereich nach SS. 8 und 9 des Consumer Credit Act 1974 bestimmt. Viele Ausnahmen sind in S. 16 zu finden. In diesem Gesetz gibt es einen eigenen Abschnitt zu Rechten von Sicherungsgebern[89].

Insgesamt strebt das Gesetz einen Schutz derjenigen Verbraucher an, die einen besonderen Schutz benötigen[90]. Allerdings ist das Label „consumer" im Sinne von Verbraucher für den Consumer Credit Act 1974 eher ungenau[91]. „Consumer" wird im Consumer Credit Act 1974 zur Begrenzung des Anwendungsbereichs auf Verträge bis

[87] S. 12 CCA.
[88] *Goode*, March 2000, Rdnr. IIB 5.22/148.
[89] Security, Part VIII.
[90] Crowther Report, para. 6.2.7.

zu einer bestimmten Kreditsumme genutzt[92]. In den Anwendungsbereich fallen aber einige Verträge, die nicht von Verbrauchern, sondern zu kommerziellen Zwecken geschlossen worden sind.

## C. Zusammenfassung

Das Verbraucherkreditgesetz ist die Umsetzung der Verbraucherkreditrichtlinie in das deutsche Recht. Auch der Consumer Credit Act 1974 erfüllt die Vorgaben der Verbraucherkreditrichtlinie, wurde aber lange vor der Verbraucherkreditrichtlinie erlassen. So konnte der Consumer Credit Act 1974 Vorbildfunktion für die europäische Verbraucherkreditrichtlinie haben[93]. Nach der Verabschiedung der Verbraucherkreditrichtlinie waren lediglich geringfügige Änderungen des Consumer Credit Act 1974 notwendig[94]. Der Consumer Credit Act 1974 ist außerdem viel ausführlicher und weitreichender als die Verbraucherkreditrichtlinie. Die notwendigen Änderungen für die Umsetzung der Verbraucherkreditrichtlinie erfolgten im vorgegebenen Zeitrahmen[95].

Auch für das Verbraucherkreditgesetz war der Regelungsbedarf angesichts der Verbraucherkreditrichtlinie eher gering, da das bestehende deutsche Recht durch die Rechtsprechung den Vorgaben der Richtlinie bereits überwiegend entsprach[96]. Aber neben der reinen Umsetzung der Richtlinie war vor allem eine Lösung der zunehmenden Verbraucherverschuldung ein Ziel dieses Gesetzes. Durch das Verbraucherkreditgesetz wurden der bestehende Schutz des Abzahlungsgesetzes und die Ergebnisse der Rechtsprechung aufgenommen und ergänzt[97] und es ging über die Vorgaben der Verbraucherkreditrichtlinie weit hinaus. Bei der Umsetzung der Richtlinie ergaben sich verschiedene Probleme, einige davon wegen allgemeiner Schwierigkeiten bei der Umsetzung von Richtlinien in nationales Recht und andere aus dem Umgang des deutschen Rechtsdenkens mit harmonisiertem Recht, welches den Schwerpunkt vor allem auf die Überprüfung der Verträglichkeit des nationalen Rechts mit dem harmonisierten

---

91 *Goode*, July 2000, Rdnr. IC 23.9/425.
92 Ein „consumer credit agreement" ist ein „personal credit agreement" mit einer Kreditsumme, die £ 25 000 nicht übersteigt. S. 8 II CCA.
93 *Emmerich*, Verbraucherkreditrichtlinie und die nationalen Verbraucherkreditgesetze, FLF 38, 1991, S. 140.
94 Z.B. Art. 2 I g der Verbraucherkreditrichtlinie wurde eingepaßt, Consumer Credit (Exempt Agreements) Order, S I 1989 Nr. 869.
95 Verbraucherkreditrichtlinie umgesetzt 1989 durch S I 1989 Nr. 1125 v. 6.7.1989; 90/88/EWG umgesetzt durch Consumer Credit (Agreements) (Amendment) Regulations, S I 1984 Nr. 1600 v. 22.10.1984.
96 *Canaris*, Hektik bei der Verabschiedung des Verbraucherkreditgesetzes und ihre Folgen, EuZW 1991, S. 257.
97 Z.B. Widerrufsrecht und Versandhandel.

Recht legt[98]. Heute finden sich die Bestimmungen des Verbraucherkreditgesetzes im BGB.

Der Consumer Credit Act 1974 ist das Produkt der Reform einer Gesetzgebung, die sich über die Jahrhunderte in England entwickelt hatte. Durch den Consumer Credit Act 1974 wurde die Trennung von Kredit- und Sicherungsgeschäften aufgehoben, und beides wird im Consumer Credit Act 1974 behandelt. Der Tendenz des frühen englischen Rechts, Verträge eher nach ihrer Form[99] als nach ihrem Inhalt einzuordnen, wurde bewußt entgegengewirkt. Der Consumer Credit Act 1974 und seine untergesetzlichen Normen gelten heute als das strengste Gesetzeswerk in Europa zum Schutz von Verbrauchern bei Verbraucherkrediten[100].

Einige Unterschiede fallen sofort ins Auge. Zwar haben beide die Verbraucherkreditrichtlinie umsetzende Gesetze Vorläufer, aber ihre Vorgeschichte unterscheidet sich massiv. Auch der Umfang unterscheidet den Consumer Credit Act 1974 vom Verbraucherkreditgesetz, das nicht mehr als 20 Paragraphen umfaßt, während der Consumer Credit Act 1974 190 Paragraphen zählt. Während der Consumer Credit Act 1974 fortbesteht gibt es mit der Integration des Verbraucherkreditgesetzes ins BGB im deutschen Recht keine eigenständige Regelung zum Verbraucherkredit mehr. Im Consumer Credit Act 1974 fehlt es an einer Definition eines Verbrauchers. Lediglich der Kreditnehmer[101] ist definiert. Definitionen zu Kreditvertrag[102] und Kreditgeber[103] finden sich dagegen in beiden Bestimmungen.

Grundsätzlich läßt sich der Anwendungsbereich von Verbraucherschutzrecht in einen sachlichen und einen persönlichen Anwendungsbereich unterteilen, auch wenn die Regelungen selber miteinander verquickt sind. Der sachliche Anwendungsbereich bestimmt die Vertragstypen, die in den Anwendungsbereich des jeweiligen Gesetzes fallen können. Der persönliche Anwendungsbereich enthält Angaben darüber, welche Parteien einen Vertrag abschließen müssen, damit die Schutzgesetze auf einen Vertrag angewandt werden können. Erst beide Regelungsteile zusammen ermöglichen eine abschließende Aussage über die Anwendbarkeit des deutschen Verbraucherkreditrechts oder des Consumer Credit Act 1974 auf einen Vertrag.

Auf dem folgenden Vergleich des Anwendungsbereichs des deutschen Verbraucherkreditrechts und des Consumer Credit Act 1974 liegt der Schwerpunkt der

---

[98] *Mülbert*, Die 1. EG-Richtlinie über den Verbraucherkredit und ihre Umsetzung durch das geplante Verbraucherkreditgesetz, WM 1990, S. 1357, 1358.

[99] Früher konnte nur geklagt werden, wenn die Klage einem „writ" zugeordnet werden konnte.

[100] *Blaurock*, Verbraucherkredit und Verbraucherleitbild in der Europäischen Union, JZ 1999, S. 801, 804.

[101] Debtor, S. 189 I CCA.

[102] Consumer credit agreement, S. 189 I CCA verweist auf S. 8 CCA.

Arbeit. Es handelt sich also nicht um einen ausführlichen Vergleich der Bestimmungen im Ganzen. Der Anwendungsbereich bietet sich als Untersuchungsgebiet an, da es sich um zentrale Bestimmungen der Gesetze handelt. Der Sinn eines Gesetzes erschließt sich erst, wenn deutlich wird, auf welchen Sachverhalt, in unserem Fall auf welche Verträge, es angewendet werden kann. Zusätzlich ermöglicht der Anwendungsbereich eine Einschätzung der von den Gesetzgebern verfolgten Ziele.

[103] Creditor, S. 189 I CCA.

*3. Kapitel*

## Sachliche Anwendungsbereich

### A. Überblick über den sachlichen Anwendungsbereich des deutschen Verbraucherkreditrechts und des Consumer Credit Act 1974

Der sachliche Anwendungsbereich setzt sich in beiden Gesetzen aus verschiedenen Regelungen zusammen. Erst zusammengefügt ergeben sie das Gesamtbild. Die Punkte werden aber einzeln abgehandelt. Der folgende Überblick ist Leitfaden, und zusätzlich werden Entwicklungen und Besonderheiten beider Gesetze bereits aufgezeigt.

Grundsätzlich erstreckt sich der Anwendungsbereich der Verbraucherkreditrichtlinie auf Kreditverträge[1]. Zusätzlich schlossen der Consumer Credit Act und das Verbraucherkreditgesetz Bestimmungen zu Mietverträgen, mit den Kreditverträgen verbundenen Geschäften und langfristigen Lieferverträgen mit ein. Diese Regelungen sind in Deutschland aber nun an den gegebenen Stellen in das BGB eingegangen. Einige Verträge, die in eine der beschriebenen Kategorien fallen würden, sind aber trotzdem aus verschiedenen Gründen vom Anwendungsbereich des Consumer Credit Act 1974 und der Bestimmungen zu Verbraucherdarlehen und Finanzierungshilfen im BGB wiederum ausgeschlossen.

#### *I. Sachliche Anwendungsbereich des Verbraucherkreditrechts*

##### *1. Entstehung*

Nach dem Abzahlungsgesetz von 1894 fiel ein Vertrag in seinen Schutzbereich, wenn ein Kaufvertrag über eine bewegliche Sache vorlag, der mit einer Teilzahlungsabrede verbunden war. Ein Abzahlungsgeschäft lag also vor, wenn der Kaufpreis für eine bewegliche Sache in Teilzahlungen aufgebracht wurde und der Verkäufer sich das Recht vorbehielt, vom Kaufvertrag wegen Nichterfüllung der Käuferverpflichtungen zurückzutreten[2]. Die Übergabe der Kaufsache war als notwendige Voraussetzung durch die spätere Einfügung von §§ 1 a, 6 a AbzG entfallen[3]. Die Teilzahlungsabrede mußte nicht im ursprünglichen Vertrag vereinbart worden sein[4].

Unter Kaufverträge im Sinne des Abzahlungsgesetzes konnten auch Werklieferungsverträge fallen[5]. Außerdem fielen unter Abzahlungsgeschäfte nach § 6 AbzG alle Umgehungsverträge. Bei Umgehungsgeschäften handelte es sich um Geschäfte, die die Ziele des klassischen Abzahlungsgeschäfts in einer anderen Rechtsform erreichten.

---

[1] Art. 1 I VerbrKrRL.

[2] § 1 I AbzG.

[3] *Knippel*, Abzahlungsgeschäft ohne Übergabe, NJW 1971, S. 1117.

[4] *Putzo*, in: Palandt, Einleitung zum AbzG, Rdnr. 10, 50. Aufl.

Besonders hervorgehoben wurde die mietweise Überlassung der Sache. Außerdem war das Abzahlungsgesetz teilweise auf „ähnliche Geschäfte" anwendbar[6], die nicht Abzahlungsgeschäfte, aber ebenso schützenswert waren[7]. „Ähnliche Geschäfte" waren Kaufverträge über Sachgesamtheiten, die sukzessiv geliefert wurden[8]. Neben dem klassischen Abzahlungskaufvertrag wurden in der Praxis verschiedene neue Formen des finanzierten Abzahlungsgeschäfts entwickelt. Es entstanden unterschiedliche Konstruktionen, wobei die eine auf Abtretung und die andere auf einem Darlehen basierte[9].

Der Gesetzgeber verabschiedete zwei Reformen des Abzahlungsgesetzes[10]. Aber gerade die Rechtsprechung bewirkte die Anpassung des Abzahlungsgesetzes an die wirtschaftliche Wirklichkeit. Einige Einschränkungen, die sich aus dem Abzahlungsgesetz ergaben, konnten auch von der Rechtsprechung nicht überbrückt werden. Im Rahmen des sachlichen Anwendungsbereichs erlaubte der ausdrückliche Gesetzeszweck zum Beispiel keine Anwendung des Abzahlungsgesetzes auf Geldkredite oder die Finanzierung von nicht beweglichen Sachen oder sonstigen Leistungen[11]. Es stellte sich die Frage, ob und in welchem Umfang das Abzahlungsgesetz lediglich ergänzt oder der Anwendungsbereich grundsätzlich auf alle Kredite und somit auch auf Geldkredite erweitert werden sollte.

Nach der Verabschiedung der zweiten Reform des Abzahlungsgesetzes wurde *Marschall von Bieberstein* beauftragt, ein Gutachten über alle finanzierten Teilzahlungsgeschäfte zu erstellen. Dieses Gutachten[12] wurde 1976 vorgelegt und 1978 veröffentlicht. Im Ergebnis wurde eine Neuregelung vorgeschlagen, die alle einfachen und finanzierten Abzahlungsgeschäfte, selbständige Ratenkredite und die Kreditvermittlung mit eingeschlossen hätte. Der Verbraucher sei gerade in der Rolle des Kreditnehmers rechtlich schutzbedürftig. Dies bedeutete eine Abkehr vom Grundmodell des Abzahlungskaufs[13].

---

5 *Putzo,* a.a.O. Rdnr. 7.
6 § 1 c AbzG.
7 *Putzo,* in: Palandt, § 1 c AbzG, Rdnr. 2, 50. Aufl.; siehe langfristige Lieferverträge S. 107.
8 § 1 c Nr. 1 AbzG; *Putzo,* a.a.O. Rdnr. 4.
9 1969 1. Novellierung: Gerichtstand und Schriftform, 1974 2. Novellierung: Widerrufsrecht etc., *Scholz,* (Fast) 100 Jahre Abzahlungsgesetz, FLF 1994, S. 148, 149 f.; siehe verbundene Geschäfte S. 85.
10 *Scholz,* (Fast) 100 Jahre Abzahlungsgesetz, FLF 1994, S. 148, 151.
11 *Scholz,* a.a.O.
12 *Marschall von Bieberstein, Wolfgang,* Gutachten zur Reform des finanzierten Abzahlungskaufs. Untersuchung von Möglichkeiten einer künftigen gesetzlichen Regelung des finanzierten Abzahlungskaufs und anderen Formen des Konsumentenkredits, Köln 1978.
13 *Marschall von Bieberstein,* a.a.O. S. 135 – 159.

Auf das Gutachten folgte 1979 der „Entwurf eines Gesetzes über finanzierte Rechtsgeschäfte und über Maklerverträge“[14], welcher eine Neuregelung des Einwendungsdurchgriffs des Darlehensnehmers bei drittfinanzierten Rechtsgeschäften und des Maklerrechts[15] vorsah. Beide Vorhaben sollten durch neue Regelungen im BGB verwirklicht werden.

Aufgrund der fortschreitenden Rechtsentwicklung in Deutschland und Europa[16] kam es zu einer Fortschreibung des Gutachtens durch *Walther Hadding* für den 53. Deutschen Juristentag[17]. Die weite Ausgangsfrage des Gutachtens „Welche Maßnahmen empfehlen sich zum Schutz des Verbrauchers auf dem Gebiet des Konsumentenkredits?“ wurde mit dem Anwendungsbereich des Gesetzentwurfs der Bundesregierung begründet. Die Ausklammerung der vom Kauf losgelösten Barkredite entspräche nicht der wirtschaftlichen Wirklichkeit. Die wirtschaftliche Wirklichkeit bedürfe einer Erörterung der Neuregelung des gesamten Konsumentenkredites[18]. Ein neues Gesetz auf den Einwendungsdurchgriff zu beschränken, obwohl eine Anpassung an eine voraussichtlich weitergehende europäische Richtlinie notwendig werden würde, schien wenig überzeugend[19]. Es wurden verschiedene Lösungen diskutiert, darunter die bereits bestehenden Vorschläge, eine „große Lösung“ und der europäische Richtlinienvorschlag. Die „große Lösung“ hätte sämtliche rechtsgeschäftliche Erscheinungsformen des Konsumentenkredits eingeschlossen, um zu verhindern, daß der Kreditmarkt auf nicht erfaßte Erscheinungsformen ausweicht. Außerdem sei es nicht gerechtfertigt, das gleiche Schutzbedürfnis der Kreditnehmer in den verschiedenen Erscheinungsformen des Konsumentenkredits unterschiedlich zu behandeln[20]. Der Richtlinienvorschlag stellte eine umfassende Regelung, ähnlich der „großen Lösung“, dar, da fast alle Erscheinungsformen des Konsumentenkredits mit einbezogen wurden. Fraglich war allerdings zu diesem Zeitpunkt noch, ob Kredite, die nicht Ratenkredite sind, auch in den Anwendungsbereich fallen sollten. *Hadding* kam zu dem Schluß, daß keine „teilweise gesetzliche Regelung des Konsumentenkredits“, sondern eine Regelung, die

---

[14] BT-Drucks. 8/3212; BR-Drucks. 220/79.

[15] Letzteres war für Kredite war aufgrund seiner Regelungen die Kreditvermittlung betreffend relevant.

[16] Im März 1979 war der Vorschlag der Kommission zur VerbrKrRL verabschiedet worden. *Kommission der Europäischen Gemeinschaft,* Vorschlag für eine Richtlinie des Rates zur Angleichung der Rechts- und Verwaltungsvorschriften der Mitgliedstaaten über den Verbraucherkredit, KOM (1979) 69 endg., ABl. C 80 v. 27.3.1979, S. 4.

[17] *Hadding*, Gutachten zum 53. Deutschen Juristentag, S. 20, 22.

[18] *Hadding,* a.a.O. S. 19, 21.

[19] *Hadding,* a.a.O. S. 84 f.

[20] *Hadding,* a.a.O. S. 83 f.

sämtliche Erscheinungsformen des Konsumentenkredits erfaßt, angestrebt werden sollte[21].

Wie heute mit der Diskussion zur Schuldrechtsmodernisierung war auch damals umstritten, ob die neuen Regelungen in Form von Ergänzungen bestehender Vorschriften oder in Form eines neuen Gesetzes verwirklicht werden sollten. Da der Kontext der umgebenden Regelungen zur Auslegung und systematischen Einordnung genutzt werde, werde die Integration durch Ergänzungen bestehender Gesetze erleichtert. Andererseits würde dies aber auch eine Dezentralisierung mit sich bringen, die nur unter Schwierigkeiten eine abgestimmte Praxis für den angestrebten Regelungsbereich ermöglichen würde[22]. Das Gutachten schlug vor, dem Vorbild des Abzahlungsgesetzes zu folgen und eine eigenständige Regelung zu schaffen, die sowohl das Abzahlungsgesetz und die vorgeschlagenen Regelungen zum finanzierten Rechtsgeschäft[23], als auch die Regelungen, die sich aus der europäischen Richtlinie ergeben, beinhalten sollte. Dies würde auch der „großen Lösung" entgegenkommen. Dieses Gesetz könne am allgemeinen Tatbestand anknüpfen, aber zusätzlich auch besondere Regelungen für einzelne „Geschäftstypen" beinhalten. Der Kreditvertrag könne in ähnlicher Weise wie im Richtlinienvorschlag definiert werden[24].

Der Entwurf des „Gesetzes über finanzierte Rechtsgeschäfte und über Maklerverträge" wurde nicht in geltendes Recht umgesetzt[25]. Nach der Verabschiedung der Verbraucherkreditrichtlinie wurde der Regierungsentwurf „Entwurf eines Gesetzes für Verbraucherkredite"[26] veröffentlicht. Zum sachlichen Anwendungsbereich des Verbraucherkreditgesetzes heißt es in der Begründung, daß er mit Art. 1 II c Verbraucherkreditrichtlinie übereinstimmend weit gefaßt werde. Dieser Entwurf berücksichtigte bereits nicht nur Darlehen, sondern auch Kreditformen wie den Überziehungskredit, kontokorrent-ähnliche Kredite und Kreditverhältnisse, die durch eine Kreditkartennutzung entstehen, außerdem unter Umständen entgeltliche Zahlungsaufschübe. Unter den entgeltlichen Zahlungsaufschub bei Liefergeschäften und Dienstleistungen fielen auch die Finanzierungsformen, die im deutschen Recht dem Abzahlungsgesetz zugeordnet worden waren. Die Einbeziehung des Finanzierungsleasings mit endgültiger Eigentumsübergang wäre aufgrund der Vorschriften der Verbraucherkreditrichtlinie notwendig geworden. Dauerschuldverhältnisse mit laufenden Zahlungen fielen dage-

---

[21] *Hadding,* a.a.O. S. 86.
[22] *Hadding,* a.a.O. S. 88; im Rahmen der aktuellen Schuldrechtsmodernisierung wird dagegen eine Integration des Verbraucherkreditgesetzes in das BGB angestrebt.
[23] Siehe verbundene Geschäfte S. 84 ff.
[24] *Hadding,* a.a.O. S. 89.
[25] Dem Bundestag lag zwar der Entwurf zur Beratung vor, es kam aber durch das Ende der achten Legislaturperiode zu keiner abschließenden Beratung oder Verabschiedung.

gen nicht in den Schutzbereich, wenn lediglich eine Staffelung und kein Zahlungsaufschub im eigentlichen Sinne vorläge[27].

Auch die Ausnahmen zum weiten sachlichen Anwendungsbereich der Verbraucherkreditrichtlinie seien weitgehend übernommen worden[28]. Sie werden in § 2[29] beschrieben. Es würde sich dabei um Kredite handeln, bei denen eine wesentliche Gefährdung des Verbrauchers nicht zu befürchten sei. Außerdem würden Verhältnismäßigkeitsüberlegungen diese Ausnahmen rechtfertigen. Nicht unter das Verbraucherkreditgesetz fielen „Bagatell-Kreditverträge, kurzfristige Kredite, Realkredite und Arbeitgeberdarlehen". Eine zum Teil eingeschränkte Anwendung findet das Gesetz auf gerichtlich protokollierte und notariell beurkundete Kredite[30].

Die Stellungnahme des Bundesrates[31] zum Entwurf des Verbraucherkreditgesetzes thematisiert vor allem den Anwendungsbereich und einige redaktionelle Änderungen. Es wird vorgeschlagen, Leasingverträge nicht ausdrücklich zu regeln, um der Rechtsprechung die Abgrenzung zu überlassen[32]. Außerdem schlägt der Bundesrat vor, einen eigenen Paragraphen zur „Lieferung in Teilleistungen oder wiederkehrenden Leistungen" zu schaffen[33]. Der Bundesrat lehnt auch den umfassenden Ausschluß von Realkrediten ab[34].

In der „Gegenäußerung der Bundesregierung zur Stellungnahme des Bundesrates"[35] sind sowohl Zustimmung als auch Ablehnung für die Vorschläge des Bundesrates zu finden. So wird dem Vorschlag zum Finanzierungsleasing widersprochen[36], dem Vorschlag zu „Lieferung in Teilleistungen oder wiederkehrenden Leistungen" wird eingeschränkt[37] und dem Vorschlag zu Realkrediten wird vollständig zugestimmt[38].

Schließlich findet sich in den Beschlüssen des sechsten Rechtsausschusses[39] die endgültige Fassung des verabschiedeten Verbraucherkreditgesetzes. Einer Streichung der Einschränkung in Bezug auf Leasingverträge wird zugestimmt[40]. Der Rechtsauss-

---

[26] BT-Drucks. 11/5462.
[27] BT-Drucks. 11/5462, S. 11 f., 17.
[28] BT-Drucks. 11/5462, S. 11 f.
[29] Später § 3 VerbrKrG.
[30] BT-Drucks. 11/5462, S. 18.
[31] BT-Drucks. 11/5462, S. 34 ff.
[32] BT-Drucks. 11/5462, S. 34.
[33] BT-Drucks. 11/5462, S. 35.
[34] BT-Drucks. 11/5462, S. 35.
[35] BT-Drucks. 11/5462, S. 41 ff.
[36] Siehe Mietvertrag S. 101.
[37] Siehe langfristiger Liefervertrag S. 107.
[38] Siehe Immobiliarkredit S. 117.
[39] BT-Drucks. 11/8274.
[40] Siehe Mietvertrag S. 102.

chuß stimmt außerdem der Einfügung des Paragraphen zu langfristigen Lieferverträgen zu[41].

Zu einer Veränderung des sachlichen Anwendungsbereichs des Verbraucherkreditgesetzes kommt es später im Rahmen der Verabschiedung des Bauhandwerksversicherungsgesetzes[42]. Der Ausschluß von Krediten durch die öffentlich-rechtliche Hand wird klargestellt[43].

Zusammenfassend läßt sich feststellen, daß es während der Entwicklung zum Verbraucherkreditgesetz über die Zeit zu einer neuen Schwerpunktsetzung kam. Die Orientierung vom klassischen Abzahlungsgeschäft hin zur Regelung des gesamten Kreditbereichs im Zusammenhang mit Verbrauchern setzte sich im Verbraucherkreditgesetz durch.

Durch die Schuldrechtsmodernisierung ist es zu verschiedenen Veränderungen gekommen. Grundsätzlich wurde kritisiert, daß die bereits bestehenden Regelungen zum Darlehen im Bürgerlichen Gesetzbuch nicht mehr der Rechtswirklichkeit entsprächen. §§ 607 ff. BGB a.F. gehe noch von der Realvertragstheorie aus, obwohl sich mittlerweile die Konsensualvertragstheorie durchgesetzt habe. Die Konsensualvertragstheorie baue darauf auf, daß ein Darlehen ein zweiseitig verpflichtender Vertrag sei, der mit der Willenserklärungen durch die Vertragsparteien und nicht, wie bei der Realvertragstheorie, erst mit der Darlehensübergabe zustande komme. Dies entspreche auch den Regelungen des Verbraucherkreditgesetzes[44]. Neben der Schaffung einer zeitgemäßen Regelung sei eine Änderung der bestehenden Vorschriften notwendig, da bereits ein großer Teil des Darlehensrechts durch das zeitgemäße Verbraucherkreditgesetz abgedeckt gewesen sei, dem es aber bis jetzt an einer Verbindung zu den Bestimmungen des Bürgerlichen Gesetzbuchs fehle. Die fehlende Verbindung habe zu einer Sonderrechtsentwicklung, einer Entfernung von Verbraucherkreditrecht und sonstigem Darlehensrecht, geführt, der durch die Einbindung des Verbraucherkreditgesetzes entgegenwirkt werden solle[45].

---

[41] BT-Drucks. 11/8274, S. 20 f.; siehe langfristiger Liefervertrag S. 106 ff.

[42] BT-Drucks. 12/4526.

[43] BT-Drucks. 12/4526, S. 12.

[44] Mit der Schuldrechtsmodernisierung ist das Darlehen nun grundsätzlich als Konsensualvertrag definiert, § 488 I BGB.

[45] Regierungsentwurf Schuldrechtsmodernisierung, S. 594 f.

*2. Umsetzung*

Das Verbraucherkreditgesetz umfaßte einen der Verbraucherkreditrichtlinie ähnlichen sachlichen Anwendungsbereich. Im Gegensatz zum Abzahlungsgesetz war der sachliche Anwendungsbereich erweitert worden, so konnten auch Geldkredite in den Anwendungsbereich fallen[46]. Gleichzeitig wurden die Verträge, die vorher unter den Schutz des Abzahlungsgesetzes fielen, unter den Schutz des Verbraucherkreditgesetzes gestellt, so zum Beispiel auch die erst auf Vorschlag des Bundesrates hin eingefügte Vorschrift zu „Lieferung in Teilleistungen oder wiederkehrenden Leistungen"[47]. Auch eine Finanzierung von Dienstleistungen konnte unter das neue Schutzgesetz fallen[48]. Insgesamt ist es nicht zu der nur „teilweisen gesetzlichen Regelung des Konsumentenkredits" gekommen, der *Hadding* widersprochen hatte[49], sondern es wurden alle Erscheinungsformen des Konsumentenkredits erfaßt. Wie im Gutachten von *Hadding* vorgeschlagen[50], handelte es sich um eine eigenständige Regelung, die sowohl das Abzahlungsgesetz, als auch die Verbraucherkreditrichtlinie erfaßte. Das Verbraucherkreditgesetz knüpfte wie gefordert am allgemeinen Tatbestand an und hatte zusätzlich Regelungen für einzelne Geschäftstypen[51].

Nach der Schuldrechtsmodernisierung sind die Regelungen des Verbraucherkreditgesetzes in das BGB eingegangen. Der sachliche Anwendungsbereich der Bestimmungen, die sich auf das Verbraucherkreditrecht beziehen, ist immer noch der Verbraucherkreditrichtlinie ähnlich, doch ist er nun über das BGB verstreut. Verbraucherdarlehensverträge, die reine Gelddarlehen darstellen, sind nun ohne inhaltliche Veränderungen in § 491 BGB geregelt. Finanzierungshilfen werden dagegen in §§ 499 f. BGB behandelt. Dazu gehören neben Zahlungsaufschüben und sonstigen Finanzierungshilfen auch „Lieferungen in Teilleistungen oder wiederkehrenden Leistungen", die als Ratenlieferungsverträge in § 505 BGB geregelt werden. Auch Teilzahlungskredite, die bis jetzt Gegenstand des Verbraucherkreditgesetzes waren[52], haben nun ihre eigene Regelung in §§ 501 ff. BGB gefunden. Insgesamt läßt sich sagen, daß es zwar immer noch zu allen Erscheinungsformen des Verbraucherkredites Bestimmungen gibt, diese allerdings nicht mehr in einem eigenständigen Gesetz zusammengefaßt sind.

---

46 Siehe Kreditvertrag S. 68.

47 BT-Drucks. 11/5462, S. 35; § 2 VerbrKrG.

48 Siehe Kreditvertrag S. 68.

49 *Hadding*, a.a.O. S. 86.

50 *Hadding*, a.a.O. S. 89.

51 Siehe Kreditvertrag S. 68 ff.

*II. Sachliche Anwendungsbereich des Consumer Credit Act 1974*

Der Consumer Credit Act 1974 findet laut S. 8 auf alle „regulated agreements" Anwendung. Ein „regulated agreement" ist ein „consumer credit agreement" oder ein „consumer hire agreement"[53], das nicht nach S. 16 CCA vom Anwendungsbereich ausgenommen ist.

*1. Entstehung*

Auf Verbraucherkredite waren Gesetze anwendbar, die sich aus den Moneylenders Acts, den Hire Purchase Acts und den Bills of Sale Acts zusammensetzten. Der Crowther Report schlug die Schaffung eines „Consumer Sale and Loan Act" vor, durch den alle „consumer credit transactions" geregelt und die bestehenden Gesetze ersetzt werden sollten[54]. Zu diesen „consumer credit transactions" sollte sowohl der „vendor credit"[55] als auch der „lender credit"[56] zählen. „Loan" sollte sich auf jede „extension of credit"[57] beziehen, was „trading checks", unter Umständen Kreditkartengeschäfte, „hire-purchase"[58] und ähnliches mit einschließen würde[59]. Auch der Verkaufsaspekt eines Kredit- und Mietgeschäftes sollte berücksichtigt werden[60]. Außerdem werden im Crowther Report viele Einschränkungen des Anwendungsbereichs auf wirklich regelungsbedürftige Verträge vorgeschlagen. So fänden die Schutzgesetze nur auf einen kleinen Anteil der Kreditgeschäfte Anwendung, da die meisten Kreditgeber fair handelten und die meisten Kreditnehmer ihre Pflichten erfüllten. Trotz des relativ kleinen Anwendungsbereichs seien die Schutzgesetze aber notwendig. Die meisten Gesetze würden die Interessen einer Minderheit vertreten[61].

Beim bestehenden System wurde kritisiert, daß sich das Niveau des rechtlichen Schutzes aus der Art des gewählten rechtlichen Instrumentes ergebe. Bei aus wirtschaftlicher Sicht gleichen Konstruktionen könnten einmal Regelungen des Hire-Purchase Act und ein anderes mal Regelungen aus dem Moneylenders Act anzuwenden sein. Wenn ein Gesetz Verbraucher aus sozialen Beweggründen schütze, solle es Geschäfte mit der gleichen wirtschaftlichen Funktion auch rechtlich gleich behan-

[52] § 4 I S. 5 Nr. 2, S. 6 VerbrKrG, § 6 I 2. Alt., III, IV 2. Alt. VerbrKrG, § 7 I S. 2 VerbrKrG, §§ 8 II, 13, 14 VerbrKrG.
[53] Siehe Mietvertrag S. 105 ff.
[54] Crowther Report, para 1.3.23.
[55] Kredit durch einen Verkäufer; Crowther Report, para. 1.2.2. „not legally loans".
[56] Kredit durch einen Kreditgeber; Crowther Report, para. 1.2.2.
[57] Auch „lending of money", Crowther Report, para 6.2.38.
[58] Miete mit Kaufoption.
[59] Crowther Report, para. 1.3.24.
[60] Crowther Report, para. 1.3.25 f.
[61] Crowther Report, para. 6.1.16 f.

deln[62]. Die Verträge sollten nach ihrer Funktion und nicht nach ihrer Form beurteilt werden. Unterscheidungen sollten sich nur aus den tatsächlichen Umständen ergeben. Dies solle mit einem umfassenden „Consumer Sale and Loan Act“ erreicht werden[63].

Im Crowther Report wurden verschiedene Begrenzungsmöglichkeiten des sachlichen Anwendungsbereichs vorgestellt und neu bewertet. Schließlich wurde befürwortet, daß drei verschieden Vertragstypen in den Anwendungsbereich des „Consumer Sale and Loan Act“ fallen sollten. Sie könnten genutzt werden, um Grenzen des Anwendungsbereichs an ihnen individuell festzumachen. Diese drei Vertragstypen sollten „consumer loans“, „consumer sales“ und „rental agreements“ sein[64].

Nicht allen Vorschlägen der Crowther Committee wird in der gesetzlichen Umsetzung des Crowther Reports, dem „White Paper“ zur „Reform of the Law on Consumer Credit“[65], gefolgt. So sind die Begriffe „consumer loan“, „consumer sale“ und „consumer rental agreement“ nicht im „White Paper“ zu finden. Der angestrebte umfassende Schutz wird aber weitestgehend verwirklicht.

Grundsätzlich sollen Kredite unter einem Mindestbetrag[66] und über einem Höchstbetrag[67] nicht unter die Regelungen zum „Consumer Credit“ fallen. Nicht in den Anwendungsbereich fallen Kredite von „Building Societies“ nach dem Building Societies Act 1962[68] und das Mieten von Geräten und Apparaturen, die man mieten muß, um Dienstleistungen von den Strom-, Wasser- und Gasversorgern in Anspruch nehmen zu können.

### 2. *Umsetzung*

Anders als bei der Verbraucherkreditrichtlinie lassen sich nach dem Consumer Credit Act 1974 Verträge grundsätzlich in „regulated agreements“ und „unregulated agreements“ einteilen. „Unregulated agreements“ fallen entweder nicht in den Anwendungsbereich des Consumer Credit Act 1974 oder sie würden in den Anwendungsbereich fallen, wenn sie nicht explizit ausgeschlossen, „exempt“ (Vollausnahme)[69], worden wären. Innerhalb der Gruppe der „regulated agreements“ lassen sich auch noch die „incompletely regulated agreements“ von den „fully regulated agreements“ unterscheiden, wobei erstere noch in „partly regulated“ und „limited exemption“ unterteilt

[62] Crowther Report, para. 6.2.2.
[63] Crowther Report, para. 6.2.1-5.
[64] Crowther Report, para. 6.2.15 ff.
[65] *Department of Trade and Industry*, Reform of the Law on Consumer Credit, London, Her Majesty's Stationary office, cm 5427, September 1973.
[66] £ 30.
[67] £ 5 000.
[68] Siehe Immobiliarkredit S. 120.
[69] S. 16 I, II CCA.

werden müssen[70]. „Partly regulated“ sind „multiple agreements“, die nur partiell vom Consumer Credit Act 1974 erfaßt werden[71]. „Limited exemptions“ gibt es für Verträge, die grundsätzlich in den Anwendungsbereich des Consumer Credit Act 1974 fallen, aber von einem Teil seiner Regelungen ausgenommen werden (Teilausnahme)[72]. Hierzu zählen zum Beispiel die Vorschriften zu „small agreements“, für die die Formregelungen nicht gelten[73].

Bei den „regulated agreements“ ist man grundsätzlich der Forderung des Crowther Report gefolgt und nutzt hauptsächlich zwei Kontrollmechanismen, wobei einerseits auf den *Kreditnehmer*[74] und andererseits auf eine Obergrenze von £ 25 000[75] abgestellt wird. „Regulated agreements“ fallen entweder unter den Begriff „consumer credit agreements“[76] oder unter „consumer hire agreements“[77].

*III. Zusammenfassung*

Beide Rechtssysteme besaßen bereits vor dem Verbraucherkreditgesetz und dem „Consumer Credit Act 1974“ Gesetze zur Regelung von Verbraucherkrediten. Allerdings wurden beide Rechtssysteme mit immer neuen Formen der Finanzierung von Kaufgeschäften konfrontiert.

Auf diese Entwicklungen reagierte im deutschen Recht vor allem die Rechtsprechung, außerdem wurden dem bestehenden Abzahlungsgesetz verschiedene Regelungssachverhalte hinzugefügt. Im englischen Recht kam es zur Verabschiedung von immer mehr Gesetzen, wie zum Beispiel der Hire-Purchase Acts, die Teilbereiche des Finanzierungsbereichs abdeckten. Die Unzulänglichkeiten der bestehenden Lösungen in beiden Rechtsordnungen wurden im Entwicklungsprozeß zu den heutigen Gesetzen erkannt. Die jeweiligen Untersuchungen der Rechtslage wurden aufgrund von Problemen in der Praxis eingeleitet und führten zur Thematisierung dieser Probleme mit den bestehenden Gesetzen.

Am deutschen Abzahlungsgesetz wurde vor allem kritisiert, daß es zu kurz greife und nicht alle möglichen Finanzierungstypen regele, da es nur auf den Abzahlungskauf und seine Umgehungsformen abzielen würde. Aber auch wenn nicht alle Sachverhalte erfaßt wurden, bedeutete dies im deutschen Recht keine Nichtregelung, da immer noch auf bestehende Grundregeln wie das Bürgerliche Gesetzbuch zurückge-

[70] *Goode*, March 2000 IC 23.4/433.
[71] *Goode*, March 2000 IC 23.103-23.120/449.
[72] S. 16 V, VI CCA.
[73] *Goode*, March 2000 IC 23.4/422 f.
[74] Siehe persönlicher Anwendungsbereich S. 165 ff.
[75] Siehe aufgrund ihres Vertragswertes ausgeschlossenen Verträge S. 134 ff.
[76] Siehe Kreditvertrag S. 74 ff.

griffen werden konnte. So betraf die Kritik nicht die grundsätzliche Nichterfassung dieser Tatbestände durch Gesetze, sondern die Nichterfassung dieser Tatbestände durch verbraucherschützende Regelungen. Die durch die Schuldrechtsmodernisierung angestoßene Neuregelung bewirkt eine Integration des Verbraucherkreditgesetzes in das BGB mit nur wenigen inhaltlichen Änderungen. Daraus ergibt sich, daß auch, wenn ein Vertrag nicht den Verbraucherkrediten zugeordnet werden kann, er durch dasselbe Gesetz geregelt wird.

Den englischen Regelungen wurde dagegen vorgeworfen, daß sie bei ähnlichen Regelungsinhalten zu unterschiedlichen Bewertungen kommen würden. Dies ist wohl darauf zurückzuführen, daß einzelne Gesetze geschaffen wurden als Reaktion auf das Auftreten der jeweiligen Problematik, der Gesamtzusammenhang aber erst in der Untersuchung durch die Crowther Committee nachgewiesen wurde. Da man wiederum nicht daran gebunden war, das neue Gesetz in die Systematik bestehender Gesetze einzufügen, konnte eine sehr umfassende und konsequente Lösung geschaffen werden. Da diese Lösung aber sehr weit greift, mußte sie mit Ausnahme- und Spezialvorschriften gespickt werden.

Beide Gesetzgeber entschieden sich ursprünglich nach einer Diskussion des Themas für eigenständige neue Gesetze und gegen eine Ergänzung der bestehenden Regelungen. Diese Gemeinsamkeit ist durch die Schuldrechtsmodernisierung in Deutschland aufgehoben worden.

Der sachliche Anwendungsbereich des Verbraucherkreditgesetzes war eine direkte Umsetzung der Verbraucherkreditrichtlinie, die zusätzlich durch nationale Besonderheiten ergänzt wurde. Im Gegensatz dazu gab es die Verbraucherkreditrichtlinie noch gar nicht, als der sachliche Anwendungsbereich des Consumer Credit Act 1974 diskutiert wurde.

## B. Kreditvertrag

Grundsätzlich fallen Kreditverträge in den Anwendungsbereich der Schutzgesetze, die Verbraucherkreditverträge betreffen. Auch wenn dies sowohl beim deutschen Verbraucherkreditrecht als auch beim Consumer Credit Act 1974 zuzutreffen scheint, ist es wichtig zu untersuchen, was der jeweilige Gesetzgeber und die Praxis unter Kreditverträgen versteht.

Ein Kreditvertrag im Sinne der europäischen Verbraucherkreditrichtlinie ist ein Zahlungsaufschub, ein Darlehen oder eine sonstige ähnliche Finanzierungshilfe[78]. Ziel

[77] Siehe Mietvertrag S. 105 ff.
[78] Art. 1 II c VerbrKrRL.

der Richtlinie ist es, alle Formen des Verbraucherkredites zu erfassen[79]. Dienstleistungsverträge mit verteilten Zahlungen, z.B. bei Versicherungsprämien und Leistungen von Versorgungsbetrieben, gelten laut Richtlinie nicht als Kredit. Schwierigkeiten mit dieser Ausnahme liegen in der Definition von Dienstleistungsverträgen. Dies betrifft die Abgrenzung eines Kredit- von einem Bargeschäft, deren Unterschied in der zeitlichen Verschiebung zwischen der Bezahlung und der Leistung liegt. Es ist ungeklärt, ob es sich um ein Kreditgeschäft handelt, wenn eine Pauschalsumme für eine Leistung über einen Zeitraum verteilt zu zahlen ist[80].

### *I. Kreditvertrag im deutschen Verbraucherkreditrecht*

Ein Kreditvertrag im Sinne des Verbraucherkreditgesetzes war jeder Vertrag eines Kreditgebers mit einem Verbraucher über einen entgeltlichen Kredit in Form eines Darlehens, eines Zahlungsaufschubs oder einer sonstigen Finanzierungshilfe[81], ähnlich der Formulierung der Verbraucherkreditrichtlinie[82]. Im BGB fehlt es an einem Oberbegriff Kredit. Er wurde in seine Bestandteile Darlehen, Zahlungsaufschub und Finanzierungshilfe aufgespalten.

#### *1. Entstehung*

Das klassische Abzahlungsgeschäft, das dem Abzahlungsgesetz zu Grunde lag, war ein Vertrag über eine bewegliche Sache deren Kaufpreis in Teilzahlungen aufgebracht wurde. Der Verkäufer behielt sich das Recht vor, vom Kaufvertrag wegen Nichterfüllung der Käuferverpflichtungen zurückzutreten[83].

Neben dem klassischen Abzahlungskaufvertrag wurden nach dem ersten und zweiten Weltkrieg verschiedene neue Formen des finanzierten Abzahlungsgeschäfts entwickelt, die den Abzahlungskaufvertrag zwischen Warenverkäufer und Abzahlungskäufer langsam verdrängten. Aufgabe der Rechtsprechung war die Lösung der Rechtsprobleme, die sich aus diesen neuen Formen ergaben[84]. Zu den Einschränkungen des Abzahlungsgesetzes, für die auch die Rechtsprechung keine Lösungen finden konnte, gehörte zum Beispiel, daß das Abzahlungsgesetz nicht auf Geldkredite oder

---

[79] Bericht der Kommission über die Richtlinie, para. 112.
[80] Bericht der Kommission über die Richtlinie, para. 118.
[81] § 1 II VerbrKrG.
[82] Art. 1 II c VerbrKrRL.
[83] § 1 I AbzG.
[84] *Scholz*, (Fast) 100 Jahre Abzahlungsgesetz, FLF 1994, S. 148, 149; siehe verbundene Geschäfte S. 85 f.

die Finanzierung von nicht beweglichen Sachen oder sonstigen Leistungen angewendet werden konnte[85].

In seinem Gutachten schlug *Marschall von Bieberstein* eine völlige Neuregelung des Konsumentenkredites vor[86]. Der Verbraucher sei als Kreditnehmer schutzbedürftig, unabhängig davon, ob ihm ein Waren- oder ein Geldkredit gewährt würde[87]. Eine alleinige Erfassung von finanzierten Abzahlungskäufen sei auch deshalb nicht sinnvoll, weil sie lediglich 10 % der Konsumentenkredite ausmachten[88]. Die Erfassung jeglicher Ratenkredite hätte den ratenweise rückzahlbaren Barkredit mit eingeschlossen[89]. Bei diesem Vorschlag wurde also von einer Konzentrierung der neuen Regelung auf Abzahlungsgeschäfte im engeren Sinne abgesehen.

Der „Entwurf eines Gesetzes über finanzierte Rechtsgeschäfte und über Maklerverträge“[90] sollte dagegen lediglich finanzierte Rechtsgeschäfte[91] betreffen. Andererseits sollten die Regelungen auf Verträge über sonstige Leistungen und auf Darlehen, die nicht in Raten zurückgezahlt werden müssen, ausgedehnt werden. Nicht in den Anwendungsbereich sollten aber Geldkredite fallen. *Hadding* kommt in seinem darauf folgenden Gutachten zu dem Schluß, daß keine „teilweise gesetzliche Regelung des Konsumentenkredits“, sondern eine Regelung, die sämtliche Erscheinungsformen des Konsumentenkredits erfaßt, angestrebt werden solle[92]. Dieses Gesetz könne am allgemeinen Tatbestand, des Vorliegens eines Kreditvertrages, anknüpfen. Der Kreditvertrag könne in ähnlicher Weise wie im Richtlinienvorschlag definiert werden[93].

### 2. *Umsetzung*

Das Verbraucherkreditgesetz war, wie von *Hadding* gefordert, eine umfassende gesetzliche Regelung des Konsumentenkredites, indem es neben den Abzahlungsgeschäften und sonstigen finanzierten Rechtsgeschäften auch Geldkredite und andere kreditähnliche Finanzierungsgeschäfte umfaßte. Kredit wurde in verschiedene Gruppen aufgeteilt. Es mußte sich bei einem Geschäft, das unter das Verbraucherkreditgesetz fallen sollte, entweder um ein Darlehen, um einen Zahlungsaufschub oder um eine sonstige Finanzierungshilfe handeln.

---

[85] *Scholz*, a.a.O., S. 151.
[86] *Marschall von Bieberstein*, a.a.O. S. 135 – 159.
[87] *Marschall von Bieberstein*, a.a.O. S. 136 f.
[88] *Marschall von Bieberstein*, a.a.O. S. 136.
[89] *Marschall von Bieberstein*, a.a.O. S. 140 ff.
[90] BT-Drucks. 8/3212; BR-Drucks. 220/79.
[91] I.d.R. Abtretungs- und Darlehenskonstruktion.
[92] *Hadding*, Gutachten zum 53. Deutschen Juristentag, S. 86.
[93] *Hadding*, Gutachten zum 53. Deutschen Juristentag, S. 89.

Die Formulierung des Verbraucherkreditgesetzes entspricht fast wörtlich, der der Verbraucherkreditrichtlinie. Die Reihenfolge der Aufzählung der Untergruppen des Kreditvertrages wurde ohne ersichtlichen Grund oder Wirkung geändert. So steht das Darlehen vor dem Zahlungsaufschub[94]. Der weite sachliche Anwendungsbereich entspricht dem Anliegen der Verbraucherkreditrichtlinie nach einer umfassenden Geltung der Regelungen zum Verbraucherkredit[95]. Eine Einbeziehung von Kreditversprechen entsprechend Art. 1 II c VerbrKrRL ergibt sich aus dem Wortlaut des Verbraucherkreditgesetzes und seinen Entwürfen[96]. Auch ein Vorvertrag kann unter das Verbraucherkreditgesetz fallen[97].

Kredit im Sinne des Verbraucherkreditgesetzes war die Umschreibung des wirtschaftlichen Sachverhalts, der die „zeitweilig Überlassung von Kaufkraft im Vertrauen auf künftige (Rück)Zahlung zur vorgezogenen Verwendung von künftigen Einkommen für konsumtive oder investive Zwecke“[98] bewirkt. Es ist die Umschreibung eines wirtschaftlichen Sachverhalts, wobei dem Verbraucher zeitweilig finanzielle Mittel überlassen werden, die er ohne Kreditabsprache nicht hätte[99]. Die verschiedenen Untergruppen des Kreditvertrages waren „gleichwertige Kategorien“[100]. Der sonstigen Finanzierungshilfe kam aber eine Art Auffangfunktion zu[101]. An die Untergruppen knüpften sich verschiedene Rechtsfolgen[102]. Der Vertragstyp mußte in eine der drei Kategorien passen, um in den Schutzbereich des Verbraucherkreditgesetzes zu fallen.

Im BGB kommt es zu einer Aufspaltung des Begriffs „Kredit“, der in seinen einzelnen Ausprägungen behandelt wird. Von einem Oberbegriff für Gelddarlehen, Zahlungsaufschübe und sonstige Finanzierungshilfen wird abgesehen. Die verschiedenen Erscheinungsformen des Kredits werden dagegen eigenständig geregelt.

*a) Darlehen*

Nach der Schuldrechtsmodernisierung werden unter den Darlehensvertrag, §§ 488-490 BGB, neben den bisherigen Vorschriften zu Gelddarlehen aus §§ 607 ff. BGB a.F. auch die Vorschriften zu Darlehen im Sinne des Verbraucherkreditgesetzes fallen, die

---

[94] Art. 1 II c VerbrKrRL.
[95] *Ulmer*, in: MünchKomm, Vor. § 1 VerbrKrG, Rdnr. 22, 3. Aufl.
[96] „Gewährt oder zu gewähren verspricht“ § 1 II VerbrKrG; a.A. Bericht der Kommission zur Richtlinie, para.113.
[97] *Kessal-Wulf*, in: Staudinger, § 1 VerbrKrG, Rdnr. 46.
[98] *Ulmer*, in: MünchKomm, § 1 VerbrKrG, Rdnr. 42, 3. Aufl.
[99] BGH Urt. v. 16.11.1995 I ZR 177/93, WM 1996, S. 148.
[100] *Kessal-Wulf*, a.a.O. Rdnr. 44.
[101] *Ulmer*, a.a.O. Rdnr. 44.
[102] *Kessal-Wulf*, a.a.O. Rdnr. 45.

nun Verbraucherdarlehensverträge heißen, §§ 491-498 BGB[103]. Ausgenommen wurde lediglich das Überziehungsdarlehen, das wie bereits durch § 5 VerbrKrG in § 493 BGB ein Spezialregelung erhält[104].

Darlehen waren bereits vor der Schuldrechtsmodernisierung im BGB geregelt[105]. Bei einem Gelddarlehen handelt es sich um eine Überlassung von Mitteln mit dem Recht der zeitlich begrenzten Kapitalnutzung, verbunden mit der Verpflichtung, die Zahlungsmittel an einem vereinbarten Termin zurückzuerstatten[106].

Für Darlehen sind neben den Teilzahlungskrediten (Ratenkrediten) verschiedene andere Ausgestaltungen möglich. So kann grundsätzlich ein Darlehen als Geld- oder Sachdarlehen gewährt werden[107]. Zum Anwendungsbereich der Darlehen nach Verbraucherkreditrecht zählen aber lediglich reine Gelddarlehen[108]. Der Sachdarlehensvertrag hat seine eigene Regelung erhalten[109]. In der Praxis finden sich verschiedene Erscheinungsformen. So kann man dem Darlehen in Gestalt eines Ratenkredites oder seiner Sonderform des Blockratenkredites begegnen, wobei der Ratenkredit auch zur Finanzierung einer Sache oder einer Leistung oder als Teil eines verbundenen Geschäfts[110] genutzt werden kann. Auch Annuitätendarlehen[111] und Vereinbarungsdarlehen[112] sind Erscheinungsformen des Darlehen.

Der Krediteröffnungsvertrag[113] ist ebenfalls Teil der Untergruppe Darlehen. Es ist ein Rahmenvertrag, das Abrufen durch den Kreditnehmer ist lediglich ein unselbständiges Ausführungsgeschäft, und die Formerfordernisse müssen deshalb nur vom Rahmenvertrag erfüllt werden[114]. Dies gilt auch für den dem Krediteröffnungsvertrag ähnlichen Kontokorrentkredit, dem allerdings theoretisch ein einheitlicher Darlehensvertrag zu Grunde liegt[115]. Handelt es sich um einen Überziehungskredit, ist zu beachten, daß dieser durch seine Sonderregelung in § 493 BGB[116] Erleichterungen in Bezug auf Formvorschriften und Inhaltsvorgaben erfährt. Auch ein revolvierender Kontokorrentkredit und ein Kontokorrentkredit in Verbindung mit einem Girovertrag, in Form

---

[103] Regierungsentwurf Schuldrechtsmodernisierung, S. 595.
[104] Regierungsentwurf Schuldrechtsmodernisierung, S. 602.
[105] §§ 607 ff. BGB.
[106] *Kessal-Wulf*, a.a.O. Rdnr. 47.
[107] *Kessal-Wulf*, a.a.O. Rdnr. 50.
[108] Einführung in den Regierungsentwurf Schuldrechtsmodernisierung, S. 12.
[109] §§ 607 ff. BGB.
[110] Finanzierungsdarlehen im Sinne von § 358 BGB; siehe verbundene Geschäfte S. 84 ff.
[111] *Kessal-Wulf*, a.a.O. Rdnr. 54.
[112] *Kessal-Wulf*, a.a.O. Rdnr. 51; *Ulmer*, a.a.O. Rdnr. 50 ff.
[113] Siehe Krediteröffnungsverträge in Form von Überziehungskrediten und Kreditkartengeschäften S. 124 ff.
[114] *Kessal-Wulf*, a.a.O. Rdnr. 56; *Ulmer*, a.a.O. Rdnr. 54.
[115] *Ulmer*, a.a.O. Rdnr. 54.

eines Überziehungskredites, können unter den Sammelbegriff Darlehen und nicht unter sonstige Finanzierungshilfen verstanden werden[117]. Bei einem Kontokorrent-Ratenkredit, der sowohl Vario- und Dispo- als auch Scheckkredit genannt wird, sind Mindestraten monatlich aufzubringen[118]. Wenn es beim Dispokredit an einer Vereinbarung über die Laufzeit und die ratenweise Rückführung des Darlehens fehlt, handelt es sich um einen Kontokorrentkredit[119].

Eine neuere Darlehensform, auf die das Verbraucherkreditgesetz gegebenenfalls anzuwenden ist, ist das „Forward-Darlehen", wobei die Bank mit dem Kreditnehmer einen Vertrag abschließt, der aber regelmäßig erst in ein bis drei Jahren zur Auszahlung kommt. Dies ermöglicht eine Sicherung der zum Zeitpunkt des Abschlusses niedrigen Zinsen[120].

*b) Zahlungsaufschub und Finanzierungshilfen*

Unter Finanzierungshilfen im Sinne des Regierungsentwurfs fallen sowohl Zahlungsaufschübe als auch sonstige entgeltliche Finanzierungshilfen. Wenn möglich wird hier auf die Regelungen zum Verbraucherdarlehen verwiesen[121]. Es wird aber in der Begründung betont, daß die Ausgliederung von Finanzierungshilfen lediglich systematische Gründe habe und die Übersichtlichkeit verbessern solle. „...inhaltliche Änderungen im Vergleich zum geltenden Recht sind damit nicht verbunden."[122]

Basisnorm für diese Verträge ist § 499 BGB. Nach § 499 I BGB sind die geltenden Vorschriften zu Verbraucherdarlehensverträge auch auf Zahlungsaufschübe und sonstige Finanzierungshilfen anwendbar. Teilzahlungsgeschäfte werden als die Haupterscheinungsform des Zahlungsaufschubs[123] und die Finanzierungsleasingverträge werden als die Haupterscheinungsform der sonstigen Finanzierungshilfe benannt[124]. Nach § 499 II BGB gelten für Finanzierungsdarlehen und Teilzahlungsgeschäfte[125] die Regelungen §§ 500 bis 504 BGB. Da es sich um Spezialformen eines Zahlungsaufschubs oder einer sonstige Finanzierungshilfe handelt, müssen sie auch § 499 I BGB erfüllen[126].

---

[116] § 5 VerbrKrG.
[117] *Emmerich*, Das Verbraucherkreditgesetz, JuS 1991, S. 705, 706; *Ulmer*, a.a.O. Rdnr. 62.
[118] *Kessal-Wulf*, a.a.O. Rdnr. 57 f.
[119] *Ulmer*, a.a.O. Rdnr. 63.
[120] *Rösler*, Aktuelle Rechtsfragen zu Verbraucherkrediten, VuR 2000, S. 191, 195.
[121] Regierungsentwurf Schuldrechtsmodernisierung, S. 595.
[122] Regierungsentwurf Schuldrechtsmodernisierung, S. 605.
[123] § 499 II BGB.
[124] § 500 BGB.
[125] Entsprechend § 4 I S. 5 Nr. 2 VerbrKrG legal definiert.
[126] §§ 500-504 BGB, Regierungsentwurf Schuldrechtsmodernisierung, S. 605 f.

Der Begriff Zahlungsaufschub ist ursprünglich der Verbraucherkreditrichtlinie entnommen worden[127]. Im deutschen Recht war er bis dahin nur in § 223 AO[128] aufgetaucht[129]. Beim Zahlungsaufschub handelt es sich um die „Überlassung von Kaufkraft auf mittelbarem Weg" entweder in Form einer Stundung der Gegenleistung oder einer Vorleistung des Anbieters[130]. Ein Zahlungsaufschub wird nach §§ 499 ff. BGB behandelt, wenn er die folgenden Voraussetzungen erfüllt: Eine Zahlungsverpflichtung muß sich aus einem bereits bestehenden Schuldverhältnis zwischen Kreditgeber und Verbraucher ergeben. Die Fälligkeit oder Durchsetzbarkeit dieser Verbindlichkeit des Verbrauchers muß vom dispositven Recht[131] durch eine Vereinbarung zu Gunsten des Verbrauchers abweichen. Außerdem muß der Zahlungsaufschub die Voraussetzungen Entgeltlichkeit[132] und eine Mindestlaufzeit von drei Monaten[133] erfüllen[134].

Abzahlungskredite können als Zahlungsaufschübe in den Anwendungsbereich fallen. Entgegen den früheren Vorstellungen des Abzahlungsgesetzes[135] können nun neben Sachkrediten auch Dienstleistungskredite von dem im Vergleich zum Abzahlungsgesetz erweiterten Schutzbereich erfaßt werden. Außerdem kann der Bezugspreis auch in einer einmaligen Zahlung zu entrichten sein[136], aber nur Abzahlungskäufe, die neben dem Kaufpreis auch ein Entgelt für den Zahlungsaufschub enthalten[137], fallen unter die Verbraucherkreditschutzbestimmungen. Daraus folgt, daß gegebenenfalls auch Ehe- und Partnerschaftsvermittlungsverträge[138], Pauschalreiseverträge, Softwareverträge, Ausbildungs- und Unterrichtsverträge[139] und außerdem Werklieferungs- und Werkverträge[140] dazuzählen können.

Obwohl die Stundungsabrede nicht zum Anwendungsbereich des Abzahlungsgesetzes gehörte[141], ist die Stundung heute ein typisches Beispiel des Zahlungsauf-

---

[127] Art. 1 II c VerbrKrRL.
[128] Abgabenordnung v. 16.3.1976, BGBl. 1976 I, S. 613.
[129] *Ulmer*, a.a.O. Rdnr. 66.
[130] *Ulmer*, a.a.O. Rdnr. 66.
[131] Z.B. § 271 I BGB: sofortige Fälligkeit; §§ 551, 556, 608, 614, 721 BGB.
[132] Siehe aufgrund ihrer Zinsen und Kosten ausgeschlossene Verträge S. 148.
[133] § 499 I RE; siehe aufgrund ihrer Laufzeit ausgeschlossene Verträge S. 142.
[134] *Kessal-Wulf*, a.a.O. Rdnr. 63.
[135] § 1 I AbzG.
[136] *Ulmer*, a.a.O. Rdnr. 72; *Bülow*, Änderung des Verbraucherkreditgesetzes durch das Bauhandwerksicherungsgesetz, NJW 1991, S. 129, 130.
[137] Siehe aufgrund ihrer Zinsen und Kosten ausgeschlossene Verträge S. 148 f.
[138] OLG Nürnberg Urt. v. 19.9.1995 3 U 1482/95, VuR 1996, S. 62.
[139] BGH Urt. v. 16.11.1995 I ZR 177/93, NJW 1996, S. 1457, Revision zu: OLG Stuttgart Urt. v. 30.7.1993 ZU 270/92, ZIP 1993, S. 1466.
[140] LG Hamburg Urt. v. 30.9.1993 321 O 174/92, ZIP 1994, S. 290.
[141] *Ulmer*, in: MünchKomm, AbzG § 1 Rdnr. 17, 2. Aufl.; siehe aufgrund ihrer Laufzeit ausgeschlossene Verträge S. 143.

schubes und somit eines Vertrages, der von Verbraucherkreditregelungen betroffen sein kann. Eine Stundung setzt voraus, daß die Leistung vom Gläubiger ohne Stundungsabrede fällig wäre, aber hinausgeschoben wurde. Eine Stundung kann bereits bei Vertragsschluß vereinbart werden. Zu beachten ist die Beschränkung auf eine Laufzeit von mehr als drei Monaten. § 3 I Nr. 3 VerbrKrG, der Zahlungsaufschübe, die auf weniger als drei Monate lauteten, vom Verbraucherkreditgesetz ausschloß[142], ist heute in § 499 I BGB integriert. Ein „pactum de non petendo"[143] und ein Vollstreckungsstillhalteabkommen können auch einen Zahlungsaufschub im Sinne von § 499 BGB darstellen, wenn ein Entgelt berechnet wird[144].

Dauerschuldverhältnisse waren grundsätzlich weder Gegenstand von Art. 1 II c Verbraucherkreditrichtlinie noch Gegenstand des Verbraucherkreditgesetzes[145], da die Bezahlung der Dienste zum jeweiligen Zeitabschnitt erbracht wird und somit kein Zahlungsaufschub vorliegt[146]. Grundsätzlich ist aber zu prüfen, ob die Dauerschuldverhältnisse nicht langfristige Lieferverträgen im Sinne von § 505 BGB sein könnten[147]. Dauerschuldverhältnisse, durch die der Verbraucher das Recht hat, das Entgelt über drei Monate nach der gesetzlichen Fälligkeit zu erbringen, können aber unter Zahlungsaufschübe fallen, wenn ein Aufschlag gezahlt werden muß[148].

Unter diese Dauerschuldverhältnisse können gegebenenfalls Versicherungsverträge fallen. Nach herrschender Meinung könne es sich bei Versicherungsverhältnissen, deren Prämien monatlich oder vierteljährlich geleistet werden können, lediglich um vorgezogene Entgeltleistungen und nicht um eine Stundung handeln[149]. Dem widerspricht *Kessal-Wulf*, da es sich bei der Versicherungsprämie um ein im voraus zu zahlendes Entgelt handele und somit eine Prämie nach dispositivem Recht zu Beginn der einjährigen Versicherungsperiode[150] fällig werde. Es handele sich also, wie für den Zahlungsaufschub verlangt, um ein Hinausschieben, wenn der Versicherungsnehmer die Möglichkeit nutzt, die Prämie monatlich oder vierteljährlich zu entrichten. Da normalerweise die Prämienzahlung zu Beginn der Versicherungsperiode erfolgen würde, könnte die Vermutung begründet sein, daß kein Prämienabschlag bei jährlicher Zahlung, sondern ein Prämienaufschlag bei gestaffelter Zahlung vorliegt. In einem solchen Prämienaufschlag sei die notwendige Entgeltlichkeit dieses Zahlungsaufschu-

---

[142] *Kessal-Wulf*, a.a.O. Rdnr. 64 f.
[143] Stillhalteabkommen, BHG Urt. v. 14.6.1989 IVa ZR 180/88, NJW-RR 1989, S. 1048, 1049.
[144] *Kessal-Wulf*, a.a.O. Rdnr. 72.
[145] BGH Urt. v. 16.11.1995 I ZR 177/93 II 2, NJW 1996, S. 1457.
[146] *Kessal-Wulf*, a.a.O. Rdnr. 69.
[147] *Ulmer*, a.a.O. Rdnr. 73.
[148] BGH Urt. v. 16.11.1995 I ZR 177/93, NJW 1996, S. 1457.
[149] BT–Drucks. 11/5462, S. 17.
[150] § 9 VVG.

bes zu vermuten, was aber durch den Versicherer widerlegbar sei[151]. Auch *Ulmer* spricht von Tarifzuschlägen[152]. In diesem Zusammenhang ist der herrschenden Meinung zu folgen. Auch wenn die Erstprämie sofort nach Vertragsschluß fällig wird[153], muß die Fälligkeit der Folgeprämien doch vertraglich vereinbart werden[154]. Es handelt sich insgesamt um dispositive Regelungen, von denen jederzeit abgewichen werden kann. Es kann also nicht grundsätzlich davon ausgegangen werden, daß es sich um einen Prämienaufschlag handelt. Da es sich lediglich um eine Möglichkeit handelt, sollte dies nicht zu einem Schutz durch das Verbraucherkreditrecht führen.

Auch wenn Kreditkartenverträge auf den ersten Blick als Zahlungsaufschübe betrachtet werden könnten, fallen sie nur in Ausnahmefällen unter das Verbraucherkreditrecht, da sie in der Regel bereits die dreimonatige Mindestlaufzeit nicht erfüllen[155]. Daß Kreditkartenverträge unter das Verbraucherkreditrecht gerechnet werden, ist außerdem gegebenenfalls im Rahmen von verbundenen Geschäften oder Krediteröffnungsverträgen möglich.

Sonstige Finanzierungshilfen im Sinne von § 499 BGB sind Zahlungskredite, die durch Überlassung von Kaufkraft „zur vorgezogenen Verwendung künftigen Einkommens für konsumtive oder investive Zwecke“[156] effektiv Kredit gewähren und keine Darlehen oder Zahlungsaufschübe sind[157]. Von Bedeutung ist heute vor allem das in diese Kategorie fallende Finanzierungsleasing[158]. Im Vergleich zur Verbraucherkreditrichtlinie[159] fehlt sowohl im Verbraucherkreditgesetz, als auch im BGB „ähnliche“ bei „sonstige Finanzierungshilfe“. Aus einer richtlinienkonformen Auslegung folgt, daß auch nach der deutschen Gesetzgebung Finanzierungshilfen gemeint sind, die in ihrer Funktion dem Darlehen und dem Zahlungsaufschub gleichzusetzen sind[160]. Unter „sonstige ähnliche Finanzierungshilfen“ fallen also Finanzierungshilfen, die in ihrer wirtschaftlichen Funktion mit anderen Kreditvertragstypen übereinstimmen[161] oder darlehensähnlich sind. Allerdings ergibt sich aus der unkommentierten Auslassung eine unnötige Unklarheit[162].

---

151 *Kessal-Wulf*, a.a.O. Rdnr. 70.
152 *Ulmer*, a.a.O. Rdnr. 70.
153 § 35 VVG.
154 *Knappmann*, in: Beck'sche Kurzkommentar: Versicherungsvertragsgesetz, § 35 Rdnr. 1.
155 § 499 I BGB.
156 *Ulmer*, a.a.O. Rdnr. 82.
157 *Kessal-Wulf*, a.a.O. Rdnr. 81.
158 *Kessal-Wulf*, a.a.O. Rdnr. 80; siehe Mietvertrag S. 102.
159 Art. 1 II c VerbrKrRL.
160 *Ulmer*, a.a.O. Rdnr. 81.
161 *Kessal-Wulf*, a.a.O. Rdnr. 70.
162 *Mülbert*, Die 1. EG-Richtlinie über den Verbraucherkredit und ihre Umsetzung durch das geplante Verbraucherkreditgesetz, WM 1990, S. 1357, 1358.

„Haftungskredite", die zugunsten der Kreditgewährung an einen Dritten gegeben werden, sind grundsätzlich vom Anwendungsbereich des Verbraucherkreditrechts auszuschließen, da es sich bei ihnen nicht um Zahlungskredite handelt. Dies schließt Bürgschaften und ähnliche Instrumente grundsätzlich vom Anwendungsbereich des Verbraucherkreditrechts aus[163]. Auch können weder Avalgeschäfte, wegen ihres Bürgschaftscharakters, noch Akzeptkredite, da es sich um Wechselgeschäfte handelt, die grundsätzlich vom Verbraucherkreditrecht ausgenommen worden sind[164], unter die Verbraucherkreditrechtbestimmungen fallen[165].

Die Untergruppe „sonstige Finanzierungshilfe" bekleidet eine Auffangfunktion, die Vertragstypen abfängt, die nicht unter die beiden anderen Kategorien subsumiert werden können[166]. Sie soll dem sich ändernden Kreditmarkt Rechnung tragen, auch wenn *Ulmer* davon ausgeht, daß in Zukunft keine weiteren Kreditformen unter die Gruppe sonstige Finanzierungshilfen entstehen würden, da neue Instrumente in der Regel unter Darlehen und Zahlungsaufschub erfaßt würden[167]. Betrachtet man die große Kreativität, die Finanzexperten bei der Schaffung neuer Finanzierungskonzepte bereits demonstriert haben, ist es schwierig, dieser Meinung beizupflichten.

### *II. Kreditvertrag im Consumer Credit Act 1974*

Ein „consumer credit agreement" im Sinne des Consumer Credit Act 1974 ist ein „personal credit agreement", dessen Kreditsumme nicht mehr als £ 25 000 beträgt. Ein „personal credit agreement" ist ein Kreditvertrag zwischen zwei Personen, dem Kreditnehmer und dem Kreditgeber, für einen Kredit über jede Summe[168].

#### *1. Entstehung*

Vor dem Consumer Credit Act 1974 waren Kredite grundsätzlich in „loan credits" und „supply credits" aufgeteilt. Für einen „loan credit" war eine Zahlung an den Kreditnehmer charakteristisch, die dieser wieder zurückzahlen mußte. Ein typisches Beispiel war das Darlehen, das auch die Form eines Überziehungskredites haben konnte. Beim „supply credit" handelte es sich um eine Aufschiebung der Zahlungsverpflichtungen des Kreditnehmers bei einem Kauf- oder Dienstleistungsvertrag[169]. Allerdings war die Unterteilung nicht ganz schlüssig. So paßten Kreditkartenkredite, „check trading",

---

[163] *Ulmer*, a.a.O. Rdnr. 41; siehe Verpflichtung Dritter S. 203 ff.
[164] § 496 BGB.
[165] *Kessal-Wulf*, a.a.O. Rdnr. 80 f.
[166] *Ulmer*, a.a.O. Rdnr. 44.
[167] *Ulmer*, a.a.O. Rdnr. 89.
[168] S. 9 I CCA.
[169] Siehe verbundene Geschäfte S. 88.

„budget accounts“ und „option accounts“ (auch „revolving charge account“), weder ganz in die eine noch in die andere Kategorie[170]. Die beiden Typen von Verträgen wurden in unterschiedlichen Gesetzen behandelt. Darlehen fielen zum Beispiel unter die Moneylenders Acts, einige Sicherheiten wurden in den Bills of Sale Acts1878 und 1882 geregelt.

Während vor dem Crowther Report grundsätzlich zwischen „supply credit“ und dem „loan credit“ unterschieden wurde, waren nach dem Crowther Report „consumer sale“ und „consumer loan“ zu unterscheiden. Unter „consumer loans“ sollten alle Kreditgeschäfte fallen, wobei die Art der Kreditgeber und der Sicherheiten irrelevant war[171]. Zusammenfassend empfiehlt die Crowther Committee, daß Kredite bis £ 2 000 oder bis zu einem durch den „Consumer Credit Commissioner“ festgelegten Betrag, die nicht an einen „corporate body“ vergeben werden und deren „effective annual rate“ den Diskontsatz um 2,5 % überschreitet oder mit einem „consumer sale“ verbunden sind[172], unter die Schutzbestimmungen des „Consumer Sale and Loan Act“ fallen sollten.

Das Crowther Committee untersuchte weiter die Möglichkeit, den Anwendungsbereich aufgrund der gegebenen Sicherheiten zu begrenzen. Dabei wurde sowohl die Sicherung durch Immobilien[173] als auch die Sicherung durch Pfand bei Geschäften mit „pawnbrokers“[174] geprüft. Letzteres war durch die „National Pawnbrokers Association“ angeregt worden, wurde aber vom Crowther Committee abgelehnt[175].

Während „consumer loans“ lediglich Kreditgeschäfte betraf, wurden unter „consumer sales“ zusätzlich zu den Verträgen, die bereits unter „supply credits“ fielen, Kredite verstanden, die mit einem Kauf so verbunden waren, daß sie eine ökonomische Einheit bildeten. Innerhalb des „consumer sales“ sollte aber zwischen dem „financed sale“ selber und dem mit ihm verbundene „instalment loan“ unterschieden werden[176], was auch ehemalige „supply credits“ betraf.

Die von der Crowther Committee vorgeschlagenen Begriffe „consumer loan“, „consumer sale“ werden im „White Paper“ zur „Reform of the Law on Consumer Credit“[177] nicht genutzt. Der angestrebte umfassende Schutz wird aber weitestgehend erreicht. Unter „loans“ im Anwendungsbereich der Schutzbestimmungen können nach

---

[170] *Goode*, March 2000, Rdnr. IA 1.8/6-7, IA 3.2/163, IC 24.2/491.
[171] Crowther Report, para. 6.2.6.
[172] Siehe verbundene Geschäfte S. 88.
[173] Siehe Immobiliarkredite S. 120.
[174] Pfandleiher.
[175] Crowther Report, para. 6.2.37.
[176] Siehe verbundene Geschäfte S. 88.
[177] *Department of Trade and Industry*, Reform of the Law on Consumer Credit, London, Her Majesty's Stationary Office, cm 5427, September 1973.

dem „White Paper“ grundsätzlich Kredite, die nicht mit einem Kaufgeschäft verbunden sind, und Kredite, die mit einem Kaufgeschäft verbunden sind, gezählt werden, wenn die zu zahlenden Kosten pro Jahr mehr als 10 % der Kreditsumme[178] betragen[179].

*2. Umsetzung*

Im Consumer Credit Act 1974 wurde eine völlig neue Kategorisierung genutzt. Es wird grundsätzlich zwischen „consumer credit agreements“ und „consumer hire agreements“ unterschieden. „Credit“ schließt alle Formen des Kredites mit ein. Verträge, die sonst von dem Schutzgesetz nicht erfaßt würden, aber mit dem Kreditvertrag in irgendeiner Weise verbunden sind, werden durch die Regelungen zu verbundenen Verträgen, doch wieder teilweise in den Anwendungsbereich einbezogen[180].

Die im Consumer Credit Act 1974 zu findende mehrstufige Definition („personal credit agreement“) ist auf die Nutzung der verschiedenen Vertragskategorien zurückzuführen. Die Regelungen beziehen sich zum Beispiel nicht ausschließlich auf das „consumer credit agreement“. So wird in S. 10 der „running-account credit“ definiert, dessen Kreditsumme nicht auf £ 25 000 beschränkt ist. Eine starre Beschränkung wäre hier hinderlich. Unter „consumer credit agreements“ können die folgenden Verträge fallen:

> „hire-purchase, conditional sale, credit sale, check trading, credit card issuing, budget accounts, unsecured loans and overdrafts, mortgage transactions, pledges and indeed any form of contractual credit that one can conceive.“[181]

Dabei ist der Anwendungsbereich nicht auf Verträge zu beschränken, die bewegliche und unbewegliche Sachen betreffen, sondern schließt auch Geschäfte zu Dienstleistungen und „facilities“[182] mit ein. Obwohl die Vertragsarten „hire-purchase“ and „conditional sale agreements“ nach dem Consumer Credit Act 1974 unter „consumer credit agreements“ geregelt werden, werden sie im Folgenden zur besseren Vergleichbarkeit mit der Situation im deutschen Recht überwiegend unter der Überschrift Mietverträge behandelt.

*a) Kreditbegriff*

Mit der Einführung des Consumer Credit Act 1974 bewegte sich die Gesetzgebung von der ehemals zweigeteilten Definition „supply credit“ und „loan credit“ weg. Im

---

178 Siehe aufgrund ihrer Zinsen und Kosten ausgeschlossene Verträge S. 143.
179 White Paper, para. 6, 21.
180 Siehe verbundene Geschäfte S. 88 f.
181 *Goode*, a.a.O. Rdnr. IC 23.6/424.
182 Kreditfazilitäten, Einrichtungen.

Consumer Credit Act 1974 ist Kredit in S. 9 als einheitlicher Begriff definiert. Hiernach ist ein Kredit „a cash loan, and any other financial accommodation“[183], was auch weitgehend der Definition in der Verbraucherkreditrichtlinie entspricht. Es fehlt allerdings der Begriff „deferred payment“[184]. Zahlungsaufschübe fallen in die zweite Kategorie von Kredit, der „financial accommodation“. „Deferred payment“ ist nicht mit *„debt deferment“* [185] zu verwechseln, welche ein wichtiger Teil der Definition eines Kredites ist[186]. Kredit im Sinne des Consumer Credit Act 1974 ist also ein Vertrag, durch den der Kreditgeber dem Kreditnehmer gestattet, die Leistung, die er eigentlich schuldet, später zu erfüllen[187]. Grundsätzlich ist zu prüfen, ob sich der Kreditgeber verpflichtet hat, Kredit zu geben und nicht, ob der Kreditnehmer sich verpflichtet hat, Kredit in Anspruch zu nehmen[188]. Eine Verpflichtung eines potentiellen Kreditnehmers, ein „regulated agreement“ abzuschließen, ist sogar nichtig[189].

Die aufgeschobene Leistung muß eine finanzielle Leistung sein. Dies soll alle möglichen bestehenden und zukünftige Formen von Kredit umfassen[190], darunter fallen ausdrücklich auch „hire-purchase contracts“. Sie werden in S. 9 CCA noch einmal separat als Kreditart aufgeführt, dies allerdings nur zur Klarstellung. Durch Strafrechtsentscheidungen[191] war der Eindruck entstanden, daß es bei ihnen zu keiner Schuldaufschiebung kommt [192].

Sicherheiten, im Sinne von Bürgschaften und ähnlichem, fallen nicht unter S. 9 CCA, da ein Sicherungsgeber, der zur Haftung herbeigezogen wird, sofort haftet: Es fehlt am Element des Aufschubs. Grundsätzlich sind sowohl Kredite, die in Form von Ratenzahlungen, als auch Kredite, die in einer einmaligen Zahlung zu begleichen sind, als Kredite zu verstehen. Nichtratenkredite fallen aber in einen Ausnahmetatbestand[193].

*b) Kreditmerkmale*

Für die Leistung durch den Kreditgeber bestehen die folgenden Voraussetzungen: Damit ein Kredit im Sinne des Consumer Credit Act 1974 vorliegt, muß durch den

---

[183] Geldkredit oder eine andere finanzielle Hilfe.
[184] Zahlungsaufschub; englische Version Art. 1 II c VerbrKrRL: „deferred payment, a loan or other similar financial accommodation“.
[185] Schuldaufschiebung.
[186] *Goode*, a.a.O. Rdnr. IC 24.23/495.
[187] *Goode*, a.a.O. Rdnr. IC 24.7/494 f.
[188] *Goode*, a.a.O. Rdnr. IC 23.43/428 f.
[189] S. 59 CCA.
[190] *Goode*, a.a.O. Rdnr. IIB 5.9/130-140.
[191] *R v. Miller* [1977] 1 WLR S. 1129, 1134.
[192] *Goode*, a.a.O. Rdnr. IC 24.6/493.
[193] *Goode*, a.a.O. Rdnr. IC 23.6/424; siehe aufgrund ihrer Laufzeit ausgeschlossene Verträge S. 143.

Kreditgeber ein Vorteil erbracht werden[194]. Es ist allerdings jede Art von Vorteil, für den ein Zahlungsaufschub gewährt wird, möglich[195]. Beim Zahlungsaufschub muß es sich um eine Finanzhilfe[196] handeln. Daß heißt, ein zufälliger Aufschub oder ein Aufschub, der sich lediglich aus dem Abrechnungssystem des Kreditgebers ergibt, ist kein Kredit im Sinne des Consumer Credit Act 1974. Auch wechselseitige Beziehungen in Form eines laufenden Kontos[197] können nicht zum Anwendungsbereich gerechnet werden. Schließlich fallen „debit card agreements“[198] nicht in den Anwendungsbereich des Consumer Credit Act 1974, da es sich hier lediglich um eine andere Zahlungsart handelt. Ein Überziehungskredit[199] hingegen kann eine Finanzhilfe im Sinne des Consumer Credit Act 1974 darstellen[200].

Für die Gegenleistung des Kreditnehmers eines „regulated agreements“ bestehen die folgenden Voraussetzungen. Ein Kredit im Sinne des Consumer Credit Act 1974 kann nur vorliegen, wenn dem vertraglich vereinbarten Zahlungsaufschub[201] für einen bestimmten Zeitraum eine vertraglich vereinbarte Zahlungsverpflichtung[202] gegenüber steht[203]. Die Verpflichtung des Kreditnehmers muß eine Zahlungsverpflichtung sein, ein reines Tauschgeschäft kann kein Kredit im Sinne des Consumer Credit Act 1974 sein[204].

Eine vertragliche Zahlungsverpflichtung des Vorteilsempfängers ist Voraussetzung für seinen Kreditnehmerstatus und das Bestehen eines Kreditverhältnisses. Geschenke können somit keine Kredite sein, und auch ein einfacher Kaufvertrag, der lediglich die Möglichkeit bietet, in Raten zu zahlen, aber zu überhaupt keinen Zahlungen verpflichtet, fällt nicht unter den Consumer Credit Act 1974, weil in diesem Fall keine Schuld vorliegt, die aufgeschoben werden könnte. Dies kann zum Beispiel bei Versicherungsverträgen von Bedeutung sein. Nach amerikanischem Fallrecht fehlt es bei Versicherungsverträgen, wenn keine zusätzlichen Gebühren auf den Versicherten zukommen und eine Nichtzahlung der Prämien lediglich die Kündigung des Vertragsverhältnisses mit sich bringt, an einer Zahlungsverpflichtung und so an Schuld und

---

194 Supply of benefit.
195 *Goode*, a.a.O. Rdnr. IC 24.9/494.
196 Financial accommodation.
197 Mutual dealings on current account.
198 Ein System, das im Laden eine Zahlung ohne Bargeld ermöglicht. Es ist der Zahlung mit EC-Karte und Geheimnummer in Deutschland ähnlich.
199 Siehe Krediteröffnungsverträge in Form von Überziehungskrediten und Kreditkartengeschäften S. 127.
200 *Goode*, a.a.O. Rdnr. IC 24.81-84/519 f.
201 Contractual deferment of payment.
202 Contractual duty of payment.
203 *Goode*, a.a.O. Rdnr. IC 24.10-80/494-518.
204 *Goode*, a.a.O. Rdnr. IC 24.23/495.

Aufschub dieser Schuld. Es könnte in diesem Fall kein Kreditvertrag vorliegen[205]. Die Zahlungspflicht muß außerdem vertraglich verankert und entstanden sein. Eine Verpflichtung nach „quasi-contract“[206], zum Beispiel in Form von „restitution“[207], ist nicht ausreichend[208].

Damit ein „credit“ im Sinne des Consumer Credit Act 1974 vorliegt, muß ein vertraglicher Zahlungsaufschub[209] gewährt worden sein. Es muß sich um eine vertragliche Verpflichtung des Kreditgebers handeln, die Zahlungsverpflichtung des Kreditnehmers aufzuschieben[210]. Damit ein Geschäft unter den Consumer Credit Act 1974 fallen kann, muß also ein Rechtsverhältnis vorliegen. Ein „letter of intent“[211] oder „mutual understanding“[212] sind nicht ausreichend. Der Kreditgeber muß sich zur Bereitstellung von Kredit vertraglich verpflichtet haben. Wenn einfach nicht gezahlt wird, dann liegt Verzug und kein Kredit vor[213]. Bei einer „line of credit“[214] handelt es sich in der Regel lediglich um ein Angebot. Wenn es sich aber um eine „facility“[215] handelt, dann liegen einzelne Kredite bis zur Kreditgrenze vor, die erst wirksam werden, wenn sie genutzt werden[216].

Ein „deferment of debt“ ergibt sich entweder aus dem Vertrag oder aus allgemeinem Recht. *Goode* definiert eine Aufschiebung wie folgt:

> „Debt is deferred, and credit extended, whenever the contract provides for the debtor to pay, or gives him the option to pay, later than the time at which payment would otherwise have been earned under the express or implied terms of the contract.“[217]

Eine Aufschub liegt vor, wenn später geleistet werden kann als sonst, das heißt, daß ohne Aufschubabrede, gezahlt werden müßte. Es ist lediglich notwendig, daß die Möglichkeit gegeben wird, später zu zahlen, ob diese Möglichkeit angenommen wird, ist nicht von Bedeutung. Im Gegensatz zum deutschen Recht[218] können auch „dis-

---

205 *Gerlach v. Allstate Insurance Co.* 338 F Supp 642 (SD Fla 1972); *McKinney v. Liberty Mutual Insurance Co.* 1 Mass App Ct 560, 303 NE 2d 853 (1973).
206 Vertragsähnliches Verhältnis, Quasivertrag.
207 Zurück-, Rück-, Erstattungs-, Entschädigungsverhältnis.
208 *Goode*, a.a.O. Rdnr. IC 24.10-22/494 f.
209 Contractual deferment of the payment obligation.
210 *Goode*, a.a.O. Rdnr. IC 24.24/496.
211 Schriftliche Absichtserklärung, Bereitwilligkeitserklärung.
212 Gegenseitiges Einvernehmen.
213 *R v. Miller* [1977] 1 WLR 1129, 1134.
214 Kreditlinie, Kreditgrenze, Kredithöchstbetrag.
215 Krediteinrichtung.
216 *Goode*, a.a.O. Rdnr. IC 23.42-3/428 f.
217 *Goode*, a.a.O. Rdnr. IC 24.25/497.
218 Ähnlich wie bei der Diskussion um Versicherungsverträge liegt kein Aufschlag bei einer späteren Zahlung vor, sondern eine Abschlag bei sofortiger Zahlung. Es fehlt also an Entgeltlichkeit.

counts for cash“[219] eine Aufschiebung im Sinne des Consumer Credit Act 1974 darstellen, da ein Barzahlungsrabatt bedeuten würde, daß der Käufer seine Zahlungsverpflichtung auch später begleichen könnte (auch wenn er diese Möglichkeit nicht in Anspruch nimmt), sich der Verkäufer also verpflichtet hätte, Kredit zu gewähren[220]. In der Regel wird es sich aber nicht um ein „regulated agreement“ handeln können, da die notwendige Kreditdauer nicht erreicht wird[221]. Auch eine Vereinbarung der Fälligkeit vor Lieferung zusammen mit der Möglichkeit, trotzdem erst mit Lieferung zu leisten, kann einen Zahlungsaufschub darstellen. Wenn allerdings die Gegenleistung *nur* vor der Leistung erbracht wird, liegt kein Kredit vor[222].

Aus dem allgemeinen Recht ergeben sich für die verschiedenen Vertragstypen unterschiedliche Zeitpunkte, an denen die Gegenleistung fällig wird. So ist beim Verkauf in der Regel die Gegenleistung zu leisten, wenn Eigentum und Besitz übergehen[223]. Dies gilt nicht, wenn der Vertrag ausdrücklich eine frühere Fälligkeit festlegt, eine spätere Zahlung aber zuläßt[224]. Bei möglichen Dauerschuldverhältnissen wie Dienstleistungen und „facilities“ hängt die Leistungszeit davon ab, ob es sich um einen „severable“[225] oder einen „entire contract“[226] handelt. Die Gegenleistung bei einem „entire contract“ wird fällig, wenn die Dienstleitung beendet ist. Bei einem teilbaren Vertrag dagegen, der eine Serie von „entire contracts“ darstellt, tritt Fälligkeit für jeden der beendeten Abschnitte[227] mit dessen Beendigung ein[228]. Bei Versicherungsverträgen, deren Prämien für monatlichen Versicherungsschutz monatlich zu zahlen sind, handelt es sich zum Beispiel nicht um Ratenkredite[229]. Bei einem Darlehen würde die Fälligkeit sofort eintreten[230], wäre die Aufschiebung nicht ein integraler Teil[231]. Bei Kreditkartenverträgen liegt eine Kreditvereinbarung vor, wenn die Zahlungsverpflichtung nicht sofort eintritt, sondern in Raten geleistet werden kann[232]. Keine Aufschiebung enthalten „lease of land“[233], Bürgschaft[234], Garantie[235], „purchase of debt“[236] und

[219] Barzahlungsrabatte.
[220] *Goode*, a.a.O. Rdnr. IC 24.29/499.
[221] Siehe aufgrund ihrer Laufzeit ausgeschlossene Verträge S. 143 f.
[222] *Goode*, a.a.O. Rdnr. IC 24.28/498 f.
[223] Sale of Goods Act 1979, S. 28.
[224] *Goode*, a.a.O. Rdnr. IC 24.27/498.
[225] Teilbarer Vertrag.
[226] Vollständiger Vertrag.
[227] Portions, periods.
[228] *Goode*, a.a.O. Rdnr. IC 24.30-45/500-511.
[229] *Goode*, a.a.O. Rdnr. IC 24.124-140/537.
[230] *Norton v. Ellam* (1837) 2 M & W 461.
[231] *Goode*, a.a.O. Rdnr. IC 24.26/497.
[232] *Goode*, a.a.O. Rdnr. IC 24.46/512.
[233] *Goode*, a.a.O. Rdnr. IC 24.65/517.
[234] Guarantee, *Goode*, a.a.O. Rdnr. IC 24.69/518.

„hire of services[237] or goods[238] agreement". Es handelt sich in diesen Fällen auch nicht um Kredit im Sinne des Consumer Credit Act 1974.

Von Bedeutung in diesem Zusammenhang waren die Urteile, die zum Fall *Dimond v. Lovell* ergangen sind. Hier ging es darum zu bestimmen, ob ein „deferred payment of a car hire scheme" ein Kredit im Sinne des Consumer Credit Act 1974 sei. Versicherungen wollten sich von ihren Verpflichtungen gegenüber Autovermietungen befreien, indem diese „car hire schemes" unter den Consumer Credit Act 1974 fallen sollten. Da den Vorgaben des Consumer Credit Act 1974 in der Regel durch die Autovermietungen nicht entsprochen worden war, wären die Forderungen nicht durchsetzbar gewesen. Diese waren durch Angebote der Autovermietungen an Unfallopfer entstanden, einen Mietwagen zur Verfügung zu stellen, während ihr Auto repariert wurde und die Bezahlung aufzuschieben, bis diese vom Unfallgegner beglichen würde. Das House of Lords hat sich jetzt gegen eine Anwendung des Consumer Credit Act 1974 ausgesprochen[239].

Ein Kredit im Sinne des Consumer Credit Act 1974 kann nur vorliegen, wenn es sich wirklich um eine Aufschiebung handelt, daß heißt ein „deferment for a significant period of time" vorliegt. Hierbei ist laut *Goode* vor allem „common sense" als Meßlatte anzulegen[240].

### *III. Zusammenfassung*

Zusammenfassend läßt sich sagen, daß sowohl das deutsche Verbraucherkreditrecht als auch der Consumer Credit Act 1974 auf Kreditverträge anwendbar sind. Was ein Kreditvertrag ist, wird im englischen und im deutschen Recht allerdings unterschiedlich definiert, und es trifft auch teilweise andere Vertragstypen. Im BGB fehlt es allerdings an dem Oberbegriff Kredit, dies hat aber nicht zu einer Verminderung des Schutzes geführt.

Übereinstimmend erkannte sowohl das deutsche als auch das englische Recht die Notwendigkeit, den gesamten Bereich des Verbraucherkredites mit einem einheitlichen Gesetz abzudecken, auch wenn die Meinungen über die Grenzen des gesamten Bereichs auseinandergehen. Diese Behandlung des gesamten Bereichs wird durch eine weite Definition des Begriffs Kredit erreicht. Die Eingliederung des Verbraucherkreditgesetzes in das Bürgerliche Gesetzbuch löst zwar das einheitliche Gesetz in seine

---

[235] Indemnity, *Goode*, a.a.O. Rdnr. IC 24.69/518.
[236] *Goode*, a.a.O. Rdnr. IC 24.67 f./517 f.
[237] *Goode*, a.a.O. Rdnr. IC 24.66/517.
[238] *Goode*, a.a.O. Rdnr. IC 24.48/512 f.
[239] *Dimond v. Lovell* [1999] 3 All ER 1 Court of Appeal, [2000] 2 All ER 897 House of Lords.
[240] *Goode*, July 2000, Rdnr. IC 24.70-80/518.

Bestandteile auf und die Grenze wird nicht mehr durch den Kreditbegriff gezogen, aber der durch das Verbraucherkreditgesetz geschaffene Schutz bleibt erhalten.

Die vom Crowther Report angeprangerte ursprüngliche Aufteilung in „supply" und „loan credits" und die sich daraus ergebende Behandlung von ähnlichen Sachverhalten durch unterschiedliche Gesetze war auch in anderen Rechtssystemen üblich. Auch nach deutschem Recht konnten Abzahlungskredite nach dem Abzahlungsgesetz beurteilt werden, während Barkredite nicht in den Anwendungsbereich des Abzahlungsgesetzes fielen.

Unterschiede zwischen englischen und deutschen Regelungen zum Verbraucherkredit ergeben sich außerdem aus der Einteilung der Gruppen von Verträgen, die unter den Begriff Kredit verstanden werden. Im Consumer Credit Act 1974 fehlt der Vertragstyp Zahlungsaufschub, der im deutschen Recht einen eigenen Typ von Kreditverträgen darstellt und im Consumer Credit Act 1974 einfach mit unter „financial accommodation" fällt. Es gibt nicht nur keine eigene Kategorie Zahlungsaufschub, gemäß dem Consumer Credit Act 1974 ist eine „contractual deferment of a payment obligation" vielmehr eine wesentliche Voraussetzung des Bestehens eines jeden Kredites. Dies ist darauf zurückzuführen, daß grundsätzlich davon ausgegangen wird, daß ein Preis zu zahlen ist. Zwar differenziert auch der Consumer Credit Act 1974 zwischen „cash loan" und anderen „financial accommodations"[241], aber es besteht keine Notwendigkeit, einen Vertrag dem einen oder anderen Typus zuordnen zu können[242]. Auch ist das „cash loan" wohl eher als Ausnahmefall und der Auffangtatbestand „financial accommodation" als Regelfall zu sehen. Insgesamt wird die Unterscheidung als unerheblich eingestuft, und in der Literatur beziehen sich die Aussagen auf Kredite insgesamt.

Ganz anders das deutsche Recht. Hier wird in der Literatur diskutiert, ob ein Vertrag unter den einen oder anderen Vertragstyp fällt. Eine Unterscheidung ist aber im deutschen Recht notwendig, da im Verbraucherkreditgesetz unterschiedliche Rechtsfolgen mit den einzelnen Vertragstypen verbunden waren[243]. Die Unterscheidung der verschiedenen Kredittypen im deutschen Recht wird im BGB noch verstärkt. Für die bessere Übersichtlichkeit wurde vom Oberbegriff „Kredit" Abstand genommen und die entsprechenden Regelungen, die auf die Kredittypen anwendbar sind, den Kredittypen direkt zugeordnet[244].

---

[241] S. 9 CCA.

[242] *Goode*, March 2000, Rdnr. IC 24.5/492 f.

[243] Z.B. Zahlungsaufschub § 3 I Nr. 3 VerbrKrG.

[244] Z.B. Zahlungsaufschub § 499 I BGB.

Interessant ist auch die Beurteilung beider Rechtsordnungen von Versicherungsverträgen und Barzahlungsrabatten. Während nach deutschem Recht der gesetzliche Leistungszeitpunkt herangezogen wird[245], fehlt es nach englischer Auffassung hier in der Regel an Gebühren und einer Zahlungsverpflichtung. Wenn aber Prämienzuschläge für Ratenzahlungen zu zahlen sind und mehr als nur eine Kündigung der Versicherung droht, dann kann doch ein Kreditvertrag vorliegen, und der Leistungszeitpunkt bleibt unerwähnt. Bei Barzahlungsrabatten geht man in Deutschland davon aus, daß es sich um ein Entgegenkommen des Anbieters handelt, das keine Rückschlüsse auf einen Normalpreis und auf Aufschläge zulassen würde. Nach englischem Recht wird dagegen einfach dieser Rückschluß gezogen, so daß Barzahlungsrabatte zu einer möglichen Kreditierung führen. Das kann zur Folge haben, daß der Vertrag bereits in den Anwendungsbereich des Consumer Credit Act 1974 fällt, da eine Möglichkeit nach englischem Recht hierfür bereits ausreichend ist. Dies entspricht dem Anspruch des Consumer Credit Act 1974, die Dinge nach dem Inhalt und nicht nach der Form zu beurteilen.

### C. Verbundene Geschäfte

Neben Kreditverträgen sollten aber auch andere Verträge von den Schutzgesetzen erfaßt werden. Verträge, die mit Kreditverträgen verbunden sind, sollten gegebenenfalls wenigstens teilweise in ihren Schutzbereich fallen, da die Schutzvorschriften oft nur wirksam sind, wenn sie auch auf die mit den Kreditverträgen zusammenhängenden Verträge anwendbar sind. Zum Beispiel ist ein Widerrufsrecht eines Kreditvertrages oft nur sinnvoll, wenn es gleichzeitig auf den untergeordneten Vertrag durchschlägt[246]. Dies erschwert außerdem die Umgehung des gewährten Schutzes der nationalen Regelungen durch Verträge, die keine Kreditverträge im Sinne der Gesetze sind.

Im Gegensatz zur Verbraucherkreditrichtlinie ist eine eingeschränkte Anwendung der nationalen Schutzgesetze auf Verträge, die auf eine jeweils festgelegte Art und Weise mit den Kreditverträgen verbunden sind, sowohl im englischen als auch im deutschen Recht möglich. Im Gegensatz zum Verbraucherkreditrecht hat der Consumer Credit Act 1974 aber, wie im folgenden dargestellt, einen weiteren Ansatz.

Der Status „verbundener Vertrag“ kann nicht nur auf die mit einem Kreditvertrag verbundenen Verträge Auswirkungen haben. Auch der Kreditvertrag kann gegebenenfalls durch den Kaufvertrag beeinflußt werden. Auf den sogenannten Einwendungsdurchgriff, der teilweise eng mit den beschriebenen Regelungen zusammen-

[245] Zu Versicherungsverträgen im deutschen Kreditrecht siehe S. 72.
[246] *Goode*, March 2000, Rdnr. IIB 5.29/187.

hängt, wird im folgenden nicht eingegangen, weil er über das Thema der Arbeit hinausgeht.

### *I. Verbundene Geschäfte im deutschen Verbraucherkreditrecht*

Verschiedene Bestimmungen des Verbraucherkreditrechts werden durch die Verbindung von Kauf- und Kreditvertrag teilweise auch auf den Kaufvertrag anwendbar. Nach dem Verbraucherkreditrecht kann sich im Zusammenhang mit der in der Verbraucherkreditrichtlinie unbekannten Widerrufsregelung die Wirksamkeit des Kreditgeschäftes auf das Kaufgeschäft durchschlagen[247].

#### *1. Entstehung*

Das Abzahlungsgesetz war mit Blick auf die Verbindung eines Kaufvertrages mit einem Kreditvertrag, eines Kaufvertrages über bewegliche Sachen, dessen Kaufpreis in Teilzahlungen zu begleichen ist, erlassen worden[248]. In dieser Grundform handelt es sich aber nicht um zwei rechtlich voneinander getrennte Verträge. Voneinander getrennte Verträge, die aber eine wirtschaftliche Einheit bilden, entwickelten sich nach den Weltkriegen in der Form von neuen finanzierten Abzahlungskäufen und verdrängten langsam den klassischen Abzahlungskaufvertrag zwischen Warenverkäufer und Abzahlungskäufer[249]. Als Grundkonstruktionen entwickelte sich einerseits die Abtretungskonstruktion und andererseits die Darlehenskonstruktion. Bei der Abtretungskonstruktion kreditierte der Verkäufer den Kaufpreis, um eine ratenweise Abzahlung zu ermöglichen, und trat dann sogleich seine Forderung an eine Bank ab[250]. Die Darlehenskonstruktion bestand dagegen einerseits aus einem Kaufvertrag zwischen Käufer und Verkäufer und außerdem aus einem rechtlich selbständigen Darlehensvertrag zwischen Käufer und Kreditinstitut. In der Regel gab es außerdem einen Rahmenvertrag zwischen Bank und Verkäufer, wonach die Bank ein Kreditkontingent bereithielt und der Verkäufer zumeist durch eine selbstschuldnerische Bürgschaft oder einen Schuldbeitritt für den Käufer eine Mithaftung übernahm[251]. Auf beide Konstruktionen konnte nach der Rechtsprechung unter Umständen das Abzahlungsgesetz angewandt werden[252]. Beide Gebilde[253] und Konsumkredite, die durch die Bank direkt an den Einzel-

---

[247] §§ 358 II, IV S. 3, V, 495 II S. 2 BGB (§ 9 II VerbrKrG).
[248] Siehe Kreditvertrag S. 66 f.
[249] *Scholz*, (Fast) 100 Jahre Abzahlungsgesetz, FLF 1994, S. 148, 149.
[250] Dem Abtretungskäufer blieben seine Einwendungen gegen den Kaufpreisanspruch auch gegenüber der Bank erhalten, wenn er nicht auf diese verzichtete, § 404 BGB.
[251] *Emmerich*, Der finanzierte Abzahlungskauf, JuS 1971, S. 273 f.
[252] *Scholz*, a.a.O. S. 148, 150.
[253] „B-Geschäft".

händler ausgezahlt wurden und nicht unter das Abzahlungsgesetz fielen[254], waren die Grundlage für die bis zu 265 Teilzahlungsbanken Anfang der sechziger Jahre[255].

Voraussetzung für die Anwendung des Abzahlungsgesetzes auf den finanzierten Abzahlungskauf („B-Geschäft“) war das Bestehen eines einheitlichen wirtschaftlichen Vorgangs[256], der beide Verträge miteinander verband. Nicht notwendig war hingegen eine dauerhafte Geschäftsbeziehung[257] oder ein Rahmenvertrag[258]. Bei einer Verbindung der Kredit- und Darlehensverträge mit dem Kaufvertrag waren §§ 1a-d AbzG auch auf den finanzierten Abzahlungskauf selber anwendbar[259]. Daraus folgt, daß sich das Widerrufsrecht aus § 1 b AbzG auf die beiden getrennten Vorgänge erstreckte[260]. So hing sowohl die Gültigkeit des Kauf- als auch die des Darlehensvertrages vom Erlöschen des Widerrufsrechts ab. Dies war auch bei einer nachträglichen Herstellung einer wirtschaftlichen Einheit möglich[261]. Der Widerruf konnte gegenüber dem Darlehensgeber erklärt werden[262].

In den folgenden Jahren sollte ein Gesetz alle drittfinanzierten Rechtsgeschäfte betreffend geschaffen werden, um die höchstrichterliche Rechtsprechung, die bislang auf drittfinanzierte Darlehensverträge beschränkt war, auf alle drittfinanzierten Abzahlungsgeschäfte zu erweitern und zu kodifizieren. Es kam aber zu keiner Verabschiedung dieses Gesetzes[263].

### 2. *Umsetzung*

§ 9 VerbrKrG sollte den Verbraucher vor Risiken schützen, die ihm durch die Aufteilung eines Geschäftes in einen Kaufvertrag und einen Kreditvertrag erwachsen. Das Verbraucherkreditgesetz griff in § 9 den Anwendungsbereich, der zum Abzahlungsgesetz ergangenen Rechtsprechung nicht nur auf, sondern erweiterte ihn erheblich. Die verbundenen Kauf- und Kreditgeschäfte waren nur noch ein Teil der Verträge nach

---

[254] „A-Geschäft“, *Putzo*, in: Palandt, Anhang zu § 6 Rdnr. 2, 50. Aule.

[255] *Scholz*, a.a.O. S. 148, 149 f.; Es gab außerdem noch ein später wenig verbreitetes C-Geschäft, das auf einem Darlehensvertrag, einem Kaufvertrag und einer Wechselbegebung basierte, *Westermann*, in: MünchKomm § 6 AbzG, Rdnr. 28, 2. Aufl.

[256] Z.B. ein Vertrag wäre nicht ohne den anderen abgeschlossen worden, oder der Käufer hatte den Eindruck gewonnen ihm stünde lediglich ein Vertragspartner gegenüber, BGH Urt. v. 25.5.1983 VIII ZR 16/81, NJW 1983, S. 2250, 2251; *Westermann*, in: MünchKomm, § 6 AbzG, Rdnr. 31, 2. Aufl.; oder eine Mithaftung durch den Verkäufer für den Käufer/Kreditnehmer, *Westermann*, a.a.O.

[257] BGH Urt. v. 20.2.1967 III ZR 40/66, BGHZ 47, S. 224.

[258] *Westermann*, a.a.O. Rdnr. 32; BGH Urt. v. 25.5.1983 VIII ZR 16/81, NJW 1983, S. 2250, 2251.

[259] *Westermann*, a.a.O. Rdnr. 35.

[260] BGH Urt. v. 14.6.1984 III ZR 110/83, BGHZ 91, S. 338, 341; *Westermann*, a.a.O. Rdnr. 37.

[261] OLG Hamm Urt. v. 22.3.1984 5 U 87/82, WM 1985, S. 1100.

[262] *Westermann*, a.a.O. Rdnr. 37; BGH Urt. v. 14.6.1984 III ZR 110/83, BGHZ 91, S. 338, 342 f.

[263] Entwurf eines Gesetzes über finanzierte Rechtsgeschäfte und über Maklerverträge, BT-Drucks. 8/3212; BR-Drucks. 220/79.

dem Verbraucherkreditgesetz. Vor allem reine Kreditverträge, die nicht in den Anwendungsbereich des Abzahlungsgesetzes fielen, waren Gegenstand des Verbraucherkreditgesetzes. Das Verbraucherkreditgesetz beendete außerdem den Meinungsstreit zur Geltung des Abzahlungsgesetzes sowohl auf den Kauf- als auch auf den Darlehensvertrag, da die Regelungen des Verbraucherkreditgesetzes grundsätzlich alleine auf den Kreditvertrag anwendbar waren[264]. Eine Ausnahme hierzu bildete § 9 VerbrKrG. Nur die beiden in § 9 VerbrKrG beschriebenen Möglichkeiten der gegenseitigen Beeinflussung von Kredit- und Kaufvertrag[265] blieben von den Regelungen des Abzahlungsgesetzes übrig[266].

Im BGB finden sich die Bestimmungen zu verbundenen Verträgen nun unter „Rücktritt: Widerrufs- und Rückgaberecht bei Verbraucherverträgen" in dem wegen dieses neuen Untertitels ergänzten Titel 5[267]. Bei § 358 BGB handelt es sich um eine Zusammenfassung der Regelung aus dem Verbraucherkreditgesetz mit der des Fernabsatzgesetzes[268] und des Teilzeitwohnrechtgesetzes[269]. Es soll zu keiner Änderung der geltenden Rechtslage kommen, sondern lediglich zu einer Vereinheitlichung der Rechtsfolgen des Widerrufs[270]. Nach § 358 II BGB ist der Verbraucher nicht an den verbundenen Vertrag gebunden, wenn er das Verbraucherdarlehen wirksam widerrufen hat. Die Definition des verbundenen Vertrages in § 358 III BGB entspricht weitgehend dem Verbraucherkreditgesetz und der dazu ergangenen Rechtsprechung.

Ein verbundenes Geschäft besteht nach dem Verbraucherkreditrecht aus einem Kaufvertrag und einem Darlehen, die eine wirtschaftliche Einheit bilden[271]. Eine wirtschaftliche Einheit liegt vor, wenn der Kreditgeber sich der Mitwirkung des Verkäufers bei der Vorbereitung oder beim Abschluß des Kreditvertrages bedient[272]. So kann ein verbundenes Geschäft beim Kauf einer Wohnung und einer Kreditaufnahme vor-

---

264 *Habersack*, in MünchKomm: § 9 VerbrKrG, Rdnr. 9, 3. Aufl.

265 Aus § 9 II VerbrKrG ergibt sich gegebenenfalls die Anwendung des Verbraucherkreditgesetzes auf Kaufverträge. Entsprechend Art. 11 I VerbrKrRL ermöglicht § 9 III VerbrKrG den Durchgriff von Einwendungen aus einem Kaufvertrag auf den Kreditvertrag.

266 Der Einwendungsdurchgriff ergab sich aus § 6 AbzG, der dazu ergangene Rechtsprechung (BGH Urt. v. 25.3.1982 III ZR 198/80, WM 1982, S. 658) und den Regelungen im BGB zur Nicht- und Schlechterfüllung; *Scholz*, a.a.O. S. 148, 150; *Habersack*, a.a.O. Rdnr. 5; *Martinek / Semler*, § 19 Rdnr. 49.

267 *Bundesministerium der Justiz*, Regierungsentwurf Schuldrechtsmodernisierung v. 9.5.2001 (auch BT-Drucks. 14/6040 v. 14.5.2001), S. 439.

268 § 4 FernAbsG.

269 § 6 TzWrG, BGBl. 1996 I, S. 2154 v. 20.12.1996.

270 Regierungsentwurf Schuldrechtsmodernisierung, S. 467.

271 § 358 III BGB.

272 BT–Drucks. 11/5462, S. 23; *Habersack*, a.a.O. Rdnr. 22.

liegen, wenn der Kredit der Finanzierung des Kaufpreises dient und Verkäufer und Kreditgeber arbeitsteilig zusammengewirkt haben[273].

Der Käufer ist nicht an den Kaufvertrag eines verbundenen Geschäftes gebunden, wenn er den Kreditvertrag gem. §§ 355, 356 BGB[274] fristgerecht widerrufen hat[275]. § 358 BGB bewirkt, daß sich das Widerrufsrecht auch auf den Kaufvertrag erstreckt. Dies ist aber die einzige Vorschrift, die eine Wirkung des Kreditvertrages auf den Kaufvertrag ausübt. Der Verbraucher kann also im Gegensatz zum Abzahlungsgesetz bei verbundenen Geschäften schlechter gestellt sein[276], da nicht nur das Widerrufsrecht, sondern auch die Formvorschriften des Abzahlungsgesetzes auf verbundene Geschäfte Anwendung fanden.

Seit dem 1.5.1993 ist Widerrufsregelung nicht mehr auf finanzierte Risikogeschäfte anwendbar[277]. Die Anwendung der Widerrufsregelung auf finanzierte Risikogechäfte ermöglichte dem Kreditnehmer kursrisikofreie Spekulation auf Kosten des Kreditinstitutes. Kreditvertrag und Kaufvertrag bleiben in ihrem Bestand unabhängig voneinander[278].

### *II. Verbundene Geschäfte im Consumer Credit Act 1974*

#### *1. Entstehung*

Kaufverträge, die mit Kreditverträgen verbunden werden, waren bereits vor der Diskussion zum Consumer Credit Act 1974 bekannt. Sie fielen unter die „supply credits"[279]. Typische Beispiele für „supply credits" waren „conditional sale", „hire-purchase", „credit sale agreement" und „provision of services on credit"[280]. Da sie unter „supply credit" gezählt wurden, konnten „hire-purchase" Verträge auch nicht in den Anwendungsbereich der Moneylenders Acts fallen[281].

Im Crowther Report wurde statt dessen zwischen „consumer loan" und „consumer sale" differenziert. Laut Crowther Report konnten beim „consumer sale" grundsätzlich zwei Formen vorliegen. Einerseits konnte es sich um ein Kaufgeschäft handeln, das der Verkäufer selber durch eine Kreditvergabe finanziert. „So-called instal-

---

273 OLG Karlsruhe Urt. v. 21.7.2000 10 U 118/99, WM 2001, S. 245.
274 § 7 VerbrKrG i.V.m. § 361 a BGB.
275 § 358 BGB (§ 9 II VerbrKrG).
276 *Schmidt*, Einfluß der europäischen Richtlinie auf innerstaatliches Privatrecht, S. 7 f.
277 § 491 III Nr. 4 BGB (§ 3 II Nr. 4 VerbrKrG).
278 *Kessal-Wulf*, in Staudinger: § 3 VerbrKrG Rdnr. 46.
279 Siehe Kreditvertrag S. 74; Aufschiebung der Zahlungsverpflichtung des Kreditnehmers bei einem Kauf- oder Dienstleistungsvertrag.
280 *Goode*, February 2001, Rdnr. IA 3.2/163, IC 24.2/491.
281 *Olds Discount Co Ltd v Cohen* [1938] 3 All ER 281n; für hire-purchase mußten die Hire-Purchase Acts geschaffen werden.

ment sales" seien in Wirklichkeit „sales for cash", die durch einen Kredit vom Verkäufer selber finanziert würden. Andererseits hätte aber auch ein Barkauf vorliegen können, wobei der Käufer das Geld allerdings von einer dritten Person leiht. Diese beide Formen eines finanzierten Kaufgeschäfts[282] seien aus ökonomischer Sicht nicht zu unterscheiden und sollten auch zusammen behandelt werden. Die Schutzregelungen sollten sich allerdings lediglich auf Geschäfte beziehen, bei denen der Verkäufer den Kredit selber vergibt oder zwischen dem Kreditgeber und dem Verkäufer eine Verbindung bestehe. Letzteres wäre zwar ein Barkauf, aber der Kreditgeber und der Verkäufer arbeiteten zusammen und es läge kein normaler Barkauf vor[283]. Bei „consumer sale" sei aber jeweils der finanzierte Kauf („financed sale"), der „sale aspect", vom Ratendarlehen („instalment loan"), dem „loan aspect" eines finanzierten Geschäfts, zu unterscheiden[284].

Alle „consumer sales", bei denen der Kauf durch einen verbundenen Kredit, der in Raten zu zahlen ist, finanziert wird, sollten in den Anwendungsbereich des „Consumer Sale and Loan Act" fallen können[285]. Wie beim Kreditaspekt[286] sollte dieser Kaufaspekt[287] eines Kreditgeschäfts den Betrag £ 2 000 nicht überschreiten, und er sollte nicht von einem „body corporate"[288] gezahlt werden. Der Kaufpreis sollte mit Hilfe eines „connected loan" beglichen werden. Ein „connected lender" vergibt aufgrund von Geschäftsbeziehungen mit bestimmten Verkäufern Kredite an Personen, die von diesen bestimmten Verkäufern Sachen oder Dienstleistungen kaufen[289]. Der Kaufpreis sollte außerdem in nicht weniger als drei Raten zurückzuzahlen sein. Schließlich sollte er nur für den Kauf von beweglichen Sachen oder die Bezahlungen von Dienstleistungen eingesetzt werden. In diesem Falle würde es sich um ein „financed consumer sale" handeln[290], das in den Schutzbereich der neuen Regelung fallen würde[291].

---

[282] „Sales transaction which is financed by a loan", Crowther Report, para. 6.2.41.
[283] Crowther Report, para. 6.2.46.
[284] Crowther Report, para. 6.2.40 f.
[285] Crowther Report, para. 6.2.6.
[286] Credit aspect.
[287] Sale aspect.
[288] Siehe persönlichen Anwendungsbereich S. 165 f.
[289] Crowther Report, para. 6.2.22.
[290] Crowther Report, para. 6.2.48.
[291] Folgende Beispiele würden unter Umständen in die Schutzregelungskategorie „financed consumer sale" fallen: „hire-purchase and credit sale agreements", „sales for cash" in Verbindung mit „trading checks", Kaufverträge bei denen der Verkäufer durch die Kreditkartengesellschaft bezahlt wird, verschiedene Formen des „revolving credit" (budget or option account) und schließlich „sales of goods or services" in Verbindung mit einem „connected lender". Nicht unter „financed consumer sales" würden dagegen Käufe fallen, die durch „open account" finanziert würden, wie zum Beispiel bei Milchmannrechnungen und dem Anschreibenlassen in Geschäften, da diese in der Regel wöchentlich oder monatlich voll beglichen werden müßten. Crowther Report, para. 6.2.51 f.

Nach dem „White Paper" zur „Reform of the Law on Consumer Credit"[292] sollten neben Krediten, die nicht mit einem Kaufvertrag verbunden sind, auch Kredite, die mit einem Kaufgeschäft oder einem Dienstleistungsgeschäft verbunden sind, als „loans" betrachtet werden[293], wenn sie in mehr als drei Raten zu zahlen sind. „Hire-purchase" und „conditional sale agreements" werden entgegen der Vorschläge des Crowther Reports als eigene Kategorie neben Krediten, die auch mit Kaufgeschäften verbunden sind, beibehalten. Sie könnten aber gegebenenfalls gleich behandelt werden[294]. Aus den Vorstellungen zum „financed consumer sale" des Crowther Reports[295] entstanden die Regelungen zu „debtor-creditor-supplier agreements"[296].

*2. Umsetzung*

Alle Geschäfte, die mit Kreditverträgen verbunden sind, können unter die Kategorie „linked transactions" fallen, die verschiedenen Regelungen des Consumer Credit Act 1974 unterworfen sind. Nach S. 19 CCA sind verbundene Geschäfte[297] grundsätzlich Verträge, die mit „regulated agreements" verbunden, aber nicht Teil dieser sind[298]. Dies bedeutet, daß es sich nicht wie im deutschen Recht um Kaufverträge handeln muß. „Linked transactions" können „compulsory transactions"[299] sein, Verträge, die aufgrund einer Verpflichtung in einem „regulated agreement" abgeschlossen werden mußten[300]. Auch „suggested linked transactions"[301] können unter S. 19 CCA fallen. Das sind Verträge, die von einem bestimmten Kreis von Personen, die in Verbindung mit dem „regulated agreement" stehen[302], empfohlen worden sind. Schließlich können auch „financed transactions"[303] in die Gruppe der „linked transactions" eingeordnet werden. Es handelt sich dabei um Kreditnehmer-Kreditgeber-Lieferanten-Geschäfte,

---

292 *Department of Trade and Industry*, Reform of the Law on Consumer Credit, London, Her Majesty's Stationary Office, cm 5427, September 1973 (zit. White Paper).
293 White Paper, para. 20.
294 White Paper, para. 6, 8, 19, 21.
295 Crowther Report, para. 6.2.48 f., 6.2.46, 6.2.22.
296 S. 12 CCA; Kreditnehmer-Kreditgeber-Lieferanten-Geschäfte.
297 „Linked transaction", bei der Nutzung des Begriffs „transaction" ist kein Unterschied zum sonst genutzten „agreement" zu sehen, er dient lediglich der besseren Verständlichkeit, *Goode*, March 2000, Rdnr. IIB 5.29/188.
298 Unter den Begriff verbundenes Geschäft fallen eigentlich auch die Verträge über die Sicherheiten für „regulated agreements". Diese erfahren aber eine Spezialregelung im Abschnitt VIII und sind explizit von der Regelung in S. 19 CCA ausgeschlossen. S. 19 I CCA.
299 S. 19 I a CCA.
300 Z. B. Versicherung der Sicherheiten.
301 S. 19 I c CCA.
302 S. 19 II CCA.
303 S. 19 I b CCA.

bei denen ein Dreiparteienverhältnis vorliegt[304]. Ein „regulated agreement“ muß das „debtor-creditor-supplier-agreement“ finanzieren[305], ähnlich der Regelungen im deutschen Verbraucherkreditrecht[306]. Fällt ein Vertrag in eine der drei Gruppen von „linked transactions“, können die Regelungen des Consumer Credit Act 1974 teilweise auch auf sie angewendet werden.

Vertragspartei des verbundenen Geschäftes kann auf der Seite des Kreditnehmers neben dem Kreditnehmer auch einer seiner Verwandten[307] sein. Wer die andere Vertragspartei sein kann, ist bei „linked transactions“ abhängig von dem Typus des verbundenen Geschäftes. Es kann sich in einem Fall um den Lieferanten/Verkäufer handeln[308], gegebenenfalls jeder, der bereits im „regulated agreement“ erwähnt wird[309], und schließlich der Kreditgeber, der Besitzer oder sein Teilhaber[310], außerdem der durch den Kreditvermittler vorgeschlagene Unterhändler[311] und Personen, die von dem „regulated agreement“ wissen oder dessen Existenz vermuten[312].

Abgesehen von den Vertragspartnern der „suggested linked transactions“ ist es in der Regel nicht von Bedeutung, daß die „andere Partei“ sich des „regulated agreement“ bewußt ist. In der Regel besteht aber bereits eine Verbindung zwischen dem Kreditgeber und der anderen Partei. Bei den „suggested linked transactions“ ist es notwendig, daß der Vertragspartner von dem „regulated agreement“ weiß. Damit wird den Vorstellungen des Crowther Reports entsprochen[313]. Allerdings liegt die Beweislast, daß der Vertragspartner nichts vom „regulated agreement“, also von der Finanzierung des Vertrages durch einen Kredit, wußte, beim Vertragspartner selber[314]. In der Praxis wird es schwer sein zu beweisen, daß man nichts wußte. Dies könnte einer widerlegbaren Vermutung nahe kommen.

Aus dem Consumer Credit Act 1974 ergeben sich verschiedene Folgen für „linked transactions“. So ist ein verbundenes Geschäft von keiner der beiden Parteien vollstreckbar, solange das „regulated agreement“ nicht ein bindender Vertrag ist[315]. Ausnahmen hierzu sind in den Consumer Credit (Linked Transactions) (Exemptions)

---

304 S. 12 b, c CCA, siehe Überblick über die Verbraucherkreditgesetzgebung in Deutschland und Großbritannien S. 50.
305 S. 19 I b CCA.
306 § 358 III BGB (§ 9 I VerbrKrG).
307 S. 184 V CCA.
308 S. 19 I b CCA.
309 S. 19 I a CCA.
310 S. 19 II a CCA.
311 S. 19 II b CCA.
312 S. 19 II c CCA.
313 Crowther Report, para. 6.2.46, 6.2.22.
314 *Goode*, March 2000, Rdnr. IIB 5.29/188 f.
315 S. 19 III CCA.

Regulations 1983[316] zu finden. Danach sind Versicherungen, Garantien und Anzahlungs- und laufende Konten von dieser Regelung ausgenommen. Wenn dem Kreditnehmer aber bereits Sachen ausgehändigt wurden, hat er die gleichen Sorgfaltspflichten wie ein Besitzmittler[317]. Ein bereits bestehendes verbundenes Geschäft wird im gleichen Zeitpunkt wirksam wie das „regulated agreement". Diese Regelung erklärt sich aus dem eingeschränkten Widerrufsrecht im Consumer Credit Act 1974. Nach S. 57 I CCA greift der Widerruf bei einem „prospective regulated agreement" und nach S. 69 I (i) CCA greift der Widerruf eines „regulated agreement" auf das verbundene Geschäft durch. Vom Durchgriff des Widerrufs des „regulated agreement" sind nach S. 69 V CCA manche verbundene Geschäfte ausgeschlossen[318].

Bei der Berechnung der Ermäßigung bei einer vorzeitigen Erfüllung können Beträge, die in Verbindung mit verbundenen Verträgen gezahlt worden sind, nicht mit einbezogen werden[319]. Nach S. 96 CCA muß der Schuldner aber, wenn Schulden unter einem „regulated agreement" früher erfüllt sind, auch von anderen zukünftigen Zahlungsverpflichtungen in Verbindung mit verbundenen Geschäften befreit werden. Dies betrifft nicht nur die vorzeitige Zahlung nach S. 94 CCA, sondern auch die Aufhebung des „regulated agreement" nach S. 99 CCA und andere vorzeitige Beendigungen des Vertragsverhältnisses. Auch bei den Vorschriften zum Wucher[320] hat die Kategorie verbundenes Geschäft Gewicht. Zum Beispiel können gemäß S. 138 V CCA verbundene Geschäfte herangezogen werden, um zu bestimmen, ob es sich um einen Wuchertatbestand handelt.

### *III. Zusammenfassung*

Sowohl der britische[321] als auch der deutsche Gesetzgeber erließen völlig unabhängig vom europäischen Recht Vorschriften zu verbundenen Geschäften, um eine Umgehung der Schutzregelungen zu verhindern. Dies ist auf die jeweilige Grundform von Verträgen zurückzuführen, mit denen sich die Gesetzgebung schon vor der Verabschiedung des Verbraucherkreditgesetzes und des Consumer Credit Act 1974 auseinandergesetzt hatte. Abzahlungskäufe und „supply credits" machten die enge Verbindung von Krediten und anderen Verträgen deutlich und wurden in der Regel in einem Vertrag zusammengefaßt. Vereint in einem Vertrag konnten sie auch gemeinsam be-

---

[316] S I 1983/1560.

[317] „Bailee" *Goode*, March 2000, Rdnr. IIB 5.29/190-200.

[318] S. 19 III CCA , reg 2 Consumer Credit (Linked Transaction) (Exemptions) Regulations 1983, S I 1983/1560.

[319] S. 95 II CCA, reg 3 Consumer Credit (Rebate on Early Settlement) Regulations 1983, S I 1983/1562.

[320] SS. 137-140 CCA.

handelt werden. Erst die Entwicklung von getrennten Konstruktionen, die zwei oder mehr Verträge schufen, und die Kreditvergabe durch Dritte machte die schrittweise Entwicklung der heute bestehenden Regelungen notwendig. Interessant ist, daß das heutige deutsche Verbraucherkreditrecht aber hinter dem durch das Abzahlungsgesetz gewährten Schutz zurückbleibt, weil es lediglich Widerrufsrechte berücksichtigt.

Zusammenfassend läßt sich sagen, daß die Problematik von zusammenhängenden Geschäften im Consumer Credit Act 1974 insgesamt eine *viel weitreichendere Lösung* erfahren hat. Sowohl im deutschen als auch im britischen Recht ist aber die Anwendung einiger Schutzregelungen auf Verträge anwendbar.

Bereits in der Entstehung beider Regelungen finden sich Parallelen. Sowohl im Crowther Report als auch bei den Überlegungen zum deutschen Recht wird die Problematik der Trennung von Kaufvertrag und Kreditvertrag festgestellt. Die Ausführungen des Crowther Committee sind aber grundsätzlicher und untersuchen den jeweiligen Aspekt eines Geschäftes, unabhängig davon in wievielen Verträgen dies erreicht wurde. Dadurch wurde der Forderung des Crowther Committee, Geschäfte nicht nach ihrer Form, sondern nach ihrem Inhalt zu bewerten, entsprochen.

Bei der Anwendung der Schutzregelungen auf den Kaufvertrag oder andere mit dem Kreditvertrag verbundene Geschäfte finden sich Überschneidungen zwischen dem BGB und dem Consumer Credit Act 1974 beim Widerrufsrecht. Der Anwendungsbereich der britischen Regelung ist insgesamt viel weiter, einerseits, weil nicht nur Kaufverträge unter diese Regelung fallen können und andererseits, weil nicht nur das Widerrufsrecht, sondern auch andere Rechte und Regelungen auf diese Verträge anwendbar sind.

So ist nach dem Consumer Credit Act 1974 auch die Einbeziehung von Verträgen, die mit Verwandten abgeschlossen wurden, möglich. Die Einbeziehung von Verträgen mit Verwandten ist im deutschen Recht noch eher unbekannt, obwohl heute bei Bürgschaften von nahen Verwandten wie Kindern und Ehegatten gegebenenfalls begünstigende Regelungen eingeräumt werden[322]. Während sich nach dem Consumer Credit Act 1974 die Parteien nicht grundsätzlich des Abschlusses einer „linked transaction" bewußt sein müssen, ist dies in Deutschland anders. Für das Verbraucherkreditgesetz[323] wurde die Formel „wirtschaftliche Einheit", die durch den Bundesgerichtshof für den finanzierten Abzahlungskauf entwickelt worden war, übernom-

[321] *Goode*, a.a.O. Rdnr. IIB 5.29/187.
[322] BGH Urt. v. 24.2.1994 IX ZR 93/93, BGHZ 125, S. 206, NJW 1994, S. 1278; BGH Urt. v. 27.1.2000 IX ZR 198/98, JuS 2000, S. 494; BGH Urt. v. 8.10.1998 IX ZR 257/98, NJW 1999, S. 58; Vorlagebeschl. v. 29.6.1999 XI ZR 10/98, ZIP 1999, S. 1257, NJW 1999, S. 2584.
[323] § 358 III S. 1 BGB (§ 9 I S. 2 VerbrKrG).

men[324]. Für ein verbundenes Geschäft[325] muß eine Vereinbarung getroffen worden sein, daß der Kredit zur Erfüllung eines Bargeschäft eingesetzt werden soll[326]. Dies bedeutet, daß sich der Vertragspartner nach deutschem Recht der Verbindung bewußt sein sollte. Nach dem Consumer Credit Act 1974 müssen „linked transactions" bei vorzeitiger Aufhebung mitberücksichtigt werden. Da nach dem Verbraucherkreditgesetz lediglich Kaufverträge unter verbundene Geschäfte fallen, wäre eine solche Regelung im deutschen Recht nicht sinnvoll. Versicherungen in Bezug auf den Vertragsgegenstand werden nach deutschem Recht nicht als verbundene Verträge, sondern zu den anzugebenden Kreditkosten gezählt[327].

Dagegen unterscheiden sich die Regelungen zu Wirksamkeit, zum Widerruf und zum Wucher nicht wirklich, auch wenn sich dies nicht direkt aus einem Vergleich des Consumer Credit Act 1974 mit dem Verbraucherkreditrecht ergibt. Die Regelungen zur Wirksamkeit und zum Widerruf bei „linked transactions" im Consumer Credit Act 1974 entsprechen denen im BGB[328]. Auch wenn die britischen Regelungen mehr Vertragstypen als lediglich Kaufgeschäfte zu betreffen scheinen, werden die meisten anderen gängigen Verträge von dieser Regelung ausgenommen, wie zum Beispiel Versicherungsverträge. Nach dem Consumer Credit Act 1974 können „linked transactions" für die Bestimmung, ob es sich um Wucher handelt, genutzt werden. Und auch nach deutschem Recht ist die Heranziehung anderer Verträge zur Beurteilung der Sittenwidrigkeit (wucherähnliche Tatbestände[329]) möglich[330]. Dies ergibt sich aber nicht aus den Regelungen, die aus dem Verbraucherkreditgesetz hervorgegangen sind, sondern aus § 138 I BGB. Bei der engeren Regelung zum Wucher selber, § 138 II BGB, ist die Mitbeurteilung von Antragsgebühren und Vermittlungsprovisionen anerkannt, die Restschuldversicherung ist dagegen umstritten[331].

### D. Kreditvermittlungsvertrag

Sowohl das Verbraucherkreditgesetz als auch der Consumer Credit Act 1974 fanden teilweise auf die Kreditvermittlung Anwendung. Die Einbeziehung von Kreditvermittlungsverträgen entspricht aber nicht den Regelungen der Verbraucherkreditrichtlinie[332]

---

[324] BT–Drucks. 11/5462, S. 23.
[325] § 9 I S. 1 VerbrKrG.
[326] *Habersack*, in: MünchKomm, § 9 VerbrKrG Rdnr. 22, 3. Aufl.
[327] § 492 I S. 5 Nr. 6 BGB (§ 4 I Nr. 1 f VerbrKrG).
[328] § 358 BGB (§ 9 II VerbrKrG).
[329] *Mayer-Maly*, in: MünchKomm, § 138 BGB Rdnr. 100-102, 3. Aufl.
[330] BGH Urt. v. 11.1.1979 III ZR 119/77, BB 1979, S. 444, 445.
[331] *Mayer-Maly*, a.a.O. Rdnr. 121.
[332] Bericht der Kommission zur Richtlinie, para.113.

und die Darlehensvermittlungsverträge sind im BGB nun den Maklerverträgen[333] untergeordnet.

### *I. Darlehensvermittlungsvertrag im BGB*

Ein Kreditvermittlungsvertrag im Sinne des Verbraucherkreditgesetzes war jeder entgeltliche Vertrag, mit dem ein Kreditvermittler einem Verbraucher einen Kredit vermittelte oder ihm die Gelegenheit zum Abschluß eines Kreditvertrages nachwies[334]. Diese Regelung ist im BGB in den Bestimmungen zu Darlehensvermittlungsverträgen aufgegangen[335].

#### *1. Entstehung*

Das Abzahlungsgesetz enthielt keine Regelungen zur Kreditvermittlung. *Bieberstein* stellte in seinem Gutachten aber fest, daß eine neue gesetzliche Regelung auch die Kreditvermittlung betreffen sollte[336]. Hierbei ging es vor allem um die bereits bestehende Erlaubnispflicht[337], einen anzustrebenden Sachkundenachweis oder gar das Verbot der Kreditvermittlung. Auch die Anwendung der neuen Schutzvorschriften auf Kreditvermittlungsverträge, dabei vor allem die Angabe des effektiven Jahreszins unter Einbeziehung der Vermittlungskosten, wurde empfohlen[338].

Da besonders auf Mißstände bei der Vermittlung hingewiesen worden war, befürwortete auch *Hadding* eine Regelung der Kreditvermittlung. Er verwies dabei auf den bereits veröffentlichten Regierungsentwurf zu finanzierten Rechtsgeschäften und Maklerverträgen[339], in dem auch Regelungen zur Darlehensvermittlung zu finden seien. Obwohl der Erfolg der angestrebten Vorschriften, die die schriftliche Form, den Mindestinhalt, die Aushändigung einer Vertragsabschrift und die Vergütungspflichten unter bestimmten Voraussetzungen betreffen würden, noch nicht abschätzbar sei, sollte trotzdem von einem gesetzlichen Verbot abgesehen werden. Eher sollte die gewerbliche Aufsicht wirksamer gemacht werden, welche eventuell der Bankenaufsicht unterstellt werden könne[340].

Das Gesetz zu finanzierten Rechtsgeschäften und Maklerverträgen[341] wurde nicht verabschiedet, aber im Referentenentwurf[342] und im nachfolgenden Gesetzent-

---

[333] §§ 652 ff. BGB.
[334] § 1 III VerbrKrG.
[335] § 655 a BGB.
[336] *Marschall von Bieberstein*, , Gutachten zur Reform des finanzierten Abzahlungskaufs, S. 156.
[337] § 34 c GewO, RGBl. 1869, S. 245 v. 21.6.1869.
[338] *Marschall von Bieberstein*, a.a.O. S. 157 f.
[339] BT-Drucks. 8/3212, S. 13.
[340] *Hadding*, Gutachten zum 53. Deutschen Juristentag, S. 92 ff.
[341] BT-Drucks. 8/3212.

wurf der Regierung zum Verbraucherkreditgesetz wird die Kreditvermittlung dem Anwendungsbereich des Verbraucherkreditgesetzes unterstellt[343]. Bei den Vorschriften handelt es sich also im Wesentlichen um die Neuregelung und Kodifizierung der Mitte der achtziger Jahre erfolglos verfolgten Reform des Maklerrechts[344]. Die Schuldrechtsmodernisierung schließt diese Entwicklung nun ab, indem sie die Vorschriften zur Darlehensvermittlung ins Maklerrecht integriert.

*2. Umsetzung*

Ein Darlehensvermittlungsvertrag im Sinne des BGB ist jeder entgeltliche Vertrag, mit dem ein Kreditvermittler einem Verbraucher ein Darlehen vermittelt oder ihm die Gelegenheit zum Abschluß eines Darlehens nachweist[345]. Auf Kreditvermittlungsverträge waren die allgemeinen Regelungen des Verbraucherkreditgesetzes nicht anwendbar, sondern es gab Sondervorschriften[346]. Die Regelungen §§ 655 b-e BGB entsprechen diesen Sondervorschriften. Daraus ergibt sich, daß der Vermittlungsvertrag in schriftlicher Form vorliegen und die Vergütungsansprüche darin enthalten sein müssen. Die Vergütung ist weitergehend geregelt, eine Vergütung von weiteren Nebenentgelten ist dabei nicht möglich.

*II. Kreditvermittlungsvertrag im Consumer Credit Act 1974*

*1. Entstehung*

Während der Untersuchungen des Crowther Committees wurden viele Probleme im Zusammenhang mit Kreditvermittlern, speziell mit zweiten Hypotheken („second mortgage"), aufgedeckt. Diese betrafen überhöhte Kosten, die Vermittlung zu hoher Darlehen und die Gebühren der Kreditvermittler. Eine spätere Verfolgung der Probleme wäre erheblich erschwert, da Kreditvermittler oft nicht deutlich machen würden, daß die eigentlichen Kreditgeber Banken seien. Es wurde deswegen empfohlen, die Kreditvermittler in das zu schaffende Lizenzsystem einzubeziehen[347].

---

[342] V. 10.6.1988, ZIP 1988, S. 1215 ff.
[343] BT-Drucks. 11/5462, S. 18.
[344] *Ulmer*, in: MünchKomm, Vor. § 1 Rdnr. 18, 3. Aufl.
[345] § 655 a BGB.
[346] §§ 15-17 VerbrKrG.
[347] Crowther Report, para. 6.4.22 ff.

## 2. *Umsetzung*

Kreditvermittlungsverträge finden sich im zehnten Abschnitt des Consumer Credit Act 1974 unter der Überschrift „ancillary credit business“[348]. Verträge, die unter „ancillary credit business“ fallen, können neben Kreditvermittlungsverträgen auch Schuldregulierung[349], Schuldnerbetreuung[350], Schuldeintreibung[351] und Geschäfte einer Agentur, die Auskunft über die Kreditfähigkeit einer Person geben kann[352], betreffen. Auch für den Abschluß solcher Verträge ist eine Lizenz notwendig[353]. Es gibt Vorschriften zum Geschäftsgebaren[354], außerdem sind auf Kreditvermittlungsverträge sind unter anderem Vorschriften zur Werbung[355] anwendbar[356]. Kreditvermittlungsgebühren können in der Regel bis auf £ 5 zurückverlangt werden, wenn es nicht zu einem Kreditverhältnis kommt[357]. Nach S. 156 CCA kann der „director“ Verordnungen über Voraussetzungen für den Abschluß von wirksamen Verträgen erlassen, was bisher aber noch nicht geschah[358].

## *III. Zusammenfassung*

Sowohl das Verbraucherkreditgesetz als auch der Consumer Credit Act 1974 enthielten Regelungen über die Kreditvermittlung. Die Verbraucherkreditrichtlinie beschränkt sich dagegen auf die von ihr zu regelnden Verbraucherkreditverträge. Die nationalen Gesetzgeber reagierten damit auf ein bestehendes Problem. Beide nationalen Gesetze nutzten dabei die sich bietende Möglichkeit der Regelung des Verbraucherkredites, um auch diese damit in Verbindung stehenden Verträge gesetzlich zu regeln. In Deutschland ist diese eher zufällige Zuordnung nun durch die Schuldrechtsmodernisierung behoben worden, da der Kreditvermittlungsvertrag wie ursprünglich vorgesehen und systematisch richtig nun unter Maklerverträgen[359] zu finden ist.

---

[348] Im Unterschied zu „linked transactions“, bei ihnen kann es im Gegensatz zu „ancillary credit business“ zu einem Einwendungsdurchgriff auf den Kreditvertrag kommen, siehe verbundene Geschäfte S. 90.
[349] Debt adjusting, S. 145 I b CCA.
[350] Debt counselling, S. 145 I c CCA.
[351] Debt collecting, S. 145 I d CCA.
[352] Credit reference agency, S. 145 I e CCA.
[353] Entsprechend Abschnitt III, SS. 147, 148 I CCA.
[354] SS. 151 bis 155 CCA.
[355] SS. 44 und 46 CCA.
[356] Diese bestimmen über die Form und den Inhalt von Werbung und verbieten unrichtige und irreführende Werbung.
[357] S. 155 I CCA, ähnlich S. 70 VI CCA.
[358] SS. 55, 60, 61, 62, 63 CCA, außerdem zu SS. 127, 179, 180 CCA.
[359] §§ 655a ff. BGB; Regierungsentwurf Schuldrechtsmodernisierung, S. 637.

Beide Regelungen schließen einen Anspruch auf Vergütung weitgehend aus, wenn die Vermittlung nicht erfolgreich ist. Anders als im Verbraucherkreditgesetz ist die Kreditvermittlung nur einer der Vertragstypen, die mit der Kreditvergabe selber in Verbindung stehen und durch den Consumer Credit Act 1974 geregelt werden. Der Consumer Credit Act 1974 enthält aber nicht nur eine umfassendere Regelung, weil er mehr Vertragstypen betrifft, sondern auch die Regelungen selber sind weitreichender. So finden sich neben Regelungen zur Vergütung auch Regelungen zum Geschäftsgebaren.

**E. Mietvertrag**

Mietverträge und Kreditverträge können eine ähnliche Funktion erfüllen. So kann ein Mietvertrag über einen längeren Zeitraum dem Mieter ermöglichen, den Gegenstand während dessen gesamten Lebensdauer zu nutzen und dafür in Raten zu zahlen. Die Miete ermöglicht die Amortisation. Diese Ähnlichkeit kann genutzt werden, um von dem einen Vertragstyp auf den anderen auszuweichen, wenn, wie dies bei Verbraucherkrediten der Fall ist, der eine Vertragstyp mehr Auflagen in sich birgt als der andere. Es kann deshalb sinnvoll sein, sich bei der Regelung von Verbraucherkrediten auch mit Mietverträgen zu beschäftigen. Besonders schwierig wird eine Unterscheidung beider Vertragstypen, wenn mit dem Mietvertrag ein Erwerbsrecht verbunden ist. Sowohl die britische als auch die deutsche Umsetzung der Verbraucherkreditrichtlinie nehmen sich dieser Problematik an.

Die Verbraucherkreditrichtlinie schließt Mietverträge grundsätzlich nicht in ihren Anwendungsbereich ein. Ausdrücklich ausgeschlossen sind Mietverträge, bei denen das Eigentum nicht endgültig auf den Mieter übergeht[360], was aber die Berücksichtigung von Mietverträgen zuläßt, bei denen das Eigentum auf den Mieter übergeht. Schwierigkeiten ergeben sich hierdurch aber vor allem bei der Einordnung von Verträgen mit Kaufoption. Es läßt sich nicht sagen, ob Eigentum übergeht, solange die Kaufoption nicht wahrgenommen worden ist. Zur Diskussion steht deshalb, ob diese Ausnahme nicht entfallen sollte, damit Verträge mit Kaufoption auch von der Verbraucherkreditrichtlinie erfaßt werden[361].

Mietverträge können unter Umständen in den Anwendungsbereich des Consumer Credit Act 1974 fallen. Dies galt auch in einem sehr eingeschränkten Maße für das Verbraucherkreditgesetz und auch das BGB regelt nicht alle Mietverträge nach §§ 535 ff. BGB. Der Consumer Credit Act 1974 enthält aber wesentlich weitergehende

---

[360] Art. 2 I b VerbrKrRL.

[361] Bericht der Kommission über die Richtlinie, para. 125.

Regelungen als das Verbraucherkreditgesetz zu Mietverträgen und dem Schutz von Mietern.

### *I. Mietvertrag im Verbraucherkreditrecht*

Grundsätzlich fielen Mietverträge im deutschen Recht nicht in den Anwendungsbereich des Verbraucherkreditgesetzes, da es eigene Regelung im Bürgerlichen Gesetzbuch gab. Hiervon ausgenommen waren Leasingverträge. Mit der Eingliederung des Verbraucherkreditgesetzes in das BGB erhält das Finanzierungsleasing eine eigenständige Regelung unter "Finanzierungshilfen zwischen einem Unternehmer und einem Verbraucher".

Ein Leasingvertrag ist ein Mietvertrag, bei dem die Risikoverteilung der des Kaufs ähnelt. So trägt der Leasingnehmer die Gefahr des Untergangs, der Beschädigung und der Instandhaltung, zusätzlich erhält er vom Leasinggeber Rechte gegenüber Dritten. Ansprüche aus Gewährleistung wegen Sachmängeln richten sich nach dem Kaufrecht[362]. Der Leasingvertrag kann in Gestalt des Finanzierungsleasing unter die sonstigen Finanzierungshilfen im Sinne des Verbraucherkreditgesetzes fallen[363]. Finanzierungsleasingverträge sind grundsätzlich Leasingverträge, bei denen die Zahlungen des Leasingnehmers zur Amortisation des Leasinggebers führen.

#### *1. Entstehung*

Leasinggeschäfte konnten im Rahmen von Umgehungsgeschäften[364] bereits zum Anwendungsbereich des Abzahlungsgesetzes zählen. Bei Umgehungsgeschäften handelte es sich um Geschäfte, die die Ziele des klassischen Abzahlungsgeschäfts durch eine andere Rechtsform erreichten[365]. Um zum Anwendungsbereich des Abzahlungsgesetzes zu zählen, mußte dem Leasingnehmer allerdings ein Erwerbsrecht in Form einer Kaufoption eingeräumt werden, Endziel des Vertrages mußte die Eigentumsübertragung sein[366]. Für einen Leasingvertrag war ein zeitlicher Zusammenhang mit dem Kaufvertrag notwendig[367] und es mußte zumindest eine stillschweigende Vereinbarung über das Erwerbsrecht des Leasingnehmers vorliegen[368]. Es war allerdings auch ausreichend, wenn bei Abschluß des Vertrages bereits feststand, daß die Sache während

---

[362] *Creifelds / Kaufmann*, Rechtswörterbuch, S. 766.
[363] Siehe sonstige Finanzierungshilfen S. 72.
[364] § 6 AbzG.
[365] *Putzo*, in: Palandt, AbzG § 1 c, Rdnr. 2, 50. Aufl.
[366] *Putzo*, in: Palandt, AbzG § 6, Rdnr. 7, 50. Aufl.; BGH Urt. v. 12.12.1973 VIII ZR 183/72, BGHZ 62, S. 42, 45; BGH Urt. v. 23.2.1977 VIII ZR 124/75, BGHZ 68, S. 118; BGH Urt. v. 24.4.1985 VIII ZR 65/84, BGHZ 94, S. 180.
[367] OLG Köln Beschl. v. 12.2.1990 11 U 267/89, NJW-RR 1990, S. 697.
[368] BGH Urt. v. 24.4.1985 VIII ZR 95/84, BGHZ 94, S. 195.

der Mietzeit gebrauchsunfähig oder wertlos werden würde[369]. Die Anwendung des Abzahlungsgesetzes auf das Finanzierungsleasing war durch die Rechtsprechung klar herausgearbeitet worden[370]. Auch das Null-Leasing[371] und „sale-and-lease-back" Verträge[372] konnten unter das Abzahlungsgesetz fallen.

Das Gutachten von *Walther Hadding* beschäftigt sich vor allem deshalb mit der Abgrenzung des Kreditvertrages vom Mietvertrag, um zu klären, ob Leasingverträge in den Anwendungsbereich der angestrebten Regelungen fallen sollen. Es wurde abgelehnt, der Rechtsprechung zur Abgrenzung des § 6 AbzG zu folgen und wie der Bundesgerichtshof auf die Einräumung eines Erwerbsrechts oder einer angestrebten Eigentumsübertragung abzustellen[373]. Durch eine Kaufoption würde nur eventuell ein Kauf an das Mietverhältnis geknüpft, womit ein Anreiz geschaffen würde, das Gesetz zu umgehen. Außerdem sei ein Verbraucher eher schutzbedürftig, wenn keine Kaufoption vorläge. *Hadding* schlägt dagegen vor, daß ein „Aufgreifkriterium" geschaffen werden sollte, das zwar an den üblichen Merkmalen wie Kaufoption und Gewährleistung ansetzt, aber lediglich eine Vermutung begründet, die durch ausdrücklichen gegenteiligen Hinweis entkräftet werden könnte. In der Regel würde dann klar sein, ob das Gesetz zum Konsumentenkredit Anwendung fände[374].

Der Gesetzentwurf zum Verbraucherkreditgesetz enthielt einen Leasingverträge betreffenden Zusatz. Danach sollten Leasingverträge nur dann Kreditverträge im Sinne des Verbraucherkreditgesetzes sein, „wenn die Leasingsache ihrer Substanz nach endgültig auf den Verbraucher übertragen werden soll"[375]. In der Stellungnahme des Bundesrates[376] wird vorgeschlagen, diese Eingrenzung wegfallen zu lassen. Die Begrenzung auf Leasingverträge, bei denen die Substanz endgültig auf den Verbraucher übertragen wird, sei „nicht interessengerecht". Das Finanzierungsleasing habe den finanzierten Kauf in einigen Bereichen weitgehend abgelöst und würde für den Verbraucher dieselbe Funktion erfüllen, auch wenn eine endgültige Übertragung nicht vorgesehen sei. Als Reaktion auf die Rechtsprechungspraxis[377] sei die endgültige Substanzübertragung aus der Vertragspraxis verschwunden, das Finanzierungsleasing würde aber weiterhin für die Erfüllung desselben wirtschaftlichen Bedürfnisses genutzt. Auch die Kompliziertheit der Verträge spreche eher für als gegen die Schutzbedürftigkeit des

[369] BGH Urt. v. 24.4.1985 VIII ZR 31/84, NJW 1985, S. 1546.
[370] *Scholz*, (Fast) 100 Jahre Abzahlungsgesetz, FLF 1994, S. 148, 150.
[371] *Putzo*, a.a.O. Rdnr. 7.
[372] BGH Urt. v. 29.11.1989 ZR 323/88, BGHZ 109, S. 250.
[373] BGH Urt. v. 12.12.1973 VIII ZR 183/72, BGHZ 62, S. 42, 45.
[374] *Hadding*, a.a.O. S. 106 ff.
[375] BT-Drucks. 11/5462, S. 4, § 1 II S. 2.
[376] BT-Drucks. 11/5462.
[377] BGH Urt. v. 24.4.1985 VIII ZR 95/84, BGHZ 94, S. 195.

Verbrauchers. Bereits die bisherige Rechtsprechungspraxis würde nur ungenügend schützen, der Gesetzesentwurf aber sogar eine Verringerung des bestehenden Schutzes bedeuten. Einige Sachverhalte, die nach der Rechtsprechung zum Anwendungsbereich des Abzahlungsgesetzes gezählt hätten, würden nach dem Gesetzentwurf aus dem Anwendungsbereich eines Schutzgesetzes fallen, so zum Beispiel Vertragsgegenstände, die innerhalb der Vertragszeit voraussichtlich gebrauchsunfähig werden. Der Bundesrat würde eine ausdrückliche Behandlung von Finanzierungsleasingverträge im Gesetz grundsätzlich befürworten, allerdings sei dies ein Definitionsproblem, da sich kein klarer Vertragstyp festlegen lasse und die Vertragspraxis andauernde Veränderungen unterlegen sei. Deshalb sollte auf eine ausdrückliche Regelung verzichtet werden und die Abgrenzung der Rechtsprechung überlassen bleiben. Man hoffe in Zukunft zusätzlich auf eine weniger restriktive Auslegung durch die Gerichte, da der Anknüpfungspunkt nun der Kreditvertrag sei[378].

In der „Gegenäußerung der Bundesregierung zur Stellungnahme des Bundesrates“[379] wird dem Vorschlag des Bundesrates widersprochen, auf eine ausdrückliche Regelung der Leasingverträge zu verzichten, da der Regelungsverzicht der Rechtssicherheit widersprechen würde. Die Formulierung im Gesetz würde sich an der Rechtsprechung orientieren und sollte ihrer weiteren Entwicklung nicht im Wege stehen[380].

Der Rechtsausschuß schlägt schließlich eine Kompromißlösung vor. In den Beschlüssen des sechsten Rechtsausschusses[381] wird einer Streichung der Einschränkung in Bezug auf Leasingverträge zugestimmt, die Argumentation entspricht der des Bundesrates[382]. Hiernach sollten alle Finanzierungsleasingverträge unter sonstige Finanzierungshilfen fallen. Der Streichung der Einschränkung wird allerdings § 3 II Nr. 1 VerbrKrG gegenübergestellt, der die Vorschriften des Verbraucherkreditgesetzes, die nicht auf das Finanzierungsleasing passen, von der Anwendung auf diese Verträge ausschließt[383].

### 2. *Umsetzung*

Während sonstige Finanzierungshilfen nach dem Verbraucherkreditgesetz auch Finanzierungsleasingverträge sein konnten, wenn der Leasingnehmer ein Verbraucher war, finden Finanzierungsleasingverträge nun im Rahmen der Finanzierungshilfen in § 500

---

[378] BT-Drucks. 11/5462, S. 34.
[379] BT-Drucks. 11/5462, S. 41 ff.
[380] BT-Drucks. 11/5462, S. 41.
[381] BT-Drucks. 11/8274.
[382] Es wäre sinnlos, nur Leasingverträge, die in der Praxis bereits zur Ausnahme geworden seien, in den Anwendungsbereich des Verbraucherkreditgesetzes einzubeziehen.
[383] BT-Drucks. 11/8274, S. 21.

BGB eine eigenständige Regelung. § 500 BGB soll aber zu keinen inhaltlichen Änderungen führen. Die Regelung enthält aber, anders als das Verbraucherkreditgesetz, lediglich Verweise auf die Regelungen, die auf Finanzierungsleasingverträge anzuwenden sind. Das Rücktrittsrecht des Kreditgebers, das bereits vorher nicht mehr wirklich bestanden hatte, da es sich bei Finanzierungsleasingverträgen in der Regel um Dauerschuldverhältnisse handelt[384], wird nun nicht mehr gewährt[385].

Zu einer Einschränkung des Anwendungsbereichs auf Finanzierungsleasingverträge, bei denen eine Eigentumsübertragung bei Vertragende angestrebt wird, ist es im Verbraucherkreditgesetz entgegen der verschiedenen Vorschläge während seiner Entstehung nicht gekommen. Da die Schuldrechtsmodernisierung keine inhaltlichen Änderungen in diesem Bereich beinhaltet, gilt dies auch für § 500 BGB. Die vom Rechtsausschuß erarbeitete Kompromißlösung war eine partielle Ausnahmeregelung für Finanzierungsleasingverträge im Rahmen von § 3 VerbrKrG[386] im Bezug auf Inhaltsvorschriften, Rechtsfolgen bei Formmängeln, Rücktrittsregeln und den Regelungen zur vorzeitigen Zahlung[387], die in § 500 BGB nun positiv statt negativ formuliert wird. Die auf Finanzierungsleasingverträge anwendbaren Vorschriften sind die Vorschriften zur Form[388], zum Widerrufsrecht[389], zum Einwendungsverzicht, Wechsel- und Scheckverbot[390], zu Verzugszinsen und der Anrechnung von Teilleistungen[391] und zur Gesamtfälligstellung von Teilzahlungskrediten[392].

Gegen die eingeschränkte Geltung der Schutzvorschriften könnte die Verbraucherkreditrichtlinie sprechen, da diese vollständig auf Finanzierungsleasingverträge, bei denen es zu einer Eigentumsübertragung kommt, anwendbar ist. Die partielle Anwendung der Schutzvorschriften auf diese Verträge genügt den Vorgaben der Verbraucherkreditrichtlinie nicht. Da § 492 I S. 5 BGB[393] entfällt, müssen Barzahlungspreis, Teilzahlungspreis, effektiver Jahreszins und weitere Pflichtangaben nicht, wie in Art. 4 II, III VerbrKrRL gefordert, angegeben werden. Deswegen sollten Finanzierungsleasingverträge, wenn ein Erwerbsrecht besteht, im Rahmen einer richtlinie-

---

384 *Habersack*, in: MünchKomm, § 13 VerbrKrG, Rdnr. 8, 3. Aufl.

385 *Bundesministerium der Justiz*, Regierungsentwurf Schuldrechtsmodernisierung v. 9.5.2001 (auch BT-Drucks. 14/6040 v. 14.5.2001), S. 606 f.

386 § 3 II Nr. 1 VerbrKrG.

387 §§ 4 I S. 4, 6, 13 III, 14 VerbrKrG.

388 §§ 492 I S. 1-4. II, III BGB (§§ 4 I S. 1, III VerbrKrG).

389 §§ 358, 359, 495 I BGB (§§ 7 I, II, IV VerbrKrG).

390 § 496 BGB (§ 10 VerbrKrG).

391 § 497 BGB (§ 11 VerbrKrG).

392 § 498 BGB (§ 12 VerbrKrG).

393 § 4 I S. 4 VerbrKrG.

nenkonformen Auslegung wie sonstige Finanzierungshilfen unter die Schutzbestimmungen fallen[394].

Nach dem Rechtsausschuß liegt ein Finanzierungsleasinggeschäft vor, wenn ein Leasingnehmer „für die Amortisation der vom Leasinggeber für die Anschaffung der Leasingsache gemachten Aufwendungen und Kosten einzustehen hat“[395]. Für die Rechtsprechung bedeutet dies, daß unter Finanzierungsleasing im Sinne des Verbraucherkreditgesetzes sowohl Voll- als auch Teilamortisationsverträge fallen können, da auch Teilamortisationsverträge den Leasingnehmer zur Amortisation verpflichten, was auch durch den Ausgleich des Restwertes eines Leasingobjektes erfüllt werden kann. Daneben ist entscheidend, daß dem Leasingnehmer der Gebrauch der Leasingsache auf begrenzte Zeit verschafft wird[396]. Dabei ist es ausreichend, wenn die Kosten und der Aufwand des Leasinggebers ohne erneutes Verleasen durch Zahlungen des Leasingnehmers zusammen mit einer anschließenden Verwertung des Leasingguts amortisiert werden[397]. Es liegt zum Beispiel ein Finanzierungsleasingvertrag vor, wenn ein „Mietvertrag“ mit Erwerbsoption einen Mietzins einfordert, der den Wert des Gegenstandes und einen Veräußerungsgewinn abdeckt und die Ablösung relativ gering ist[398]. Das „sale-and-lease-back-Verfahren“ fällt ebenfalls, wie bereits nach dem Abzahlungsgesetz, in die Gruppe der Finanzierungsleasingverträge[399].

Beim Hersteller- und Händlerleasing handelt es sich um Finanzierungsleasing durch bestimmte Leasinggeber, welches auch in den Anwendungsbereich des Verbraucherkreditgesetzes fallen kann. Der Vertrag kann auch Wartungs- und Servicefunktionen erfüllen, da die Finanzierungsfunktion nicht Hauptbestandteil des Vertrages sein muß[400].

Operating-Leasing und gewöhnliche Mietverträge zählen nicht zu den Finanzierungsleasingverträgen und fallen damit nicht in den Anwendungsbereich des § 500 BGB, da es ihnen in der Regel an der Investitionsfinanzierung zugunsten des Verbrauchers fehlt. Das Null-Leasing wird im Gegensatz zum Abzahlungsgesetz in der Regel

---

[394] *Kessal-Wulf*, in: Staudinger, § 3 VerbrKrG, Rdnr. 29; *Ulmer*, in: MünchKomm, § 1 VerbrKrG, Rdnr. 85, 3. Aufl.; *Bülow*, in: Heidelberger Kommentar, § 3 Rdnr. 69.

[395] BT–Drucks. 11/8274, S. 21.

[396] BGH Urt. v. 24.4.1996 VIII ZR 150/95, WM 1996, S. 1146 II 1 b.

[397] BGH Urt. v. 11.3.1998 VIII ZR 205/97, WM 1998, S. 928 II 2; zum Kfz-Leasing siehe: *Engel*, Kfz-Leasing – Relevante Vorschriften des Verbraucherkreditgesetzes für die Vertragsabwicklung, MDR 2000, S. 797.

[398] OLG Köln Urt. v. 26.4.2000 16 U 32/99, OLGR Köln 2000, S. 435.

[399] *Ulmer*, a.a.O. Rdnr. 85.

[400] *Ulmer*, a.a.O. Rdnr. 86.

nicht zu den Finanzierungsleasingverträgen gerechnet, weil kein besonderer Leasingzins berechnet wird und es so an der Entgeltlichkeit fehlt[401].

Auch der Mietkauf kann in den Anwendungsbereich der Finanzierungshilfen im Sinne des BGB einbezogen werden. Beim Mietkauf handelt es sich um einen Mietvertrag, bei dem der Mieter entweder Kaufoptionsrechte erhält oder die Eigentumsübertragung wirtschaftliches Endziel des Vertrages ist[402]. Letzteres ist zum Beispiel der Fall, wenn die Mietzeit voraussichtlich die Gesamtnutzdauer des Gutes beträgt. Bis zur Eigentumsübertragung sind Mietvorschriften, nach der Erklärung allerdings rückwirkend Kaufrechtsvorschriften anzuwenden[403]. Diese Verträge waren bereits durch § 6 AbzG unter das Abzahlungsgesetz gefallen[404].

### *II. Mietvertrag im Consumer Credit Act*

Der Consumer Credit Act 1974 regelt Mietverträge ausdrücklich in Form von „consumer hire agreements". Ein „consumer hire agreement" ist ein Vertrag zwischen zwei Personen über ein Besitzkonstitut, nach dem der Mieter nicht mehr als eine gesetzlich festgelegte Summe zu zahlen hat, wenn es sich nicht um einen „hire-purchase agreement" handelt und eine bestimmte Laufzeit nicht unterschritten wird[405].

Nach englischem Recht sind die Begriffe „leasing", „hire", „contract hire" und „rental" beliebig austauschbar, obwohl sie in der Praxis dazu gebraucht werden, nach wirtschaftlichen Aspekten unterschiedliche Verträge zu charakterisieren[406]. Es handelt sich in allen Fällen um Besitz- und Nutzungsüberlassungen. Unter den im Consumer Credit Act 1974 benutzten Begriff „consumer hire agreement" fallen also auch Leasing- und ähnliche Verträge. Auf „consumer hire agreements" finden dieselben Regelungen wie auf andere „regulated agreements" Anwendung. Notwendige Unterscheidungen ergeben sich aus dem Gesetz[407].

Die Begriffe „lease", „hire" und „rental" sind aber von „conditional sale" und „hire-purchase" zu unterscheiden, da „hire-purchase" eine Kaufoption oder eine bedingten Eigentumsübergang am Ende der Mietzeit beinhaltet[408] und bei „conditional

---

[401] *Ulmer*, a.a.O. Rdnr. 87.
[402] BGH Urt. v. 12.12.1973 VIII ZR 183/72, BGHZ 62, S. 42, 45; BGH Urt. v. 24.4.1985 VIII ZR 73/84, NJW 1985, S. 1544, 1545.
[403] *Creifelds / Kaufmann*, a.a.O. S. 822.
[404] *Ulmer*, a.a.O. Rdnr. 88.
[405] S. 15 CCA.
[406] Crowther Report para. 1.2.14: „In the commercial world, however, such agreements are normally divided into the following: Lease...Contract hire...Rental agreement".
[407] z.B. S. 101 CCA.
[408] S. 189 I CCA; Halsbury's Laws of England, Vol. 9 (1), para. 95; ähnliche der Miete mit Kaufoption im deutschen Recht.

sale" lediglich der Kaufpreis in Raten zu zahlen ist und die Eigentumsübertragung erst mit Erfüllung der Kaufpreisforderung oder einer anderen Forderung des Vertrages vollzogen wird[409]. Es handelt sich also um Kaufgeschäfte und nicht um Mietgeschäfte[410]. Es kann sich bei diesen Verträgen demzufolge nicht um „consumer hire agreements" handeln, sie fallen statt dessen unter „consumer credit agreements". Obwohl „hire-purchase" und „conditional sale agreements" nach dem Consumer Credit Act 1974 gerade nicht unter „consumer hire agreements" fallen[411], werden sie hier zusammen mit den Mietverträgen behandelt, da sie sich nach europäischem und deutschem Recht so besser einordnen und mit den anderen Regelungen vergleichen lassen.

Die Unterscheidung zwischen „lease" und „hire-purchase" im englischen Recht ist auf die unterschiedlichen Ursprünge dieser Vertragsarten zurückzuführen. Während das „lease" vom US-amerikanischen Rechtsraum übernommen worden war, geht der „hire-purchase" auf die Verabschiedung des Factors Act 1889[412] und des Sale of Goods Act 1893 zurück, die beide die Position des gutgläubigen Käufers erheblich stärkten und so die Entwicklung dieser alternativen Sicherungsform förderten[413].

### *1. Consumer Hire Agreement*

#### *a) Entstehung*

Im Crowther Report wurde vorgeschlagen, Mietverträge unter Umständen auch in den Schutzbereich eines „Consumer Sale and Loan Act" fallen zu lassen, obwohl eine Eigentumsübertragung ausgeschlossen ist. Dies wird mit der Ähnlichkeit von Mietverträgen und „hire-purchase agreements" begründet. Verbraucher würden aufgrund dieser Ähnlichkeit Mietverträge oft mit „hire-purchase"-Verträgen verwechseln, außerdem wären Mietverträge oft ähnlich teuer wie „hire-purchase"-Verträge und schließlich würden sie in der Wirtschaft oft als eine weitere Form des Kredites genutzt. Das letzte Argument entspricht der Argumentation zu Finanzierungsleasing im deutschen Recht. Allerdings ist festzuhalten, daß es bei „consumer hire agreements" auf keinen Fall zu einer Eigentumsübertragung kommt.

Obergrenze und persönlicher Anwendungsbereich von „consumer hire agreements" sollten denen von „consumer loans" und „consumer sales" entsprechen. Außerdem sollten nur langfristige Mietverträge, das heißt Mietverträge über nicht weni-

---

409 S. 189 I CCA; Halsbury's Laws of England, Vol. 9 (1), para. 93; ähnlich dem Eigentumsvorbehalt im deutschen Recht.

410 *Sonnenberger*, Leasing-Generalbericht, in: *Marschall von Bieberstein*, S. 29.

411 „Hire-purchase" wird in S. 15 CCA explizit ausgeschlossen.

412 52 & 53 Vict cm 45.

413 *Habel*, Der Eigentumsvorbehalt im englischen Handelsverkehr, eine rechtsvergleichende Untersuchung, S. 45.

ger als drei Monate[414], in den Anwendungsbereich der Schutzregelung fallen. Für Mietverträge, die unter den „Consumer Sale and Loan Act" fallen würden, sollten verschiedene Bekanntmachungsverpflichtungen bestehen und Order- oder Inhaberpapiere, nicht aber Schecks, sollten in Verbindung mit „consumer rental agreements" verboten werden[415].

Auch im Regierungsentwurf zur „Reform of the Law on Consumer Credit" wurden Mietverträge berücksichtigt. Langfristige Mietverträge sollten sogar unter „loans" fallen[416]. Die Einschränkungen[417] entsprachen den Vorschlägen des Crowther Reports, allerdings wurden die Obergrenzen der Wertentwicklung angepaßt.

*b) Umsetzung*

Unter „regulated agreements" fallen nach dem Consumer Credit Act 1974 auch „consumer hire agreements". Ein „consumer hire agreement" liegt vor, wenn ein Vermieter[418] einem Mieter[419] etwas vermietet[420]. Es muß sich dabei um einen Vertrag handeln, der nicht ein „exempt agreement" ist, der dem Mieter keine Option zum Kauf gibt[421] und der mehr als drei Monate bestehen kann. Insgesamt dürfen £ 25 000 an „payments" nicht überschritten werden[422].

Obwohl im Gesetzestext auch der Ausdruck „bailment" gewählt wird, ist davon auszugehen, daß lediglich die Unterkategorie „hire"[423] gemeint ist. „Bailment" im allgemeinen schließt jegliche Besitzübergabe durch A an B ein, die mit der Verpflichtung zur Besitzrückgabe verbunden wird, während sich „hire" lediglich auf die Besitzübergabe in Verbindung mit einem Mietzins bezieht[424].

Gegenstand eines Mietvertrages im Sinne des Consumer Credit Act 1974 können lediglich „goods" sein[425], worunter bewegliche Sachen, aber nicht „things in action" oder Geld[426] und auch nicht „leases of land"[427] fallen.

---

[414] Crowther Report, para. 6.2.53 ff.
[415] Crowther Report, para. 6.2.59.
[416] White Paper, para. 6, 8, 19.
[417] White Paper, para. 21.
[418] Owner.
[419] Hirer.
[420] Bailment/hire.
[421] Wenn eine Option zum Kauf bestünde, würde es sich um ein hire-purchase agreement handeln, S. 189 I CCA.
[422] S. 15 CCA.
[423] Miete.
[424] *Goode*, March 2000, Rdnr. 23.74/445.
[425] S. 15 I CCA.
[426] S. 61 I Sales of Goods Act 1979, cm 54.
[427] *Goode*, March 2000, Rdnr. 23.73/444 f.

Mietverträge über die Meßgeräte, die im Zusammenhang mit der zur Verfügungstellung von Strom, Gas[428] und Wasser[429] oder durch eine Telekommunikationsgesellschaft[430] vermietet werden, sind „exempt agreements“ und vom Consumer Credit Act 1974 ausgenommen[431].

*2. Hire Purchase und Conditional Sale*

Sowohl das „conditional sale agreement“, einem Kaufvertrag mit Eigentumsvorbehalt, als auch das „hire-purchase agreement“, ein Mietvertrag, bei dem im Endeffekt das Eigentum auf den Mieter übergeht, selbst wenn die Eigentumsübertragung vom Vermieter nicht gewollt ist[432], waren typische Beispiele für den „supply credit“. „Supply credit“ ist im Gegensatz zu "loan credit", die Aufschiebung der Verpflichtungen des Kreditnehmers. Ihre gesetzliche Einordnung fiel aber schwer. „Hire-purchase“ und „conditional sale agreements“ wurden weder als Sicherheiten gesehen, womit sie nicht unter die Bills of Sale Acts fielen[433], noch als Kredite, so daß sie auch nicht in den Anwendungsbereich der Moneylenders Acts fielen[434]. Sie erhielten 1932 eine eigene rechtliche Regelung[435]. Nach mehreren Anpassungen wurde der Hire-Purchase Act 1965 verabschiedet, der bis zum Inkrafttreten des Consumer Credit Act 1974 gültig blieb. Die Definition eines „hire-purchase agreement“ nach dem Consumer Credit Act 1974[436] ist wesentlich weiter als die des Hire-Purchase Act 1965[437], da der Hire-Purchase Act davon ausgeht, daß jeder Mietvertrag mit anschließender Eigentumsübertragung ein „hire-purchase agreement“ ist, wohingegen der Consumer Credit Act 1974 lediglich eine bedingte Eigentumsübertragung verlangt. Die Bedeutung von „conditional sale agreements“ im Consumer Credit Act 1974[438] stimmt dagegen weitgehend mit der des Hire-Purchase Act 1965[439] überein, sie umfaßt lediglich zusätzlich

[428] Consumer Credit (Exempted Agreements) (Amendment) Order 1991, S I 1991/1393.
[429] Art. 6 CC (EA) Ord 1989, S I 1989/869; *Goode*, March 2000, Rdnr. 26.63/748-770.
[430] S. 16 VI b CCA.
[431] S. 16 IV CCA.
[432] S. 1 I Hire-Purchase Act 1965.
[433] *McEntire v. Crossley Bros Ltd.* [1895] AC 457, [1999] GCCR 11.
[434] *Beete v. Bidgood* (1827) 7 B & C 453.
[435] Hire-Purchase and Small Debt (Scotland) Act 1932; *Goode*, March 2000, Rdnr. IA 1.8/6-7.
[436] S. 189 I CCA.
[437] S. 1 I HPA „an agreement for the bailment of goods under which the bailee may buy the goods or under which the property in the goods will or may pass to the bailee“.
[438] S. 189 I CCA.
[439] S. 1 I HPA „an agreement for the sale of goods under which the purchase price or part of it is payable by instalments, and the property in the goods is to remain in the seller (notwithstanding that the buyer is to be in possession of the goods) until such conditions as to the payment of instalments or otherwise as may be specified in the agreement are fulfilled“.

Geschäfte, die Grundstücke betreffen[440]. Unter anderem ist es aber auf die Regelungen des Hire-Purchase Act 1965 zurückzuführen, daß „hire-purchase" und „conditional sale agreements" innerhalb der „consumer credit agreements" eine eigene Kategorie darstellen. Es gibt einige Regelungen, die lediglich diese Kreditarten betreffen. Sie können in keinem Fall unter die Regelungen zu „small agreements"[441] fallen und nur auf „hire-purchase" oder „conditional sale agreements" sind bestimmte Regelungen[442], die den Käufer zusätzlich schützen, anwendbar.

### *III. Zusammenfassung*

Der Consumer Credit Act 1974 trennt konsequent zwischen Kauf und Miete, wobei die Eigentumsübertragung ausschlaggebend ist. Diese Trennung entspricht im Prinzip der Verbraucherkreditrichtlinie, die Mietverträge ohne Eigentumsübertragung ausdrücklich aus ihrem Anwendungsbereich ausschließt. Der Consumer Credit Act 1974 behandelt Mietverträge aber trotzdem, allerdings als eigene Vertragskategorie. Das deutsche Verbraucherkreditrecht hat eine weniger klare Regelung gefunden. Einerseits schließt es Mietverträge eigentlich aus, andererseits berücksichtigt es Finanzierungsleasingverträge, die keine Eigentumsübertragung erfordern. Eine solche Lösung ist wegen der Erfassung von Mietverträgen im Consumer Credit Act 1974 nicht notwendig. Die mit dem deutschen Recht nur schwer vereinbaren Sonderregelungen zu „hire-purchase" und „conditional sale agreements" im Consumer Credit Act 1974 sind auf die vorangegangene eigenständige rechtliche Regelung zurückzuführen.

## F. Langfristiger Liefervertrag

In den Anwendungsbereich des Verbraucherkreditgesetzes fielen zusätzlich langfristige Lieferverträge. Die Regelung zu langfristigen Lieferverträgen wurde aus dem Abzahlungsgesetz[443] durch § 2 VerbrKrG „Lieferungen in Teilleistungen oder wiederkehrende Leistungen" übernommen. Im BGB erfahren langfristige Lieferverträge eine eigenständige Regelung in § 505 BGB im Rahmen von „Darlehensvertrag; Finanzierungshilfen und Ratenlieferungsverträge zwischen einem Unternehmer und einem Verbraucher". Diese Regelung findet weder in der Verbraucherkreditrichtlinie, noch im Consumer Credit Act 1974 Entsprechung.

---

[440] *Goode*, March 2000, Rdnr. IC 23.144/463.
[441] Siehe aufgrund ihres Vertragswertes ausgeschlossene Verträge S. 136 ff.
[442] SS. 90, 99, 100, 133, 134 CCA; S. 92 I CCA; *Goode*, March 2000, Rdnr. IC 23.143/462.
[443] § 1 c AbzG.

*I. Langfristiger Liefervertrag im deutschen Verbraucherkreditrecht*

*1. Entstehung*

Eine Regelung zu „Lieferungen in Teilleistungen oder wiederkehrenden Leistungen“ war im Abzahlungsgesetz unter der Überschrift „Anwendung auf ähnliche Geschäfte“[444] enthalten. Diese Vorschrift fand sich nicht in der ursprünglichen Fassung des Abzahlungsgesetzes, sondern wurde erst 1974 durch die zweite Novelle eingefügt.

„Ähnliche Geschäfte“ nach dem Abzahlungsgesetz sind Kaufverträge über Sachgesamtheiten, die sukzessiv geliefert werden, Verträge über die regelmäßige Lieferung von Sachen in festgelegter Menge und Rahmenverträge, die Erwerbs- und Bestellpflichten begründen[445]. Darunter fielen zum Beispiel Bierlieferungsverträge[446], umstritten blieb aber die Einordnung von Franchise-Verträgen. Der Bundesgerichtshof befürwortete die Anwendbarkeit des § 1 c Nr. 3 AbzG bei Bezugspflichten in einem Franchise-Vertrag[447]. In der Literatur wurde kritisiert, daß es sich nicht um für die Anwendung des Abzahlungsgeseztes eigentlich notwendigen Kaufverträge handeln würde, sondern um eine Absatzförderungspflicht des Absatzmittlers. Außerdem wäre die Anwendung eines Gesetzes zum Verbraucherschutz auf Vertriebsverträge abzulehnen[448]. Auch wenn das Abzahlungsgesetz ursprünglich geschaffen worden war, um grundsätzlich nur Abzahlungskäufer, zum Beispiel Kleingewerbetreibende, zu schützen, entwickelte sich das Abzahlungsgesetz durch die Novellen zu einem Verbraucherschutzinstrument[449]. Der Meinung der Literatur folgte auch ein Urteil des Oberlandesgerichts Düsseldorf[450], allerdings blieb der Bundesgerichtshof in einem späteren Urteil bei seiner Auffassung[451].

Im Gesetzentwurf des Verbraucherkreditgesetz fehlte die Erwähnung dieser Verträge dagegen völlig. Sie hätten auch nicht in eine der Kategorien zu Kredit im Verbraucherkreditgesetz fallen können. Der Bundesrat schlug deshalb in seiner Stellungnahme zum Gesetzentwurf für das Verbraucherkreditgesetz vor, einen eigenen Paragraphen zur „Lieferung in Teilleistungen oder wiederkehrenden Leistungen“ zu schaffen, um einer Verschlechterung des Verbraucherschutzes entgegenzuwirken[452].

---

[444] § 1 c AbzG.

[445] § 1 c Nr. 3 AbzG; *Putzo*, in: Palandt, 1 c AbzG, Rdnr. 4 ff., 50. Aufl.

[446] BGH Urt. v. 19.2.1986 VIII ZR 113/85, BGHZ 97, S. 127.

[447] BGH Urt. v. 16.4.1986 VIII ZR 79/85, BGHZ 97, S. 351, 357.

[448] *Martinek / Semler*, Handbuch des Vertriebsrecht, § 19 Rdnr. 41, 42.

[449] *Lieb*, Grundlagen einer Schuldrechtsreform, AcP 183 (1983), S. 327, 355 ff.

[450] OLG Düsseldorf Urt. v. 15.1.1987 6 U 149/86, DB 1987, S. 928.

[451] BGH Urt. v. 8.10.1990 VIII ZR 176/89, NJW 1991, S. 105.

[452] BT-Drucks. 11/5462, S. 35.

*2. Umsetzung*

§ 2 VerbrKrG stellt eine fast wörtliche Wiedergabe seines Vorbildes dar, und § 505 BGB entspricht mit einigen Änderungen § 2 VerbrKrG. Es werden aber keine inhaltlichen Änderungen angestrebt, lediglich Diktion und Verweisung würden angepaßt, außerdem werde Art. 9 der E-Commerce-Richtlinie[453] entsprochen[454]. Der Ratenlieferungsvertrag muß danach in schriftlicher Form vorliegen und es besteht ein Widerrufsrecht gem. § 355 BGB[455]. Im Gegensatz zum Abzahlungsgesetz können diese Regelungen nur noch Verbraucher und Existenzgründer bei Verträgen bis zu 50 000 € schützen. Die Ausnahmeregelungen in § 491 II, III BGB gelten entsprechend. Die nun eigenständige Regelung zu Existenzgründern in § 507 BGB ist auch auf die Verträge nach § 505 BGB anzuwenden[456].

Der Bundesgerichtshof hielt bei der zum Verbraucherkreditgesetz ergangenen Rechtsprechung an seiner rechtsschöpferischen Ausweitung des Verbraucherschutzes, die aus dem Abzahlungsgesetz resultierte, fest. Danach fallen die wiederkehrenden Bezugspflichten, die in einem Franchisevertrag enthalten sind[457], unter § 2 Nr. 3 VerbrKrG und so auch unter § 505 I S. 1 Nr. 3 BGB. Die Rechtslage sollte sich im Gegensatz zum Abzahlungsgesetz durch § 2 VerbrKrG nicht verschlechtern[458]. Auch Bierbezugspflichten können unter § 505 I S. 1 Nr. 3 BGB fallen[459], wenn sie in einer Existenzgründungsphase abgeschlossen worden sind[460]. Bei der Bestimmung, ob eine gewerbliche oder selbständige Tätigkeit vorliegt, ist vom Zeitpunkt der Begründung der Verpflichtung auszugehen[461].

Heute können Überschneidungen mit dem neu geschaffenen Fernabsatzgesetz für Teil- und Sukzessivlieferungsverträge entstehen. In einem solchen Fall greift das

---

453 *Rat der Europäischen Gemeinschaft,* Richtlinie (2000/31/EG) des Europäischen Parlaments und des Rates v. 8.6.2000 über bestimmte rechtliche Aspekte der Dienste der Informationsgesellschaft insbesondere des elektronischen Geschäftsverkehrs, im Binnenmarkt („Richtlinie über den elektronischen Geschäftsverkehr“), ABl. L 178 v. 17.7.2000, S. 1.

454 Regierungsentwurf Schuldrechtsmodernisierung, S. 608.

455 Nach § 2 VerbrKrG waren die Vorschriften zur Form, zum Widerruf und zum Versandhandel (Art. 4 I S. 1, III, 7 I, II, IV, 8 VerbrKrG) auf Teillieferungsverträge, Sukzessivlieferungsverträge und Wiederkehrschuldverhältnisse (*Balter*, Das Abzahlungsgesetz in seinem sachlichen Anwendungsbereich als Verbraucherschutzgesetz, S. 184 ff.) anwendbar. BGH Urt. v. 10.5.1995 VIII ZR 264/94, BGHZ 129, S. 381.

456 Dies ist eine Verringerung des Anwendungsbereichs, da die Vollausnahmen nach § 3 I VerbrKrG nicht auf langfristige Lieferverträge anwendbar waren; BGH Urt. v. 5.2.1997 VIII ZR 14/96, MDR 1997, S. 491.

457 Auch eine sich indirekt aus dem Franchisevertrag ergebende Verpflichtung ist möglich, BGH Urt. v. 5.2.1997 VIII ZR 14/96, MDR 1997, S. 491, WM 1997, S. 1356 III 1.

458 BGH Urt. v. 14.12.1994 VIII ZR 46/94, BGHZ 128, S. 156, 160 f.

459 BGH Urt. v. 10.5.1995 VIII ZR 264/94, BGHZ 129, S. 371, 378.

460 OLG Zweibrücken Urt. v. 25.5.2000 4 W 19/00, OLG Zweibrücken 2001, S. 126.

461 BGH Urt. v. 14.12.1994 VIII ZR 46/94, BGHZ 128, S. 156, 162.

Günstigkeitsprinzip des Art. 14 FernAbsRL beziehungsweise des § 1 IV FernAbsG. Danach ist das Fernabsatzgesetz nicht anzuwenden, wenn andere Vorschriften für den Verbraucher günstigere Regelungen enthalten[462].

*II. Langfristiger Liefervertrag im englischen Recht*

Langfristige Lieferverträge sind kein Thema des Consumer Credit Act 1974. Sie sind weder Kreditverträge, noch scheinen sie für den englischen Gesetzgeber eine gewissen Ähnlichkeit mit Kreditverträgen zu haben, was eine Regelung der langfristigen Lieferverträge durch den Consumer Credit Act 1974 gerechtfertigt hätte. Auch der Franchisevertrag fällt nicht in den Anwendungsbereich des Consumer Credit Act 1974. Im Gegensatz zum deutschen Recht wird Franchising, das auch in Großbritannien ein zunehmendes Phänomen ist, als reiner Kaufvertrag gesehen. So stimme der Franchisegeber zu, den Franchisnehmer mit Waren für den Verkauf zu beliefern und weitergehend zu unterstützen. Ihre Verbindung in bezug auf die Waren sei die eines Käufers und Verkäufers[463]. Bei einem reinen Kaufvertrag ist der Consumer Credit Act 1974 in der Regel nicht anwendbar.

*III. Zusammenfassung*

Zu langfristigen Lieferverträgen finden sich lediglich im deutschen Verbraucherkreditrecht Regelungen. Sie waren bereits im Verbraucherkreditgesetz zu finden, da sie aus dem Vorgängergesetz übernommen werden mußten. Dies war nicht vorgesehen, stellte sich aber während der Diskussion zum Verbraucherkreditgesetz als notwendig heraus, um den bereits gewährten Schutz nicht durch das neue Gesetz zu verringern. Es handelt sich also um eine Vorschrift, die nicht wirklich wegen ihres Zusammenhanges mit der Materie Verbraucherkredit geschaffen worden ist, sondern auf die Entstehungsgeschichte des nationalen Gesetzes zurückzuführen ist. Auch nach den neusten Überlegungen des deutschen Gesetzgebers in Form des BGB finden sich die Regelungen zwar nun getrennt, aber doch immer noch in der Nähe der Vorschriften zu Verbraucherkrediten.

## G. Vorgesehene Ausnahmen

Nicht alle Verträge, die in die beschriebenen Vertragskategorien gehören, fallen unter die Schutzregelungen. Es gibt verschiedene Gründe, sie vom Anwendungsbereich auszuschließen.

---

[462] *Fuchs*, ZIP 2000, S. 1273, 1286.

[463] *Bradgate / Savage*, Commercial Law, S. 82.

Art. 2 VerbrKrRL schränkt die Anwendung der Verbraucherkreditrichtlinie auf in Art. 1 II c definierten Kreditverträge weiter ein. Die zu Art. 2 VerbrKrRL korrespondierend vorgesehenen Ausnahmen sind größtenteils in § 491 II, III BGB[464] aufgezählt. Im Consumer Credit Act 1974 sind „exempt agreements“[465] speziell in S. 16 CCA aufgeführt. Ausnahmen, die den anderen Regelungen entsprechen, finden sich aber auch in anderen Teilen des Consumer Credit Act 1974.

### *I. Vorgesehene Ausnahmen im Verbraucherkreditrecht*

Bei den ausdrücklichen Einschränkungen des sachlichen Anwendungsbereichs des Verbraucherkreditrechts in § 491 II BGB[466] handelt es sich um Verbraucherdarlehensverträge, die aber aufgrund des Bagatellprinzips vom Anwendungsbereich vollständig[467] oder nach § 491 III BGB[468] wegen ihres Sachzusammenhangs nur teilweise ausgeschlossen werden[469]. Die entsprechenden Regelungen sind auch auf Zahlungsaufschübe und Finanzierungshilfen anwendbar[470]. § 491 II, III BGB entspricht überwiegend § 3 VerbrKrG[471]. § 3 VerbrKrG orientiert sich weitgehend an Art. 2 der Verbraucherkreditrichtlinie. Dabei wird aber nicht von allen möglichen Ausnahmen Gebrauch gemacht.

### *II. Vorgesehene Ausnahmen im Consumer Credit Act 1974*

Sowohl Voll- als auch Teilausnahmen sind in S. 16 CCA und den dazugehörigen „orders“ unter der Bezeichnung „exempt agreements“ zu finden. Bei den „exempt agreements“ handelt sich um Verträge in Form von „consumer credit“ oder „consumer hire agreements“, die trotzdem nicht in den Schutzbereich des Consumer Credit Act 1974 fallen. Um den Consumer Credit Act 1974 besser mit dem Verbraucherkreditgesetz vergleichen zu können, werden auch Ausnahmeregelungen herangezogen, die nicht unter die „exempt agreements“ fallen.

„Exempt agreements“ werden entweder im Consumer Credit Act 1974 selber aufgeführt oder ergeben sich aus einer „order of the Secretary of the State“[472] gemäß S. 16 V CCA. Die entsprechende Verordnung ist momentan die Consumer Credit (E-

---

[464] § 499 III BGB enthält den Verweis für Zahlungsaufschübe und Finanzierungshilfen.
[465] Vorgesehene Ausnahmen.
[466] § 3 I VerbrKrG.
[467] Vollausnahmen.
[468] § 3 II VerbrKrG.
[469] Teilausnahmen; *Kessal-Wulf*, in: Staudinger, § 3 VerbrKrG, Rdnr. 2.
[470] § 499 III BGB.
[471] Regierungsentwurf Schuldrechtsmodernisierung, S. 601.
[472] Verordnung des Staatsministers.

xempt Agreements) Order 1989[473]. In der Regel sind aber auch diese Ausnahmen nicht von SS. 137 bis 140 CCA[474] ausgenommen. Ausnahmen können sowohl über persönliche[475] als auch über sachliche Merkmale[476] definiert sein. Bei den persönlichen Merkmalen handelt es sich in der Regel um bestimmte Gruppen von Kreditgebern oder sogar um namentlich definierte Kreditgeber wie bei Immobiliarkrediten. In den letzten 25 Jahren wurden in zunehmendem Maße Kategorien von Verträgen geschaffen, die unter diese Ausnahmevorschrift fallen[477].

### *III. Immobiliarkredite*

Kreditverträge, die im Zusammenhang mit Immobilien zustande kommen, sind grundsätzlich von den Schutzgesetzen ausgenommen. Dies wird in den verschiedenen Rechtsordnungen unterschiedlich begründet und verwirklicht.

Von der Verbraucherkreditrichtlinie sind nach Art. 2 I a grundsätzlich Kredite ausgeschlossen, die für den Erwerb oder den Erhalt von Eigentumsrechten an Grundstücken und Gebäuden oder deren Renovierung oder Verbesserung bestimmt sind. Auf Kreditverträge, die zwar durch eine Grundstückshypothek gesichert, aber nicht bereits durch Art. 2 I a VerbrKrRL vom Schutzbereich der Verbraucherkreditrichtlinie ausgenommen sind, ist lediglich die Regelung zur Verpflichtung der Angabe des effektiven Jahreszins in der Werbung[478] anzuwenden[479]. In ihrem Bericht stellt die Kommission in Aussicht, daß die genannten Kredite, die nicht durch eine Hypothek abgesichert sind, in Zukunft in den Anwendungsbereich der Richtlinie fallen könnten. Alternativ wäre die Schaffung einer separaten Richtlinie für Hypothekenkredite möglich[480]. Beides ist nicht geschehen.

#### *1. Immobiliarkredite im Verbraucherkreditrecht*

Teilweise ausgenommen vom Anwendungsbereich des Verbraucherkreditrecht sind grundpfandrechtlich gesicherte Kredite[481]. Vollkommen ausgenommen sind Förder-

[473] CC (EA) Ord 1989, S I 1989/869.
[474] Regelungen zu extortionate credit bargains.
[475] Status.
[476] Content.
[477] *Rosenthal*, Consumer Credit: The Changing Face of Exemption, [1988] LS Gaz, 17.02. 30; *Goode*, March 2000, Rdnr. IC 26.3/722.
[478] Art. 3 VerbrKrRL; Art. 1 a, 4, Art. 6-12 VerbrKrRL sind ausgeschlossen.
[479] Art. 2 III VerbrKrRL.
[480] Bericht der Kommission über die Richtlinie, para. 121.
[481] § 491 III Nr. 1 BGB (§ 3 II Nr. 2 VerbrKrG).

kredite aus öffentlicher Hand, die sich auf das Wohnungswesen und den Städtebau beziehen[482]. Diese Ausnahmen entsprechen nicht der Verbraucherkreditrichtlinie.

*a) Entstehung*

Das Abzahlungsgesetz bezog sich lediglich auf bewegliche Sachen[483], eine Einbeziehung von Krediten im Rahmen von Immobiliengeschäften schloß sich dadurch grundsätzlich aus. Auch der Entwurf zum Gesetz über finanzierte Rechtsgeschäfte und Maklerverträge sollte Grundstückserwerbsgeschäfte ausschließen[484].

Im Gutachten von *Hadding* wurde festgestellt, daß Kredite zum Erwerb von Grundstücken nicht in den Anwendungsbereich eines Verbraucherkreditgesetzes fallen sollten, weil es sich dabei um eine dauerhafte Anlage handele. Der bereits vorliegende Gesetzentwurf zum Gesetz über finanzierte Rechtsgeschäfte und über Maklerverträge wurde kritisiert, weil die Sicherung durch Grundpfandrechte als Anknüpfungspunkt gewählt worden sei. Es wurde vorgeschlagen, der Verbraucherkreditrichtlinie zu folgen und auf den Verwendungszweck abzustellen[485].

Im ersten Referentenentwurf zum Verbraucherkreditgesetz wurden Realkredite dann nach dem Zweck Grundstückserwerb oder Errichtung und Erhaltung von Gebäuden und andere Wohnungsbauzwecken definiert[486]. Der zweite Referentenentwurf verlangt aber zusätzlich eine grundpfandrechtliche Absicherung[487]. In der Begründung zum Gesetzentwurf des Verbraucherkreditgesetzes heißt es, daß Realkredite vom Anwendungsbereich des Verbraucherkreditgesetzes ausgenommen seien, da die meisten Vorschriften nicht auf grundpfandrechtlich gesicherte Darlehen, die zu den üblichen Bedingungen gewährt würden, passen würden. Die günstigen Zinsen beruhten auf einer taggenauen Refinanzierung, die durch das Widerrufsrecht gefährdet sei. Auch die vorgesehene Verzugszinsregelung sei in der Regel zu günstig für Realkredite. Die Gesamtfälligstellung passe nicht auf die in der Regel langen Laufzeiten der Realkredite mit ihrer niedrigen Anfangstilgung. Außerdem warne bereits die Eintragung des Pfandrechts den Verbraucher, und es handele sich in diesen Fällen nicht um „typische Konsumkredite"[488]. Bauspardarlehen seien aus den gleichen Gründen auch dann vom Anwendungsbereich des Verbraucherkreditgesetzes auszunehmen, wenn sie entspre-

[482] § 491 II Nr. 4 BGB (§ 3 I Nr. 5 VerbrKrG).
[483] § 1 I AbzG.
[484] BT-Drucks. 8/3212, S. 12.
[485] *Hadding*, Gutachten zum 53. Deutschen Juristentag, S. 99 f.
[486] ZIP 1988, S. 1215, 1216, § 2 S. 1 Nr. 4.
[487] ZIP 1989 A 69 Nr. 254.
[488] BT-Drucks. 11/5462, S. 18.

chend dem Bausparkassengesetz[489] nicht grundpfandrechtlich gesichert seien. Auf die üblichen Sicherungen würde nach dieser engen Regelung lediglich im Interesse des Verbrauchers verzichtet. Diese Ausnahme entspräche Art. 2 I a VerbrKrRL. Auf eine Heranziehung der Zweckbestimmung des Kredites als Kriterium wird aber verzichtet[490].

Der Bundesrat lehnt dagegen in seiner Stellungnahme zum Entwurf des Verbraucherkreditgesetzes den umfassenden Ausschluß von Realkrediten ab. Gerade weil der Umfang dieser Kredite oft weit über den des üblichen Verbraucherkredites hinausgehe, bestände ein besonderes Schutzbedürfnis zum Beispiel die Zinsbelastung betreffend. Regelungen, die nicht gut auf Realkredite anwendbar sind, wie Widerrufsrecht, Einwendungsdurchgriff, Verzugszinsen und Gesamtfälligstellung, könnten ausgenommen werden. Auch nicht einsichtig sei der Ausschluß von Kreditvermittlungsverträgen über Realkredite vom Geltungsbereich des Gesetzes[491]. Die Bundesregierung stimmte in ihrer Gegenäußerung fast vollständig diesem Vorschlag des Bundesrates fast vollständig zu[492]. Auch der Rechtsausschuß sprach sich gegen eine völlige Ausnahme von Realkrediten aus und verlangte ebenfalls einen Ausschluß von unpassenden Regelungen[493].

Nach der Verabschiedung kam es bald zu einer Änderung des Gesetzes. Es wurde eine neue Nummer 5 in § 3 I VerbrKrG eingefügt, die klarstellt, daß Kredite von öffentlich-rechtliche Anstalten zur Förderung des Wohnungswesen auch vom Anwendungsbereich des Verbraucherkreditgesetzes ausgeschlossen sind. Es handele sich hierbei nicht um eine Änderung der bestehenden Gesetzlage, sondern lediglich um eine Klarstellung[494].

*b) Umsetzung*

Wie vom Bundesrat gefordert, enthielt das Verbraucherkreditgesetz keinen umfassenden Ausschluß von Realkrediten. Von den meisten Vorschriften des Verbraucherkre-

489 § 7 II – IV Bausparkassengesetz, 16.11.1972 BGBl. 1972 I, S. 2097.
490 BT-Drucks. 11/5462, S. 18.
491 BT-Drucks. 11/5462, S. 35.
492 Mit einer Einschränkung, die die Ablösung eines anderen Kredites betraf , BT-Drucks. 11/5462, S. 41.
493 BT-Drucks. 11/8274, S. 21.
494 Die Klarstellung dieser Ausnahme sei aber im Rahmen der Rechtssicherheit geboten. Den betreffenden Anstalten fehle es an einer Gewinnerzielungsabsicht, was eine Gewerblichkeit ihrer Kreditgebertätigkeit ausschließe, außerdem würden die Kredite nicht innerhalb des allgemeinen Wettbewerbs vergeben. Auch könnten Zeitpunkt und Konditionenänderungen in der Regel nicht vorher festgelegt werden. Dem Informationsbedürfnis des Verbrauchers würde mit dem hohen Prüfungs- und Beratungsaufwand durch Gemeinden, Bauaufsichtsbehörden, Bewilligungsstellen und Förderinstitute entsprochen, BT-Drucks. 12/4526, S. 12.

ditgesetzes[495] konnten aber grundpfandrechtlich gesicherte Kredite ausgenommen werden[496], und auch eine entsprechende Anwendung kam nicht in Betracht[497]. Es blieben vor allem die Vorschriften zur Form anwendbar. Im Gegensatz zur Verbraucherkreditrichtlinie und dem ersten Referentenentwurf wurde nicht auf den Verwendungszweck abgestellt, sondern es konnte sich um einen Kredit für jeden Zweck handeln, der unter § 1 I VerbrKrG fällt, solange er grundpfandrechtlich gesichert war. Das heißt, daß keine Begrenzung auf Realkredite oder auf Kredite durch Hypothekenbanken oder Bausparkassen vorlag. Bei der Absicherung mußte es sich um eine dingliche Absicherung handeln, allerdings kann auch ein unbeteiligter Dritter Sicherungsgeber sein. Die Absicherung mußte aber im Kreditvertrag selber vereinbart worden sein. Nicht notwendig war ein erstrangiges Grundpfandrecht. Die Sicherung durfte sich aber nicht nur auf einen unwesentlichen Teil des Kredits erstrecken, eine ausschließliche Absicherung durch Grundpfandrechte war dagegen nicht erforderlich[498]. Die Schuldrechtsreform führt abgesehen von der Einführung einer Zinsschadenspauschale für grundpfandrechtlich gesicherte Darlehen[499], zu keinen inhaltlichen Änderungen[500].

Um aus der Schutzregelung des Verbraucherkreditrechts zu fallen, muß der grundpfandrechtlich abgesicherte Kredit unter den „üblichen Bedingungen"[501] vergeben werden. Dabei ist laut Regierungsentwurf die Zinshöhe ausschlaggebend. Ansatzpunkt hierfür können zum Beispiel die Monatsberichte der Deutschen Bundesbank sein. Zu bewerten ist aber auch das Gesamtbild der Kreditbedingungen, darunter fallen neben Zinsen auch Laufzeit und Tilgung[502]. Das größere Risiko durch eine Überschreitung der Beleihungsgrenze kann sogar einen Zinssatz über dem üblichen Zinssatz rechtfertigen[503].

Zusätzlich sind Kredite aus der öffentlichen Hand im Rahmen der Förderung des Wohnungswesens und des Städtebaus mit Zinsen unter dem marktüblichen Niveau vollkommen vom Anwendungsbereich des Verbraucherkreditrechts ausgenommen[504].

---

[495] § 492 I S. 5 Nr. 2 BGB (§ 4 I S. 4 Nr. 1 b VerbrKrG): Informationspflichten den Gesamtbetrag betreffend; §§ 355, 358, 495, 502 BGB (§ 7 VerbrKrG): Widerrufsrecht; §§ 358, 359 BGB (§ 9 VerbrKrG): verbundene Geschäfte; §§ 497, 498, 503 BGB (§§ 11-13 VerbrKrG): Verzugszinsen, Gesamtfälligkeit, Rücktritt.

[496] § 491 III Nr. 1 BGB (§ 3 II Nr. 2 VerbrKrG).

[497] BGH Urt. v. 22.6.1999 XI ZR 316/98, WM 1999, S. 1555, II 2 a.

[498] *Kessal-Wulf,* in: Staudinger, § 3 VerbrKrG, Rdnr. 33.

[499] Sonderregelung der Verzugszinsen bei grundpfandrechtlich gesicherten Darlehen, zweieinhalb Prozentpunkte über dem Basiszinssatz, § 497 I BGB.

[500] Regierungsentwurf Schuldrechtsmodernisierung, S. 601.

[501] *Rösler*, Aktuelle Rechtsfragen zu Verbraucherkrediten, VuR 2000, S. 191.

[502] *Kessal-Wulf,* a.a.O. Rdnr. 34.

[503] LG Stuttgart Urt. v. 11.2.2000 22 O 134/99, WM 2000, S. 1103.

[504] § 491 II Nr. 4 BGB (§ 3 I Nr. 5 VerbrKrG).

In diese Kategorie fallen nur Neukredite, die von öffentlich-rechtlichen Anstalten direkt an den Verbraucher vergeben werden. Bereits bei der Zwischenschaltung einer Hausbank, die nicht stellvertretend handelt, kann der Kredit in den Anwendungsbereich fallen[505].

Insgesamt ist der Anwendungsbereich im Vergleich zur Verbraucherkreditrichtlinie in Bezug auf Realkredite viel weiter, da die Verbraucherkreditrichtlinie grundsätzlich Kreditverträge ausschließt, die für den Erwerb oder den Erhalt von Grundstücken und Gebäuden beziehungsweise zu deren Renovierung und Verbesserung aufgenommen werden[506]. Das Verbraucherkreditrecht nimmt lediglich grundpfandrechtlich gesicherte Kredite und diese auch nur von bestimmten Schutzregelungen aus. Es besteht nur eine Vollausnahme in bezug auf Kredite durch die öffentliche Hand.

*2. Immobiliarkredite im Consumer Credit Act 1974*

Wie das Verbraucherkreditgesetz schützt auch der Consumer Credit Act 1974 nicht alle Kredite, die Immobilien betreffen, ein grundsätzlicher Ausschluß besteht aber nicht. Die Sicherung durch „mortgages" schließt den Verbraucherkreditstatus nach dem Consumer Credit Act 1974 im Gegensatz zum Verbraucherkreditgesetz nicht grundsätzlich aus[507]. Wie im Verbraucherkreditgesetz fallen Kredite aus der öffentlichen Hand aber in der Regel nicht in den Schutzbereich[508].

*a) Entstehung*

Im Crowther Report sollten Kredite, die Immobilien betreffen, nicht berücksichtigt werden, da diese bereits umfangreichen gesetzlichen Regelungen[509] unterlägen. Völlig unbeachtet blieben Immobiliarkredite durch den Crowther Report aber dennoch nicht. Nach der Crowther Committee waren sie nicht aufgrund der erworbenen Vermögensgegenstände, sondern in der Regel aufgrund ihrer niedrigen Kosten vom Anwendungsbereich eines Schutzgesetzes ausgeschlossen[510].

Der Crowther Report beschäftigte sich außerdem mit der Möglichkeit, den sachlichen Anwendungsbereich durch den Ausschluß von Krediten, die auf eine bestimmte Weise abgesichert waren, zu begrenzen. Die Sicherung eines Kredites durch

---

505 *Kessal-Wulf*, a.a.O. Rdnr. 22.

506 Art. 2 I a VerbrKrRL.

507 Bericht der Kommission über die Richtlinie, para.120.

508 § 3 I Nr. 5 VerbrKrG.

509 Dabei handelt es sich vor allem um die „1925 property legislation", sechs verschiedene Gesetze, die sich mit Grundstücken und den mit ihnen verbundenen Rechten befassen, diese wurden im Laufe der Jahre und besonders in der letzten Zeit weitgehenden Änderungen unterworfen. *Haprum / Megarry / Wade*, The Law of Real Property, Rdnr. 1-014 f.

510 Crowther Report, para. 1.1.5-6.

Immobilien wurde hierfür in Betracht gezogen, aber abgelehnt. In der Regel fielen diese Kredite wegen ihrer niedrigen Kreditkosten aus dem Anwendungsbereich heraus, die Sicherungsart war aber nicht der Grund für den Ausschluß[511].

Nach dem Regierungsentwurf sollten Kredite von „building societies"[512], die „their normal house mortgage business" darstellen, nicht in den Anwendungsbereich des zu verabschiedenden Consumer Credit Act fallen. Vorschriften zur Werbung müßten aber trotzdem eingehalten werden[513]. Ausschlußkriterium sollten, wie bereits im Crowther Report vorgeschlagen, die niedrigen Kosten in Form einer „rate of charge per year" unter 10 % sein[514]. In der Regel würden Immobilienkredite nach dem Regierungsentwurf außerdem nicht zum Anwendungsbereich des Consumer Credit Act zählen, da dieser eine Begrenzung von Krediten bis £ 5 000 enthalten sollte.

*b) Umsetzung*

Die Ausnahmeregelungen, die im Consumer Credit Act 1974 in Verbindung mit Immobilienkrediten zu finden sind, sind nicht so umfassend wie im Crowther Report gefordert. Dagegen sind sie aber sehr detailliert dargestellt. Wie sich aus S. 16 I, II CCA ergibt, sind verschiedene Verträge im Zusammenhang mit Immobilien vom Anwendungsbereich ausgeschlossen, in denen „local authorities"[515], Banken, „building societies"[516] oder ähnliche Institutionen Kreditgeber sind. Verträge, die in diese Ausnahmeregelung fallen können, müssen in der Regel mit Sicherheiten in Form von „land mortgages" zusammenhängen. Es handelt sich hierbei um jede Art von Sicherheit, die Grundstücke belastet[517]. Grundsätzlich lassen sich die folgenden zwei Ausnahmekategorien zusammenfassen.

Aus der ersten Kategorie von Verträgen ergeben sich fünf mögliche Untergruppen von Kreditgebern, die vom Anwendungsbereich des Consumer Credit Act 1974 ausgenommen sind. Bausparkassen, die nach dem Building Societies Act 1986 autorisiert sind, und Unternehmen, die unter den Banking Act 1987 fallen. Hinzu kommen drei weitere Gruppen, wobei ihr Status beantragt werden muß und die dann namentlich in Schedule 1 Part I-III der Consumer Credit (Exempt Agreements) Order 1989 aufge-

---

[511] Crowther Report, para. 6.2.36.

[512] Baugenossenschaft; Building Societies Act 1962.

[513] White Paper, para. 23.

[514] White Paper, para. 21.

[515] Gemeinde-, Stadt-, Kommunalverwaltung.

[516] Baugenossenschaft.

[517] Land mortgage: any security charged on land, S. 189 I CCA; Sicherheiten im Zusammenhang mit Grundstücken fallen unter land charges, die nach dem Land Charges Act 1972 registriert werden müssen. Rentcharges (Rentenschuld) fallen dabei in die Kategorie C (iii), ihre Anwendung wurde durch den Gesetzgeber weitgehend eingeschränkt. Mortgages fallen gegebenenfalls in die Kategorie C (iv).

führt werden. In diese Gruppen fallen Versicherungen, „friendly societies"[518] und „charities"[519], juristische Personen wie „land improvement companies" und Behörden, die mit Stadtentwicklung und Elektrizität zu tun haben, außerdem auch „Health and Social Services Boards" aus Nordirland[520] und schließlich juristische Gesellschaften, die namentlich erwähnt oder auf die in einer Verordnung nach S. 156 IV, 444 I oder 447 II A Housing Act 1985 verwiesen wird[521]. Durch die letzte Kategorie[522] sind in der Praxis fast alle „local authority" Hypotheken betroffen[523].

Verträge mit Kreditgebern aus den genannten Gruppen[524] müssen in der Regel also die Voraussetzungen des S. 16 II, III CCA erfüllen, zusätzlich sind Einschränkungen aus der Consumer Credit (Exempt Agreements) Order 1989[525] zu beachten. Dabei handelt es sich grundsätzlich um zwei Voraussetzungen: Erstens muß eine Sicherheit in Form von Land vorliegen und zweitens hat der Zweck des Kredites sich mit einem der angegebenen Zwecke zu decken, die mehr oder weniger den Erwerb oder die Verbesserung von Immobilien betreffen[526]. Außerdem können Refinanzierungsmodelle in diesem Bereich und außerdem Dienstleistungen, die in S. 4 III e Housing Association Act 1985 beschrieben werden, vom Anwendungsbereich des Consumer Credit Act 1974 ausgenommen werden[527]. Ergibt sich aus den Vorschriften, daß Verträge „exempt agreements" im Sinne des Consumer Credit Act 1974 sind und somit unter die Ausnahmeregelung fallen, bedeutet dies, daß der Consumer Credit Act 1974 bis auf die Regelungen zum Wucher[528] nicht auf sie anzuwenden ist.

Durch S. 16 VI A CCA werden Verbraucherkreditverträge vom Anwendungsbereich des Consumer Credit Act 1974 ausgeschlossen, wenn der Kreditgeber eine „housing authority"[529] ist und der Vertrag über eine Sicherheit in Form von einer Grundstückshypothek („secured by a land mortgage of a dwelling") verfügt. Ausge-

---

[518] Versicherungsverein auf Gegenseitigkeit.
[519] Wohltätigkeitsverein/-genossenschaft; Sch. 1 Part I.
[520] Sch. 1 Part II.
[521] *Goode*, March 2000, Rdnr. IC 26.9/26.28.
[522] S. 16 I, II CCA; *Goode*, a.a.O. Rdnr. IC 26.5-8/723 f.
[523] *Goode*, a.a.O. Rdnr. IC 26.5/723.
[524] Diese Gruppe ist kleiner als im Gesetz angedeutet, da der Minister of the State nach eigenem Ermessen die Ausnahmen begrenzen kann (S. 16 IV CCA). Ausgenommen sind unter bestimmten Umständen auch Kredite durch Bausparkassen.
[525] S I 1989/869.
[526] Art. 2 Consumer Credit (Exempt Agreements) Order 1989; *Goode*, March 2000, Rdnr. IC 26.10-20/726.
[527] Art. 2 III (i), (ii) Consumer Credit (Exempt Agreements) Order 1989.
[528] SS. 137-140 CCA.
[529] Institution im Sinne von S. 80 I Housing Act 1985, bzw. die Scottish Special Housing Association or Housing Corporation im Sinne des New Towns (Scotland) Act 1968; S. 16 VI B CCA.

nommen sind außerdem Verträge von Körperschaften, wenn sie durch das Gesetz autorisiert sind, Elektrizität, Gas oder Wasser und dazugehörige Zähler zu liefern[530].

*3. Zusammenfassung*

Alle drei Instrumente unterscheiden sich in der Art und Weise wie die Vertragstypen bestimmt werden, die sie in Verbindung mit Immobiliarkrediten schützen. Die Regelung des Consumer Credit Act 1974 ist die ausführlichste und komplizierteste.

Nach dem Consumer Credit Act 1974 sollen lediglich Verträge aus dem Anwendungsbereich fallen, die bestimmte Bedingungen zu den Kreditgebern und dem vorgegebenen Zweck erfüllen und außerdem durch eine „land mortgage", in der Regel das entsprechende Grundstück betreffend, gesichert sind. Bei „land mortgages" im Sinne des Consumer Credit Act 1974 handelt es sich aber nicht nur um Hypotheken, sondern um jede Belastung von Grundstücken, die als Sicherheit genutzt werden kann[531]. Das deutsche Verbraucherkreditrecht nimmt dagegen Verträge mit öffentlichen Kreditgebern aus seinem Anwendungsbereich und reduziert für grundpfandrechtlich gesicherte Verträge die Schutzmaßnahmen größtenteils auf Formvorschriften. Im Gegensatz zum Consumer Credit Act 1974 und zur Verbraucherkreditrichtlinie wurde auf die Zweckbestimmung als Ausschlußkriterium verzichtet, da bereits die grundpfandrechtliche Sicherung Realkredite ausreichend definiere. Die Richtlinie benutzt hauptsächlich die Zweckbestimmung, um zu verfügen, welche Verträge im Rahmen von Immobiliarkrediten aus ihrem Anwendungsbereich fallen sollen, und ist gleichzeitig durch diese grobe Regelung die weitreichendste Ausnahmeregelung. Zusätzlich werden Kredite, die durch eine Grundstückshypothek gesichert sind, bis auf die Vorschriften zur Werbung, von den Regelungen der Richtlinie ausgeschlossen. Fraglich bleibt, ob es zu Unterschieden kommt, da die Richtlinie sich auf Hypotheken bezieht und das Verbraucherkreditrecht von Grundschulden spricht.

Während der Consumer Credit Act 1974 im Gegensatz zum Verbraucherkreditrecht die detaillierteren und engeren Vorgaben für diese Ausnahmekategorie zu haben scheint, schließt auch der Consumer Credit Act 1974 die meisten „land mortgages", die durch „local authorities" gegeben werden, vom Anwendungsbereich aus[532]. Dies entspricht dem praktischen Ergebnis der deutschen Regelung, wenn man Kredite durch „local authorities" mit denen durch die öffentliche Hand gleichsetzt. Die Forderung nach einer Sicherung durch eine „land mortgage" entspricht der Forderung des Ver-

[530] S. 16 VI CCA, Art. 6 CC (EA) Ord 1989.
[531] S. 189 I CCA.
[532] *Goode*, a.a.O. Rdnr. IC 26.5/723.

Verbraucherkreditrechts nach einer grundpfandrechtlichen Sicherung[533], da jede Form von Sicherung durch Grundstücke unter „land mortgages“ im Sinne des Consumer Credit Act 1974 fällt. Die Teilausnahme des Consumer Credit Act 1974 entspricht der Vollausnahme des Verbraucherkreditrechts, da Wucher, auf den die Regelungen des Consumer Credit Act 1974 anwendbar bleiben, im bürgerlichen Gesetzbuch und nicht im Verbraucherkreditgesetz selber geregelt ist. Nach dem deutschen Verbraucherkreditrecht liegt bei den grundpfandrechtlich gesicherten Krediten eine Teilausnahme vor, so daß Formvorschriften weiterhin erfüllt werden müssen. Nur bei den Krediten aus öffentlicher Hand liegt ebenfalls eine Vollausnahme vor.

Während das Verbraucherkreditrecht Kredite mit einer grundpfandrechtlichen Sicherung teilweise vom Anwendungsbereich ausschließt, können nach dem Consumer Credit Act 1974 „local authorities“ und zusätzlich andere Kreditgeber von der Ausnahmekategorie durch „land mortgages“ gesicherter Immobiliarkredite profitieren. Die Gruppe der Kreditgeber ist gesetzlich festgelegt und kann neben „local authorities“ auch Banken und ähnliche Institutionen umfassen. Mit dem Ausnahmetypus aller grundpfandrechtlich gesicherten Kredite deckt sich das Verbraucherkreditrecht in der Praxis oft mit dem des Consumer Credit Act 1974, da Kredite in Deutschland von Banken vergeben werden und Banken gerade zu den privilegierten Kreditgebern im Consumer Credit Act 1974 im Bereich Immobiliarkredite gehören. Als wirklicher Zusatz bleibt die Zweckbestimmung. Beide nationalen Gesetze lassen weniger Kredite von der Ausnahmeregelung profitieren, als die europäische Vorgabe zugelassen hätte.

Ein wesentlicher Unterschied in der Anwendung des britischen Gesetzes zum deutschen Verbraucherkreditrecht ergibt sich aus dem Bestehen einer Kreditobergrenze[534] im britischen Recht, die viele Immobiliarkredite von vorne herein ausschließt.

Die klaren Unterschiede, die aus dem Vergleich des deutschen Rechts und des Consumer Credit Act 1974 deutlich werden, sind eindeutig nicht auf die europäische Vorgabe zurückzuführen. Den Bestimmungen ist gemeinsam, daß man Immobiliarkredite eigentlich ausschließen möchte, dies aber mit ganz unterschiedlichen Begründungen. Einerseits wird auf die bereits bestehenden Regelungen verwiesen, andererseits wird betont, daß ein Schutz in diesem Gebiet nicht notwendig sei, weil Immobilienverträge nicht wirklich in die Gefahrenkategorie Konsumentenkredite fielen. Die Sicherheiten böten dem Kreditnehmer Schutz, da sie die Kreditsumme wenigstens teilweise absicherten, außerdem sei ihr Abschluß mit erheblichen Schwierigkeiten verbunden, und werde den Kreditnehmer so vor voreiligen Entschlüssen schützen. Außerdem schafften Immobilienkredite in der Regel Werte und seien nicht für den Konsum be-

---

533 Hypothek, Grundschuld, Rentenschuld.
534 Siehe aufgrund ihres Vertragswertes ausgeschlossene Verträge S. 145 f.

stimmt. Deutlich wird aber, daß das Thema Immobilien lange eine zentrale Rolle in den Rechtssystemen hatte und Regelungen bereits bestanden. In diesem schwierigen Gebiet verzichtet der europäische Gesetzgeber auf eine eigene Regelung. Beide Gesetzgeber sind aber überzeugt, daß ein Schutzgesetz zum Verbraucherkredit einiger Regelungen bedarf und schließen nicht alle Kredite, die Immobilien betreffen, von ihren Schutzgesetzen aus.

### *IV. Krediteröffnungsverträge in Form von Überziehungskrediten und Kreditkartengeschäften*

Die Einordnung von Krediteröffnungsverträgen ist schwierig. Sie können von den Regelungen der Schutzgesetze betroffen sein, sind aber teilweise oder auch ganz ausgenommen. Inwiefern die Regelungen auf Krediteröffnungsverträge anwendbar sind, ist auch von ihrer Form abhängig.

Krediteröffnungsverträge können in Form von Überziehungskrediten und gegebenenfalls auch in Verbindung mit Kreditkarten geschlossen werden. Bei einem Überziehungskredit wird dem Kreditnehmer eine Geldsumme zur Verfügung gestellt, die er seinen Bedürfnissen entsprechend in Anspruch nehmen kann. Die Flexibilität bei Inanspruchnahme und Rückzahlung hat zu einem ständig ansteigendem Gebrauch beigetragen[535]. Geschäfte in Verbindung mit Kreditkarten können auch Krediteröffnungsverträge sein, sind aber sowohl nach Verbraucherkreditrichtlinie und Consumer Credit Act 1974, als auch nach deutschem Recht mit separaten Regelungen bedacht worden.

Überziehungskredite laufender Konten sind von der Verbraucherkreditrichtlinie nur in eingeschränkter Weise betroffen[536]. Der Verbraucher ist bei einem Überziehungskredit lediglich nach Art. 6 über verschiedene Dinge, wie zum Beispiel der Höchstgrenzen des Kreditbetrags, zu informieren. Ein durch eine Krediteröffnung finanzierter Kauf umfaßt zwei unterschiedliche Vorgänge, einerseits den Abschluß des Krediteröffnungsvertrages und andererseits die Nutzung des Kredites durch den Verbraucher. Für die Verbraucherkreditrichtlinie ist ungeklärt, ob die Krediteröffnung bereits als Abschluß eines Kreditvertrages zu sehen ist, oder ob jede Nutzung des Kredits den Abschluß eines eigenen Kreditvertrages darstellt[537].

Kreditkartenkonten sind allerdings von der Regelung in der Verbraucherkreditrichtlinie, die Überziehungskredite betrifft[538], ausdrücklich ausgenommen. Nicht ganz deutlich wird die Bedeutung der Eröffnung eines Kredits aus einem laufenden Konto

---

[535] Bericht der Kommission über die Richtlinie, para. 133 ff.
[536] Art. 2 I e VerbrKrRL.
[537] Bericht der Kommission über die Richtlinie, para. 142.
[538] Art. 2 I e VerbrKrRL.

in Verbindung mit der Nutzung einer Kreditkarte. Diese Kreditkartenverträge könnten einerseits ausgeschlossen sein, wenn sie nicht mit dem entsprechendem Kredit in demselben Vertrag geregelt werden, andererseits könnten diese Kredite aufgrund von Laufzeitbestimmungen aus dem Anwendungsbereich herausfallen. Die Kommission schlägt deshalb vor, die Regelungen von Kreditkarten zu präzisieren[539].

*1. Überziehungskredite*

*a) Überziehungskredite und das Verbraucherkreditrecht*

Der Krediteröffnungsvertrag fällt im Verbraucherkreditrecht grundsätzlich unter Kreditverträge im Sinne von Darlehen. Im Verbraucherkreditgesetz werden aber gegebenenfalls die gesetzlichen Vorschriften für Kreditverträge in Form einer Überziehung des laufenden Kontos, die ein Kreditinstitut einem Verbraucher gewährt, abgemildert[540]. Unter bestimmten Voraussetzungen[541] sind die Regelungen zur Form[542] nicht anzuwenden[543]. Voraussetzung ist, daß der Verbraucher über den Kredit frei verfügen kann[544]. Der Verbraucher muß aber durch das Kreditinstitut vor der Inanspruchnahme eines Überziehungskredits über bestimmte Dinge informiert werden. Hierzu zählen die Höchstgrenze, der geltende Jahreszins, die Bedingungen zur Änderung des Jahreszinses und die Regelung der Vertragsbeendigung[545]. Das Schriftformerfordernis wird durch Informationspflichten zu Lasten der Bank ersetzt. Dies entspricht den Regelungen der Verbraucherkreditrichtlinie[546]. Die Informationspflichten entstehen vor Inanspruchnahme des Kredits, bei der Bestätigung nach der Inanspruchnahme und laufend bei Zinsänderungen[547]. Nach der ersten Inanspruchnahme des Überziehungskredites sind die oben genannten Informationen schriftlich mitzuteilen[548].

Die Informationspflicht des Kreditgebers ist bei einer Duldung der Überziehung von mehr als drei Monaten geringer[549]. Außerdem sind die milderen Vorschriften nicht davon abhängig, daß keine weiteren Kosten außer den Zinsen entstehen. Dagegen ent-

539 Bericht der Kommission über die Richtlinie, para. 146 – 150.
540 § 493 BGB (§ 5 VerbrKrG).
541 Es entstehen keine anderen in Rechnung gestellten Kosten als die Zinsen. Die Zinsen werden nicht für Zeiträume von weniger als drei Monaten erhoben . Ein innerhalb der gesetzlichen Vorgaben liegendes Kreditlimit wird vereinbart.
542 § 492 BGB (§ 4 VerbrKrG).
543 Formprivileg, § 493 I S. 1 BGB (§ 5 I S. 1 VerbrKrG).
544 *Bülow*, in: Heidelberger Kommentar, § 5 Rdnr. 12.
545 § 493 I S. 2 BGB (§ 5 I S. 2 VerbrKrG).
546 Art. 2 I e, 6 VerbrKrRL.
547 *Bülow*, a.a.O. § 5 Rdnr. 22.
548 § 493 I S. 3 BGB (§ 5 I S. 3 VerbrKrG).
549 Der Verbraucher nicht über Höchstgrenzen, Bedingungen zur Änderung des Jahreszins und die Regeln der Vertragsbeendigung informiert werden, § 493 II BGB (§ 5 II VerbrKrG).

stehen der Bank überhaupt keine Unterrichtungspflichten, wenn die Überziehung weniger als frei Monate dauert[550].

Die Unsicherheit, die sich durch die Formulierung der Verbraucherkreditrichtlinie über den Zeitpunkt des Abschlusses eines Kreditvertrages ergibt, besteht auch im Verbraucherkreditrecht. Nach der älteren Auffassung ist die Aushändigung des Kredits die Voraussetzung für das Bestehen des Darlehensvertrages. Vorher bestehe ein Vorvertrag. Daraus folgt, daß mit jedem Kauf und mit jeder Abhebung ein eigenständiger Kreditvertrag zustande kommen würde[551]. Nach der heutigen herrschenden Lehrmeinung ist der Darlehensvertrag dagegen ein Konsensualvertrag, wonach bereits die Willensübereinstimmung ausreichend ist[552]. Es handelt sich dabei um einen Rahmenvertrag, der über einen Vorvertrag hinausgeht, weil bereits der Hauptvertrag enthalten ist. Das Abrufen durch den Kreditnehmer sei lediglich ein unselbständiges Ausführungsgeschäft. Das „Wie“ der Inanspruchnahme werde bereits im Rahmenvertrag geklärt, und die Formerfordernisse müßten deshalb lediglich von diesem erfüllt werden[553]. Der Vertragsschluß ist nach dieser Meinung nicht mehr von der Darlehensübergabe abhängig. Fraglich bleibt, ob die Krediteröffnung allein den Abschluß eines Kreditvertrages darstellt.

*b) Überziehungskredite und der Consumer Credit Act 1974*

Überziehungskredite[554] werden im Consumer Credit Act 1974 in S. 74 I b CCA behandelt. Hiernach sind diese gegebenenfalls[555] ausgenommen von den Regelungen in Abschnitt V des Consumer Credit Act 1974, der die Vorschriften zu Informationspflichten und zur Form, sowie Vorschriften zum Widerruf enthält. Der „director“ hat, wenn es nicht dem öffentlichen Interesse widerspricht, zu bestimmen, daß Überziehungskredite unter diese Regelung fallen[556]. Dieser Absatz wurde nachträglich eingefügt[557]. Nach einer dementsprechenden Bestimmung des „directors“ gilt nun, daß Überziehungskredite, die Kreditnehmer-Kreditgeber-Verhältnisse sind, wenn der Kreditgeber die Bank of England ist oder die Bestimmung des Bankers‘ Books Evidence Act 1879[558] erfüllt, unter die Ausnahmeregelung[559] fallen.

---

[550] *Bülow*, a.a.O. § 5 Rdnr. 44.
[551] Bericht der Kommission über die Richtlinie, para. 143.
[552] *Kropholler / Berenbrock*, § 607 Rdnr. 2.
[553] *Kessal-Wulf*, in: Staudinger, § 1 VerbrKrG, Rdnr. 56; *Ulmer*, in: MünchKomm, § 1 VerbrKrG, Rdnr. 54, 3. Aufl.
[554] Overdraft of a current account.
[555] Vorgaben siehe S. 74 III CCA.
[556] S. 74 III a CCA.
[557] S. 38 Banking Act 1979, S I 1979 Nr. 938.
[558] Cm 11.

Ein Überziehungskredit fällt nach dem Consumer Credit Act 1974 in die Kategorie „running-account credit"[560]. Ein „running-account credit" sollte die Obergrenze, die für „regulated agreements" gilt, nicht überschreiten[561]. Sind keine ausdrücklichen Angaben bezüglich des Kreditlimits gemacht, können auch praktische Grenzen berücksichtigt werden[562].

Die Problematik zum Zeitpunkt des Abschlusses des Kreditvertrages ergibt sich nach dem Consumer Credit Act 1974 nicht. Bei einem „fixed-sum credit" liegt grundsätzlich ein zweiseitiger Vertrag vor. Bei einem „revolving credit" liegt dagegen in der Regel ein „standing offer" vor, und jede Abhebung stellt eine eigene Annahme des Angebotes dar, so daß eine ganze Reihe von Verträgen geschlossen werden. Jeder einzelne von ihnen fällt unter die Standardregelungen, die sich aus dem Angebot ergeben[563]. Beim „running-account credit" fällt die Bewertung durch das „common law" und den Consumer Credit Act 1974 auseinander. Im „common law" wird der „running-account credit"[564] als ein „umbrella" für einzelne Kreditgeschäfte gesehen. Mit jeder Inanspruchnahme des Kredites durch den Kreditnehmer kommt ein neuer Vertrag zustande[565]. Nach dem Consumer Credit Act 1974 werden die verschiedenen Kreditgeschäfte aber zu einem einzigen verbunden. Dieser eine Vertrag, für den auch nur einmal die Formvorschriften etc. erfüllt werden müssen, erhält zwar in Bezug auf die Krediteinrichtung erst mit der ersten Abhebung rechtliche Bedeutung[566], der bilaterale Vertrag über die Gewährung von Kredit besteht aber grundsätzlich bereits mit der Vereinbarung des Kreditvertrages. Daß der Kredit erst später in Anspruch genommen wird, ist in Bezug auf das bilaterale Verhältnis irrelevant[567]. Ein „running-account credit" im Sinne des Consumer Credit Act 1974 wird also zur Verfügung gestellt, wenn es zu seiner Einrichtung kommt und nicht erst, wenn die nachfolgenden Abhebungen erfolgen[568].

---

559 S. 74 I b CCA.

560 S. 10 CCA; overdraft, budget account, option account or credit card agreement, *Goode*, March 2000, Rdnr. IC 23.44-5/429-440.

561 S. 8 II CCA.

562 S. 10 III b CCA, z.B. starkes Ansteigen der Zinsen, sobald Grenze überschritten ist, S. 10 III b (ii) CCA.

563 *Goode*, Commercial Law, S. 640.

564 Overdraft, budget account, option account or credit card agreement, *Goode*, March 2000, Rdnr. IC 23.44-5/429-440.

565 *Goode*, March 2000, Rdnr. IC 23.44-5/429-440.

566 *Goode*, a.a.O. Rdnr. IC 23.46/430-441.

567 „Once a facility is agreed, there is credit – it may be drawn on later, but this makes no difference." *Goode*, June 2000, Rdnr. IIB 5.9/130-140, 5.10/143.

568 *Goode*, June 2000, Rdnr. IIB 5.10/143; ähnlich Vertragstheorie im deutschen Recht.

### 2. *Kreditkartengeschäfte*

#### *a) Kreditkartengeschäfte und das Verbraucherkreditrecht*

Kreditkarten unterliegen nicht ausdrücklich dem Verbraucherkreditrecht, sie könnten aber unter die Regelung fallen, wenn der Monatssaldo in Raten zurückgezahlt werden kann[569]. Kreditkartenzahlungen würden dann nicht wie Überziehungskredite unter Darlehen, sondern unter Zahlungsaufschübe fallen[570].

Kreditkartenverträge fallen in der Regel aber nicht unter den Zahlungsaufschub im Sinne des Verbraucherkreditrechts. Das Verhältnis des Karteninhabers und des kartenausgebenden Institutes bei bargeldlosen Zahlungsmitteln[571] fällt dann nicht unter das Verbraucherkreditrecht, wenn beim bargeldlosen Zahlungsverkehr Kreditkarten und EC-Karten lediglich ein besonderes Zahlungsverfahren darstellen. Bei den Zwei- und Drei-Parteien-Systemen der Kundenkreditkarten, Universalkreditkarten und Bankkreditkarten ist zwar ein Zahlungsaufschub gegeben, da nur periodisch und nicht für jedes Kreditkartengeschäft gesondert eine Abrechnung erfolgt. Allerdings erfüllt die Verzögerung technische und wirtschaftliche Funktionen und nicht die Funktion eines Kredites. Außerdem überschreitet die Verzögerung in der Regel nicht die vom Gesetzgeber für diesen Zweck gesetzte[572] Bagatellgrenze[573]. Schließlich fehlt es in der Regel auch an der Entgeltlichkeit, da die fällige Jahresgebühr oft die Dienstleistung des Institutes[574] und nicht den Zahlungsaufschub vergütet[575]. Unberücksichtigt bleibt dabei der vom Händler zu zahlende Abschlag.

Damit ein Kreditkartengeschäft zwischen Kartenorganisation und Kreditnehmer unter das Verbraucherkreditgesetz fallen kann, ist einerseits ein gesondertes Kreditkonto in Verbindung mit einem Überziehungskredit[576] denkbar, andererseits kann sich die Verbraucherkrediteigenschaft aus der Finanzierung des Kaufpreises durch die Kreditkarte im Rahmen eines verbundenen Geschäftes ergeben. Außerdem ist zwischen Kreditkarteninstitut und Kreditnehmer auch eine Teilzahlungsabrede, einem Kontokorrentrahmenkredit ähnlich[577], oder ein „revolving credit" möglich[578].

---

[569] Bericht der Kommission über die Richtlinie, para. 139.
[570] *Kessal-Wulf*, in: Staudinger, § 1 VerbrKrG, Rdnr. 73 ff.
[571] Electornic cash zur Zahlung am „point of sale".
[572] BT-Drucks. 11/5462, S. 18.
[573] § 499 I BGB (§ 3 I Nr. 3 VerbrKrG); siehe aufgrund ihrer Laufzeit ausgeschlossene Verträge S. 141 f.
[574] Geschäftsbesorgungsvertrag.
[575] *Kessal-Wulf*, a.a.O. Rdnr. 74 f.; *Ulmer*, in: MünchKomm, § 1 VerbrKrG, Rdnr. 77 ff., 3. Aufl.
[576] I.d.R. Nebenabrede im Rahmen eines Girovertrages, *Ulmer*, a.a.O. Rdnr. 77.
[577] *Ulmer*, a.a.O. Rdnr. 79.
[578] *Kessal-Wulf*, a.a.O. Rdnr. 76.

Kreditkartenkonten in diesem Sinne sind von Überziehungskrediten zu unterscheiden und so entsprechend der Verbraucherkreditrichtlinie[579] nicht wie Überziehungskredite privilegiert. Dies könnte allerdings von den kartenausgebenden Banken durch eine formale Aufspaltung in zwei Konten umgangen werden. In diesen Fällen könnte ein Girokonto den Saldo der Kreditkarte ausgleichen. Das Kreditkartenkonto würde nicht unter das Verbraucherkreditrecht fallen, und das Girokonto könnte durch die Regelung zum Überziehungskredit privilegiert sein. Es wird deshalb vorgeschlagen, die Privilegierung nicht wirken zu lassen, wenn eine Identität zwischen kontoführendem und kartenausgebendem Institut besteht. Dies würde eine Beachtung der Formvorschriften nach § 492 BGB[580] notwendig machen[581]. Bei einem Krediteröffnungsvertrag, wie er sich aus einem Kreditkartenvertrag und einem separaten Konto ergeben würde, ist vor allem die Festlegung der Widerrufsbelehrung problematisch. Sowohl die Formerfordernisse nach § 492 BGB als auch die Widerrufsbelehrung nach §§ 495, 355 BGB[582] sind bereits bei Abschluß und nicht erst bei Umsetzung des Krediteröffnungsvertrages zu erfüllen. Eine Widerrufsfrist jeweils mit Inanspruchnahme des Kreditrahmens zu verbinden[583] würde nicht mit dem Gesetzwortlaut übereinstimmen[584], auch wenn in der Regel das Widerspruchsrecht bereits dann abgelaufen ist, wenn der Rahmenvertrag am Monatsende das erste Mal in Anspruch genommen wird.

*b) Kreditkartengeschäfte und der Consumer Credit Act 1974*

Unter Kreditkarten fallen nach britischem Recht alle Bankkarten. Die Anwendbarkeit des Consumer Credit Act 1974 auf diese Kreditkarten ist von ihrem Nutzungszweck abhängig[585]. Kreditkarten können in drei Kategorien eingeteilt werden. Es gibt „debit cards", durch deren Benutzung das Konto des Karteninhabers direkt belastet wird, es gibt „charge cards", durch die eine Bezahlung über ein ungedecktes Konto erfolgt, wobei der Saldo später beglichen wird, und schließlich gibt es „credit cards" die eine Zahlung über eine dritte Partei laufen lassen, wobei die Zahlungen an die dritte Partei in Raten möglich sind.

„Debit cards" zählen nicht zum Anwendungsbereich des Consumer Credit Act 1974, ihnen fehlt es an einem Kreditverhältnis. „charge cards" fallen lediglich in den Schutzbereich des Consumer Credit Act 1974, wenn sie nicht unter S. 16 V CCA fal-

---

[579] Art. 2 I e, 6 VerbrKrRL.
[580] § 4 VerbrKrG.
[581] *Kessal-Wulf*, a.a.O. § 1 VerbrKrG.
[582] § 7 VerbrKrG.
[583] *Martinek*, in: Staudinger, § 675 BGB, Rdnr. B 88.
[584] *Kessal-Wulf*, a.a.O. Rdnr. 77.
[585] Bericht der Kommission über die Richtlinie, para. 139.

len. Um nicht von dieser Ausnahmeregelung betroffen zu sein, muß in der Regel ein Kreditnehmer-Kreditgeber-Lieferanten-Verhältnis vorliegen, was ausgeschlossen ist, wenn der Kreditnehmer Bargeld mit seiner „charge card“ erlangen kann[586]. „Credit cards“ können als „regulated agreements“ zum Anwendungsbereich des Consumer Credit Act 1974 zählen, wenn eine Ratenzahlung möglich ist. Dies ist auch der Fall, wenn der Kreditnehmer entscheidet, den Betrag in Einem zurückzuzahlen[587]. Sie zählen wie die Überziehungskredite zum „running-account credit“[588], nicht aber zur Ausnahmekategorie der Überziehungskredite selber. Auf „credit card agreements“ können die Informationspflichten, Formvorschriften und Vorschriften zum Widerruf des Consumer Credits Act 1974 anwendbar sein.

### 3. *Zusammenfassung*

Beide Gesetze beschäftigen sich mit Krediteröffnungsverträgen und ihren Ausprägungen. Dabei wird der Überziehungskredit in allen Fällen von Kreditkartengeschäften getrennt behandelt. Während im Verbraucherkreditrecht und im Consumer Credit Act 1974 bei Überziehungskrediten ähnliche Regelungen zu finden sind, bestehen bei Kreditkarten aber bereits Unstimmigkeiten bei der Definition eines Kreditkartengeschäftes.

Übereinstimmend ist, daß für Überziehungskredite verschiedene Erleichterungen in Bezug auf Formvorschriften und Informationspflichten bestehen können. Beide nationalen Bestimmungen schränken die Erleichterungen aber auf bestimmte Überziehungskredite ein. Die Regelung des Consumer Credit Act 1974 entspricht weitgehend der deutschen Regelung. Deren Voraussetzung für abgemilderte Vorschriften bei Überziehungskrediten ist die freie Verfügbarkeit des Kreditnehmers über den Kredit, was bei dem vom Consumer Credit Act 1974 geforderten Kreditnehmer-Kreditgeber Verhältnis gegeben sein kann. Im britischen Recht wird aber nicht, wie im deutschen Recht, das Recht sein „Konto in bestimmter Höhe zu überziehen“[589] gefordert.

Im Gegensatz zur deutschen Regelung ergibt sich im Consumer Credit Act 1974 bei Überziehungskrediten keine Problematik über den Zeitpunkt des Abschlusses des Kreditvertrages. Ist einmal die Einrichtung eines Kreditvertrages vereinbart, besteht ein Kreditvertrag. Es ist irrelevant, daß der Kredit erst später in Anspruch genommen wird[590].

---

[586] Consumer Credit (Exempt Agreements) Order 1989; Goode, March 2000, Rdnr. IC 24.46/512, 26.30/730-740.
[587] *Lloydes and Scottish Finance Ltd v. Cyril Lord Carpets Sales Ltd* (1979) 129 NLJ 366.
[588] *Goode*, March 2000, Rdnr. IC 24.46/512.
[589] § 5 I S. 1 VerbrKrG.
[590] *Goode*, a.a.O. Rdnr. IIB 5.9/130-140, 5.10/143.

Die Betrachtung der nationalen Gesetze in Bezug auf Kreditkartenverträge macht deutlich, in welcher Vielfalt Kreditkartenverhältnisse auftreten können. Beide Schutzgesetze beziehen sich grundsätzlich auf einen eingeschränkten Kreis von Kreditkartengeschäften. Diese Kreditkartengeschäfte fallen dann sowohl nach deutschem als auch nach englischem Recht nicht unter die abgemilderten Vorschriften zu Überziehungskrediten.

Die Regelungen zu Kreditkartengeschäften sind auf die bestehenden Verhältnisse in den einzelnen Ländern zurückzuführen. Hier werden unterschiedliche Instrumente bevorzugt. In England ist der Scheck noch viel gebräuchlicher. Da es sich aber nicht um Euroschecks handelt wurde die Verbreitung von EC-Karten behindert. Dafür entwickelte sich das „debit card"-System „SWITCH". Die genannten verschiedenen Instrumente unterscheiden sich in Hintergrund und Nutzungsart und machen unterschiedliche rechtliche Regelungen notwendig, obwohl es zu vielen Übereinstimmungen gekommen ist.

*V. Aufgrund des Vertragswertes ausgeschlossene Kreditverträge*

Alle drei Gesetze enthalten Anweisungen, die bestimmen, ob ein Vertrag, der in eine der beschriebenen Kategorien fällt, aufgrund seiner Kreditgrenzen trotzdem von den Schutzregelungen ausgenommen werden soll. Während der Consumer Credit Act 1974 der Verbraucherkreditrichtlinie entsprechend sowohl eine Ober-, als auch eine Untergrenze angibt, beschränkt sich das Verbraucherkreditrecht bei Krediten an Verbraucher auf eine Untergrenze.

Kredite über weniger als 200 € oder mehr als 20 000 €[591] sind vom Anwendungsbereich der Richtlinie ausgeschlossen[592], da die Gewährung von Kleinkrediten durch zusätzliche Formalitäten unnötigerweise erschwert werden könnte. Kredite über 20 000 € werden als Investitionskredite für die Erwerbung dauerhafte Werte gesehen. Deshalb wäre ein Schutz vor Verarmung oder unüberlegtem Handeln nicht notwendig[593]. Diese Grenzbeträge sollten gemäß Art. 13 II der Entwicklung der Verhältnisse in der Gemeinschaft angepaßt werden.

---

[591] Nach Art. 13 I darf die Abrundung des in Art. 2 angegebenen Grenzbetrages nicht mehr als 10 € betragen. Eine Aufrundung steht den Mitgliedstaaten frei. ECU zu € nach der Schlußfolgerung der Vorsitzes des Europäischen Rates von Madrid vom 15./16. 12. 1995, BullEG/2/1995, Ziff. 1.3.2.

[592] Art. 2 I f VerbrKrRL.

[593] Bericht der Kommission über die Richtlinie, para. 152.

*1. Verbraucherkreditrecht*

Das Verbraucherkreditrecht folgt nur teilweise der europäischen Vorgabe, indem es Kredite über weniger als 200 € von seinem Anwendungsbereich ausschließt[594]. Eine Beschränkung auf Kredite bis 50 000 € gilt nur für Existenzgründungsdarlehen[595].

*a) Entstehung*

Die Größe eines Geschäftes und die Höhe des Kaufpreises konnte bereits die Anwendung des Abzahlungsgesetzes nicht ausschließen[596]. Die Festlegung eines Höchst- und Mindestbetrags wurde auch im Gutachten von *Hadding* abgelehnt, da durch eine betragsmäßige Begrenzung Verbrauchern außerhalb dieser Grenzen die Schutzwürdigkeit aberkannt würde, was schwer zu begründen und willkürlich sei. Außerdem werde durch eine Grenze die Umgehung der Vorschriften gefördert[597].

Im Gegensatz dazu wurde ein Ausschluß von Krediten bis zu einer Mindestgrenze durch den Gesetzgeber nicht abgelehnt, und Bagatell-Kreditverträge wurden bereits im Entwurf zum Verbraucherkreditgesetz von dessen Anwendungsbereich ausgeschlossen. Unter Bagatellkredite sollten Kredite mit eine Nettokreditbetrag oder einem Barzahlungspreis von bis zu 400 DM fallen. Dem Regierungsentwurf stimmte der Rechtsausschuß zu. Der Ausschluß von Bagatellkrediten bis zu 400 DM sei verhältnismäßig, eine niedrigere Hürde wurde abgelehnt. Der Umgehung durch eine Kette von Einzelverträgen sei durch das Umgehungsverbot § 18 S. 2 VerbrKrG entgegengewirkt worden[598]. Eine Obergrenze im Sinne der Verbraucherkreditrichtlinie[599] wurde vom Gesetzgeber in seinem Entwurf zum Verbraucherkreditgesetz als unvertretbar gesehen, da gerade hohe Kredite den Verbraucher besonders gefährden würden.

Nach der Erweiterung des Anwendungsbereichs auf Existenzgründer sollten diese Kredite auf 100 000 DM beschränkt werden, um einer Ausdehnung des Anwendungsbereichs auf gewerbliche Großkredite zur Gründung von Handelsgesellschaften entgegen zu wirken[600].

---

594 § 507 BGB (§ 3 I Nr. 1 VerbrKrG).
595 § 3 I Nr. 2 VerbrKrG.
596 *Putzo*, in: Palandt, AbzG Rdnr. 4, 50. Aufl.
597 *Hadding*, Gutachten zum 53. Deutschen Juristentag, S. 101 ff.
598 BT-Drucks. 11/8274, S. 21.
599 Art. 2 I f VerbrKrRL.
600 BT-Drucks. 11/8274, S. 20 f.

*b) Umsetzung*

Das Verbraucherkreditrecht schützt nur Kredite über einen bestimmten Mindestbetrag. Der erforderliche Mindestbetrag von 200 €[601] kann der Nettokreditbetrag oder der Barzahlungspreis sein. Der Nettodarlehensbetrag ist gem. § 491 II Nr. 1 BGB[602] das auszuzahlende Darlehen. Da diese Ausnahme auch auf sonstige Finanzierungshilfen und Zahlungsaufschübe anwendbar ist[603], kann man verallgemeinern, daß es sich um den Gesamtkreditbetrag abzüglich der Gesamtkreditkosten handelt. So fallen zum Beispiel auch Vermittlungskosten aus dem Gesamtkreditbetrag. Das heißt, daß letztendlich nur die Kreditsumme, die in irgendeiner Weise an den Verbraucher fließt, von Bedeutung ist[604]. Dazu zählt auch die Mehrwertsteuer[605], da diese in der Regel Teil des finanzierten Betrages ist.

Bei einem revolvierenden Kredit ist von dem durch den Kreditnehmer beanspruchbarem Höchstbetrag auszugehen. Bei einem Zahlungsaufschub ist dies der Nettokreditbetrag, also der Betrag, den der Verbraucher sofort zu entrichten hätte[606]. Bei Teilzahlungsgeschäften ist vom Barzahlungspreis auszugehen. Der Barzahlungspreis ist der Preis, den der Kreditnehmer zu entrichten hätte, wenn der Preis bei der Übergabe fällig wäre[607]. Der Barzahlungspreis soll die Umsatzsteuer einbeziehen, da es sich um einen rechtlich unselbständigen Teil des Preises handelt[608]. Auch bei einer teilweisen Kreditierung des Barzahlungspreises komme es auf den Barzahlungspreis an[609]. Dies widerspricht allerdings dem Gedanken, den Verbraucher wegen seines konkreten Kreditbedarfs zu schützen[610]. Bei Leasinggeschäften, deren Barzahlungspreis unbekannt ist, ist der Anschaffungspreis maßgeblich[611]. Bei mehreren zeitgleichen Verträgen besteht eine tatsächliche Vermutung, die beweiserleichternd wirkt, daß eine Zusammenrechnung der Kreditsummen zu erfolgen hat[612]. Kommt es zu einer Aufstockung, obwohl dies beim Abschluß des Erstkreditvertrages noch nicht abzuse-

---

601 § 491 II Nr. 1 BGB (Anpassung des § 3 I Nr. 1, 2 VerbrKrG an € (200-50.000 €), BGBl. 2000 I, S. 940 v. 29.6.2000).

602 § 3 I Nr. 1 VerbrKrG.

603 § 499 III BGB.

604 *Kessal-Wulf*, in: Staudinger, § 3 VerbrKrG, Rdnr. 4; *Ulmer*, in: MünchKomm, § 3 VerbrKrG, Rdnr. 7, 3. Aufl.

605 BGH Urt. v. 17.4.1991 VIII ZR 12/90, NJW-RR 1991, S. 1011, 1012.

606 *Kessal-Wulf*, a.a.O. Rdnr. 4.

607 § 1 a AbzG; *Kessal-Wulf*, a.a.O. Rdnr. 5.

608 BGH Urt. v. 24.2.1988 VIII ZR 64/87, BGHZ 103, S. 284, 287.

609 *Ulmer*, a.a.O. Rdnr. 10.

610 *Kessal-Wulf*, a.a.O. Rdnr. 10.

611 BGH Urt. v. 17.4.1991 VIII ZR 12/90, NJW-RR 1991, S. 1011, 1012.

612 *Kessal-Wulf*, a.a.O. Rdnr. 7, 9.

hen war, dann berührt der Zweitvertrag den Erstvertrag nicht und die Kreditsummen werden nicht addiert[613].

Lediglich Existenzgründungsdarlehen mit einem Nettokreditbetrag oder Barzahlungspreis bis 50 000 €[614] fallen in den Anwendungsbereich des Vebraucherkreditrechts. Die Beschränkung von Existenzgründungsdarlehen auf 50 000 € kann durch mehrere verschiedene Kreditverträge unterlaufen werden, weil die freiwillige Anwendung der Regelungen des Verbraucherkreditgesetzes seinem Schutzanspruch entspricht. Dies gilt auch für die Großkredite, deren Schutz eigentlich verhindert werden sollte[615]. Wenn eine wirtschaftliche Einheit die rechtliche Einheit doch nach sich ziehen soll, muß eine Identität der Vertragsparteien vorliegen, da Gesamtinvestitionen von über 50 000 € nicht selten sind. Fehlt es daran, kann es zu keiner Addition der Kreditsummen kommen. Im Zweifel liegt die Beweislast beim Kreditgeber[616]. Nach dem brandenburgischen Oberlandesgericht verbietet sich eine Addition auch bei einer aus rein technischen Gründen auf mehrere Konten verteilten Kreditsumme von über 50 000 € und verschafft so auch dem Existenzgründer in Verbindung mit Großkrediten den Schutz des Verbraucherkreditgesetzes, obwohl dieser gerade nicht gewährt werden sollte[617].

Die Beschränkung ist analog auch auf Schuldbeitritte anwendbar[618], auf Verträge im Sinne von § 505 BGB[619] dagegen nicht[620].

### 2. *Consumer Credit Act 1974*

Die Kreditsumme ist einer der zentralen Kontrollmechanismen für den Anwendungsbereich des Consumer Credit Act 1974. Dabei ist vor allem die Obergrenze von £ 25 000 wichtig. Sie findet sich in S. 8 II CCA und beschreibt den Unterschied zwischen einem „personal credit agreement" und einem „consumer credit agreement". Die meisten Vorschriften des Consumer Credit Act 1974 beziehen sich auf „consumer credit agreements". Die Unterschreitung der Mindestgrenze von £ 50 führt dagegen nur zu einem teilweisen Ausschluß vom Anwendungsbereich des Consumer Credit Act 1974.

---

613 *Kessal-Wulf*, a.a.O. Rdnr. 7.
614 § 507 BGB (Anpassung des § 3 I Nr. 1, 2 VerbrKrG an € (200-50.000 €)).
615 *Kessal-Wulf*, a.a.O. Rdnr. 9.
616 *Kessal-Wulf*, a.a.O. Rdnr. 9.
617 OLG Brandenburg Urt. v. 5.5.1999 13 U 135/98, WM 1999, S. 2208.
618 *Wiechers*, Die Rechtsprechung des Bundesgerichtshofs zum Verbraucherkreditgesetz, WM 2000, S. 1077, 1083.
619 § 2 VerbrKrG.
620 BGH Urt. v. 14.12.1994 VIII ZR 46/94, BGHZ 128, S. 156, 164.

*a) Entstehung*

Eine Obergrenze wurde bereits in früheren Schutzbestimmungen genutzt, um den Anwendungsbereich von Schutzbestimmungen zu begrenzen. Im Hire-Purchase and Small Debt (Scotland) Act 1932 zum Beispiel lagen Abzahlungskäufe von Sachen lediglich bis zu einem Wert von £ 20 im Anwendungsbereich[621].

Im Crowther Report wird nach einer Untersuchung verschiedener Ausschlußkriterien festgestellt, daß das Ausschlußkriterium „Größe des Kredites" zwar grob, aber trotzdem geeignet ist. Der dahinter stehende Gedanke wäre, daß ein Kredit über einen bestimmten Betrag hinaus in der Regel ein „business loan" sei oder daß der Kreditnehmer bei einem solchen Betrag verstandesmäßig mit der Situation umgehen könne. Zwar würden beide Annahmen in einigen Fällen nicht zutreffen, aber es sei schwierig, ein ähnlich klares und objektives Abgrenzungskriterium zu finden. Die Grenze sollte bei £ 2 000 liegen, oder bei einem Betrag, der durch den „Consumer Credit Commissioner" festgelegt werde[622]. Entgegen den bestehenden Regelungen im Hire-Purchase Act sollte der Grenzbetrag keine Gebühren oder ähnliches beinhalten, sondern lediglich den Barpreis abzüglich der Anzahlungen[623].

Im Regierungsentwurf ist dann eine grundsätzliche Obergrenze von £ 5 000 für Kredite im Anwendungsbereich des angestrebten Consumer Credit Act zu finden. Wenn ein Kredit in Raten abgehoben werden kann, muß zu einem Zeitpunkt mehr als £ 5 000 auf einmal abgehoben werden können[624]. Geschäfte über weniger als £ 30 werden von vielen detaillierten Regelungen befreit[625]. Diese Grenzen entsprechen denen des Consumer Credit Act 1974.

1993 wurden die Betragsgrenzen durch das „Office Fair Trading" überprüft. Zu dieser Zeit lag die Obergrenze bei £ 15 000 und die Untergrenze bei £ 50. Um nur der Wertsteigerung zu entsprechen[626], hätten die Betragsgrenzen bereits 1993 auf £ 26 520 und ungefähr £ 88 erhöht werden müssen. Das „Office of Fair Trading" hatte zuerst eine Erhöhung der Obergrenze auf £ 30 000 vorgeschlagen[627]. Dazu meldeten sich sowohl positive als auch negative Stimmen. Die Kreditindustrie war grundsätzlich gegen eine Erhöhung, da Verbraucherkredite über £ 15 000 eher selten wären und bei einer Erhöhung lediglich mehr „business credit" in den Anwendungsbereich des Consumer Credit Act 1974 falle. Dies könne zu einer grundsätzlichen Anwendung des Consumer

---

621 S. 1 I Hire-Purchase and Small Debt (Scotland) Act 1932.
622 Crowther Report, para. 6.2.38.
623 Crowther Report, para. 6.2.26 f.
624 White Paper, para. 21.
625 White Paper, para. 23.
626 „Equivalent value" welches auf der Veränderung des RPI von Juli 1982 bis Juni 1993 beruht.

Credit Act 1974 auf kleinere Geschäftskredite führen[628]. Der „director“ schlug daraufhin vor, die Obergrenze auf £ 25 000 zu heben, was der reellen Wertsteigerung seit 1974 entspreche. Dieser Vorschlag wurde durchgesetzt. Der „general director“ führt verschiedene Gründe für diese Regelung auf. So sei eine Erhöhung im Verhältnis zur Inflation sinnvoll, auch wenn im Moment nur wenige Verbraucherkredite in diesem Bereich lägen. Einer Aufhebung der Obergrenze werde widersprochen, weil einerseits noch wesentlich weniger Verbraucherkredite über der angesteuerten Obergrenze lägen und dies außerdem dem ursprünglichen Hintergrund dieser Regelung zuwiderlaufe, da man eigentlich davon ausgehe, daß bei größeren Geschäften der Verbraucher seine eigenen Interessen wahrnehmen könne. Außerdem lägen £ 25 000 innerhalb der Obergrenze der Verbraucherkreditrichtlinie, sollte diese demnächst, wie erwartet[629], der Inflation entsprechend erhöht werden[630].

Obwohl sich der „director“ für eine Erhöhung der Untergrenze aussprach, kam es zu keiner Erhöhung. Wenn sich eine Erhöhung bei der Verbraucherkreditrichtlinie ergebe, solle auch die Untergrenze wieder neu bewertet werden, so daß man insgesamt ungefähr den Vorgaben der Richtlinie entspreche[631].

*b) Umsetzung*

Die Regelung zu einem Vertragswertminimum ist im Consumer Credit Act 1974 in S. 17 CCA getrennt von den „exempt agreements“ geregelt. Sowohl „consumer credit agreements“, als auch „consumer hire agreements“ sind in der Regel vom Anwendungsbereich des Consumer Credit Act 1974 ausgeschlossen, wenn der Vertragswert £ 50 unterschreitet. Zuerst betrug die Untergrenze £ 30, wurde aber zum 1.1.1984 hin auf £ 50 erhöht[632]. Allerdings sinkt die Untergrenze auf £ 35 wegen der Consumer Protection (Cancellation of Contracts Concluded away from Business Premises) Regulations 1987[633], so zum Beispiel nach S. 74 II CCA für Abschnitt V. Dieser Abschnitt beschäftigt sich mit den Voraussetzungen für den Abschluß von wirksamen Verträgen,

---

[627] *Office of Fair Trading*, Consultation Document on the Working and Enforcement of the Consumer Credit Act 1974, August 1993, Annex 5.
[628] *Office of Fair Trading*, Consumer Credit Deregualtion, Rdnr. 10.2.
[629] Zu einer Erhöhung der Grenzbeträge der Verbraucherkreditrichtlinie ist es noch nicht gekommen.
[630] *Office of Fair Trading*, Consumer Credit Deregualtion, Rdnr. 10.4 ff.
[631] *Office of Fair Trading*, Consumer Credit Deregualtion, Rdnr. 10.9.
[632] Der Betrag wurde 1984 gem. S. 181 II CCA, der eine Variation von Grenzbeträgen erlaubt, erhöht. Consumer Credit (Increase of Monetary Limits) Order 1983, S I 1983/1878.
[633] S I 1987/2117; entspricht *Rat der Europäischen Gemeinschaft*, Richtlinie (85/577/EWG) v. 20.12.1985 betreffend den Verbraucherschutz im Fall von außerhalb der Geschäftsräume geschlossenen Verträgen, ABl. L 372/1985 v. 31.12.1985, S. 31.

wozu auch die Unterrichtungspflicht, Formvorschriften und das Widerrufsrecht gehören.

Bei den Kreditgrenzen ist auf den „amount of credit" abzustellen. So sind Anzahlungen, Einlagen, Versicherungsprämien und andere Beträge, die mit oder vor Vertragsschluß durch den Kreditnehmer zu zahlen sind, nicht in die Berechnung der Kreditsumme einzubeziehen, auch wenn ihre Erfüllung aufgeschoben ist[634]. Auch Kosten, die in die „total charge for credit"[635] einfließen[636], gehen nicht in die Kreditsumme ein. Dies ist selbst dann so, wenn ihre Begleichung aufgeschoben worden ist[637], da hierfür keine Kreditgewährung vorliegt. Dies gilt nicht für eine Umschuldung. Hier ist die alte Zinsschuld Teil der Summe des neuen Kredits[638]. Gebühren und sonstigen Kosten können dagegen grundsätzlich berücksichtigt werden, wenn sie durch den Kreditgeber finanziert werden[639]. Dies gilt unabhängig davon, ob ihre Begleichung aufgeschoben worden ist oder nicht. Nicht in die Kreditsumme fallen Gebühren und Kosten, die nicht durch den Kreditgeber finanziert werden. Der Grund ist, daß für die Kreditsumme lediglich relevant ist, was der Kreditgeber zahlt und nicht was der Kreditnehmer aufzubringen hat. Gebühren, die im Rahmen des Kredites an Dritte zu zahlen sind, gehen deshalb nicht in die Berechnung der Kreditsumme ein[640]. Das können zum Beispiel amtliche Gebühren, die von der Verwaltung erhoben und vom Kreditnehmer bedient werden, verschiedene Versicherungsprämien und auch Installationsgebühren sein[641]. Dagegen fällt die Mehrwertsteuer in die Kreditsumme, wenn der Kredit den Kauf von Sachen oder Dienstleistungen von einer dritten Partei finanziert, egal ob die Steuerabgaben ausgewiesen worden sind oder nicht[642]. Die Kreditvergabe selber ist in der Regel[643] nicht mit Mehrwertsteuer belastet, und Mehrwertsteuern sind nicht den Kreditkosten zuzurechnen[644].

Beim „credit sale" ist der „amount of credit" der Preis abzüglich der Anzahlung und der Gebühren. Bei einer Kreditkarte ist das Kreditlimit ausschlaggebend. Beim „check trading" ist der „amount of credit" die „face value" abzüglich der Anzahlungen. Bei einem ungesicherten Darlehen ist von der Kreditsumme abzüglich der Kredit-

---

[634] *Goode*, March 2000, Rdnr. IC 24.142 f./538 f.
[635] Zinsen etc. S. 20 CCA 1974, Consumer Credit (Total Charge for Credit) Regulations 1980, S I 1980/51.
[636] S. 9 IV CCA, *Goode*, a.a.O. Rdnr. IC 24.142, 24.144 f./538 ff.
[637] *Goode*, a.a.O. Rdnr. IC 24.144 /539.
[638] *Goode*, a.a.O. Rdnr. IIB 5.9/141.
[639] *Goode*, a.a.O. Rdnr. IC 24.142/538.
[640] *Goode*, a.a.O. Rdnr. IC 24.144 /539.
[641] *Goode*, a.a.O. Rdnr. IC 24.146/540-51.
[642] Value Added Tax Act 1994, cm 39, S. 19 II.
[643] Innerhalb der Europäischen Gemeinschaft.
[644] *Goode*, a.a.O. Rdnr. IC 24.147/551.

kosten auszugehen[645]. Ein Mietvertrag ist vom Anwendungsbereich des Consumer Credit Act 1974 auszuschließen, wenn die insgesamt durch den Mieter zu zahlende Summe £ 50 nicht überschreitet. Hierfür sind auch Mehrwertsteuern[646] zu berücksichtigen. Das bedeutet, daß periodische Mietverträge nur aus dem Anwendungsbereich herausfallen, wenn der Mieter kündigen kann, bevor £ 50 durch ihn zu zahlen sind. Dagegen fallen Mietverträge über einen festgelegten Zeitraum, die eigentlich zu einer Verpflichtung über £ 50 führen, in den Anwendungsbereich des Consumer Credit Act 1974, wenn der Vermieter das Recht hat, den Vertrag um einen Zeitraum zu verlängern, der die Verpflichtung über £ 50 steigen läßt[647].

Die Entlastung ist aber begrenzt[648]. „Small agreements" sind größtenteils von Abschnitt V ausgenommen[649]. Das bedeutet, daß bei „small agreements" die Formalitäten nicht eingehalten werden müssen, daß keine Kopien des Vertrages übergeben werden müssen und auch das Widerrufsrecht entfällt. Es muß dem Schuldner keine regelmäßige Übersicht über die Konten gegeben werden[650]. Abschnitt IV dagegen bleibt auch bei „small agreements" anwendbar, was Werbung, Geschäftsmethoden und auch Informationsvermittlung auf Anfrage betrifft[651]. Auch Abschnitt IX bleibt relevant, so sind die Vorschriften in Abschnitt IX zu Eingriffen durch die Judikative anwendbar[652].

Außerdem sind „conditional sale" und „hire-purchase agreement", und Geschäfte mit bestimmten Sicherheiten[653] von diesen Ausnahmen nicht betroffen[654]. Einer Umgehung der Schutzvorschriften des Consumer Credit Act 1974 durch die Aufteilung der Kreditsumme auf verschiedene Verträge wird durch die Regelung in S. 17 III, IV CCA entgegengewirkt. Die Regelungen des Consumer Credit Act 1974 sind ausdrücklich anwendbar, wenn es sich um eine Umgehung der Vorschriften durch eine Aufteilung der Kreditsumme handelt, sogar wenn verschiedene Vertragspartner beteiligt sind.

Ein Vertragswertmaximum für einen „consumer credit" liegt laut S. 8 II CCA bei £ 25 000[655]. Mehrere Verträge können zusammengerechnet werden, so daß sie zu-

---

645 *Goode*, a.a.O. Rdnr. IC 23.122/450-460.
646 VAT.
647 *Goode*, a.a.O. Rdnr. IC 23.122/450-460.
648 SS. 51, 74 II, 78 VII, 85 III, Sch. 3 V CCA.
649 S. 74 II CCA, vor allem creditor-debtor-supplier restricted-use credit.
650 S. 78 VII CCA.
651 SS. 77, 78 CCA.
652 *Goode*, a.a.O. Rdnr. IC 23.123-23.140/450-460.
653 Nicht indemnity oder guarantee.
654 *Goode*, a.a.O. Rdnr. IC 23.121/449.
655 1984 war der Betrag von £ 5 000 auf £ 15 000 erhöht worden (Consumer Credit (Increase of Monetary Limits) Order 1983, S I 1983/1878). Der Betrag wurde vom 1.5.1998 an wieder gem. S. 181 II

sammengefaßt die £ 25 000 Grenze überschreiten. Eine Aufteilung von Verträgen, um den Vorschriften des Consumer Credit Act 1974 zu entgehen, ist nach S. 17 III, IV CCA dagegen untersagt. Allerdings ist es möglich, daß sie dann unter die Regelungen zu „multiple agreements" nach S. 18 CCA fallen, das kann wieder zu einer Anwendung des Consumer Credit Act 1974 auf Teilbereiche des zusammengefaßten Vertrages führen[656]. Bei der Bestimmung, ob es sich um einen Vertrag oder mehrere Verträge handelt, ist nicht von internen Verbuchungsstrategien, sondern von rechtlich zusammenhängenden Verträgen auszugehen[657].

Eine eigene Vorschrift findet sich für „hire purchase agreements" in S. 9 III CCA. Danach soll sich die Kreditsumme aus der zu zahlenden Summe abzüglich fast jeder Form von Anzahlung[658] und der „total charge of credit" ergeben, was auch die in Zahlung genommenen Gegenstände mit einschließen kann[659].

Bei einem „running-account credit"[660] kann sich nach S. 10 I CCA die Obergrenze des Kredites aus verschiedenen Umständen ergeben. So kann ein Kreditlimit, die mögliche Kreditsumme auf einen Betrag von unter £ 25 000 begrenzen. Dabei ist auch ein nicht absolutes Kreditlimit ausreichend, das den Kredit begrenzt, indem die Kosten angehoben werden, wenn eine bestimmte Grenze erreicht worden ist. Auch eine Begrenzung des Betrages, den der Kreditnehmer auf einmal abheben darf, auf unter £ 25 000, ist ausreichend, um den Kredit in den Anwendungsbereich des Consumer Credit Act 1974 zu bringen. Schließlich reicht es auch aus, wenn die zum Zeitpunkt der Vertragsschluß wahrscheinliche Summe, die in Zukunft in Anspruch genommen werden wird, nicht £ 25 000 überschreitet[661]. Im Gegensatz zur Feststellung der Untergrenze, werden nicht alle Möglichkeiten zum Zeitpunkt des Vertragsabschlusses mit in Betracht gezogen, sondern die wahrscheinlichen Umstände werden bewertet. Dies verhindert Verwirrung und eine Umgehung der Schutzvorschriften und entspricht dem Schutzanspruch des Consumer Credit Act 1974[662]. Bei einer Überziehung des Überziehungskredites, zum Beispiel durch einen ungedeckten Scheck, den die Bank trotzdem einlöst, kommt es eigentlich zu einem neuen Vertrag zwischen Bank und Kunden, der das Kreditlimit über die vereinbarten £ 25 000 bringen könnte. Hiergegen spricht aber S. 18 V CCA, wonach eine zeitweilige Überschreitung nicht zu

---

CCA, der eine Variation von Grenzbreträgen erlaubt, von £ 15 000 auf £ 25 000 erhöht (Consumer Credit (Increase of Monetary Limits) Order 1998, S I 1998/996).

656 *Goode*, a.a.O. Rdnr. IC 24.162/553.

657 *Goode*, a.a.O. Rdnr. IC 24.162a/553a.

658 Nicht hierunter fallen Anzahlungen, die Kreditkosten betreffen.

659 *Goode*, a.a.O. Rdnr. IC 24.150-60/552.

660 Auch revolving credit.

661 *Goode*, a.a.O. Rdnr. IC 24.163 f./553b-55.

662 *Goode*, a.a.O. Rdnr. IC 24.165/556.

einem neuen Vertrag oder einer Überschreitung der ursprünglichen Grenze führen soll[663].

Bei der Bestimmung der Obergrenze für Mieten ist vom Zeitpunkt des Vertragsabschlusses auszugehen. Nur Entwicklungen, die zu diesem Zeitpunkt absehbar waren, sind mit einzubeziehen. Das gesetzliche Kündigungsrecht muß allerdings außer Acht gelassen werden. „Payments" beinhaltet die reine Miete und andere Summen und Steuern[664], nicht aber separate Verträge zu Versicherung und Instandhaltung[665].

### *3. Zusammenfassung*

Sowohl das deutsche Verbraucherkreditrecht als auch der Consumer Credit Act 1974 haben eine Untergrenze, um Bagatellkredite auszuschließen. Im Unterschied zum Verbraucherkreditrecht stellt die vom Consumer Credit Act 1974 festgelegte Obergrenze eine wichtige Begrenzung des Anwendungsbereichs des Consumer Credit Act 1974 da. In den deutschen Bestimmungen findet dagegen die Obergrenze lediglich bei Existenzgründungsdarlehen Anwendung, um Großdarlehen vom Anwendungsbereich auszuschließen. Mit 50 000 € liegt die Grenze außerdem 30 % höher als die britischen Grenze von £ 25 000.

Der deutsche Gesetzgeber ist davon ausgegangen, daß gerade bei einem hohen Kredit der Verbraucher Schutz brauche. Nach englischem Recht ist der Schutz bei Krediten traditionell nur auf nach oben begrenzte Beträge anzuwenden. Bei höheren Beträgen könnte davon ausgegangen werden, daß der Verbraucher wisse, was er tue. Eine Obergrenze entspricht auch der Verbraucherkreditrichtlinie. Insgesamt ist der britische Gesetzgeber daran interessiert, seine Grenzen denen der Verbraucherkreditrichtlinie anzupassen, während der deutsche Gesetzgeber seine Gestaltungsmöglichkeiten ausschöpft und auf eine generelle Obergrenze verzichtet.

Beide Gesetze entsprechen der Verbraucherkreditrichtlinie, indem sie Untergrenzen angeben. Nach dem Abzahlungsgesetz hatte es weder Ober- noch Untergrenzen gegeben. Der deutsche Gesetzgeber entspricht aber mit der Untergrenze den Vorstellungen, daß Kleinkrediten unnötigerweise erschwert würden. Die Untergrenze des Consumer Credit Act 1974 von £ 50 liegt sowohl unter dem Betrag der deutschen Bestimmungen zum Verbraucherkreditrecht als auch dem der Verbraucherkreditrichtlinie. Einer Erhöhung der Untergrenze ist widersprochen worden, als die Obergrenze auf £ 25 000 erhöht wurde. Zusätzlich führt eine Unterschreitung der Untergrenze

---

[663] *Goode*, a.a.O. Rdnr. IC 24.166/556 f.
[664] VAT.
[665] *Goode*, a.a.O. Rdnr. 23.78-23.100/446-8.

nicht zu einem völligen Ausschluß vom Anwendungsbereich des Consumer Credit Act 1974, sondern lediglich zu verschiedenen Erleichterungen.

Die zugrundeliegende Kreditsumme ist nach deutschem Recht der Nettokreditbetrag, der Barzahlungspreis, der beanspruchbare Höchstbetrag oder der Anschaffungspreis, je nach Kreditart, wobei die Mehrwertsteuer mit zu berücksichtigen ist. Nach dem Consumer Credit Act 1974 sind dagegen Gebühren und sonstige Kosten, wenn sie durch den Kreditgeber finanziert wurden, in die Kreditsumme einzurechnen, nicht aber Anzahlungen, Einlagen, Zinsen und ähnliches. Gegebenenfalls ist wie beim Überziehungskredit nach dem deutschen Verbraucherkreditrecht das Kreditlimit zu berücksichtigen.

Unterschiede ergeben sich aus dem Schutz vor Umgehung durch Aufteilung. So ist nach dem Consumer Credit Act 1974 gegebenenfalls zu vernachlässigen, daß verschiedene Vertragsparteien an den Verträgen beteiligt sind, wohingegen das deutsche Recht eine rechtliche Einheit nur bei einer Identität der Vertragsparteien sehen kann.

### *VI. Aufgrund ihrer Laufzeit ausgeschlossene Kreditverträge*

Eine Möglichkeit der Begrenzung des sachlichen Anwendungsbereichs, die von allen drei Gesetzen mehr oder weniger genutzt wird, ist die Begrenzung auf Verträge mit einer bestimmten Laufzeit. Die Verbraucherkreditrichtlinie schließt kurzfristige Kredite von ihrem Anwendungsbereich aus. Das sind Kredite, die der Verbraucher in höchstens drei Monaten oder in höchstens 12 Monaten und in weniger als vier Raten zurückzahlen muß[666]. Die Kommission prüft aber inwiefern die Ausnahmeregelung für die Kredite, die in vier Raten zurückzuzahlen sind, sinnvoll ist[667].

#### *1. Verbraucherkreditrecht*

Das deutsche Verbraucherkreditrecht folgt der Verbraucherkreditrichtlinie nur bedingt bei den Krediten mit kurzen Laufzeiten. Es sind lediglich Zahlungsaufschübe, die spätestens nach drei Monaten zurückgezahlt werden müssen, vollkommen vom Anwendungsbereich ausgeschlossen[668].

Das Abzahlungsgesetz enthielt weder Vorschriften zur Mindest- noch zur Höchstdauer von Verträgen. Damit ein Vertrag aber unter das Abzahlungsgesetz fallen konnte, mußte der Abzahlungskäufer zu zwei Teilzahlungen nach der Übergabe der Kaufsache verpflichtet sein, da sonst die spezielle Gefahrenlage eines Abzahlungsge-

[666] Art. 2 I g VerbrKrRL.
[667] Bericht der Kommission über die Richtlinie, para. 158.
[668] § 499 I BGB (§ 3 I Nr. 3 VerbrKrG).

schäftes nicht vorläge[669]. Die spezielle Gefahr läge darin, daß sich der Käufer, obwohl er die wirtschaftliche Bedeutung seines Handeln nicht einschätzen könne, durch die niedrigen einzelnen Raten zu einem Vertragsschluß verleiten lasse[670].

Im Gutachten von *Hadding* findet sich dementsprechend eine Befürwortung einer Mindestlaufzeit und eine Ablehnung einer Höchstlaufzeit, um zum Beispiel einfache Stundungen nicht zu erfassen[671]. Der Entwurf zum Verbraucherkreditgesetz enthält eine Regelung, die lediglich Zahlungsaufschübe von nicht mehr als drei Monaten von der Anwendung des Gesetzes ausschließt[672]. Die Begrenzung auf Zahlungsaufschübe ist auf den engen Anwendungsbereich des Abzahlungsgesetzes zurückzuführen. Das Abzahlungsgesetz war grundsätzlich auf Zahlungsaufschübe anwendbar. Die Regelung des Verbraucherkreditgesetzes nur Zahlungsaufschüben über mehr als drei Monate zu erfassen, ist zurückzuführen auf die Regelung des Abzahlungsgesetzes, nur Abzahlungsverträge über mindestens zwei Raten zu erfassen. In der Begründung zum Entwurf werden die kurzfristigen Zahlungsaufschübe als Bagatellkredite eingestuft. Nicht die langandauernde Verpflichtung selber, wie noch nach dem Abzahlungsgesetz, sondern die laufzeitabhängigen Belastungen, die bei Kreditgeschäften eine wesentliche Rolle spielten und die bei einer kurzen Laufzeit eher zu vernachlässigen seien, stellten danach die Gefahr eines Verbraucherkredites dar. Eine Ausnahme von kurzfristigen Zahlungsaufschüben wäre deshalb vertretbar. Von dieser Regelung sollten besonders Kreditkartengeschäfte, bei denen die Kreditkarte als reines Zahlungsmittel dient, betroffen sein[673].

Dies entspricht der verabschiedeten Fassung, die entgegen der Vorstellung der Verbraucherkreditrichtlinie[674] lediglich Zahlungsaufschübe von nicht mehr als drei Monaten ausschließt. Kurzfristige Darlehen und Finanzierungshilfen sind von der Regelung nicht betroffen[675]. Auch ist der Ausschluß von Rückzahlungen in weniger als vier Teilbeträgen innerhalb von 12 Monaten, wie er durch die Verbraucherkreditrichtlinie vorgesehen ist[676], nicht vom Verbraucherkreditgesetz aufgenommen worden.

---

669 BGH Urt. v. 22.2.1978 VIII ZR 41/77, BGHZ 70, S. 378, 383, NJW 1978, S. 1315.
670 BGH Urt. v. 30.6.1982 VIII ZR 115/81, NJW 1982, S. 2313; *Ulmer*, in: MünchKomm, AbzG § 1 Rdnr. 16, 2. Aufl.
671 *Hadding*, S. 104 f.
672 BT-Drucks. 11/5462, § 2 I Nr. 2.
673 BT-Drucks. 11/5462, S. 18.
674 Art. 2 I g VerbrKrRL.
675 § 499 I BGB (§ 3 I Nr. 3 VerbrKrG); Durch die Schuldrechtsreform ist die Voraussetzung einer dreimonatige Mindestdauer für die Anwendung der Schutzregelungen auf Zahlungsaufschübe auch optisch mit den Regelungen zum Zahlungsaufschub zusammengeführt worden.
676 Art. 2 I g VerbrKrRL.

Diese hätte eine wesentliche Verschlechterung im Vergleich zum Anwendungsbereichs des Abzahlungsgesetzes dargestellt.

Die dreimonatige First ist entsprechend §§ 186 ff. BGB zu berechnen. Der Zeitpunkt, zu dem die Leistung ohne Zahlungsaufschub fällig wäre, ist der Fristbeginn. Wenn die Leistung nach dem Aufschub fällig wird, geht die Frist zu Ende[677]. Eine Umgehung dieser Regelung ist durch hintereinander geschaltete Zahlungsaufschübe nicht möglich. Ausgeschlossen ist eine Addition der Zeiträume nur, wenn die Verlängerung wegen - zum Zeitpunkt des ersten Zahlungsaufschubes - noch nicht absehbarer Umstände erfolgt[678]. Ist nur ein Teil der Forderung kreditiert, ist lediglich dieser Teil auf die Anwendbarkeit der §§ 499 ff. BGB in bezug auf die Mindestlaufzeit zu überprüfen[679]. Auch eine Absprache, die die Forderung aus einem Leasingvertrag durch einen Zahlungsaufschub kreditiert, kann unter diese Regelung fallen[680].

*2. Consumer Credit Act 1974*

Vom Anwendungsbereich des Consumer Credit Act 1974 können Verträge ausgeschlossen sein, die in weniger als einer durch die Exempt Agreement Order bestimmten Anzahl von Raten oder einem kürzeren Zeitraum zurückgezahlt werden müssen[681].

Nach dem Crowther Report sollten Kreditnehmer, die bei „consumer sales" weniger als drei Raten zu zahlen haben, vom Schutzbereich des neuen Gesetzes ausgeschlossen werden, weil lediglich Personen geschützt werden sollten, die einen Vertrag eingehen, um Ratenzahlungen aus ihrem Einkommen und nicht aus ihrem bestehenden Kapital zu erbringen[682]. Außerdem sollten nur Mietverträge in den Anwendungsbereich der Schutzregelung fallen, wenn es sich um langfristige Mietverträge handeln würde, sie also über nicht weniger als drei Monate abgeschlossen würden[683]. Der Regierungsentwurf zur „Reform of the Law on Consumer Credit" entspricht diesen Vorstellungen[684].

Wie in der zweiten Alternative der Verbraucherkreditrichtlinie[685] können Verträge aus dem Anwendungsbereich des Consumer Credit Act 1974 fallen, wenn eine bestimmte Anzahl von Raten nicht überschritten wird[686]. Festgesetzte Geldkredite

[677] *Kessal-Wulf*, in: Staudinger, § 3 VerbrKrG, Rdnr. 14.
[678] *Kessal-Wulf*, a.a.O. Rdnr. 13.
[679] *Kessal-Wulf*, a.a.O. Rdnr. 12; *Ulmer*, in: MünchKomm, § 3 VerbrKrG, Rdnr. 8, 3. Aufl.
[680] *Kessal-Wulf*, a.a.O. Rdnr. 12.
[681] S. 16 V a CCA.
[682] Crowther Report, para. 6.2.44 f.
[683] Crowther Report, para. 6.2.53 ff.
[684] White Paper, para. 21 (iv), (v).
[685] Art. 2 I g 2. Alt. VerbrKrRL.
[686] S. 16 V a CCA.

(„fixed sum credit") mit einer Laufzeit von weniger als 12 Monaten und weniger als vier Raten fallen nicht in den Schutzbereich des Consumer Credit Act 1974, wenn es sich um Kreditnehmer-Kreditgeber-Lieferanten-Verträge handelt[687]. Laut „Office of Fair Trading" handelt es sich bei diesen Verträgen um „normal trade credit", der nicht als Kredit im engeren Sinne angesehen wird[688]. Diese Ausnahmeregelung ist nicht auf den Kauf von Grundstücken, auf „conditional sale" oder „hire-purchase agreements" anwendbar[689]. Die Begrenzung auf 12 Monate wurde als Anpassung an die Verbraucherkreditrichtlinie erlassen und entspricht nun dieser[690].

Da diese Vorschriften nicht für „running-account credit" passen, wurde eine Sonderregelung gefunden. Um in die Ausnahmeregelung des Consumer Credit Act 1974 zu fallen, muß bei einem „running-account credit" der Kreditnehmer den gesamten Kreditbetrag innerhalb des Berechnungszeitraumes auf einmal zurückzuzahlen haben. Außerdem muß ein Kreditnehmer-Kreditgeber-Lieferanten-Vertrag vorliegen[691]. Unter diese Ausnahmeregelung können zum Beispiel auch Kreditkartenverträge und „budget" oder „option accounts" fallen. Versicherungsverträge können unter die Regelung fallen, wenn sie monatlich zu zahlen sind, nicht aber wenn eine Jahresgebühr in monatlichen Raten zu begleichen ist. Überziehungskredite sind in der Regel auf Abruf und nicht innerhalb vorgegebener Zeiträume auf einmal zu bezahlen und fallen deshalb auch nicht unter diese Ausnahmeregelung[692].

Raten, im englischen Recht „payments", „repayments" oder „instalments", liegen vor, wenn eine Tilgung oder Minderung der aufgeschobenen Zahlungsverpflichtung bewirkt wird[693]. So wird „repayment", auch wenn es sich im engeren Sinne um Rückzahlungen eines Darlehen handelt, im Consumer Credit Act 1974 auch im Sinne von Ratenzahlungen für Kaufsachen und Dienstleistungen genutzt. Es handelt sich aber nicht um Raten, wenn eine Reihe von einzelnen Zahlungen beglichen werden muß[694]. Es muß also zwischen Ratenzahlungen durch einen Vertrag („entire contract") und einzelnen Leistungen aufgrund einer Serie von Verträgen („severable contract") unterschieden werden. Es muß außerdem mindestens eine Zahlung nach der Fälligkeit der Zahlungsverpflichtung geleistet werden.

---

687 Art. 3 I a (i) CC (EA) Ord 1989.

688 *Office of Fair Trading*, Consultation Document on the Working and Enforcement of the Consumer Credit Act 1974, August 1993, Annex 3, Rdnr. (i); *Office of Fair Trading*, (OFT 140) Regulated and exempt agreements, Aufl. 10/00, 2000, S. 6-12.

689 Art. 3 II CC (EA) Ord 1989; *Goode*, March 2000 IC 26.41/730-741.

690 *Goode*, March 2000, Rdnr. IC 26.41/730-741.

691 Art. 3 I a (ii) CC (EA) Ord 1989.

692 *Goode*, a.a.O. Rdnr. IC 26.42/741 f.

693 *Goode*, a.a.O. Rdnr. IC 24.124-140/537.

694 *Goode*, a.a.O. Rdnr. IC 24.1122/536.

Bei Mietverträgen bedeutet die in S. 15 CCA angegebene Zeitgrenze, von mindestens drei Monaten, daß lediglich Mietverträge ausgeschlossen sind, die auf einen Zeitraum von bis zu drei Monaten festgelegt sind und bei denen weder Vermieter, noch Mieter eine Möglichkeit haben, den Mietvertrag zu verlängern[695].

*3. Zusammenfassung*

Die Verbraucherkreditrichtlinie bietet zwei Alternativen an, um Verträge aufgrund geringer Laufzeiten auszuschließen. Während das Verbraucherkreditrecht die Ausnahme der Laufzeit von unter drei Monaten bemüht, aber dies nur für Zahlungsaufschübe, nutzt der Consumer Credit Act 1974 hauptsächlich die Kombination von vier Raten und zwölf Monaten.

Die britische Regelung entspricht bewußt der Regelung der Verbraucherkreditrichtlinie, doch ist sie auf „running-account credits" nicht anwendbar. Diese haben deshalb auch eine eigene Regelung, die von einer Gesamtrate pro Berechnungszeitraum ausgeht. Die deutsche Regelung umgeht dieses Problem, indem sie sich lediglich auf Zahlungsaufschübe beschränkt, und erweitert ihren Schutz gegenüber dem Abzahlungsgesetz auf den Abzahlungsverträgen ähnlichen Verträge. Die Voraussetzung, daß mindestens zwei Raten vorliegen müssen, damit das Abzahlungsgesetz anwendbar ist, wurde durch die Mindestlaufzeit ersetzt.

Insgesamt ist die Ausnahmeregelung gem. § 499 I BGB vor allem durch die Beschränkung auf Zahlungsaufschübe viel enger. Die Ausnahmeregelung des Consumer Credit Act 1974 läßt dagegen einen großen Anteil von Kreditverträgen aus dem Anwendungsbereich des Schutzgesetzes fallen[696] und orientiert sich bewußt an den europäischen Vorgaben. Bei der deutschen Regelung handelt es sich dagegen um eine Umsetzung des Abzahlungsgesetzes in eine der Zeit angepaßte Form mit minimalen Zugeständnissen an die gemeinschaftliche Regelung.

*VII. Aufgrund ihrer Vorzugszinsen und geringen Kosten ausgeschlossene Kreditverträge*

Sowohl die Verbraucherkreditrichtlinie und das deutsche Verbraucherkreditrecht, als auch der Consumer Credit Act 1974 enthalten Regelungen um Verträge nichtkommerzieller Art von ihrem Anwendungsbereich auszuschließen. Die nicht kommerzielle Natur kann sich entweder durch ihre Unentgeltlichkeit oder besonders niedrigen Kosten, die mit ihnen verbunden sind, äußern.

---

[695] *Goode*, a.a.O. Rdnr. IC 23.77/446.
[696] *Goode*, a.a.O. Rdnr. IC 23.6/424.

Kredite, die zins- und gebührenfrei eingeräumt werden, fallen nicht im Anwendungsbereich der Verbraucherkreditrichtlinie[697]. Kredite, bei denen Zinsen anfallen könnten, aber nicht anfallen, wenn der Verbraucher sich verpflichtet, den Kredit auf einmal zurückzuzahlen, fallen auch aus ihrem Anwendungsbereich[698]. Schließlich könnten Mitgliedstaaten nichtkommerzielle Kreditarten von der Richtlinienregelung ausschließen, wenn sie sowohl zu Gesamtkreditkosten bewilligt worden sind, die unter marktüblichen Sätzen liegen, als auch im allgemeinen nicht öffentlich angeboten worden sind[699].

### *1. Verbraucherkreditrecht*

Das Verbraucherkreditrecht ist grundsätzlich nur anzuwenden auf Kredite für die ein Entgelt gezahlt wird. Vom Anwendungsbereich sind gegebenenfalls zusätzlich Arbeitgeberkredite ausgeschlossen[700].

#### *a) Entstehung*

Nach dem Abzahlungsgesetz war sowohl die Aufführung vom Barzahlungs- als auch vom Teilzahlungspreis gefordert. Daß sich diese unterschieden, schien zwar in der Regel erwartet zu werden, war aber keine Voraussetzung für die Anwendung des Abzahlungsgesetzes. Unentgeltlichkeit war kein Ausschlußkriterium. Gegen die Abzahlungsgeschäfte sprach nicht nur die häufige mit ihr einhergehende Verteuerung, sondern auch, daß sie Einkommensschwache zu überflüssigen Anschaffungen verführen könnten[701], unabhängig davon, ob nun ein höherer oder der gleiche Preis zu zahlen war.

Wenn der Restkaufpreis nachträglich in Raten gezahlt werden durfte, ohne daß ein Zuschlag erhoben wurde, lag dagegen keine Teilzahlungsabrede im Sinne des Abzahlungsgesetzes vor[702]. Eine Stundungsabrede fiele nicht in den Anwendungsbereich der Abzahlungsgesetzes, weil sie nicht den Schutzzweck des Abzahlungsgesetzes betreffe[703]. Dies galt auch, bei verschiedenen zusätzlichen Vereinbarung zur Erbringen des Kaufpreises in Teilleistungen[704].

---

[697] Art. 2 I c VerbrKrRL.
[698] Art. 2 I d VerbrKrRL.
[699] Art. 2 II VerbrKrRL.
[700] § 3 I Nr. 4 VerbrKrG.
[701] *Putzo*, in: Palandt, Einleitung AbzG, Rdnr. 2, 50. Aufl.
[702] *Putzo*, a.a.O. Rdnr. 10.
[703] BGH Urt. v. 15.11.1978 VIII ZR 290/77, WM 1979, S. 73.
[704] BGH Urt. v. 22.2.1978 VIII ZR 41/77, BGHZ 70, S. 378, 383, NJW 1978, S. 1315; *Ulmer*, in: MünchKomm, AbzG § 1 Rdnr. 17 f., 2. Aufl.

Im Gutachten von *Hadding* wird dagegen sowohl die Voraussetzung der Entgeltlichkeit von Krediten[705] als auch eine Begrenzung des Anwendungsbereichs nach der Höhe des Zinssatzes und der Kreditkosten abgelehnt, da hier die Schutzwürdigkeit des Verbrauchers von der Lage des Kreditmarktes abhängig gemacht würde. Es würden lediglich weitere Umgehungschancen geschaffen, und es bestände die Gefahr, daß die Regelungen als konjunkturpolitische Maßnahmen mißbraucht würden[706].

Dies ließ den Gesetzgeber aber unbeeindruckt, da bereits im Entwurf des Verbraucherkreditgesetzes ein Kreditvertrag im Sinne des Gesetze ein entgeltlicher Kredit ist[707]. Es entspricht nicht der Formulierung aber dem Ergebnis der Verbraucherkreditrichtlinie, die zins- und gebührenfrei gewährte Kredite von ihrem Anwendungsbereich ausnimmt[708]. Außerdem sind nach dem Entwurf auch gegebenenfalls Kredite, die nicht öffentlich angeboten werden, vom Anwendungsbereich auszunehmen. Arbeitgeberdarlehen sollten vom Anwendungsbereich des Verbraucherkreditgesetzes ausgenommen werden, da es sich nicht um öffentlich angebotene Kredite handele und sie unter besonders günstigen Bedingungen gewährt würden[709]. Die Ausnahme zu Arbeitgeberkrediten wurde von der Mehrheit des Rechtsausschusses gebilligt, da nach „vorhandenen rechtstatsächlichen Erkenntnissen kein Schutzbedürfnis" bestünde[710].

*b) Umsetzung*

Während im Gutachten von *Hadding* noch davon ausgegangen wird, daß eine Begrenzung auf „entgeltliche" Kredite wahrscheinlich nicht notwendig sei, wenn der Begriff des „Kreditgebers" auf Personen, die „in Ausübung ihrer gewerblichen oder beruflichen Tätigkeit"[711] Kredite vergeben, beschränkt würde[712], muß es sich nach dem Verbraucherkreditgesetz und nach den Bestimmungen des BGB doch um einen Kredit handeln, der gegen ein Entgelt eingeräumt worden ist[713]. Dies ergibt sich aus den jeweiligen Definitionen zu Kredit[714].

---

[705] *Hadding*, Gutachten zum 53. Deutschen Juristentag, S. 90.
[706] *Hadding*, a.a.O. S. 103 f.
[707] BT-Drucks. 11/5462, § 1 II S. 1.
[708] Art. 2 I c VerbrKrRL.
[709] BT-Drucks. 11/5462, S. 18.
[710] BT-Drucks. 11/8274. S. 21.
[711] Art. 1 II b VerbrKrRL.
[712] *Hadding*, a.a.O. S. 90.
[713] *Ulmer*, in: MünchKomm, § 1 VerbrKrG, Rdnr. 12, 3. Aufl.
[714] §§ 491 I („entgeltliche Darlehensverträge"), 499 I („entgeltlichen Zahlungsaufschub...entgeltliche Finanzierungshilfe") BGB, (§ 1 II VerbrKrG).

Eine Gegenleistung für einen Kredit kann in Form von Zinsen, erhöhten Teilzahlungspreisen, Finanzierungsbeiträgen oder sonstiger Entgelte, darunter auch unter Umständen ein Disagio, erbracht werden. Kein Entgelt liegt bei Nichtausnutzung von Barzahlungsrabatten oder Skontos vor[715].

Bei Darlehen kann sich der Nachweis einer Entgeltlichkeit schwierig erweisen. Unproblematisch sind Zinsen und laufzeitabhängige Kreditkosten, die Kreditgewährung und nicht lediglich Kreditbeschaffung entgelten. Ob die Berechnung von Bearbeitungsgebühren der Wirkung von Zinsen entspricht[716] oder nicht ausreichen, ist umstritten[717]. Allerdings besteht laut *Kessal-Wulf* eine widerlegbare Vermutung, daß berechnete Kosten, Kosten für die Kreditgewährung sind[718]. Aber auch bei einem scheinbar zinslos gewährten Kredit kann eine Leistung Zinsersatz sein, daher kann es bei der Einordnung eines Disagio (Damnum) zu Problemen kommen[719].

Beim Zahlungsaufschub ergibt sich die Entgeltlichkeit aus der „konkreten Gegenleistung des Verbrauchers für das zeitweilige Nichteinfordern des geschuldeten Geldbetrages“[720]. Beim Abzahlungskauf ist dies unproblematisch, wenn der Barzahlungspreis geringer ist als der Teilzahlungspreis, dabei muß eine Teilzahlung nicht unbedingt die Voraussetzungen eines Ratenkredites erfüllen. Wird nur gegen Teilzahlungspreis geleistet, bedarf es nicht der Angabe des Barzahlungspreises oder des effektiven Jahreszins[721]. Das Gesetz geht also davon aus, daß im Teilzahlungspreis das Entgelt für den Teilzahlungsaufschub enthalten ist[722]. Aus diesem Grundgedanken läßt sich die Vermutung ableiten, daß ein Zahlungsaufschub, der von einem unter das Verbraucherkreditgesetz fallendem Kreditgeber angeboten wird, grundsätzlich nur gegen Entgelt gewährt wird[723].

Ein Barzahlungsrabatt (Skonto) ist dagegen kein entgeltlicher Zahlungsaufschub, da in diesem Fall lediglich eine schnelle Zahlung durch einen Nachlaß honoriert werde, was keine Rückschlüsse auf Entgeltlichkeit eines möglichen Zahlungsaufschubes zulasse[724]. Wegen fehlender Entgeltlichkeit fällt auch die Tilgungsaussetzung

[715] *Ulmer*, a.a.O. Rdnr. 45 f.
[716] LG Rottweiler Urt. v. 24.2.1993 1 S 115/92, NJW 1994, S. 265.
[717] *Martis*, Die Anwendbarkeit des Verbraucherkreditgesetzes, MDR 1998, S. 1189, 1194.
[718] *Kessal-Wulf*, in: Staudinger, § 1 VerbrKrG, Rdnr. 48.
[719] *Kessal-Wulf*, a.a.O. Rdnr. 49.
[720] *Kessal-Wulf*, a.a.O. Rdnr. 66.
[721] § 502 I S. 2 BGB (§ 4 I S. 5 VerbrKrG).
[722] OLG Köln Urt. v. 16.3.1996 26 U 30/93, MDR 1994, S. 988; *Kessal-Wulf*, in: Staudinger, § 1 VerbrKrG, Rdnr. 66.
[723] *Ulmer*, a.a.O. Rdnr. 69.
[724] *Kessal-Wulf*, a.a.O. Rdnr. 71; *Ulmer*, a.a.O. Rdnr. 70.

(Tilgungsstreckung) unter die Ausnahmevorschirften und nicht unter das Verbraucherkreditrecht[725].

Umstritten ist, ob Honorarforderungen eines eingeschalteten Rechtsanwaltes oder Inkassounternehmens ausreichen, um Entgeltlichkeit nachzuweisen. Gegen eine Entgeltlichkeit spricht, daß der Kostenersatz nicht dem Kreditgeber gutgeschrieben wird, sondern an einen Dritten geht. Nach der Rechtsprechung spricht für einen Entgeltlichkeitscharakter, daß der Verbraucher durch diese Kosten belastet wird[726]. Es muß festgestellt werden, ob es sich tatsächlich um eine zusätzliche Belastung des Verbrauchers handelt, und nicht um Kosten, die als Verzugsschaden[727] ohnehin zu tragen wären[728]. Es würde sich dann um Kosten für die Beschaffung des Kredites, aber nicht für die Stundung selber handeln[729].

Neben den unentgeltlichen Krediten sind auch Arbeitgeberdarlehen zu besonders günstigen Bedingungen vom Anwendungsbereich des Verbraucherkreditrechts ausgeschlossen. In der Literatur wird der Begriff „Arbeitgeberdarlehen" teilweise weit ausgelegt. So können auch Darlehen von Unterstützungskassen und Kredite an Angehörige von Arbeitnehmern, wenn sie auf dessen Betriebszugehörigkeit zurückzuführen sind[730], unter diese Ausnahme fallen. Unter Arbeitnehmer fallen im Sinne des Verbraucherkreditgesetzes auch arbeitnehmerähnliche Personen und ehemalige Arbeiter[731]. Auch als Arbeitgeber können verschiedene Personen wie zum Beispiel Verwandte des Arbeitgebers gelten[732].

Zu Arbeitgeberdarlehen zählen nach § 491 II Nr. 3 BGB i.V.m. 499 III BGB[733] neben Darlehen auch Zahlungsaufschübe und sonstige Finanzierungshilfen. Unter einen solchen Kredit gehören aber in der Regel weder Abschläge, noch Vorschüsse. Da es sich im ersten Fall um noch nicht bezahlten Lohn und im zweiten Fall um noch nicht verdienten Lohn handelt. Es muß sich um einen Betrag handeln, der den Lohn erheblich übersteigt und für den üblicher Weise ein Kredit in Anspruch genommen würde. Ein entgeltlich gewährter Vorschuß kann aber ein Kreditvertrag im Sinne des Verbraucherkreditrechts sein[734].

---

[725] *Kessal-Wulf*, a.a.O. Rdnr. 67.
[726] LG Rottweiler Urt. v. 24.2.1993 I S 115/92, NJW 1994, S. 265, 266.
[727] § 286 I BGB.
[728] *Ulmer*, a.a.O. Rdnr. 71.
[729] *Kessal-Wulf*, a.a.O. Rdnr. 72.
[730] *Ulmer*, in: MünchKomm, § 3 VerbrKrG, Rdnr. 15, 3. Aufl.
[731] *Kessal-Wulf*, in: Staudinger, § 3 VerbrKrG, Rdnr. 17.
[732] § 119 GewO; OLG Hamm Urt. v. 26.5.1989 19 U 289/88, NJW 1990, S. 55.
[733] § 3 I Nr. 4 VerbrKrG.
[734] *Kessal-Wulf*, in: Staudinger, § 3 VerbrKrG, Rdnr. 17.

Ein Arbeitgeberdarlehen kann nur unter die Vollausnahmen fallen, wenn die Zinsen unter den marktüblichen Sätzen liegen[735], da der Verbraucher dann den Schutz des Verbraucherkreditrechts nicht braucht, wenn er durch seinen Arbeitgeber günstigere Bedingungen als von einem Kreditinstitut erhält. Dabei sind laut Literatur allerdings nicht Zinsen im Sinne von Nominalzinsen, sondern die effektiven Jahreszinsen gemeint[736]. So kann auch ein Disagio mitberücksichtigt werden. Der effektive Jahreszins des Arbreitgeberdarlehens muß dem effektiven Jahreszins gegenübergestellt werden, den der Arbeitnehmer bei einem Darlehen vom „freien Markt" hätte aufbringen müssen. Orientierungsgröße sind Sollzinsen für banküblich Raten- oder Kontokorrentkredite, wie sie im Monatsbericht der Deutschen Bundesbank zu finden sind[737]. In der Regel würde ein solcher Kreditbedarf durch einen Ratenkredit von einem Kreditinstitut gedeckt und ist deshalb mit einem solchen zu vergleichen. Wenn die Vergleichbarkeit zu einer anderen Kreditart näher liegt, kann aber auch auf diese Kreditart zurückgegriffen werden[738].

Bei Vereinbarungen, die das Ausscheiden des Arbeitnehmers betreffen, sind unterschiedliche Faktoren zu beachten. Eine Vereinbarung, die die Zinsen an die marktüblichen Zinsen anpaßt, wenn der Darlehensnehmer aus dem Arbeitsverhältnis ausscheidet, kann eine unangemessene Benachteiligung des Arbeitnehmers nach § 19 AGBG sein[739]. Auch die Vereinbarung des rückwirkenden Entfallens von Zinsvergünstigungen während des Erziehungsurlaubes, wenn es am Ende des Erziehungsurlaubes zu einer Kündigung nach § 19 BErzGG[740] kommt, könnte unwirksam sein[741]. Eine Abrede, die die Fälligkeit eines noch valutierenden Darlehens im Falle der Been-

---

735 § 3 I Nr. 4 VerbrKrG.

736 Eine realistische Einschätzung der Belastungen ist aber nur möglich, wenn alle Kosten in den effektiven Jahreszins miteinbezogen werden. Trotz der Bemühungen sind in Deutschland immer noch 30 % der Kreditkosten nicht im effektiven Jahreszins zu finden, weil sie in Nebenkosten wie Versicherungs- und Kontoführungsgebühren verborgen sind. *Reifner,* Finanzdienstleistungen und Verbraucherschutz in der Europäischen Harmonisierung, in: *Grundmann*, S. 588.

737 Bei den Zinssätzen, die im Monatsbericht der Bundesbank zu finden sind, ist in der Regel auf einen Wert unter der unteren Schwankungsgrenze abzustellen. Ein Arbeitgeberdarlehen mit einem Zinssatz, der knapp unter diesem Wert liegt, um die Schutzvorschriften zu umgehen, kann allerdings eine unwirksame Umgehung im Sinne von § 18 S. 2 VerbrKrG sein. Wenn die Bank als Arbeitgeber Kredite an ihre Mitarbeiter vergibt, und zwischen dem Monatsbericht der Bundesbank und denen von der Bank ihren Kunden gewährten Zinsen ein Unterschied besteht, ist der günstigere Zinssatz anzuwenden. *Kessal-Wulf*, in: Staudinger, § 3 VerbrKrG, Rdnr. 18 f.

738 *Ulmer*, in: MünchKomm, § 3 VerbrKrG, Rdnr. 16, 3. Aufl.; *Kessal-Wulf*, a.a.O. Rdnr. 18.

739 LAG Saarbrücken Urt. v. 29.4.1987 1 Sa 91/86, WM 1988, S. 576, 577.

740 BGBl. 1985 I, S. 2154 v. 6.12.1985.

741 BAG Urt. v. 16.10.1991 5 AZR 35/91, DB 1992, S. 1000.

digung des Arbeitsverhältnisses betrifft, ist nur möglich, wenn dem Arbeitnehmer die Kündigung zu vertreten hat oder er selber kündigt[742].

*2. Consumer Credit Act 1974*

Bei der zuerst verabschiedeten Fassung des Consumer Credit Act 1974 fielen die meisten privaten Darlehen unter „low cost“ Kredite und so aus dem Anwendungsbereich[743]. Eine Änderung der Vorschriften aufgrund der Verbraucherkreditrichtlinie hat den Anwendungsbereich aber wesentlich erweitert. Verträge, bei denen keine Kosten anfallen, können dagegen weiterhin von den Regelungen des Consumer Credit Act 1974 ausgenommen werden.

*a) Entstehung*

Nach dem Crowther Report ist an den Kosten eines Kreditgeschäftes abzulesen, ob ein Kreditnehmer Hilfe benötige oder nicht. Wenig Unterstützung bedürften die Kreditnehmer, die Kredit von einen unabhängigen Kreditgeber mit Bedingungen ähnlich dem Diskontsatz[744], wie bei einem Kredit von einer Bank, erhielten.

Kreditgeschäfte, die nicht mit einem „consumer sale“ verbunden sind, sollten erst in den Anwendungsbereich der angestrebten Schutzregelungen fallen, wenn der Diskontsatz um 2 ½ % überschritten würde. Dabei gingen Zinsen, alle möglichen Kosten und reine Gewinne des Kreditgebers in den „effective rate of interest“ ein. Kreditgeschäfte in Verbindung mit „consumer sales“, die unter den „Consumer Sale and Loan Act“ fielen, sollten auch bei einer Unterschreitung der Obergrenze in den Schutzbereich des Gesetzes fallen, allerdings nicht, wenn der Kredit von einem unabhängigen Kreditgeber stammt[745].

Nach dem Regierungsentwurf zur „Reform of the Law on Consumer Credit“ ergibt sich, daß nicht verbundene Kredite mit Kreditkosten unter 10 % nicht in den Anwendungsbereich des Consumer Credit Act fallen sollen[746]. Dies wurde durch eine komplizierte Regelung im Consumer Credit Act 1974 umgesetzt. Vor der weitreichenden Vereinfachung der Regelung zu Verträgen mit niedrigen Kreditkosten und Zinsen, waren drei Vertragsgruppen vom Anwendungsbereich des Consumer Credit Act 1974 ausgenommen. Bei keiner der drei Typen handelte es sich um Verträge, deren Kosten von Indexwerten abhingen, selbst dann nicht, wenn eine Obergrenze im Vertrag fest-

---

[742] Eine Abrede ist im Falle von einer Arbeitgeberkündigung aus betriebsbedingten oder sonstigen Gründen unwirksam, *Kessal-Wulf*, a.a.O. Rdnr. 19.

[743] *Backhaus*, Verbraucherkredite, S. 159 a.

[744] Rate of interest close to bank rate.

[745] Crowther Report, para. 6.2.28-31.

[746] White Paper, para. 21 (iii).

gesetzt worden war[747]. Es handelte sich um Kreditnehmer-Kreditgeber oder um Kreditnehmer-Kreditgeber-Lieferanten-Verträge, wobei einmal die Kreditkosten innerhalb von festgelegten Werten liegen mußten, und bei einem anderen Vertragstyp die Kreditkosten sich auf Zinsen beschränkten, die wiederum unter einer spezifizierten Grenze liegen sollten. Die Beträge konnten die „base rate" um ein Prozent überschreiten oder mußten insgesamt unter 13 % liegen[748].

*b) Umsetzung*

Heute ergibt sich die Ausnahmeregelung für den Consumer Credit Act 1974 bei nichtkommerziellen Krediten aus „common law" und dem Consumer Credit (Exempt Agreements) (Amendment) Order 1998[749].

Bei einem „regulated agreement" im Sinne des Consumer Credit Act 1974 muß es sich um einen Vertrag handeln[750]. Ein Vertrag setzt im englischen Recht immer „consideration" voraus. Ein Versprechen wird erst verbindlich, wenn es „under seal" geschlossen oder durch „consideration" unterstützt wird[751]. „Consideration" setzt eine Gegenleistung voraus. In diesem Sinne wird auch nach englischem Recht die Entgeltlichkeit eines Kredites gefordert.

Ausdrücklich ausgenommen vom Schutzbereich des Consumer Credit Act 1974 sind heute zusätzlich Kredite mit einer geringen „total charge for credit"[752]. Die Bestimmung nach Art. 4 Consumer Credit (Exempt Agreement) Order 1989 wurden durch die Consumer Credit (Exempt Agreements) (Amendment) Order 1998[753] geändert. Diese neuen Regelungen gelten für Verträge, die nach dem 31.7.1999 abgeschlossen wurden. Nach dem neuen Artikel 4 sind Verträge auszuschließen, wenn es sich um ein Kreditnehmer-Kreditgeber-Verhältnis handelt. Außerdem muß der Vertrag nur einer beschränkten Gruppe und nicht der Öffentlichkeit angeboten worden sein und lediglich Zinsen fordern, die wiederum besonders niedrig angesetzt sind[754]. Eine weitere Ausnahme stellen Kredite durch näher definierte „credit unions" dar, die bis zu einer „total charge for credit" von 12,7 % vom Anwendungsbereich des Consumer Credit Act 1974 ausgenommen werden können[755].

---

[747] *Goode*, March 2000, Rdnr. IC 26.47/744.
[748] *Goode*, a.a.O. Rdnr. IC 26.48 ff./745 ff.
[749] S I 1998/1944.
[750] Siehe Kreditvertrag S. 74.
[751] *Chitty / Guest*, *Chitty* on Contracts, Rdnr. 141.
[752] S. 16 V b CCA.
[753] S I 1998/1944, wurde wiederum mit kleinen Änderungen durch die Consumer Credit (Exempt Agreements) (Amendments) Order 1999, SI 1999/1956 ersetzt.
[754] 1 % und „base rate".
[755] Art. 4 I a CC (EA) (A) Ord 1989.

Die „total charge for credit“[756] muß sowohl insgesamt unter einen festgelegten Satz, als auch nie mehr als einen Prozent über der „base rate“ liegen, die zum Zeitpunkt der Überprüfung von den Banken angegeben wird. Nur noch beschränkt möglich ist die Alternative der generellen 13 %-Grenze[757], was mit einer allgemeinen Verbilligung der Kreditkosten zusammenhängt[758].

Angaben zur Berechnung der „total charge for credit“ finden sich in der Consumer Credit (Total Charge for Credit) Regulations 1980. Grundsätzlich läßt sich aber sagen, daß der Kredit selber den Betrag der finanziellen Hilfe darstellt und im Gegensatz dazu die „total charge for credit“ die gesamten Kosten sind. Es handelt sich dabei um Kosten, die der Kreditnehmer dem Kreditgeber oder einer dritten Person verursacht und die nicht durch gesetzliche Vorschriften ausgenommen worden sind. Dabei ist es irrelevant, ob die Vereinbarungen, auf die die Kosten zurückgehen, durch den Kreditgeber, auf Kredit durch eine dritte Partei oder durch den Kreditnehmer selber finanziert worden sind[759]. Grundsätzlich handelt es sich um die berechneten Zinsen und andere Kosten, die mit dem Kreditgeschäft verbunden sind[760].

### *3. Zusammenfassung*

Unentgeltlichkeit ist in allen drei Gesetzen ein Kriterium, das Verträge von ihrem Anwendungsbereich ausschließt, wobei sich das beim deutschen Verbraucherkreditrecht und bei der Verbraucherkreditrichtlinie aus den Bestimmungen selber ergibt und für den Consumer Credit Act 1974 aus den allgemeingültigen Voraussetzungen zu Verträgen.

Zusätzlich sind einige für den Verbraucher günstige Vertragsgestaltungen vom Schutzbereich der Gesetze ausgeschlossen. Die Regelung des Consumer Credit Act 1974 ist dabei enger als die der Verbraucherkreditrichtlinie, da die Voraussetzung, daß ein Kreditgeber-Kreditnehmer-Verhältnis besteht, zu den in der Richtlinie vorgegebenen Voraussetzungen[761] hinzukommt, aber weiter als die deutsche Regelung[762], nach der nur Arbeitgeberkredite unter diese Ausnahmeregelung fallen können.

Beide nationalen Regelungen verlangen für ihre engen Ausnahmen, neben der Unentgeltlichkeit, die Angabe der Kosten, im deutschen Recht in Form des effektiven Jahreszins und im Consumer Credit Act 1974 in From des dem effektiven Jahreszins

[756] S. 20 CCA; Gesamtkreditkosten.
[757] 12,7 % nach Art. 4 I a CC (EA) (A) Ord 1989.
[758] *Goode*, July 2000, Rdnr. IIIG 11.84/636.
[759] *Goode*, March 2000, Rdnr. IC 24.144 /539.
[760] *Office of Fair Trading*, Consultation Document on the Working and Enforcement of the Consumer Credit Act 1974, August 1993, Annex 3 Rdnr. 1.
[761] Art. 2 II VerbrKrRL, hier werden allerdings Zinsen unter marktüblichen Zinssätzen gefordert.

entsprechenden „total charge of credit"[763]. Die Unterschiede, die sich aus der Berechnung von Kosten und Zinsen aus den deutschen und britischen Bestimmungen ergeben, sind vernachlässigbar, da sich die Anwendbarkeit dieser Gesetze an den im jeweiligen Land üblichen Werten für bestimmte Verträge orientiert.

Die im Vergleich mit der Verbraucherkreditrichtlinie besonders engen Ausnahmen sind in Deutschland auf das völlige Fehlen einer solchen Ausnahme im Abzahlungsgesetz zurückzuführen, da man grundsätzlich eine Gefahr in Abzahlungsgeschäften sah, unabhängig davon, ob sie teuerer waren oder nicht. In England waren dagegen sogar noch durch den Consumer Credit Act 1974 die meisten Verträge aufgrund einer Ausnahmeregelung bei niedrigen Kosten ausgenommen, da man den Verbraucher nur vor teuren Krediten schützen wollte. Durch den Einfluß der Verbraucherkreditrichtlinie wurde der Anwendungsbereich des Consumer Credit Act 1974 etwas ausgeweitet und der des Verbraucherkreditgesetzes weitgehend eingeschränkt. Auch wenn in diesem Bereich die Verbraucherkreditrichtlinie zu einer gewissen Vereinheitlichung geführt hat, kann man immer noch nicht von vereinheitlichten Regelungen sprechen.

### *VIII. Aufgrund ihrer Beurkundung teilweise ausgeschlossene Kreditverträge*

Eine weitere Möglichkeit den Anwendungsbereich ihrer Schutzgesetze einzugrenzen, wurde den Mitgliedstaaten durch die Ausnahme von beurkundeten Kreditverträgen gegeben. Nach der Verbraucherkreditrichtlinie können Kreditverträge, die von einem Notar oder einem Richter beurkundet sind, teilweise vom Anwendungsbereich der Verbraucherkreditrichtlinie ausgenommen werden. Art. 6-12 entfallen, die Regelungen zu Form und Informationsgehalt bleiben dagegen anwendbar[764].

Diese Regelung wird vom deutschen Recht teilweise aufgenommen, eine Umsetzung durch den Consumer Credit Act 1974 scheitert dagegen bereits daran, daß im englischen Recht die Beurkundung als qualifizierte Schriftform unbekannt ist.

#### *1. Verbraucherkreditrecht*

In der Begründung zum Entwurf des Verbraucherkreditgesetzes heißt es, daß gerichtlich protokollierte Kreditgewährungen vom Anwendungsbereich des Verbraucherkreditgesetzes ausgenommen werden sollen. Für die Ausnahme von Prozeßvergleichen[765]

---

[762] § 491 II Nr. 3 BGB (§ 3 I Nr. 4 VerbrKrG).

[763] Auf dem auch die Berechnung des „annual percentage rate of charge" beruht, *Office of Fair Trading*, Consultation Document on the Working and Enforcement of the Consumer Credit Act 1974, August 1993, Annex 3, Rdnr. 2.

[764] Art. 2 IV VerbrKrRL.

[765] § 127 a BGB.

spreche die Praktikabilität. Kredite in diesem Rahmen seien in der Regel Ratenvergleiche, die während der mündlichen Verhandlung zur sofortigen Beendigung von Zivilprozessen gemacht werden und die Form- und Abschlußvorschriften aber nicht erfüllen könnten. Das Protokoll[766] ersetze die Schriftform, und der Schutz des Verbrauchers würde außerdem durch die gerichtliche Mitwirkung gesichert. Der effektive Jahreszins werde in der Regel durch den vereinbarten Nominalzins ausgedrückt. Eine genauere Berechnung würde die Streitschlichtung lediglich erschweren. Aus denselben Gründen seien notariell beurkundete[767] Kreditverträge ebenfalls von den Abschluß- und Formvorschriften befreit worden[768].

Die Entsprechung der Regelung der Verbraucherkreditrichtlinie findet sich in § 491 III Nr. 2 BGB[769]. Wie durch die Verbraucherkreditrichtlinie gefordert, sind nach § 491 III Nr. 2 BGB die Bestimmungen § 358 I, II, IV, V BGB und §§ 492 - 495 BGB[770] nicht auf Kreditverträge anzuwenden, wenn sie durch ein gerichtliches Protokoll aufgenommen oder notariell beurkundet sind und bestimmte Formvorschriften erfüllen. Kreditvermittlungsverträgen sind nicht erfaßt.

Das gerichtliche Protokoll muß den Vorschriften der Zivilprozeßordnung[771] entsprechen. Kreditverträge, die in diese Ausnahme fallen, sind Teil eines Prozeßvergleichs, der den Rechtsstreit abschließt. Ein Verbraucherkreditvertrag in Form einer notariellen Urkunde muß den allgemeinen formalen Anforderungen entsprechen, die sich aus dem Bürgerlichen Gesetzbuch und dem Beurkundungsgesetz[772] ergeben. Eine Verletzung dieser Formvorschriften macht die Urkunde unwirksam[773] und läßt den Vertrag wieder ganz unter das Verbraucherkreditrecht fallen.

Anzugeben sind zusätzlich Jahreszins, Kosten des Kredits und die Bedingungen, unter denen Jahreszins und Kosten geändert werden können[774]. Der Jahreszins ist der Nominalzins eines Jahres. Vom Gesetzgeber wurde es abgelehnt die Angabe des effektiven Jahreszins zu verlangen[775].

---

[766] §§ 127 a, 126 III BGB; §160 III Nr. 1 ZPO, BGBl. 1950, S. 533 v. 12.9.1950.
[767] § 1 BeurkG, BGBl. 1969 I, S. 1513 v. 28.8.1969.
[768] BT-Drucks. 11/5462, S. 18.
[769] § 3 II Nr. 3 VerbrKrG.
[770] §§ 4 –7, 9 II VerbrKrG.
[771] §§ 159 ff. ZPO.
[772] § 128 BGB i.V.m. §§ 8 ff. BeurkG.
[773] § 9 II BeurkG.
[774] § 491 III Nr. 2 BGB (§ 3 II Nr. 3 VerbrKrG).
[775] *Kessal-Wulf*, in: Staudinger, § 3 VerbrKrG, Rdnr. 41.

*2. Englisches Recht*

Zu beurkundeten Verträgen gibt es keine Regelung im Consumer Credit Act 1974. Nach englischem Recht stehen das gerichtliche Protokoll und der Prozeßvergleich in der Regel in keinem Zusammenhang. Außerdem ist in England die notarielle Beurkundung unbekannt[776].

Beurkundungen durch den Richter sind im englischen Recht unbekannt. Ein Vergleich im Rahmen eines englischen Zivilprozesses wird in der Regel ohne Beteiligung des Richters geschlossen. Auf der einen Seite kann jederzeit ein Vergleich („settlement") zwischen den Parteien besprochen werden, ohne richterliche Beteiligung und ohne die Möglichkeit der Verwendung des Gesagten, oder Geschriebenem vor Gericht[777]. Andererseits ist es möglich, daß ein Vergleichsangebot durch die Einzahlung eines Teiles der strittigen Summe bei Gericht gemacht wird[778]. Der „arbitrator's award" wiederum ist ein „contract under seal"[779]. Es handelt sich in allen Fällen nicht um eine gerichtliche Beurkundung im Sinne des deutschen beziehungsweise kontinentaleuropäischen Rechtes, und weder „settlements"[780], noch „contracts under seal" finden Erwähnung im Consumer Credit Act 1974. Die zusätzliche Sicherheit der notariellen und gerichtlichen Beurkundung fehlt ihnen, und so gibt es in ihrem Zusammenhang auch keine Erleichterungen der Schutzvorschriften.

Neben dem gerichtlichen Protokoll fehlt es aber auch an Notaren. In England gibt es zwar den „Public Notary", doch handelt es sich um eine Einrichtung, um Urkunden, die nach ausländischem Recht notwendig sind, für einen Auslandseinsatz zu erstellen und nicht um eine Einrichtung, die nach englischem Recht notwendig wäre[781]. Nach englischem Rechtsverständnis könnten die Formvorschriften, die sich aus der Beurkundung ergeben, zu sehr in die Rechte der Vertragsparteien eingreifen. Einigen Juristen könnten sie zu „paternalistisch" sein[782]. In der Tat steht neben der Beweisfunktion hinter der Beurkundung der Gedanke, daß die Parteien sich nicht selber der Tragweite ihres Handelns bewußt sind und einer weiteren Klarstellung durch den Fachmann bedürfen, bevor der Vertrag Gültigkeit erlangt.

---

776 *Kötz / Flessner*, Europäisches Vertragsrecht, S. 125.

777 Dies sollte mit dem Hinweis, die Kommunikation wäre „without prejudice" (ohne Präjudiz) zu verstehen, geschehen. Geschieht dies nicht, kann die Korrespondenz später dem Richter vorgelegt werden, und die Kostenfolge kann davon beeinflußt werden, *Kessel*, Grundsätze des englischen Zivilprozeßrechts, ZVglRWiss 92 (1993) S. 395, 413.

778 *Kessel*, a.a.O. S. 395, 411.

779 *Chitty / Guest*, a.a.O. Rdnr. 18.

780 Nicht im Sinne von Vergleich, aber „early settlement" im Sinne von vorzeitiger Bezahlung, S. 95 CCA, Consumer Credit (Rebate on Early Settlement) Regulations 1983 cm S I 1983/1562.

781 *Kötz / Flessner*, a.a.O. S. 126.

782 *Kötz / Flessner*, a.a.O. S. 126.

Als qualifizierte Schriftform gibt es im englischen Recht statt dessen die Möglichkeit, einen „contract under seal" zu erstellen. Hierunter fallen unter anderem „deeds". Ein „deed" ist zum Beispiel notwendig um Versprechen ohne Gegenleistung[783] verbindlich zu machen. Nach S. 1 des Law of Property (Miscellaneous Provisions) Act 1989, muß klar aus dem Dokument hervorgehen, daß es sich um ein „deed" handelt[784] und außerdem muß es gültig ausgefertigt[785] sein[786]. Dafür muß das „deed" unterschrieben werden, und ein Zeuge muß diese Unterschrift beglaubigen. Es ist also keine Person notwendig, die dem Notar ähnelt, also eine unabhängige, juristisch ausgebildete und vom Staat bestellte Amtsperson ist. Schließlich muß das „deed" „delivered" worden sein[787], das bedeutet, daß es als bindend durch den zu Bindenden anerkannt werden muß[788]. „Deeds" werden im Consumer Credit Act 1974 nicht thematisiert[789].

### *3. Zusammenfassung*

Die Vorschrift der Verbraucherkreditrichtlinie zu beurkundeten Verträgen zielt lediglich auf die Rechtsverhältnisse in Kontinentaleuropa ab und findet somit auch keine Entsprechung im Consumer Credit Act 1974. Weder der Notar, noch die eingreifende Rolle des Richters passen zum englischen Rechtsverständnis, das auf der Eigenverantwortung der Vertrags- und Prozeßparteien aufbaut und dem staatlich bestellten Hilfegeber keinen Platz läßt.

---

783 Consideration.
784 S. 1 II a LP (MP) A 1989.
785 Validly executed.
786 S. 1 II b LP (MP) A 1989.
787 S. 1 III LP (MP) A 1989.
788 *Chitty / Guest*, a.a.O. Rdnr. 23.
789 Deeds werden lediglich im Zusammenhang mit Lizenzen in den auf den CCA zurückgehenden Regulations, z.B. Consumer Credit (Termination of Licences) Regulations 1976 cm S I 1976/1002, genannt.

*4. Kapitel*

## Persönlicher Anwendungsbereich

Neben Vorgaben zu den Verträgen, die in den Anwendungsbereich der Schutzgesetze fallen sollen, wird der Anwendungsbereich der Gesetze auch beschränkt, indem Vorgaben zum persönlichen Anwendungsbereich gemacht werden. Ein Vertrag erfüllt die Voraussetzungen des persönlichen Anwendungsbereichs, wenn sowohl der Kreditnehmer als auch der Kreditgeber in die von den Schutzgesetzen definierten Gruppen von Vertragspartnern fallen. Außerdem können gegebenenfalls auch Verträge mit Dritten in den Anwendungsbereich der Schutzgesetze gezählt werden.

### A. Kreditnehmer

Sowohl im deutschen Verbraucherkreditrecht als auch im Consumer Credit Act 1974 finden sich Vorschriften zum Begriff des Kreditnehmers, um den Anwendungsbereich der Schutzgesetze auf eine schützenswerte Gruppe von Kreditnehmern zu beschränken. Sie folgen dabei auch den Vorgaben der Verbraucherkreditrichtlinie. Zusätzlich schützt der Consumer Credit Act 1974 den Mieter.

Ein Verbraucherdarlehensvertrag im Sinne der Verbraucherschutzbestimmungen des BGB liegt vor, wenn ein Darlehensvertrag[1] zwischen einem Unternehmer und einem Verbraucher vorliegt[2]. Nach § 499 I BGB sind auch die vom BGB geschützten Zahlungsaufschübe und sonstigen Finanzierungshilfen Verträge zwischen Verbrauchern und Unternehmern. Ein Verbraucher ist jede natürliche Person, es sei denn, der Kredit ist für eine ausgeübte gewerbliche oder selbständige berufliche Tätigkeit bestimmt[3]. Zusätzlich können Kreditnehmer geschützt sein, deren Kredite für die Aufnahme einer gewerblichen oder selbständigen beruflichen Tätigkeit bestimmt sind[4]. Es wird einerseits auf das Kriterium der natürlichen Person (statusbezogen), anderseits auf die Zweckbestimmung des Rechtsgeschäftes (funktionsbezogen) abgestellt. Dies entsprach bereits den Vorgaben des Verbraucherkreditgesetzes vor der Umsetzung der Fernabsatzrichtlinie[5] durch das Gesetz über Fernabsatzverträge und andere Fragen des Verbraucherrechts[6] und verschiedenen europäischen Richtlinien, ist aber durchaus nicht immer deckungsgleich mit letzteren. Mit einem engeren persönlichen Anwen-

---

[1] § 488 I BGB.
[2] § 491 I BGB.
[3] § 13 BGB.
[4] Existenzgründer, § 507 BGB; die Formulierung „im Sinne des Titels 1" schließt Zahlungsaufschübe und Finanzierungshilfen ein, Regierungsentwurf Schuldrechtsmodernisierung, S. 601 f.
[5] *Rat der Europäischen Gemeinschaft,* Richtlinien (1997/7/EG) des Europäischen Parlaments und des Rates v. 20.5.1997 über den Verbraucherschutz bei Vertragsschlüssen im Fernabsatz, ABl. L 144 v. 4.6.1997, S. 19.
[6] BGBl. 2000 I, S. 897, 1139 v. 26.7.6.2000.

dungsbereich und der Frage nach der Zweckbestimmung des Kredites weichen das Verbraucherkreditgesetz und die entsprechenden Bestimmungen im BGB grundlegend vom Abzahlungsgesetz ab.

Nach dem Consumer Credit Act 1974 kann nur ein Vertrag mit einem Kreditnehmer, der ein „individual" ist, in den Schutzbereich des Gesetzes fallen[7]. Der Consumer Credit Act 1974 definiert, im Gegensatz zum Verbraucherkreditgesetz, den persönlichen Anwendungsbereich nicht nach der Zweckbestimmung des Kredites (purpose of the loan, funktionsbezogen), sondern *ausschließlich* nach den Merkmalen des Kreditnehmers (status of the borrower, statusbezogen)[8]. Auch beim Mieter muß es sich um eine natürliche Person handeln[9].

Ein Verbraucher im Sinne der Verbraucherkreditrichtlinie ist eine natürliche Person, die den Kreditvertrag nicht im Rahmen ihrer beruflichen oder gewerblichen Tätigkeit schließt[10]. Nach der Formulierung der Richtlinie ist unklar, ob sie sich auch auf Verbraucher bezieht, die gleichzeitig zu privaten und beruflichen Zwecken handeln. Aus verschiedenen Urteilen des EuGH[11] kann man schließen, daß ein Verbraucher nicht schutzwürdig ist, sobald er *auch* für gewerbliche Zwecke handelt[12]. Die Kommission stellt außerdem in ihrem Bericht über die Verbraucherkreditrichtlinie die Ausdehnung des Anwendungsbereichs auf Existenzgründer zur Diskussion[13]. Fraglich ist, ob sich eine Ausdehnung des Anwendungsbereichs dann am schützenswerten Personenkreis orientiert[14].

### *I. Natürliche Person (statusbezogene Definition: „status of the borrower")*

#### *1. Natürliche Person im deutschen Verbraucherkreditrecht*

Das Verbraucherkreditrecht im BGB schützt einen Kreditnehmer nur dann, wenn es sich bei ihm um einen Verbraucher handelt[15]. Nur eine natürliche Person kann ein Verbraucher sein[16].

---

[7] S. 8 I CCA.
[8] *Goode*, March 2000, Rdnr. IC 23.9/425.
[9] S. 15 I CCA.
[10] Art. 1 II (a)-(c) VerbrKrRL.
[11] EuGH Urt. v. 14.3.1991,C-361/89, *Di Pinto*, Slg. 1991, I – 1189; EuGH, Urt. v. 19.1.1993, C-89/91, *Shearson Lehman Hutton/TVB Treuhandgesellschaft für Vermögensverwaltung und Beteiligungen mbH*, Slg. 1993, I – 139.
[12] Bericht der Kommission über die Richtlinie, para. 105.
[13] Bericht der Kommission über Richtlinie, para. 108.
[14] *Schirnding*, Zur Novellierung der EG-Verbraucherkreditrichtlinie, FLF 1996, S. 25, 27 f.
[15] §§ 491 I, 499 I, 507 BGB (§ 1 I VerbrKrG) i.V.m. § 13 BGB.
[16] § 13 BGB.

*a) Entstehung*

Die Voraussetzung der „natürlichen Person“ für die Eingrenzung des Schutzbereichs war im BGB ursprünglich nur in den Bestimmungen zum Darlehen zu finden[17]. Mit der Verabschiedung des Gesetzes über Fernabsatzverträge und andere Fragen des Verbraucherrechts wurde die Definition eines Verbrauchers in das Bürgerliche Gesetzbuch eingefügt und das Verbraucherkreditgesetz dahingegen geändert[18]. Daß es sich bei einem Kreditnehmer im Sinne des Verbraucherkreditgesetzes um eine natürliche Person handeln muß, ging bereits aus der ursprünglichen Fassung des Verbraucherkreditgesetzes hervor[19]. Es ist in diesem Sinne zu keiner Änderung des Anwendungsbereichs des Verbraucherkreditgesetzes durch das Gesetz über Fernabsatzverträge und andere Verträge des Verbraucherrechts gekommen.

Die Voraussetzung „natürliche Person“ entspricht außerdem der Vorschrift in der Verbraucherkreditrichtlinie[20]. Dagegen war das Abzahlungsgesetz auf Abzahlungsgeschäfte anwendbar, wenn der Abzahlungskäufer kein eingetragener Kaufmann war[21]. § 8 AbzG erlaubte keine weitere Einschränkung des persönlichen Anwendungsbereichs. So konnten nicht eingetragene Kaufleute und Abzahlungskäufer, die einer sonstigen unternehmerischen Tätigkeit nachgingen, nicht ausgeschlossen werden[22].

*b) Umsetzung*

Der Schutzbereich des Verbraucherkreditrechts zielt auf den privaten Endverbraucher ab[23]. Der im Verbraucherkreditgesetz genutzte Verbraucherbegriff des § 13 BGB[24] ist dem § 24 AGBG a.F. entnommen. Juristische Personen sind von vornherein ausgeschlossen, da diese eine rechtliche Selbständigkeit gegenüber ihren Gründern besitzen und grundsätzlich haften, ihre Gesellschafter dagegen grundsätzlich von einer Haftung freigestellt sind[25]. Auch juristische Personen, die Kredite für einen privaten Zweck

---

[17] § 609 a I Nr. 2 BGB.

[18] BGBl. 2000 I, S. 940 v. 29.6.2000.

[19] Die rein personelle Anknüpfung wird von Lieb grundsätzlich kritisiert, Lieb, AcP 183 (1983), S. 327, 355, 361.

[20] Art. 1 II a VerbrKrRL.

[21] *Putzo*, in: Palandt, § 8 AbzG Rdnr. 4, 50. Aufl.

[22] *Scholz*, (Fast) 100 Jahre Abzahlungsgesetz, FLF 1994, S. 148, 151.

[23] *Bülow*, in: Heidelberger Kommentar, § 1 VerbrKrG, Rdnr. 25.

[24] §§ 491 I, 499 I BGB; zum Verbraucherkreditgesetz: § 1 I VerbrKrG, geändert durch das Gesetze über Fernabsatzverträge und andere Fragen des Verbraucherrechts, BGBl. I 2000, S. 897 v. 29.6.2000, Neufassung BGBl. 2000 I, S. 940 v. 30.6.2000 (in Kraft seit 1.10.2000), es ergibt sich aber keine Änderung des persönlichen Anwendungsbereichs, *Kessal-Wulf*, in: Staudinger, § 1 VerbrKrG, Rdnr. 18, 2001.

[25] *Ulmer*, in: MünchKomm, § 1 VerbrKrG, Rdnr. 19, 3. Aufl.

aufnehmen, also nicht im Rahmen einer beruflichen oder gewerblichen Tätigkeit, sind vom Anwendungsbereich des Verbraucherkreditgesetzes ausgeschlossen.

Eine juristische Person nach deutschem Recht ist eine soziale Organisation, der die Rechtsordnung eine eigene Rechtsfähigkeit zuerkennt. Juristische Personen erhalten ihre Rechtsfähigkeit durch Eintragung oder durch staatliche Verleihung. Es gibt juristische Personen des öffentlichen Rechts und das Privatrechts.

Juristische Personen des Privatrechts sind unter anderem eingetragene Vereine[26], rechtsfähige Stiftungen[27], Aktiengesellschaften[28], GmbHs[29] und eingetragene Genossenschaften[30]. Diese fallen nicht in den Schutzbereich des Verbraucherkreditrechts, da sie juristische Personen sind. Keine juristischen Personen, aber mit einem ähnlichen Status, sind heute Gesellschaften bürgerlichen Rechts[31], offene Handelsgesellschaften[32] und Kommanditgesellschaften[33]. Dieser ähnliche Status wirkt sich aber nicht auf ihre Verbrauchereigenschaft aus. Personenhandelsgesellschaften wie offene Handelsgesellschaften oder Partnerschaftsgesellschaften als Verbund von Freiberuflern und andere gewerblich oder beruflich tätige Gesellschaften bürgerlichen Rechts[34] sind in der Regel aber aufgrund ihres gewerblichen oder beruflichen Tätigkeitsfeldes vom Schutzbereich des Verbraucherkreditrechts ausgenommen. Außerhalb einer gewerblichen oder beruflichen Tätigkeit können Personengesellschaften wie Wohnungsgüter- und Bruchteilsgemeinschaften, Gesamthandschaften[35], eheliche Gütergemeinschaften, Erbengemeinschaften und gegebenenfalls Bauherrengemeinschaften für Wohnungseigentum deshalb gegebenenfalls in den Schutzbereich des Verbraucherkreditrechts fallen[36]. Gemeinschaften sind keine juristischen Personen, da es ihnen an Einheit fehlt[37] und liegen somit im Schutzbereich des Verbraucherkreditrechts[38]. Die Anerkennung

---

[26] §§ 21 ff. BGB; *Heinrichs*, in: Palandt, § 13 BGB, Rdnr. 2, 60. Aufl.
[27] §§ 80 ff. BGB; *Heinrichs*, a.a.O.
[28] § 1 AktG, BGBl. 1965 I, S. 1089 v. 6.9.1965.
[29] GmbHG, RGBl. 1892, S. 477 v. 20.4.1892.
[30] GenG, BGBl. 1994 I, S. 2202 v. 19.8.1994.
[31] Soweit eine (Außen-)GbR durch Teilnahme am Rechtsverkehr eigene Rechte und Pflichten begründet, besitzt sie Rechtsfähigkeit, BGH Urt. v. 29.1.2001 II ZR 331/00, NJW 2001, S. 1056; wobei aber Umfang der Rechtsfähigkeit beschränkt bleibt und nicht alle BGB-Gesellschaften eine rechtsfähige Einheit bilden: *Wiemann*, Anmerkung zu BGH Urt. v. 29.1.2001 II ZR 331/00, JZ 2001, S. 661, 663.
[32] §§ 105-160 HGB, RGBl. 1897, S. 219 v. 10.5.1897.
[33] § 161 HGB; *Eisenhardt*, Gesellschaftsrecht, Rdnr. 15 ff., 80, 203 ff.
[34] § 705 BGB.
[35] Wie die Gesellschaft bürgerlichen Rechts, wenn sie durch natürliche Personen gebildet worden ist, OLG Düsseldorf Urt. v. 24.4.1997 10 U 123/95, OLGR Düsseldorf 1997, 185; *Heinrichs*, a.a.O.
[36] *Bülow*, a.a.O. Rdnr. 26; *Faber*, Elemente verschiedener Verbraucherbegriffe in EG-Richtlinien, zwischenstaatlichen Übereinkommen und nationalem Zivil- und Kollisionsrecht, ZEuP 1995, S. 854, 862.
[37] *Eisenhardt*, a.a.O. Rdnr. 191, §§ 741 ff. BGB.
[38] Familienrechtliche Gemeinschaften, Erbengemeinschaften; §§ 741 ff. BGB.

der Teilrechtsfähigkeit der Gesellschaft bürgerlichen Rechts steht der Verbrauchereigenschaft nicht im Wege[39]. Dies sollte auch nach dem neuen Urteil des Bundesgerichtshofes zu Gesellschaften bürgerlichen Rechts[40] gelten, da die Rechtsfähigkeit nicht jeder Gesellschaft bürgerlichen Rechts zugesprochen werden wird, und die Versagung des Schutzes bei einem nicht beruflichen oder gewerblichen Zweck nicht dem Normzweck entspreche.

Auch nichtjuristische Personen sind nichtrechtsfähige Vereine[41], da sie weder eingetragen sind[42], noch durch staatliche Verleihung Rechtsfähigkeit erlangt haben[43]. In der Literatur ist dies umstritten. Nach *Ulmer* fällt der nichtrechtsfähige Idealverein[44] nicht in den Schutzbereich des Verbraucherkreditgesetzes, da hier der korporative Charakter dominiere[45]. Nach *Bülow* dagegen fallen Verbraucher, die sich als natürliche Personen in einem nichtrechtsfähigen Idealverein organisiert haben, in den Schutzbereich des Verbraucherkreditgesetzes, da es sich beim Idealverein definitionsgemäß nicht um eine juristische Person handele[46]. Nach einer anderen Meinung kann der nichteingetragene Verein Rechtsfähigkeit nicht nur durch Eintragung oder Verleihung erlangen. So wird herangezogen, daß der nichtrechtsfähige Verein auch in der Rechtsprechung als Gesamthand angesehen wird[47]. Die Gesamthand, die sich aus einer Gesellschaft bürgerlichen Rechts ergibt, ist als Rechtssubjekt in der Rechtsprechung anerkannt[48]. Dies solle auch auf den nichtrechtsfähigen Verein angewandt werden[49]. Problematisch ist außerdem, daß weder die neue Formulierung des Verbraucherkreditgesetz, noch die Formulierung des BGB in Verbindung mit § 13 BGB Mehrheiten von Personen zu decken scheinen[50]. Darüber hinaus ist zu bedenken, daß das Gesetz „natürliche Person" und nicht „nichtjuristische Person" als Voraussetzung einer Einbeziehung angibt. Nichtrechtsfähige Vereine sind daher vom Schutz des Verbraucherkreditrechts auszuschließen.

---

[39] *Faber*, a.a.O. S. 854, 863.
[40] BGH Urt. v. 29.1.2001 II ZR 331/00, NJW 2001, S. 1056.
[41] § 54 BGB.
[42] § 21 BGB.
[43] §§ 22, 23 BGB.
[44] § 54 BGB.
[45] *Ulmer*, in: MünchKomm , § 1 VerbrKrG, Rdnr. 20, 3. Aufl.; siehe auch *Kessal-Wulf*, in: Staudinger, § 1 VerbrKrG, Rdnr. 27, 2001.
[46] *Bülow*, a.a.O. Rdnr. 26.
[47] BGH Urt. v. 11.7.1968 VII ZR 63/66, BGHZ 50, S. 325, 329.
[48] BGH Urt. v. 8.11.1978 VIII ZR 190/77, BGHZ 72, S. 267, 271.
[49] *Hadding*, in: Kohlhammer-Kommentar, § 54 BGB, Rdnr. 16.
[50] *Flume*, Vom Beruf unserer Zeit für Gesetzgebung, ZIP 2000, S. 1427, 1428.

*c) Ausnahmen*

Es finden sich verschiedene Ausnahmen, zum Beispiel eventuell für juristische Personen und Personengesellschaften im Rahmen der Existenzgründung bei einem Kredit bis zu 50 000 €[51]. Umstritten ist der Fall, wenn sowohl juristische als auch natürliche Personen an einem Kreditvertrag beteiligt sind. Sowohl die Gesamtbetrachtung als auch die Einzelbetrachtung der Kreditnehmer wird befürwortet. Nach der herrschenden Meinung kommt es zu einer Differenzierung. Ein Kreditnehmer, der den Kredit für private Zwecke nutzt, fällt in den Schutzbereich, während gleichzeitig ein Kreditnehmer, der gewerbliche Zwecke verfolgt, nicht als Verbraucher im Sinne des Verbraucherkreditrechts gilt[52]. Eine solche Differenzierung sei auch möglich, wenn einer der Gesellschafter eine juristische und ein anderer eine natürliche Person sei[53]. Jeder Gesamtschuldner kann sich durch Widerruf selbständig von der von ihm eingegangenen Verpflichtung lösen. Ob das Verhältnis der anderen Kreditnehmer zum Kreditgeber weiterhin wirksam ist, ergibt sich aus zivilrechtlichen Regelungen[54].

Gegen eine solche Einzelbetrachtung sprechen sich die Befürworter einer Gesamtbetrachtung aus. Ein Vertrag ist kein Verbraucherkreditvertrag, wenn er ganz oder überwiegend nicht privaten Zwecken dient[55]. Eine Gesamtbetrachtung würde vom Wortlaut des Verbraucherkreditgesetzes gestützt. Der Schutz des Verbraucherkreditgesetzes sei allgemein auf Verbraucher ausgelegt und nicht auf die individuelle Schutzbedürftigkeit des Einzelnen. Das Verbraucherkreditgesetz knüpfe zwar an den „Inhalt des Vertrages“ an, der Vertragspartner bedürfe aber des Schutzes, daß sich aus dem Vertrag ergibt, ob die Gesamtheit der Kreditnehmer unter das Verbraucherkreditgesetz falle oder nicht[56]. Entsprechend dem Schutzzweck und der Systematik des Verbraucherkreditrechts ist der Gesamtbetrachtung zu folgen.

*2. Natürliche Person im Consumer Credit Act 1974*

Die Anwendbarkeit des Consumer Credit Act 1974 wird durch den Status des Kreditnehmers bestimmt (status of the borrower). Ein Kreditnehmer im Schutzbereich des Consumer Credit Act 1974 muß nach S. 189 I CCA ein „individual“ sein, welches einen Kredit im Rahmen eines Verbraucherkreditvertrages oder die damit in Verbindung stehenden Rechte und Pflichten durch Abtretung oder kraft Gesetzes erlangt. „Indivi-

---

[51] *Ulmer*, a.a.O. Rdnr. 19; siehe Existenzgründer S. 174 ff.
[52] OLG Stuttgart Beschl. v. 2.12.1993 – GW 46/93, NJW 1994, S. 867, 868.
[53] *Bülow*, a.a.O. Rdnr. 26.
[54] *Kessal-Wulf*, in: Staudinger, § 1 VerbrKrG, Rdnr. 20.
[55] *Ulmer*, a.a.O. Rdnr. 32.
[56] *Ulmer*, a.a.O. Rdnr. 33.

dual" ist hier als Gegenstück zu „person"[57] zu sehen. „Individual" bezeichnet Personen, die in ihrer Eigenschaft als Privatmann oder als Einzelkaufmann handeln[58]. „Person" bedeutet Rechtssubjekt und schließt somit sowohl natürliche als auch juristische Person mit ein[59].

*a) Umsetzung*

Ein „individual" ist ein Subjekt, das nicht nur aus „bodies corporate" besteht[60]. „Corporate bodies" sind also vom Schutz des Consumer Credit Act 1974 ausgenommen. Ihr Ausschluß von den Schutzregelungen wurde aus dem Hire-Purchase Act 1965 übernommen, welcher auf den Bericht der „Committee on Consumer Protection" aus dem Jahre 1962[61] zurückgeht. Die Definition eines „body corporate" in Großbritannien entspricht ungefähr der der juristischen Person im deutschen Recht.

> „Body corporate, that is, an association or body constituting a distinct legal entity and having perpetual succession and a common seal."[62]

Es handelt sich um eine Vereinigung oder Körperschaft, welche eine klar abgegrenzte rechtliche Einheit bildet. Für die rechtliche Einheit muß außerdem eine fortwährende Nachfolge bestehen, und sie muß ein „Firmensiegel"[63] besitzen. Hierunter fallen Gesellschaften, die im Sinne des Companies Act 1985 registriert sind, juristische Personen, die durch den „royal charter"[64] oder durch ein Spezialgesetz des Parlaments[65] begründet worden sind und schließlich „corporate soles"[66]. Kein „body corporate" sind Gewerkschaften[67], „friendly societies", nicht eingetragene Vereine und „charities"[68].

Da der „body corporate" wegen seiner Einbeziehung von „companies" der juristischen Person im deutschen Recht zu ähneln scheint, ist eine genaue Betrachtung der

---

57 „Person" ist in der Definition zu Kreditgeber zu finden, S. 189 I CCA.
58 *Office of Fair Trading*, Consultation Document on the Treatment of Business Consumers under the Consumer Credit Act 1974, September 1993 , para. 2.1.
59 Interpretation Act 1978 S. 5 Sch. 1.
60 S. 189 I CCA.
61 *Molony, J. T.*, Final Report of the Committee on Consumer Protection, cm 1781, London 1962.
62 *Goode*, July 2000, Rdnr. IC 23.48/442.
63 *Morse / Charlesworth*, Company Law, S. 22: Bei der Registrierung der Gesellschaft stellt der Registrurbeamte eine Beglaubigung der Gründung aus, beurkundet durch ein Siegel (S. 704 Company Act 1985) oder per Hand.
64 Königlicher Freibrief.
65 Special Act of Parliament.
66 Personen, die durch ihr Amt den Status einer juristischen Person erlangen, wie zum Beispiel ein Bischof.
67 In Deutschland in der Regel nichtrechtsfähige Vereine.
68 Stiftungen, *Goode*, July 2000, Rdnr. IC 23.48/442.

„company“ im englischen Recht interessant. Es handelt sich um eine „association of persons formed for the purpose of some business or undertaking carried on in the company's name“[69]. Sowohl eine „public limited company“ als auch eine „private limited company“ sind „registered companies“ und somit juristische Personen[70]. Die „public limited company“ ist eine Aktiengesellschaft, deren Aktien der Öffentlichkeit angeboten werden können. Die „private limited company“ wird der Gesellschaft mit beschränkter Haftung im deutschen Recht gleichgesetzt[71]. Eine „private limited company“ ist jede Gesellschaft, die keine „public limited company“ ist, also nicht über ein Mindestkapital von £ 50 000 verfügt[72], keinen entsprechende Gesellschaftsvertrag hat[73] oder nicht die Bezeichnung „public“ im Namen oder im Gesellschaftsvertrag zu finden ist[74]. Im Gegensatz zur Gesellschaft mit beschränkter Haftung[75] muß die „private limited company“ über kein Mindestkapital verfügen.

*b) Diskussion über Trennlinie zwischen juristischen und natürlichen Personen*

Sowohl in Großbritannien als auch in Deutschland ist es also zu einer Grenzziehung zwischen juristischen und natürlichen Personen gekommen. Ob dies sinnvoll ist, war in Großbritannien lange Diskussionsthema. Bereits das Crowther Committee hatte sich mit dieser Thematik auseinandergesetzt, war aber zu dem Schluß gekommen, daß Kredite an juristische Personen von denen an private Personen zu trennen sind. Gesetze für den Verbraucherschutz würden weder auf gewerbliche Kredite passen, noch für diese geeignet sein. Zwei grundlegende Schwierigkeiten ergäben sich aber. Erstens sei es fraglich, ob ein gewerblicher Kreditnehmer wirklich weniger Schutz bedürfe als ein privater[76], und zweitens sei es für den Kreditgeber schwierig festzustellen, ob es sich um einen gewerblichen oder um einen privaten Kreditzweck handele[77]. Aus dieser Überlegung ergibt sich auch die Ablehnung des ungenauen „purpose of the loan tests“[78] durch das Crowther Committee und die Empfehlung, „bodies corporate“ auszuschließen.

---

[69] *Rutherford / Bone*, Concise Law Dictionary, S. 79.
[70] *Morse / Charlesworth*, a.a.O. S. 2.
[71] Z.B. *Rat der Europäischen Gemeinschaft*, Zwölfte Richtlinie (1989/667/EWG) v. 21.12.1989 auf dem Gebiet des Gesellschaftsrechts betreffend Gesellschaften mit beschränkter Haftung mit einem einzigen Gesellschafter, ABl. L 395 v. 30.12.1989, S. 40, Art. 1.
[72] S. 118 Company Act 1985.
[73] Gesellschaftsvertrag muß Table F entsprechen, S. 3 Companies (Tables A to F) Regulations 1985.
[74] *Morse / Charlesworth*, aa.O. S. 45 f.
[75] § 5 I S. 1 GmbHG.
[76] Business borrowers might not necessarily be more sophisticated than private consumers.
[77] Crowther Report, para. 6.2.18.
[78] Siehe unten.

Die Grenzziehung zwischen natürlichen und juristischen Personen war auch Gegenstand einer Untersuchung durch den „Director of Fair Trading“. Als fraglich wurde zum Beispiel dargestellt, daß bereits die Gründung einer „private limited company“[79] dazu führe, daß der Schutz des Consumer Credit Act 1974 entfalle[80]. Diese Trennlinie sei zwar juristisch einleuchtend, aber nach ökonomischen Gesichtspunkten unbefriedigend. Unabhängig davon, ob es sich um juristische Personen handele oder nicht würden „small companies“ mit den gleichen Problemen konfrontiert[81]. Aus der Untersuchung über eine mögliche Ausdehnung des Anwendungsbereichs durch den „Director of Fair Trading“ ergab sich, daß sich Argumente für eine Ausdehnung vor allem auf der Ähnlichkeit von „private consumers“ und „small business consumers“[82] begründeten. Die Entscheidungen der Eigentümer von „small businesses“ seien oft untrennbar von Privatentscheidungen, da diese Eigentümer zum Beispiel ihre Privathäuser als Sicherheiten für Geschäftskredite gäben. Außerdem litten sie unter einem ähnlichen Informationsdefizit wie Verbraucher. Eine Differenzierung von „small firms“ und „large firms“ nach ihrem Status als juristische Person sei mangelhaft. Der Status einer Gesellschaft mit beschränkter Haftung sei als Anregung der gewerblichen Tätigkeit gedacht gewesen. Eine Einschränkung des Schutzes könne aber ein zu hoher Nachteil, zumindest für eine „small company“, sein[83].

Gegen eine Ausweitung des Anwendungsbereichs spricht laut „Office of Fair Trading“, daß man von einer Gesellschaft erwarten könne, daß sie genügend Sorgfalt und Verständnis für die Gefahren einer Kreditaufnahme mitbringe, wie dies auch von Verbrauchern erwartet werde, die Kredite von über £ 25 000 aufnähmen. Die Notwendigkeit des Schutzes von Geschäftskrediten, bei denen es in der Praxis oft zur Absicherung durch privates Vermögen kommt, wird hier gegen das generelle Risiko des Geschäftslebens aufgewogen[84]. Außerdem sei es möglich, daß zusätzliche Gesetze die Kreditpraxis verlangsamen oder sogar einschränken könnten und den Wettbewerb verzerrten. Schließlich könne sich eine Differenzierung zwischen „small“ und „large companies“ als weniger praktikabel erweisen als eine Differenzierung zwischen natürlicher und juristischer Person[85]. Daß es keine befriedigende Definition von „small

[79] Ähnlich Gesellschaft mit beschränkter Haftung.

[80] *Office of Fair Trading*, Consultation Document on the Treatment of Business Consumers under the Consumer Credit Act 1974, September 1993, para. 2.2 (zit. *Office of Fair Trading*, Treatment of Business Consumers).

[81] *Office of Fair Trading*, Consumer Credit Deregulation, para. 4.4.

[82] Auch die Definition von „small business“ wird zur Diskussion gestellt; *Office of Fair Trading*, Treatment of Business Consumers, para. 4.1-4.5.

[83] *Office of Fair Trading*, Treatment of Business Consumers, para. 5.3 f.

[84] *Office of Fair Trading*, Consumer Credit Deregulation, para. 4.13, 4.17.

[85] *Office of Fair Trading*, Treatment of Business Consumers, para. 5.5-6.

company" gibt, wird als weiteres starkes Gegenargument gewertet. Die Alternative, den Schutz auf alle Geschäftskredite auszudehnen, wird ausdrücklich abgelehnt, da der Verwaltungsaufwand unverhältnismäßig hoch sei[86].

Außerdem wird zur Diskussion gestellt, ob die verschiedenen Schutzmaßnahmen des Consumer Credit Act 1974 für „small business" Kredite überhaupt angemessen seien[87]. Die Gefahr, daß „small businesses" der Zugang zu Kreditmöglichkeiten in der Praxis erschwert werde, spreche am meisten gegen eine Ausdehnung der Schutzregelungen. Die bereits bestehende Selbstverwaltung der Kreditindustrie, so zum Beispiel durch den „Finance and Leasing Association's Code of Practice", könne zwar durchaus verbessert werden, sei aber ausreichend[88]. Der „commissioner" empfiehlt schließlich, Geschäftskredite generell aus dem Anwendungsbereich des Consumer Credit Act 1974 fallen zu lassen. Allerdings sollte die sich aus dem Consumer Credit Act 1974 ergebende Lizenzpflicht für Kreditgeber und andere Vertragspartner der Kreditnehmer im Sinne des Consumer Credit Act 1974 weiterhin bestehen bleiben[89].

*c) Ausnahmen*

Es ergeben sich aber verschiedene Ausnahmen. Durch die Definition zu „individuals", die im Definitionsteil[90] des Consumer Credit Act 1974 zu finden ist, wird der Schutzbereich weiter ausgedehnt. Aus dieser Definition folgt, daß auch „partnerships and other incorporated bodies" unter „individuals" fallen, wenn sie nicht ausschließlich aus juristischen Personen bestehen[91]. Weitere Ausnahmen ergeben sich zum Beispiel auch aus den Vorschriften zu Verträgen mit mehr als einem Kreditnehmer[92]. Ein Kredit an eine oder mehrere juristische Personen könnte im Anwendungsbereich liegen, wenn dieser Kredit gemeinschaftlich ist und mindestens ein „individual" tatsächlich einbezieht. Das heißt, daß ein Teil der Kreditsumme oder der Güter tatsächlich an jeden Einzelnen gezahlt werden muß. Es reicht also nicht aus, wenn die natürliche Person für die juristische Person bürgt oder der Schuld beitritt[93]. Schließlich kann auch eine juristische Person in den Schutzbereich fallen, wenn sie ihre Rechte und Pflichten durch

---

[86] *Office of Fair Trading*, Consumer Credit Deregulation, para. 4.11, 4.15.
[87] *Office of Fair Trading*, Treatment of Business Consumers, chapter 3-4.
[88] *Office of Fair Trading*, Consumer Credit Deregulation, para. 4.16, 4.14.
[89] *Office of Fair Trading*, Consumer Credit Deregulation, para. 4.20.
[90] S. 189 I CCA.
[91] Auch S. 188 I Sch 2 Pt II examples 19, 24 CCA; Unter „partnerships" fallen zum Beispiel die „Law" und „Accountancy" Firmen, unabhängig von ihrer Größe, da sie von der Begrenzung der Mitgliederzahl auf 20 durch den Companies Act 1985 ausgenommen sind, S. 176 I, II a, b, c CA.
[92] S. 185 V CCA.
[93] *Goode*, July 2000, Rdnr. IIB 5.365/784.

Abtretung oder kraft Gesetzes erlangt hat. Auf einem „individual" wird in diesem Fall nicht bestanden[94].

*II. Funktionsbezogene Definition: „purpose of the loan test"*

*1. Verbraucherkreditrecht*

Der persönliche Anwendungsbereich des Vebraucherkreditrechts wird neben der Voraussetzung, daß es sich beim Kreditnehmer um eine natürliche Person handeln muß, über die Zweckbestimmung des Kredites definiert. Ein Verbraucher ist jede natürliche Person, die ein Rechtsgeschäft abschließt, das weder ihrer gewerblichen noch ihrer selbständigen beruflichen Tätigkeit zugerechnet werden kann[95]. Der Kredit darf nicht für die gewerbliche oder selbständige Arbeit der natürlichen Person bestimmt sein. Die funktionsbezogene ist also eine rollenspezifische Abgrenzung. So kann ein und dieselbe Person einmal unter den Verbraucherkreditschutz fallen und ein anderes mal nicht. Es handelt sich deshalb um situationsbezogenen Verbraucherschutz, obwohl als Begründung die „Unerfahrenheit des Verbrauchers" angeführt wird. Es wurde also gegen die soziale Schutzbedürftigkeit und für die abstrakte Gefährlichkeit des Geschäftstyps als Ausgangspunkt der Regelung entschieden[96].

Das Merkmal der Zweckbestimmung des Kredites war bereits im Verbraucherkreditgesetz vor dem Inkrafttreten des Gesetzes über Fernabsatzverträge und andere Fragen des Verbraucherrechts zu finden. Es handelt sich um eine bewußte Abweichung vom Abzahlungsgesetz, da § 8 AbzG lediglich auf das Nichtbestehen der Kaufmannseigenschaft abgestellt hatte (statusbezogen). Eine weitere statusrechtliche Regelung würde praktische Schwierigkeiten mit sich bringen, da der Kreditgeber den Status des Kreditnehmers bei jedem Kredit in Erfahrung bringen müßte. Außerdem würde auch eine statusrechtliche Regelung eine Typisierung erforderlich machen[97]. Das Verbraucherkreditgesetz folgte mit dem funktionsbezogenen Merkmal der neueren Gesetzgebung zum Verbraucherschutz, wie zum Beispiel beim Kündigungsrecht des Schuldners im BGB und dem Haustürwiderrufsgesetz[98]. § 609 I BGB schloß ein Darlehen aus, das „ganz oder überwiegend für Zwecke einer gewerblichen oder beruflichen Tätigkeit bestimmt war"[99]. Diese Formulierung ist durch die Schuldrechtsmo-

[94] S. 189 I CCA.
[95] § 13 BGB.
[96] *Drexel*, Wirtschaftliche Selbstbestimmung des Verbrauchers, S. 402 ff.
[97] *Drexel*, a.a.O. S. 402 ff.
[98] § 609 a I Nr. 2 BGB, § 6 Nr. 1 HausTWG, BGBl. 1986 I, S. 122 v. 16.1.1986.
[99] § 609 a I Nr. 2 BGB.

dernisierung geglättet worden und nur der Verweis auf den Verbraucher blieb[100]. Vom Schutz des Gesetzes zum Widerruf von Haustürgeschäften ausgeschlossen waren Verträge, die „in Ausübung einer selbständigen Erwerbstätigkeit“ abgeschlossen wurden[101]. Auch diese Formulierung findet sich in § 312 BGB nicht mehr, trotzdem soll es aber zu keinen inhaltlichen Änderungen kommen[102]. Der Vorteil dieser Regelungstechnik liegt in der *genaueren Orientierung an der Schutzbedürftigkeit* des Verbrauchers. Es ergeben sich aber Abgrenzungsprobleme[103].

*a) Entstehung*

Das Abzahlungsgesetz nutzt zur Abgrenzung das formelle Kriterium der Eintragung im Sinne des Handelsgesetzbuchs. Das Modell des Kaufmanns bestand bereits zum Zeitpunkt der Verabschiedung des Abzahlungsgesetzes und eignete sich zur Abgrenzung des persönlichen Anwendungsbereichs. Rechtssicherheit gab die Voraussetzung der tatsächlichen Eintragung. Die Definition war nicht rollenspezifisch, da auch Kaufleute, die einen Abzahlungskauf zu privaten Zwecken eingingen, vom Schutzbereich ausgeschlossen waren.

Die Regelung des Verbraucherkreditgesetzes wurde verabschiedet, um den persönlichen Anwendungsbereich gegenüber dem des Abzahlungsgesetzes einzugrenzen. Die Formulierung entspricht außerdem der Verbraucherkreditrichtlinie, deren Umsetzung auch Ziel des Gesetzgebers war[104]. Die Ablehnung eines ausschließlichen statusbezogenen Kriteriums war aber nicht unumstritten. Aus der Stellungnahme des Bundesrates zum Entwurf des Verbraucherkreditgesetzes geht hervor, daß ein Bedürfnis nach der zusätzlichen Einbeziehung des Kaufmannskriteriums bestand[105]. Die Bundesregierung wollte den Anwendungsbereich aber nicht weiter ausdehnen, da eine Differenzierung innerhalb gewerblicher Kredite nicht der Praxis entspreche und schwierig sei[106].

Das funktionsbezogenen Kriterium ist nach der Umsetzung des Gesetzes über Fernabsatzverträge und andere Fragen des Verbraucherrechts nun in der Definition des Verbrauchers im Bürgerlichen Gesetzbuch zu finden[107].

---

[100] § 489 I Nr. 2 BGB; Es könnte aber nicht nur eine Glättung der Formulierung vorliegen, sondern auch eine Beschränkung der Ausnahme auf gewerbliche und selbständige berufliche Tätigkeit, wobei die Selbständigkeit eine neue Einschränkung darstellt.

[101] § 6 Nr. 1 HausTWG.

[102] Einführung in den Regierungsentwurf Schuldrechtsmodernisierung, S. 35.

[103] *Ulmer*, a.a.O. Rdnr. 7.

[104] BT-Drucks. 11/5462 Anlage 2, S. 11.

[105] BT-Drucks. 11/5462 Anlage 2, S. 34.

[106] BT-Drucks. 11/5462 Anlage 3, S. 41.

[107] § 13 BGB.

*b) Umsetzung*

Bereits im ersten Referentenentwurf zum Verbraucherkreditgesetz fand sich das Ausschlußkriterium „berufliche oder gewerbliche Tätigkeit“[108]. Allerdings wurde im zweiten Referentenentwurf der Anwendungsbereich weiter ausgedehnt, indem nur noch selbständige berufliche und gewerbliche Tätigkeiten die Verbrauchereigenschaft behinderten[109]. Diese Beschränkung auf selbständige Arbeit ging in das Verbraucherkreditgesetz und später in den § 13 BGB ein. Entgegen der oben erwähnten Regelung in § 609 a I Nr. 2 BGB fällt somit auch die nichtselbständige Arbeit und die Arbeit arbeitnehmerähnlicher Personen[110] unter private Zwecke[111]. Dies gilt auch, wenn sich der Verbraucher rechtsmißbräuchlich verhält, da das Verbraucherkreditrecht den Verbraucher vor seinem eigenem unüberlegten Handeln schützen will[112]. Die Ausnahme der „gewerblichen und selbständigen Tätigkeit“ vom Schutzbereich des Verbraucherkreditrechts schließt nun auch die freien Berufe aus[113]. Es entspricht weder der Verbraucherkreditrichtlinie[114] noch der Fernabsatzrichtlinie[115] und ist ihnen gegenüber eine deutliche Erweiterung des Anwendungsbereich des Verbraucherkreditgesetzes.

Der Kreditnehmer ist nur dann kein Verbraucher, wenn er den Kredit für seinen freiberuflichen Betrieb nutzt, er also nicht als Arbeitnehmer beziehungsweise Verbraucher handelt[116]. Auch die Geschäftsführung gilt im Rahmen des Verbraucherkreditvertrages als angestellte, berufliche Tätigkeit[117].

Umstritten ist der Status von „Scheinselbständigen“. Bei Scheinselbständigen handelt es sich um Personen, die als selbständig angesehen werden, sich aber doch in einem Beschäftigungsverhältnis gegen Arbeitsentgelt befinden. Von der Rechtsprechung fehlt es bis jetzt an einer Stellungnahme zur Scheinselbständigkeit und der Anwendung des Verbraucherkreditgesetzes. Besondere Bedeutung hat dieser Punkt aufgrund der neu ergangenen Gesetze zur Scheinselbständigkeit, die zu einer Ausweitung des Anwendungsbereichs des Verbraucherkreditrechts auf Scheinselbständige führen

---

[108] ZIP 1988, S. 1215, § 1 I.
[109] ZIP 1989 A 69 Nr. 254.
[110] Z.B. Heimarbeiter, Hausgewerbetreibende, Einfirmenvertreter (§§ 92 a HGB), Journalisten.
[111] *Ulmer*, a.a.O. Rdnr. 21.
[112] *Bülow*, a.a.O. Rdnr. 37.
[113] *Drexel*, a.a.O. S. 402 ff.
[114] Art. 1 II a VerbrKrRL.
[115] Art. 2 Nr. 2 FernAbsRL.
[116] *Bülow*, a.a.O. Rdnr. 35.
[117] BGH Urt. v. 5.6.1996 VIII ZR 151/95, Entscheidungsgründe: II 1.c.bb.; BGH Urt. v. 28.6.2000 VIII ZR 240/99; ausgenommen ist hiervon der Schuldbeitritt eines Geschäftsführers während der Gründungsphase einer Gesellschaft, bei der Mithaftung handelt es sich in diesem Fall um eine berufliche Tätigkeit, OLG Oldenburg Urt. v. 11.4.2000 12 U 54/99, FLF 2000, S. 246.

könnten. Nach einer Bewertung der Gesetze durch *Scholz* soll es durch das Gesetz zu Korrekturen in der Sozialversicherung und zur Sicherung der Arbeitnehmerrechte[118] und seiner Korrektur, dem Gesetz zur Förderung der Selbständigkeit[119], zu keiner Ausweitung des Anwendungsbereichs des Verbraucherkreditrechts auf Scheinselbständige kommen, da nur die arbeits- und sozialversicherungsrechtliche Schutzbestimmungen geändert werden sollten[120]. Nicht geändert werden solle aber der gewerbe-, steuer- und zivilrechtliche Status der betroffenen Personen[121]. Es wird auch vertreten, daß das zweite Gesetz den Zustand von vor dem 1.1.1999 wieder hergestellt hätte und Rechtsprechung und Literatur weiter anwendbar seien[122]. Anders sieht dies *Bülow*, der Scheinselbständige mit Heimarbeitern und Scheinkaufleuten vergleicht. Das Schwergewicht des Gesetzes liege bei der Schutzbedürftigkeit des Kreditnehmers und so auf dem wirklichen Verwendungszweck und nicht auf der „formalen Einkleidung"[123]. Dagegen ist aber einzuwenden, daß ein Scheinselbständiger, anders als der Heimarbeiter und der Scheinkaufmann, das wirtschaftliche Risiko selber trägt, und ihm die „Scheineigenschaft" auferlegt wird, was aber seine Stellung nur im Sozialrecht verändert[124].

Eine gewerbliche Tätigkeit ist dadurch gekennzeichnet, daß es sich um eine Tätigkeit mit einer gewissen Dauer handelt, die selbständiges Agieren und planmäßiges Handeln notwendig macht, sich am Markt im Wettbewerb befindet und entgeltlich ist. Dies entspricht dem Kaufmannsbegriff des HGB. Eine berufliche Tätigkeit ist eine Tätigkeit mit einer gewissen Dauer, die Organisation und planmäßigen Mitteleinsatz erfordert, nach außen hervortritt und entgeltlich ausgeübt wird[125]. So fällt die Tätigkeit der Landwirte, Handwerker und auch der nebenberuflich Selbständigen[126] sowie der Minderkaufleute (heute Kannkaufleute) nicht in den Schutzbereich des Verbraucherkreditgesetzes[127]. Private Vermögensanlagen können in den Anwendungsbereichs des Verbraucherkreditgesetzes fallen. Sie dienen aber nicht privaten Zwecken und fallen

---

[118] BGBl. 1998 I, 3343 v. 28.12.1998, es trat am 1.1.1999 in kraft.
[119] BT-Drucks. 14/1855 und 14/2046.
[120] Lediglich Änderung des Sozialversicherungsrecht, *Leuchten / Zimmer*, Das neue Gesetz zur „Scheinselbständigkeit" – Probleme in der Praxis, DB 1999, S. 381, 383.
[121] *Scholz*, (Fast) 100 Jahre Abzahlungsgesetz, FLF 2000, S. 53, 56.
[122] *Scholz*, a.a.O. S. 58; *Gaul / Wisskirchen*, Das letzte Gesetz zur Förderung der Selbständigkeit? DB 1999, S. 2466, 2471.
[123] *Bülow*, in: Heidelberger Kommentar, § 1 VerbrKrG, Rdnr. 37.
[124] *Scholz*, a.a.O. S. 58.
[125] *Faber*, Elemente verschiedener Verbraucherbegriffe in EG-Richtlinien, zwischenstaatlichen Übereinkommen und nationalem Zivil- und Kollisionsrecht, ZEuP 1995, S. 854, 868 ff.
[126] Eine selbständige Tätigkeit kann auch im Nebenberuf ausgeübt werden, LG (Rostock) Urt. v. 22.12.1993 1 S 48/93, WM 1994, S. 2089.
[127] *Bülow*, a.a.O. Rdnr. 34.

nicht in den Anwendungsbereich, wenn sie Gegenstand einer planmäßigen, auf Dauer angelegten und der Gewinnerzielung dienenden Tätigkeit, also gewerblich sind[128]. Anhaltspunkt kann die einkommenssteuerliche Abgrenzung privater und gewerblicher Tätigkeiten sein[129]. Auch die Anschaffung von Gesellschaftsanteilen ist als nicht gewerbliche oder berufliche Tätigkeit möglich. Dabei kommt es aber auf die Art der erworbenen Anteile an[130].

Der Zweck muß durch den Kreditvertrag selber erkennbar sein, allerdings nicht ausdrücklich oder schriftlich, sondern er muß sich „unzweideutig im Wege der Vertragsauslegung“ ergeben. Im Zweifel ist das Gesetz anzuwenden[131]. Der Verwendungszweck ist objektives und sachliches Merkmal des Vertrages und knüpft nicht an die *individuelle Schutzbedürftigkeit* des Kreditnehmers im Einzelfall an[132]. Wie auch für den Anwendungsbereich des Abzahlungsgesetzes[133] ist die konkrete Schutzbedürftigkeit irrelevant. Die Begleitumstände spielen keine Rolle. Dies stimmt nicht mit anderen Vorschriften zum Verbraucherschutz überein. § 24 a Nr. 3 AGBG[134] verlangt etwa ausdrücklich die Betrachtung der Begleitumstände zur Beurteilung allgemeiner Geschäftsbedingungen[135]. Auch die für die andere Partei erkennbaren objektiven Umstände des Vertrages sind, entgegen anderer verbraucherrechtlichen Schutzregelungen, nicht maßgeblich[136].

Schließlich sind auch die einseitige Zweckvorstellung des Kreditnehmers bei Kreditaufnahme und die tatsächliche Verwendung nicht von Bedeutung[137]. Nach der Vorbildvorschrift § 609 a I Nr. 2 BGB war dagegen die tatsächliche Zweckbestimmung zu ermitteln. Im Ausnahmefall kann aber auch nach dem Verbraucherkreditrecht die tatsächliche Zweckbestimmung des Kredites eine Rolle spielen. Aus dem Umgehungsverbot[138] ergibt sich, daß sich ein Kreditgeber nicht auf den im Vertrag festgehaltenen gewerblichen Zweck berufen kann, wenn dieser von ihm veranlaßt wurde und nicht dem tatsächlichen beabsichtigten Verwendungszweck entspreche[139]. Ein durch den Kreditgeber vorformulierter Zweck, der die Anwendung des

[128] *Brox*, Handelsrecht und Wertpapierrecht, Rdnr. 20.
[129] *Bülow*, a.a.O. Rdnr. 34.
[130] *Ulmer*, a.a.O. Rdnr. 23.
[131] BT-Drucks. 11/5462, S. 17.
[132] *Bülow*, a.a.O. Rdnr. 31.
[133] Auch bei der Bestimmung eines Abzahlungsgeschäftes wurde keine Rücksicht auf Bildung und Erfahrung des Kreditnehmers oder auch den Kaufgegenstand genommen, BGH Urt. v. 20.2.1967 III ZR 122/65, BGHZ 47, S. 217, 222.
[134] § 310 III BGB.
[135] *Bülow*, a.a.O. Rdnr. 32.
[136] *Faber*, a.a.O. S. 854, 865.
[137] *Ulmer*, a.a.O. Rdnr. 22.
[138] §§ 506, 655 e BGB (§ 18 S. 2 VerbrKrG).
[139] *Ulmer*, a.a.O. Rdnr. 24.

den Kreditgeber vorformulierter Zweck, der die Anwendung des Verbraucherkreditgesetzes verhindert, wird aber in der Regel bereits durch § 11 Nr. 15 lit. b AGBG[140] unwirksam.

Bei unterschiedlicher Zweckbestimmung des Kredites ist nach *Ulmer* der höchstrichterlichen Rechtsprechung zu §§ 1 b, 5 AbzG zu folgen, die eine Aufteilung des Kredites in einen neutralen und einen dem Verbraucherkreditgesetz unterfallenden Teil vorsieht. Wenn keine Trennung möglich sei, scheide eine Aufteilung aus[141]. Eine andere Literaturmeinung ist der Auffassung, daß eine Aufspaltung in der Regel nicht in Betracht komme[142]. Allerdings sei die Verbrauchereigenschaft nach beiden Meinungen zu verneinen, wenn die gewerbliche oder selbständige Zweckbestimmung des Kredites nach dem Kreditvertrag überwiegt[143]. Dies entspricht auch der Rechtsprechung. Aus der Rechtsprechung geht hervor, daß der Ratenkredit nicht teilbar ist, da sich dies aus dem Vertragszweck ergebe. Der Vertragszweck bestehe in der Zusammenfassung der Schulden, was zu einer einheitlichen, überschaubaren Belastung führe. Außerdem sei eine Aufteilung in der Praxis nur durch einen „unzumutbaren Mehraufwand" möglich[144]. Gegen das Abgrenzungskriterium der überwiegende Zweckbestimmung spricht die Auslassung des Kriteriums des „überwiegenden" Handelns im zweiten Richtlinienentwurf[145], obwohl es im ersten Richtlinienentwurf[146] aufgetaucht war[147]. Außerdem sprechen die angegebenen Gründe auch dann gegen eine Teilung, wenn der gewerblich Teil nicht überwiegt. Im Zweifel ist aber zugunsten des Verbraucherbegriffs zu entscheiden, da dies der Intention des Gesetzes entspricht[148].

*c) Existenzgründer*

Der Anwendungsbereich des Verbraucherkreditrechts ist um Existenzgründungsdarlehen erweitert. Dies stellt eine Ausweitung des in § 13 BGB zu findenden Verbraucherbegriffs und des Anwendungsbereichs der Verbraucherkreditrichtlinie dar.

---

[140] § 309 BGB.
[141] *Ulmer*, a.a.O. Rdnr. 28.
[142] *Kessal-Wulf*, in: Staudinger, § 1 VerbrKrG, Rdnr. 35.
[143] *Ulmer*, a.a.O. Rdnr. 28 f.
[144] LG Essen Urt. v. 27.6.1996 6 O 458/94, WM 1997, S. 814, 816.
[145] *Kommission der Europäischen Gemeinschaft*, Geänderter Vorschlag für eine Richtlinie des Rates zur Angleichung der Rechts- und Verwaltungsvorschriften der Mitgliedstaaten über des Verbraucherkredit, KOM (1984) 342 endg., ABl. C 183 v. 10.7.1984, S. 4.
[146] Art. 1 II (a) *Kommission der Europäischen Gemeinschaft,* Vorschlag für eine Richtlinie des Rates zur Angleichung des Rechts- und Verwaltungsvorschriften der Mitgliedstaaten über den Verbraucherkredit, KOM (1979) 69 endg., ABl. C 80 v. 27.3.1979, S. 4.
[147] *Faber*, a.a.O. S. 854, 887.
[148] *Kessal-Wulf*, in: Staudinger, § 1 VerbrKrG, Rdnr. 34.

Ein Existenzgründungsdarlehen liegt vor, wenn der Kreditnehmer einen Kredit für die Aufnahme einer gewerblichen, kaufmännischen oder freiberuflichen Tätigkeit erlangt. Auch andere Verbraucherschutzbestimmungen, so zum Beispiel die Bestimmungen zu allgemeinen Geschäftsbedingungen, schützen Existenzgründer[149]. Die Einbeziehung von Existenzgründungsdarlehen in den Anwendungsbereich des Verbraucherkreditgesetzes hat große praktische Bedeutung, da heute nur wenige Existenzgründungen ohne Kreditaufnahmen abgewickelt werden[150].

*(1) Entstehung*

Das Schutzbedürfnis der „Kleingewerbetreibenden"[151] war bereits von Beginn der Diskussion über ein Gesetz zum Verbraucherkredit von Bedeutung[152]. Die Einbeziehung von Existenzgründern ist schließlich zurückzuführen auf eine Initiative des Bundesrates als Reaktion auf den, im Gegensatz zum Abzahlungsgesetz, engen Anwendungsbereich des Verbraucherkreditgesetzes. Nach Art. 8 AbzG waren lediglich eingetragene Kaufleute aus dem Schutzbereich des Gesetzes ausgenommen. Die Entstehung des Gesetzes selber ist auch auf den Schutz der Kleingewerbetreibenden zurückzuführen. Abzahlungskredite dienten im 19. Jahrhundert sowohl dem Aufbau einer selbständigen wirtschaftlichen Existenz, als auch dem Schritthalten mit der Modernisierungswelle und der Hebung des Lebensstandards der vermögenslosen Bevölkerungsschichten[153]. Das Abzahlungsgesetz sollte den *sozial schwachen und unerfahrenen Käufer* gegen übermächtige Verkäufer schützen[154].

Während der sachliche Anwendungsbereich des Verbraucherkreditgesetzes im Gegensatz zum Abzahlungsgesetz viel weiter ausgedehnt wurde, wurde der persönliche Anwendungsbereich deutlich eingegrenzt. Laut der Begründung zum ersten Entwurf habe dies aber nur geringe praktische Auswirkungen, da lediglich Kleingewerbetreibende den bestehenden Schutz bei Warenkrediten verlören, außerdem würden die detaillierten, auf die Verbraucher ausgerichteten Vorschriften den Geschäftsverkehr behindern[155]. Eine Beschränkung auf den Verbraucher sei auch durch die Verbraucherkreditrichtlinie vorgegeben und entspreche der neueren deutschen Gesetzgebung zum Verbraucherschutz[156]. Die Abgrenzung der selbständigen beruflichen Tätigkeit sei

---

[149] OLG Koblenz Urt. v. 24.7.1986 6 U 677/85, NJW 1987, S. 74.

[150] *Scholz*, Fünf Jahre Verbraucherkreditgesetz: Eine Rechtsprechungsübersicht, WM 1996, S. 1425, 1427.

[151] Heute Minder-/Kannkaufleute.

[152] *Reich*, Reform des Rechts des Konsumkredites, JZ 1980, S. 329, 332.

[153] *Benöhr*, Konsumentenschutz vor 80 Jahren, ZHR 138 (1974) S. 492, 496.

[154] *Scholz*, (Fast) 100 Jahre Abzahlungsgesetz, FLF 1994, S. 148.

[155] BT-Drucks. 11/5462, S. 11.

[156] BT-Drucks. 11/5462, S. 17.

außerdem sachgerecht, da die Betroffenen durch Ausbildung und Berufserfahrung weniger Schutz benötigten[157]. Schließlich scheitere eine Einbeziehung von Kleingewerbetreibenden bereits an der Schwierigkeit ihrer Abgrenzung[158].

In der Stellungnahme durch den Bundesrat wird der enge persönliche Anwendungsbereich kritisiert. Der Bedarf einer Eingrenzung wird aber anerkannt, es sei zum Beispiel sinnvoll, die freien Berufe auszuschließen. Insgesamt solle der Anwendungsbereich aber an die Formel vom Abzahlungsgesetz anknüpfen, da Kleingewerbetreibende und besonders die Existenzgründer schutzbedürftig seien[159]. Die Bundesregierung hält mit der ursprünglichen Begründung grundsätzlich an ihrem Modell fest, allerdings wurde die Anregung zu den Existenzgründern aufgenommen und die Formulierung „bereits ausgeübte" vorgeschlagen[160]. Auch der Rechtsausschuß befindet ein Schutzbedürfnis der Gewerbetreibenden, der Handwerker, der Landwirte und der Angehörigen der freien Berufe in der Phase der Existenzgründung bei Kreditbeträgen bis 100 000 DM[161]. Der Schutz der Existenzgründer findet sich dann auch in der verabschiedeten Fassung des Verbraucherkreditgesetzes. Obwohl die kleinen Gewerbetreibenden, die den historischen Grund für die Entstehung des Abzahlungsgesetzes bildeten, heute aus dem Schutz des Verbraucherkreditgesetzes herausfallen, ist mit den Existenzgründern ein kleiner Teil im Schutzbereich verblieben[162]. Der Ausschluß der Kleingewerbetreibenden wird mit der Regelung zu den Existenzgründern abgemildert. Im Rahmen der Schuldrechtsmodernisierung ist dieser Schutz des Existenzgründers beibehalten worden.

Die Formulierung des Verbraucherkreditgesetzes entstand aus einer eigenständigen Diskussion heraus ohne Anlehnung an andere Vorschriften, doch es finden sich auch Parallelen zu anderen Gesetzen. So gab es einen ähnlichen Schutz der Existenzgründer im Haustürwiderrufsgesetz. Aus dem Schutzbereich dieses Gesetzes fielen Kunden nur dann heraus, wenn sie „in Ausübung einer selbständigen Erwerbstätigkeit" handelten[163]. Auch der erste Entwurf der Verbraucherkreditrichtlinie hätte Existenzgründer und im Einzelfall Kleingewerbetreibende mit einbeziehen können. Art. 1 II a besagt, daß ein Verbraucher eine natürliche Person sei, die „überwiegend nicht im

[157] BT-Drucks. 11/5462, S. 17.
[158] BT-Drucks. 11/5462, S. 17.
[159] BT-Drucks. 11/5462, S. 34.
[160] BT-Drucks. 11/5462, S. 41.
[161] BT-Drucks. 11/8274, S. 20.
[162] *Drexel*, Wirtschaftliche Selbstbestimmung des Verbrauchers, S. 402 ff.
[163] § 6 Nr. 1 HausTWG.

Rahmen einer gewerblichen oder beruflichen Tätigkeit handelt"[164]. In der verabschiedeten Fassung aber findet sich die Formulierung, daß eine natürliche Person nur Verbraucher im Rahmen der Verbraucherkreditrichtlinie ist, wenn der Zweck „nicht ihrer beruflichen oder gewerblichen Tätigkeit zugerechnet werden kann"[165].

*(2) Umsetzung*

Nach § 507 BGB sind Existenzgründer in den Schutz des Verbraucherkreditrechts eingeschlossen. Ein Existenzgründer ist derjenige, der sich ein Darlehen für die Aufnahme einer gewerblichen oder selbständigen beruflichen Tätigkeit gewähren läßt. Die Formulierung unterscheidet sich von der des Verbraucherkreditgesetzes, indem dem Existenzgründer ein eigener Paragraph gewidmet wird. Er ist außerdem räumlich getrennt. Der Schutz des Existenzgründers muß nicht mehr aus dem Zusatz „bereits ausgeübte" extrahiert werden. Es wird auch deutlicher, daß es sich um eine zusätzliche Einbeziehung handelt, trotzdem kommt es aber zu keinen inhaltlichen Änderungen[166].

Existenzgründungsdarlehen sind im Gegensatz zu den Krediten für private Zwecke durch die Vorschrift in § 507 BGB[167] auf Kredite bis 50 000 €[168] begrenzt. Der Schutz des Abzahlungsgesetzes kannte kein Ausschlußkriterium, das vom Betrag des Kredites abhängig war. Im Gegensatz zum Abzahlungsgesetz sind heute also Geschäftsdarlehen von Kannkaufleuten, die nicht Existenzgründungsdarlehen unter 50 000 € sind, vom Schutz ausgenommen[169].

*(3) Abgrenzung*

Problematisch kann eine Abgrenzung der Kredite zur Existenzgründung von Krediten für die Erweiterung von gewerblichen oder selbständigen beruflichen Tätigkeiten sein. Ein Existenzgründungsdarlehen sollte es dem nicht- oder unselbständigen Kreditnehmer ermöglichen, sich selbständig zu machen. Insgesamt besteht eine Tendenz, den Tatbestand der Existenzgründung auszudehnen[170].

[164] *Kommission der Europäischen Gemeinschaft,* Vorschlag für eine Richtlinie des Rates zur Angleichung des Rechts- und Verwaltungsvorschriften der Mitgliedstaaten über den Verbraucherkredit, KOM (1979) 69 endg., ABl. C 80 v. 27.3.1979, S. 4.

[165] Art. 1 II a VerbrKrRL.

[166] Die neue Formulierung führt allerdings zu einer Beweislastumkehr.

[167] § 3 I Nr. 2 VerbrKrG.

[168] Siehe aufgrund ihres Vertragswertes ausgeschlossene Verträge, S. 132 ff.

[169] *Schmidt,* Der Einfluß der europäischen Richtlinie auf innerstaatliches Privatrecht ,S. 1, 9.

[170] *Scholz,* Selbständig-scheinselbständig-unselbständig? Zur (Nicht-) Anwendung des Verbraucherkreditgesetzes, FLF 2000, S. 53, 54.

Die Gründung könnte sich in der Eröffnung des Ladengeschäfts, der Aufnahme der Produktion oder im Beginn des Angebots von Dienstleistungen manifestieren[171]. Auch eine Vor-Gründungsgesellschaft könnte so in den Schutzbereich des Verbraucherkreditrechts fallen. Umstritten ist dies bei der Vor-GmbH und Vor-AG. Nach *Ulmer* gilt der Schutz zwar auch für Vor-GmbH und Vor-AG[172], aber nach *Bülow* ist eine Vor-GmbH eine quasi-juristische Person, welche nicht Verbraucher sein kann, auch nicht durch ihre Gesellschafter, wie *Ulmer* argumentiert. Außerdem würde bereits der Abschluß des notariellen Vertrages eine Gewerbeausübung darstellen[173]. *Kessal-Wulf* spricht sich gegen eine Berücksichtigung von Personenhandelsgesellschaften und ihren Vor-Gründungsgesellschaften aus, da ihre Rechtsfähigkeit dagegen spreche[174].

Auch in der Rechtsprechung ist die Anerkennung von Vorgesellschaften als Kreditnehmer, die in den Schutzbereich des Verbraucherkreditrechts fallen, problematisch. Eine Vor-GmbH konnte nach dem BGH in den Schutz des Abzahlungsgesetzes fallen, selbst dann, wenn es sich um eine Handelsgesellschaft handelte. Nicht die Kaufmannseigenschaft, sondern die Eintragung in das Handelsregister entschied nach § 8 AbzG über die Anwendbarkeit des Abzahlungsgesetzes, dies liege im Sinne der Rechtssicherheit für den Verkäufer[175]. Dem wurde in einem späteren Urteil mit Hinblick auf das bereits eingeführte Verbraucherkreditgesetz, das nur noch natürliche Personen schützen würde, widersprochen. Danach war das § 8 AbzG auf eine im Gründungsstadium befindliche und später eingetragene GmbH nicht anwendbar[176]. Auf das Verbraucherkreditgesetz bezogen verwies das Landgericht Göttingen auf die allgemein angewandte Praxis, Vor-AGs und Vor-GmbHs schon vor ihrer Eintragung nach Handels- und Gesellschaftsrecht zu behandeln[177]. Die beschriebenen Entscheidungen sind Indiz für eine Konzentration bei solchen Vorgesellschaften auf die künftige juristische Person und nicht auf die natürlichen Gründer, und somit für eine Tendenz in der Rechtsprechung, Vor-GmbHs und Vor-AGs nicht als Kreditnehmer im Sinne des Verbraucherkreditgesetzes anzuerkennen[178].

Die Existenzgründungsphase ist abgeschlossen, wenn die erforderliche Grundausstattung mit Hilfe eigener Mittel angeschafft worden ist. Ein Kredit für die An-

---

171 OLG Hamm Urt. v. 28.7.1992 19 U 193/92, NJW 1992, S. 3179, 3180; *Ulmer*, in: MünchKomm, § 1 VerbrKrG, Rdnr. 26, 3. Aufl.
172 *Ulmer*, in: MünchKomm, § 1 VerbrKrG, Rdnr. 19, 3. Aufl.
173 *Bülow*, in: Heidelberger Kommentar, § 1 VerbrKrG, Rdnr. 40.
174 *Kessal-Wulf*, in: Staudinger, § 1 VerbrKrG, Rdnr. 28 f., 2001.
175 BGH Urt. v. 15.1.1987 III ZR 222/85, BGH NJW 1987, S. 1698 I. 1. B.
176 OLG Düsseldorf Urt. v. 19.8.1993, MDR 1994, S. 459 2. C.
177 LG Göttingen Beschl. v. 6.4.1995, NJW-RR 1995, S. 1315.
178 *Scholz*, Fünf Jahre Verbraucherkreditgesetz: Eine Rechtsprechungsübersicht, WM 1996, S. 1425, 1428.

schaffung zusätzlicher Geräte bei einem ausgeübten Gewerbe ist kein Existenzgründungsdarlehen[179]. Ein Kreditnehmer, der sich an einer Gesellschaft unternehmerisch beteiligen will, fällt in den Anwendungsbereich des Schutzgesetzes, wenn er nicht schon vorher an der Gesellschaft unternehmerisch beteiligt war[180].

Umstritten ist der Fall der wiederholten Existenzgründung. Nach einem Urteil des Oberlandesgerichts Nürnberg ist die Gründung jeder zweiten Existenz nicht durch das Verbraucherkreditgesetz erfaßt, da die erforderlichen Kenntnisse und Erfahrungen bereits erlangt worden sind[181]. Nach dem BGH ist das Verbraucherkreditgesetz anwendbar, wenn die Tätigkeit des Kreditnehmers mit dem bereits betriebenen Unternehmen in keinem Zusammenhang steht[182]. So ist nach dem BGH ein Franchisenehmer eines Reinigungssystems Existenzgründer, auch wenn er zuvor ein Einzelhandelsgeschäft für Schreib-, Spiel- und Kurzwaren betrieben hat[183]. Auch ein Franchisnehmer eines Vertriebssystems für Werbemittel und Dekorationsmaterial kann Existenzgründer sein, wenn er vorher geschäftsführender Gesellschafter einer GmbH war, die Leuchten vertrieb[184].

Es liegt dagegen keine Existenzgründung vor, wenn die alte und die neue Tätigkeit in einem Zusammenhang stehen. So ist der Getränkegroß- und –einzelhandelsvertreiber, der Getränkeautomaten für eine Schule leasen wollte, kein Existenzgründer[185]. Keine Existenzgründung lag vor, als beide Tätigkeiten im Bereich von Vertrieb von Informationsdienstleistungen mittels elektronischer Datenverarbeitung und Übermittlung zu finden waren und sich aufeinander bezogen. Die eigene Datenbank war lediglich eine Erweiterung der Vermittlungstätigkeit[186]. Insgesamt läßt sich eine Tendenz erkennen, daß die Gerichte bei der Anerkennung von Existenzgründern, die bereits eine gewerbliche oder selbständige Tätigkeit ausüben, zurückhaltender sind[187]. In der Literatur wird auf einen möglichen „überschießenden Schutz" aufmerksam gemacht, da ein Unternehmer, der ein weiteres Unternehmen gründet, sich einen „kleinen Konzern" schafft und von ihm Geschäftserfahrung erwartet werden kann[188]. Da es inhaltlich durch die Schuldrechtsmodernisierung nicht zu Veränderun-

---

[179] BGH Urt. v. 28.1.1997 XI ZR 251/95, MDR 1997, S. 438.
[180] *Bülow*, a.a.O. Rdnr. 40.
[181] OLG Nürnberg Urt. v. 17.1.1995 – 11 U 2737/94, WM 1995, S. 481, 482.
[182] BGH Urt. v. 14.12.1994 VIII ZR 99/94, BGHZ 128, S. 156, 162 f.
[183] BGH Urt. v. 14.12.1994 VIII ZR 46/94, WM 1995, S. 284.
[184] BGH Urt. v. 5.11.1997 VIII ZR 351/96, WM 1998, S. 126.
[185] BGH Urt. v. 3.11.1999 VIII ZR 35/99, WM 2000, S. 81.
[186] BGH Urt. v. 22.12.1999 VIII ZR 124/99, WM 2000, S. 429, 431.
[187] Siehe auch *Wiechers*, Die Rechtsprechung des Bundesgerichtshofs zum Verbraucherkreditgesetz, WM 2000, S. 1077, 1080.
[188] *Bülow*, a.a.O. Rdnr. 41.

gen kommt, ist diese Rechtsprechung auch auf Verbraucherkreditbestimmungen im BGB übertragbar.

### *2. Consumer Credit Act 1974*

Der Consumer Credit Act 1974 definiert den persönlichen Anwendungsbereich im Gegensatz zum deutschen Verbraucherkreditrecht lediglich nach den Merkmalen des Kreditnehmers[189]. Ein Kriterium, das auf der Zweckbestimmung des Kredites (purpose of loan test) beruht, wie im deutschen Verbraucherkreditrecht und in der Verbraucherkreditrichtlinie[190], wurde abgelehnt. Die Ablehnung des „purpose of the loan test"[191] ist bereits im Crowther Report begründet worden.

Entsprechend dem englischen Recht werden Existenzgründer im Consumer Credit Act 1974 nicht erwähnt, dagegen finden sich aber Regelungen zu Mietern im Consumer Credit Act 1974.

#### *a) Entstehung und Umsetzung*

Nach einer Untersuchung der geltenden Gesetzgebung und der jeweiligen Kriterien für die Bestimmung des Anwendungsbereichs durch die Crowther Committee wurden bemerkenswerte Unterschiede deutlich. Während der Moneylenders Act prüft, ob der Kredit im Rahmen einer gewerblichen Kreditvergabe gewährt wurde[192], prüfen die Bills of Sale Acts lediglich, ob Sicherheiten in Form von beweglichen Sachen gegeben wurden[193]. Der Hire-Purchase Act 1965 hingegen beschränkt sich auf ein Kreditlimit[194]. Diese unterschiedlichen Bestimmungen führten dazu, daß Kreditnehmer je nach Gesetz völlig willkürlich einmal unter den Schutz von diesen Verbraucherschutzgesetzen fielen und ein anderes mal nicht[195]. Diese Ausgangssituation war Anstoß für ein Überdenken der Anwendungsbereichskriterien, wobei kein Anspruch auf eine perfekte Lösung erhoben wurde. Die Crowther Committee fand verschiedene Differenzierungsmöglichkeiten[196], entschied sich dann aber für den „status of the borrower test". Gegen den „purpose of the loan test" spricht laut Crowther Report, daß er in der Praxis nur schwer anzuwenden sei, da der Kreditgeber verpflichtet wäre, den Zweck des Kredites festzustellen.

---

[189] *Goode*, March 2000, Rdnr. IC 23.9/425; siehe natürliche Person, S. 165 ff.
[190] Art. 1 II (a) VerbrKrRL; § 1 I VerbrKrG.
[191] Test der Zweckbestimmung oder Funktion des Kredites.
[192] „Lender is one who carries on or holds himself out to carrying on the business of lending and the loan is made in the course of that business", Crowther Report, para. 6.2.9.
[193] Crowther Report, para. 6.2.10.
[194] Crowther Report, para. 6.2.11.
[195] Crowther Report, para. 6.2.12.
[196] Crowther Report, para. 6.2.17.

Insgesamt wird diese Vorgehensweise im Crowther Report als nicht perfekt, aber als angemessen eingestuft. Allerdings wird auch auf die Nachteile verwiesen. Einerseits sei eine Umgehung der Schutzvorschriften möglich, indem der Kreditgeber zum Beispiel auf einen Antrag durch den Kreditnehmer auf ein Existenzgründungsdarlehen[197], welches aus dem Schutzbereich des Gesetzes fallen würde, bestehe. Das deutsche Verbraucherkreditrecht entgeht diesem Problem mit einem Umgehungsverbot. Andererseits wird in Frage gestellt, ob eine Ein-Mann-Gesellschaft[198] einem Privatmann tatsächlich überlegen sein muß[199].

Der Consumer Credit Act 1974 geht mit dem „status of the borrower test" auch innerhalb des englischen Rechts einen eigenen Weg, da Supply of Goods (Implied Terms) Act 1973 und Unfair Contract Term Act 1977 den „purpose of use test" zur Grundlage nehmen. Es gab Überlegungen durch die britische Regierung, sich durch den Ausschluß von Krediten für Nichtverbraucher dem engeren Anwendungsbereich der Verbraucherkreditrichtlinie anzupassen[200]. Diese Überlegungen sind nun aber im Sande verlaufen[201]. Auch wurde zeitweise überlegt sich der Verbraucherkreditrichtlinie durch die Übernahme des „purpose of loan test" anzupassen[202].

Der „Director General of Fair Trading" untersuchte, auf eine Anfrage durch die „Deregulation Task Force" über eine Eingrenzung des Anwendungsbereichs hin, die Möglichkeit einer Ausweitung des Anwendungsbereiches des Consumer Credit Act 1974[203]. Im Speziellen wurde die Einbeziehung von „small companies" diskutiert, was wohl im weiteren Sinne der Diskussion in Deutschland zur Einbeziehung von Kleingewerbetreibenden entspricht.

---

197 Loan forming a company.

198 Single member company, Companies (Single Member Private Limited Companies) Regulations 1992, S I 1992/1699, reg. 2 II (seit 1992 auch im Vereinigten Königreich möglich, auf eine Koordinierungsinitiative des Rates der europäischen Gemeinschaften hin: *Rat der Europäischen Gemeinschaft*, Zwölfte Richtlinie (1989/667/EWG) v. 21.12.1989 auf dem Gebiet des Gesellschaftsrechts betreffend Gesellschaften mit beschränkter Haftung mit einem einzigen Gesellschafter, ABl. L 395 v. 30.12.1989, S. 40, Art. 2 I).

199 Crowther Report, para. 6.2.34.

200 *Department of Trade and Industry*, DTI Department for Enterprise, *Lord Young*'s White Paper on the new role of the Department of Trade and Industry, cm 278, 12.1.1988, Rdnr. 2.36.

201 *Goode*, March 2000, Rdnr. IIB 5.8/128.

202 *Goode*, a.a.O. Rdnr. IC 23.9/425.

203 1988 schlug die britische Regierung vor, alle Kredite an Gewerbe auszuschließen. Die Idee erfuhr eine Wiederbelebung 1993 durch die „Deregulation Task Force". Die „Task Force" ist auf das „Board of Trade" zurückzuführen. *Office of Fair Trading*, Consultation Document on the Treatment of Business Consumers under the Consumer Credit Act 1974, September 1993 , para. 1.2.

*b) Existenzgründer*

Existenzgründungsdarlehen sind für den Anwendungsbereich des Consumer Credit Act 1974 weniger problematisch. Im Consumer Credit Act 1974 fehlt es am Ausschlußkriterium des gewerblichen oder beruflichen Zweckes. So können Kredite an natürlichen Personen zur Existenzgründung, wie auch für einen bereits ausgeübten gewerblichen oder beruflichen Zweck in seinen Anwendungsbereich fallen. Wenn eine Gesellschaft gegründet wird, kann diese noch nicht existierende Gesellschaft aber keine Verträge abschließen, noch kann ein Vertrag im Namen einer noch nicht existierenden Gesellschaft abgeschlossen werden.

Die Gründung einer Gesellschaft verläuft in England nach anderen Regeln als in Deutschland. Es besteht nicht wie im deutschen Recht bereits mit der Vor-GmbH ein Gebilde, das teilweise unter das Recht der rechtsfähigen GmbH und so einer juristischen Person fällt, soweit keine Eintragung durch Gesetz vorausgesetzt wird[204], die identisch mit der späteren GmbH ist und somit bereits wirksame Verträge schließen kann.

Eine Gründung bedarf in England der Initiative von „promoters"[205], der weder durch Gesetz noch von den Gerichten klar definiert ist[206]. Sie übernehmen seit Jahrhunderten die Aufgabe, alle notwendigen Voraussetzungen für die Gründung und Anmeldung einer Gesellschaft zu schaffen.

> „A promoter...is one who undertakes to form a company with reference to a given project, and set it going, and who takes the necessary steps to accomplish the purpose."[207]

Aber auch wer „directors"[208] vermittele, wer Aktien plaziere oder wer Vorverträge aushandele, fällt darunter[209]. Schließlich ist auch jemand, der bei der Emission des Kapitals[210] hilft, ein „promoter"[211]. Keine „promoter" sind dagegen Anwälte und Buchhalter, wenn sie lediglich innerhalb ihrer Verwaltungsfunktion handeln[212]. In der Regel handelt es sich aber heute um Fachleute[213]. Jeder „promoter" handelt in treuhänderischer Eigenschaft gegenüber der Gesellschaft[214].

---

[204] *Eisenhardt*, Gesellschaftsrecht, Rdnr. 690.
[205] Gründer.
[206] *Gower / Prentice / Pettet*, Principles of Modern Company Law, S. 297.
[207] *Zwycross v. Grant* 46 LJQB 636.
[208] Geschäftsführer, Vorstands- oder Aufsichtsratsmitglieder.
[209] *Bagnall v. Carlton* (1877) 6 Ch.D. 371.
[210] Floating off of its capital.
[211] *Lagunas Nitrate Co. v. Lagunas Syndicare* [1899] Ch.D. 392, 428.
[212] *Bagnall v. Carlton* (1877) 6 Ch.D. 371.
[213] *Gower / Prentice / Pettet*, a.a.O. S. 296.
[214] *Gower / Prentice / Pettet*, a.a.O. S. 298.

Da eine noch nicht gegründete Gesellschaft keine Verträge eingehen kann, binden Vorverträge entweder den „promoter“ selber, oder sie bleiben unverbindlich[215]. Ersteres ist unproblematisch, wenn, wie es oft der Fall ist, der „promoter“ später „director“ wird. Ein unverbindlicher Vertrag wird aber nicht gewollt sein, wenn die zukünftige Gesellschaft den Geschäftsbetrieb eines Dritten kaufen soll. Hier muß ein „post-incorporation“ Vertrag abgeschlossen werden[216]. Es handelt sich dann um einen Vertrag im Namen einer juristischen Person[217]. Daraus ergibt sich, daß, soweit die Existenzgründungsdarlehen mit einem „promoter“ abgeschlossen werden und diese natürliche Personen sind, diese Kredite in den Schutzbereichs des Consumer Credit Act 1974 fallen können. Ein „post-incorporation“ Vertrag fällt dagegen nicht in den Anwendungsbereich des Consumer Credit Act 1974.

Gründer eines „small business“, in der Regel eine Existenzgründung, erhalten wenig Hilfe vom englischen Staat. Sie beziehen die Geldmittel hauptsächlich von Banken und der Staat unterstützt sie nur durch einige Förderprogramme. In manchen Regionen kann man Förderung durch „Regional Selective Assistance“ erhalten. Das „Department of Trade and Industry“ bürgt unter Umständen für Kredite eines „small business“, dem es in der Regel noch an einem „track record“ fehlt, und so kaum Geld von einer Bank bekommen würde[218]. Für die Ausbildung der Mitarbeiter kann man „Small Firms Training Loans“ vom „Department for Education and Employment“ oder den großen Banken beantragen[219]. Neben den Banken, die alle auch „small business“-Programme haben, gibt es schließlich eine Reihe von privaten und öffentlich geförderten Zusammenschlüssen von Geschäftsleuten, die Gründern ihre Unterstützung anbieten[220].

---

[215] *Gower / Prentice / Pettet*, a.a.O. S. 305.

[216] Die „promoters“ bereiten hier vor Gründung der Gesellschaft den Entwurf eines Vertrages zwischen der Gesellschaft und der anderen Partei vor (*Morse / Charlesworth*, Company Law, S. 110), welcher durch die andere Partei und im Namen der Gesellschaft nach der Gründung, gemäß einer Klausel im Gesellschaftsvertrag, vollzogen wird (post-incorporation contract).

[217] Aber selbst mit einem „post-incorporation“ Vertrag muß der „promoter“ noch aus seiner Haftung entlassen werden (*Gower / Prentice / Pettet*, a.a.O. S. 310). Entsprechende Vorkehrungen sind im Gründungsvertrag enthalten (*Gower / Prentice / Pettet*, a.a.O. S. 306). Die Haftung des „promoters“ ist auch nicht mehr, wie dies in früheren Entscheidungen zu finden war, von der Formulierung des Vertrages abhängig. Diese Unterscheidung wurde durch S. 36 I Companies Act 1985 aufgehoben. Eine Haftung der Gesellschaft für Verträge, die vor ihrer Gründung geschlossen worden sind, wurde für das englische Recht vorgeschlagen (*Departments of State and official Bodies (England), Board of Trade*, Company Law Committee, Report of the Company Law Committee, Chairman: *Lord Jenkins, David Llewelyn Baron*, cm 1749, London 1962, para. 44), aber nie umgesetzt.

[218] „Small Firms Loan Guarantee Scheme“.

[219] *Department of Trade and Industry*, A Guide to Help for Small Business, URN 99/1112, London January 2000, S. 11-13.

[220] „Business Links“, „Local Enterprise Agencies“, „Enterprise Zone“.

*c) Mieter*

Der Consumer Credit Act 1974 schützt auch den „hirer"[221] bei „consumer hire agreements"[222]. Der „hirer" muß wie der „debtor" ein „individual" sein. Sie werden aber separat betrachtet, da ein „hirer" weniger Schutz als ein „debtor" durch den Consumer Credit Act 1974 erfährt. Zum Beispiel wird der „hirer" in S. 56 I b CCA nicht erwähnt und hat deswegen bei vorausgehenden Verhandlungen keinen besonderen Schutz.

*III. Zusammenfassung*

Abschließend läßt sich sagen, daß im persönlichen Anwendungsbereich ein erheblicher Unterschied zwischen dem deutschen Verbraucherkreditrecht und dem Consumer Credit Act 1974 in Bezug auf die Kreditnehmer besteht. Beide lassen im weiteren Sinne nur natürliche Personen zu, dies wird aber im deutschen Verbraucherkreditrecht durch das Kriterium des privaten Zwecks weiter eingeschränkt. Von dieser Einschränkung ist im Consumer Credit Act 1974 bewußt abgesehen worden, und so fallen grundsätzlich alle Kredite unter £ 25 000 an nicht juristische Personen in den Anwendungsbereich. In einem gewissen Maß ist aber auch der Anwendungsbereich des Verbraucherkreditrechts durch die Einbeziehung von Existenzgründern erweitert.

Entsprechend der Verbraucherkreditrichtlinie beschränken beide Gesetze ihren Anwendungsbereich auf natürliche Personen im weiteren Sinne. Bei einer genaueren Betrachtung werden aber Unterschiede sichtbar. So beschränkt der Consumer Credit Act 1974 seinen Anwendungsbereich im Gegensatz zum Verbraucherkreditgesetz auf „nichtjuristische" und nicht auf „natürliche" Personen. Da auch keine Zweckbestimmungen erfüllt werden müssen, können so in der Regel im Gegensatz zum deutschen Verbraucherkreditrecht Personengesellschaften und andere Personenzusammenschlüsse in seinen Anwendungsbereich fallen[223]. Dies ist darauf zurückzuführen, daß auch kleiner Unternehmen wenig Einfluß auf die Vertragsgestaltung haben[224]. In England hat dieser weitere Anwendungsbereich eine ausgiebige Diskussion über die Einbeziehung oder den Ausschluß von „small companies" vom Anwendungsbereich des Consumer Credit Act 1974 angeregt. In Deutschland wurde diese Diskussion vor allem mit Hinblick auf den Schutz durch das Abzahlungsgesetz geführt und dann durch die Einbeziehung von Existenzgründungsdarlehen in den Schutzbereich des Verbraucherkreditgesetzes beendet. In England ist das Existenzgründungsdarlehen als Rechtsbegriff wiederum unbekannt.

---

[221] Mieter.

[222] S. 15 CCA.

[223] *Blaurock*, Verbraucherkredit und Verbraucherleitbild in der Europäischen Union, JZ 1999, S. 801, 804 f.

Die Diskussion über die Einbeziehung von „small companies" in England, ist auf die anderen Voraussetzungen zurückzuführen, die erfüllt werden müssen, damit eine „private limited company" und so eine juristische Person gegründet werden kann. Da kein Mindestkapital zu zahlen ist, ist es möglich, daß mehr Kleingewerbetreibende diese Entlastung wählen. Wenn mehr Kleingewerbetreibende den Status einer juristischen Person erlangen, ist eine Diskussion sinnvoll, ob juristische Personen wirklich generell ausgeschlossen werden sollten. Im deutschen Recht wäre eine solche Diskussion allerdings sinnlos, da Kleingewerbetreibende, die nicht unter Existenzgründer fallen, bereits wegen des kommerziellen Zwecks ihrer Kredite aus dem Schutz des Verbraucherkreditrechts fallen. Schließlich ist aber auch darauf hinzuweisen, daß nach dem Verbraucherkreditrecht „privater Kredit" weit gefaßt ist, da der Zweck aus dem Kreditvertrag selber hervorgehen und sich außerdem auf eine nichtselbständige Tätigkeit beziehen muß.

Die Feststellung des Geschäftszwecks stellt im deutschen Recht im Gegensatz zum Consumer Credit Act 1974 sicher, daß nur der private Endverbraucher in den Anwendungsbereich des Schutzgesetzes fällt[225]. Die Ablehnung des „purpose of the loan test"[226] ist bereits im Crowther Report begründet worden. Gegen ihn spreche, daß er in der Praxis nur schwer anzuwenden sei, da der Kreditgeber verpflichtet wäre, den Zweck des Kredites festzustellen. Das deutsche Verbraucherkreditrecht umgeht diese Problematik, indem sich der Zweck aus dem Kreditvertrag ergeben muß. Außerdem geht der BGH bei der Frage des Verbraucherstatus eines beitretenden Schuldners davon aus[227], daß es wegen der ihm entstehenden Vorteile für den Kreditgeber nicht problematisch und durchaus zuzumuten sei, den Zweck des Kredites durch eine schlichte Befragung zu erfahren. Diese Meinung wird in der deutschen Literatur allerdings nicht unbedingt geteilt[228].

Interessant ist die Behandlung von gemeinsamen Beteiligungen von natürlichen und juristischen Personen als Kreditnehmer an einem Kreditvertrag. In Deutschland wird entweder davon ausgegangen, daß der Vertrag nicht in den Schutzbereich des Verbraucherkreditrechts fallen kann, wenn der Vertrag überwiegend nicht privaten Zwecken dient. Nach einer anderen Meinung ist es möglich, natürlichen Personen diesen Schutz zu gewähren und den juristischen Personen nicht. In Großbritannien dagegen fällt der gesamte Kredit unter den Consumer Credit Act 1974, wenn mindestens eine natürliche Person nicht nur haftet, sondern auch an der Leistung teilhat, das heißt

---

[224] *Blaurock*, a.a.O. S. 801, 806.
[225] *Blaurock*, a.a.O. S. 801, 806.
[226] Test der Zweckbestimmung oder Funktion des Kredites.
[227] BGH Urt. v. 5.6.1996 VIII ZR 151/95, Entscheidungsgründe: II 1.c.aa.

in der Regel, daß die Kreditsumme teilweise auch an die natürliche Person ausgezahlt wird.

Während das deutsche Verbraucherkreditrecht weitgehend den Vorgaben der Verbraucherkreditrichtlinie folgt und nur Existenzgründer aufgrund der Vorgaben des Abzahlungsgesetzes zusätzlich in seinen Anwendungsbereich einschließt, weicht der ältere Consumer Credit Act 1974 von den Vorgaben ab und verzichtet auf die Zweckbestimmung. Eine Initiative, den Consumer Credit Act 1974 der Verbraucherkreditrichtlinie anzugleichen, scheiterte.

## B. Kreditgeber und Kreditvermittler

Der Anwendungsbereich der Schutzgesetze ist auch durch Bestimmungen zum Kreditgeber begrenzt. Die Regelungen zu Kreditgebern im Verbraucherkreditrecht und im Consumer Credit Act 1974 entsprechen der Vorschrift in der Verbraucherkreditrichtlinie, die Regelungen zu Kreditvermittlern dagegen finden keine Entsprechungen in der Verbraucherkreditrichtlinie.

Ein Kreditgeber im Sinne der Verbraucherkreditrichtlinie ist eine natürliche oder juristische Person, die in Ausübung ihrer gewerblichen oder beruflichen Tätigkeit einen Kredit gewährt[229]. Die Verbraucherkreditrichtlinie enthält keine Regelungen zu Kreditvermittlern.

### *I. Kreditgeber*

#### *1. Kreditgeber im Sinne des Verbraucherkreditrechts*

Ein Kreditgeber, im Sinne des Verbraucherkreditrechts, ist jeder Unternehmer, der einen Kredit gewährt[230]. Ein Unternehmer ist jede Person, die in Ausübung ihrer gewerblichen oder beruflichen Tätigkeit das Rechtsgeschäft abschließt. Der Kreditgeber muß also eine Person sein. Darunter fallen auch rechtsfähige Personengesellschaften. Zusätzlich muß der Kredit im Rahmen der gewerblichen oder beruflichen Tätigkeit gewährt werden[231].

---

[228] *Ulmer*, in: MünchKomm, § 1 VerbrKrG, Rdnr. 33, 3. Aufl.
[229] Art. 1 II b VerbrKrRL.
[230] §§ 491 I, 499 I BGB i.V.m. § 14 I BGB (§ 1 I VerbrKrG, geändert durch das Gesetze über Fernabsatzverträge und andere Fragen des Verbraucherrechts, BGBl. I 2000, S. 897 v. 29.6.2000, Neufassung BGBl. 2000 I, S. 940 v. 30.6.2000 (in Kraft seit 1.10.2000); grundlegende inhaltliche Änderungen zwischen der Rechtslage vor und nach dem 1.10.2000 ergeben sich aber nicht, *Kessal-Wulf*, in: Staudinger, § 1 VerbrKrG, Rdnr. 3, 2001).
[231] § 14 I BGB.

*a) Entstehung*

Im Abzahlungsgesetz finden sich nur wenige Hinweise zum persönlichen Anwendungsbereich. So gab es im Gesetz auch keine Bestimmung, wer alles unter den Begriff „Verkäufer" fallen konnte. Das Abzahlungsgesetz war deshalb auch auf Geschäfte anwendbar, die unter Privatleuten geschlossen wurden. Der Verkäufer mußte weder kaufmännisch, noch gewerbstätig oder wiederholt tätig geworden sein[232].

Die Definition im Verbraucherkreditgesetz entsprach bereits seit jeher, das heißt vor Inkrafttreten des Gesetzes über Fernabsatzverträge und andere Fragen des Verbraucherrechts, weitgehend der Formulierung in der Verbraucherkreditrichtlinie[233]. Im Unterschied ist in der Verbraucherkreditrichtlinie aber „Person", als natürliche oder juristische Person ausdifferenziert, und in der verabschiedeten Fassung findet sich außerdem der Zusatz „oder einer Gruppe solcher Personen". Diese Genauigkeit findet sich nun auch in der Definition des Unternehmers im BGB[234]. Es muß sich um eine natürliche oder juristische Person oder eine rechtsfähige Personengesellschaft handeln[235].

*b) Umsetzung*

*(1) Person*

Der Kreditgeber muß eine natürliche oder juristische Person sein. Auch die Formulierung „Person" in der Fassung des Verbraucherkreditgesetzes vor der Umsetzung der Fernabsatzrichtlinie schloß bereits sowohl die natürliche, als auch die juristische Person mit ein. Der Kreditgeber muß lediglich Rechtsfähigkeit besitzen.

Umstritten war lange die Situation bei Teilrechtsfähigkeit. Der Literatur zufolge konnte auch eine Teilrechtsfähigkeit ausreichend sein[236]. Die Einbeziehung von teilrechtsfähigen Personenvereinigungen, denen es an einer ausdrücklichen Regelung zur rechtlichen Selbständigkeit fehlt, wie zum Beispiel in § 124 BGB für offene Handelsgesellschaften[237], wurde befürwortet[238]. In der Rechtsprechung hatte sich diese Ansicht aber noch nicht durchgesetzt. In einem Urteil des Bundesarbeitsgerichtes heißt es, daß die Gesellschaft bürgerlichen Rechts keine Rechtspersönlichkeit und insbesondere keine juristische Person sei. Es handele sich lediglich um „einen Zusammenschluß von

[232] *Peters*, Das Abzahlungsgesetz und der private Verkäufer, JZ 1986, S. 409, 410; a.A. *Ulmer*, in: MünchKomm, AbzG § 1 Rdnr. 3 f., 2. Aufl.

[233] Art. 1 II b VerbrKrRL.

[234] Die Definition des Kreditgebers wurde in der Diskussion, die der Verabschiedung des Verbraucherkreditgesetzes voraus ging, nicht thematisiert.

[235] § 14 I BGB.

[236] *Ulmer*, in: MünchKomm, § 1 VerbrKrG, Rdnr. 9, 3. Aufl.

[237] §§ 105 ff. BGB.

[238] *Schmidt*, Gesellschaftsrecht, § 58 IV, S. 1439 ff.

natürlichen und juristischen Personen", welcher kein „von einen Mitgliedern losgelöstes, selbständiges Subjekt" sei. Es würden die gesamthänderisch verbundenen Mitglieder handeln[239]. Da es sich nicht um ein selbständiges Subjekt handelte, konnte dieser Zusammenschluß nicht in den Anwendungsbereich des Verbraucherkreditgesetzes fallen. Der Gesetzgeber folgte bei der Verabschiedung des Gesetzes über Fernabsatzverträge und andere Fragen des Verbraucherrechts der Literatur. Nach § 14 BGB fallen „rechtsfähige Personengesellschaften" nun ausdrücklich unter den Unternehmerbegriff. Eine rechtsfähige Personengesellschaft liegt vor, wenn eine Personengesellschaft befähigt ist, Rechte zu erwerben und Verbindlichkeiten einzugehen[240]. Mit dieser etwas unklaren Formulierung[241] scheint die strittige Frage der teilrechtsfähigen Personenvereinigungen entschieden. Die Erwähnung einer rechtsfähigen Personengesellschaft läßt auf die Einbeziehung von offenen Handelsgesellschaften, Kommanditgesellschaften, Partnerschaften und europäischen wirtschaftliche Interessensvereinigungen schließen[242]. Die Diskussion um die Gesellschaften bürgerlichen Rechts geht dagegen weiter[243].

*(2) gewerbliche oder berufliche Tätigkeit*

Der Kreditgeber muß außerdem im Rahmen einer gewerblichen oder beruflichen Tätigkeit handeln[244]. Damit wird die nicht gewerbliche oder selbständige berufliche Tätigkeit in der Definition des Verbrauchers in der Definition des Kreditgebers gespiegelt[245]. Dies unterscheidet sich grundlegend von der Rechtslage, die sich aus dem Abzahlungsgesetz ergab, wonach das private Abzahlungsgeschäft vom Schutzbereich nicht ausgeschlossen war[246]. Die Qualifikation, daß der Kreditgeber im Rahmen einer gewerblichen oder beruflichen Tätigkeit handeln muß, wurde durch den Gesetzgeber bereits im Verbraucherkreditgesetz zur Ausklammerung von privaten Geschäften geschaffen. Diese privaten Geschäfte beruhten auf altruistischen Motiven und hätten nur eine geringe praktische Bedeutung. Außerdem paßten auf sie nicht die Regelungen, die für kommerzielle Kredite geschaffen worden seien[247]. Für Neuverträge ist auf jeden

---

[239] BAG Urt. v. 6.7.1989, 6 AZR 771/87, II 2. b) aa).

[240] § 14 II BGB.

[241] *Flume*, Vom Beruf unserer Zeit für Gesetzgebung, ZIP 2000, S. 1427, 1428.

[242] *Heinrichs*, in: Palandt, § 14 BGB, Rdnr. 3, 60. Aufl.; Dies entspricht auch Art. 1 II (b) VerbrKrRL, der auch Gruppen als Kreditgeber zuläßt.

[243] *Bülow / Arzt*, Fernabsatzverträge und Strukturen eines Verbraucherprivatrechts im BGB, NJW 2000, S. 2049, 2051; BGH Urt. v. 27.9.1999 II ZR 371/98, NJW 1999, S. 3483; *Ulmer*, Unbeschränkte Gesellschafterhaftung in der Gesellschaft bürgerlichen Rechts, ZGR 2000, S. 339, 349.

[244] § 14 I BGB.

[245] *Kessal-Wulf*, in: Staudinger, § 1 VerbrKrG, Rdnr. 6, 2001.

[246] BGH Urt. v. 12.6.1991 VIII ZR 256/90, BGHZ 114, S. 393, 396.

[247] BT-Drucks. 11/5462 Anlage 2, S. 17.

Fall nun auch die Erfüllung der Voraussetzung der Selbständigkeit unumgänglich. Dies ändert aber nicht die Rechtslage, da Nichtselbständige in der Regel in fremden Namen handeln[248].

Eine gewerbliche Tätigkeit ist eine „offene, planmäßige, erlaubte, auf Gewinnerzielung gerichtete und selbständige Tätigkeit mit Ausnahme der freien Berufe“[249]. Die Absicht der Gewinnerzielung macht es aber nicht erforderlich, daß die Leistung durch das Entgelt aufgewogen wird[250]. Die Gewinnerzielung muß sich auch nicht unbedingt auf die Kreditgewährung, sondern auf die Tätigkeit, mit der die Kreditgewährung in einem sachlichen Zusammenhang steht, beziehen[251]. Laut der neueren Literaturmeinung ist die Gewinnerzielung gänzlich entbehrlich[252]. In der Rechtsprechung wird aber immer noch eine Erwerbsabsicht gefordert, auch wenn dies durch eine „mühsame und provisorische Begründung“[253] bestätigt wird[254].

Berufliche Tätigkeiten sind die sonstigen offenen, erlaubten, auf Dauer angelegten, entgeltlichen und selbständigen Tätigkeiten. Eine Tätigkeit ist selbständig, wenn sie in eigener Verantwortung ausgeübt wird. Vertreter- und Gehilfentätigkeiten entfallen also[255]. Im Gegensatz zur Definition des Kreditnehmers fehlt es an der ausdrücklichen Forderung nach Selbständigkeit. Dies ist aber unproblematisch, weil ein Kredit durch einen abhängigen Kreditbeschaffer in der Regel nicht kommerzieller Natur ist[256].

Der Kredit muß in einem sachlichen Zusammenhang mit dieser gewerblichen oder beruflichen Tätigkeit stehen[257], das heißt, daß die Kreditgewährung nicht der eigentliche Inhalt der Tätigkeit sein, aber ein inhaltlicher Zusammenhang bestehen muß[258]. Umstritten ist aber, inwieweit Kreditvergabe und berufliche und gewerbliche Tätigkeit verbunden sein müssen und ob eine gewisse Häufigkeit der Kreditvergabe verlangt wird[259]. Nach der herrschenden Literaturmeinung ist eine erstmalige oder einmalige Kreditvergabe ausreichend, wenn sie Folge der gewerblichen oder berufli-

[248] *Kessal-Wulf*, a.a.O. Rdnr. 6.
[249] *Eisenhardt*, Gesellschaftsrecht, Rdnr. 20.
[250] BGH Urt. v. 7.7.1960 VIII ZR 215/59, BGHZ 33, S. 321, 327 f.
[251] *Bülow*, in: Heidelberger Kommentar, § 1 VerbrKrG, Rdnr. 17.
[252] *Schmidt*, Handelsrecht, § 9 IV 2 (d); *Kessal-Wulf*, a.a.O. Rdnr. 7, 12; *Heinrichs*, in: Palandt, § 14 VerbrKrG, Rdnr. 2. 60. Aufl.
[253] *Schmidt*, Handelsrecht, § 9 IV 2 (d).
[254] Z.B. BGH Urt. v. 2.7.1985, X. ZR 77/84, BGHZ 95, S. 155, 158 f.
[255] *Ulmer*, in: MünchKomm, § 1 VerbrKrG, Rdnr. 11, 3. Aufl.
[256] *Bülow*, a.a.O. Rdnr. 18.
[257] *Ulmer*, a.a.O. Rdnr. 12.
[258] *Bülow*, a.a.O. Rdnr. 17.
[259] *Martis*, Die Anwendbarkeit des Verbraucherkreditgesetzes, MDR 1998, S. 1189, 1190.

chen Tätigkeit ist oder damit zusammenhängt[260]. Das Oberlandesgericht Düsseldorf entschied dagegen, daß eine erstmalige oder gelegentliche Kreditgewährung nicht ausreiche, wenn sie nicht die eigentliche Tätigkeit darstelle. Im Verfahren ging es um eine Druckerei, die ihre gebrauchten Maschinen verkaufte[261].

Im Zweifel handelt ein gewerblicher oder beruflicher Kreditgeber in Ausübung seiner gewerblichen oder beruflichen Tätigkeit[262]. Die Beweislast, daß der Kredit nicht innerhalb des Schutzbereichs des Verbraucherkreditrechts fällt, liegt beim Kreditgeber[263].

*(3) Öffentliche Hand*

Darlehen durch die öffentliche Hand sind vom Schutzbereich des Verbraucherkreditrechts nicht grundsätzlich ausgeschlossen worden. Dies gilt sowohl, wenn es zu einer Darlehensvergabe durch Einschaltung eines privatrechtlichen Kreditinstituts, als auch, wenn die öffentliche Hand unmittelbar oder unter Zwischenschaltung öffentlich-rechtlicher Kreditinstitute beteiligt ist[264]. Es muß differenziert werden zwischen der Ausübung einer hoheitlichen Aufgabe und der Teilnahme am privaten Wettbewerb durch die öffentliche Hand, da im letzteren Fall Gewerblichkeit vorliegt, und der Kredit somit unter das Verbraucherkreditgesetz fallen könnte. Bei mehrstufigen Vergabeverhältnissen ist der letzte Akt der Kreditgewährung ausschlaggebend[265].

Kredite aus öffentlicher Hand im Rahmen der Förderung des Wohnungswesens und des Städtebaus unter den marktüblichen Zinsen sind gegebenenfalls vom Anwendungsbereich des Verbraucherkreditgesetzes vollkommen ausgenommen[266].

*2. Kreditgeber im Sinne des Consumer Credit Act 1974*

Der Kreditgeber wird in S. 189 I CCA als Person definiert, die Kredit im Rahmen eines Verbraucherkreditvertrages zur Verfügung stellt oder die damit in Verbindung stehenden Rechte und Pflichten durch Abtretung oder kraft Gesetzes erlangt.

*a) Entstehung*

Die Crowther Committee stellt in ihren Ausführungen zum „Consumer Credit“ ausdrücklich fest, daß ein Festmachen des Anwendungsbereichs am Status des Kreditge-

---

[260] *Martis*, a.a.O. S. 1189, 1190.
[261] OLG Düsseldorf Urt. v. 10.2.1995 7U 191/94, OLGR Düsseldorf 1995, 117.
[262] *Bülow*, a.a.O. Rdnr. 18.
[263] *Ulmer*, a.a.O. Rdnr. 13.
[264] *Ulmer*, a.a.O. Rdnr. 14 f.
[265] *Kessal-Wulf*, a.a.O. Rdnr. 14.

bers sinnlos sei. Diese Vorgehensweise war in vorangegangenen Gesetzgebungen vorgefunden, aber als nicht zufriedenstellend befunden worden. Daß es sich um eine Bank handelt, wäre keine „ipso facto" Rechtfertigung, ihre Kredite aus dem Anwendungsbereich einer Schutzgesetzgebung zu nehmen. Wenn Probleme entstehen, sei es für den Kreditnehmer kein wirklicher Trost zu wissen, daß die Gegenpartei eine Bank sei[267].

*b) Umsetzung*

*(1) Person*

„Person" beinhaltet auch im englische Recht sowohl natürliche, als auch juristische Personen[268]. Der Kreditgeber kann also im Consumer Credit Act 1974 wie im BGB sowohl eine natürliche als auch eine juristische Person sein.

*(2) gewerbliche oder berufliche Tätigkeit*

Der Kreditgeber muß außerdem, wie nach dem BGB, in Ausübung seiner gewerblichen oder beruflichen Tätigkeit handeln. Wenn der Kreditgeber nicht im Rahmen seiner gewerblichen oder beruflichen Tätigkeit handelt, dann fällt der Kredit in die Kategorie „non-commercial agreement"[269] und ist somit teilweise nicht von den Regelungen des Consumer Credit Act 1974 betroffen[270]. So gelten für „non-commercial agreements" keine Formvorschriften und auch keine Widerrufsfrist[271], auch die Schutzvorschriften für verbundene Geschäfte[272] und die Informationspflichten[273] entfallen.

Nach S. 189 II CCA wird eine Person nicht als gewerblich oder beruflich handelnd eingestuft, wenn sie nur gelegentlich Verträge abschließt, die zu diesem Typus zu zählen sind:

> „A person is not to be treated as carrying on a particular type of business merely because occasionally he enters into transactions belonging to a business that type".

„In the course of a trade or business" war bereits vor Verabschiedung des Consumer Credit Act 1974 ein feststehender Ausdruck, der in verschiedenen englischen

---

266 § 491 II Nr. 4 BGB (§ 3 I Nr. 5 VerbrKrG); siehe aufgrund ihrer Vorzugszinsen und geringen Kosten ausgeschlossene Kreditverträge, S. 145.

267 Crowther Report, para. 6.2.32.

268 Interpretation Act 1978, Sch. 1, 41.

269 S. 189 I, V CCA.

270 S. 189 I CCA; *Goode*, March 2000, Rdnr. IIB 5.8/128.

271 Abschnitt V CCA.

272 S. 75 I CCA.

273 SS. 77-79, 107-110 CCA.

Gesetzen zu finden ist[274] und durch die Rechtsprechung weiter definiert wurde[275]. Unter den Begriff „business“ fallen nach dem Consumer Credit Act 1974 sowohl Beruf als auch Gewerbe[276]. Im Gegensatz zum deutschen Verbraucherkreditrecht kann eine Kreditvergabe oder eine andere Tätigkeit, die in den Anwendungsbereich des Consumer Credit Act 1974 fällt, aber in Ausübung jeglicher gewerblichen oder beruflichen Tätigkeit erfolgen. Es fehlt die Forderung nach einem sachlichen Zusammenhang von Kredit und Tätigkeit. Nur Kredite, die nicht innerhalb irgendeiner gewerblichen oder beruflichen Tätigkeit erfolgen, fallen als „non-commercial agreements“ teilweise nicht in den Anwendungsbereich des Consumer Credit Act 1974[277]. Die grundlegende Gerichtsentscheidung *Hare v. Schurek* widerspricht sich zwar teilweise selber. So wird aus dem Wortlaut nicht wirklich klar, ob „business“ im Sinne von „any business“ oder im Sinne von „consumer credit“, „consumer hire“ und „ancillary business“ zu verstehen ist. Diese Entscheidung wird aber trotzdem als eine Bestätigung gesehen, daß „business“ im Sinne von „any business“ gebraucht wird[278] und so die oben gemachten Aussagen unterstützt.

„Occasionally“ wird nicht weiter definiert. Nach dem „Office of Fair Trading“ lautet die Grundregel aber, daß eine Person, die ein Geschäft tätigt, welches eine Ausnahme darstellt und nicht zum regulären Geschäftsablauf gehört, sondern lediglich eine „one-off“ Handlung ist, keine Lizenz braucht. Es handelt sich dann um ein „non-commercial agreement“, welches größtenteils aus dem Schutzbereich des Consumer Credit Act 1974 herausfällt. Hierunter könnte zum Beispiel der Gefallen für einen Freund oder einen besonders wertvollen Kunden fallen[279]. Es ist nicht ausreichend, wenn der Kreditgeber nur gelegentlich solche Verträge eingeht[280]. Es muß eine gewisse Regelmäßigkeit, die den Abschluß solcher Verträge zu einem integrierten Teil der eigentlichen gewerblichen oder beruflichen Tätigkeit machen, vorliegen[281]. Allerdings könne auch ein einziger Vertrag, der lediglich der erste in einer Reihe von Verträgen ist, ausreichend sein[282]. Die Beweislast liegt beim Kreditgeber[283]. Ob es sich um ein „non-commercial agreement“ handelt oder nicht, ergibt sich also nicht aus einer Ver-

[274] S. 1 I a Trade Description Act 1968.
[275] *Davies v. Summer* [1984] 3 All ER 831.
[276] S. 189 I CCA.
[277] *Hare v. Schurek* [1999] GCCR 1669; *Goode*, March 2000, Rdnr. IIB 5.369/807 a.
[278] *Yelland, J. L.*, Case summary and comment, *Hare v. Schurek* [1999] GCCR, S. 1669, 1676.
[279] *Office of Fair Trading* (OFT 147), Do you need a credit licence? February 2000, S. 13.
[280] S. 189 II CCA.
[281] *Davies v. Summer* [1984] 3 All ER 831, 833 f.
[282] Re *Griffin, ex p Board of Trade* (1890) 60 LJQB 235, 237; a.A. *Cornelius v. Phillips* [1918] AC 199.
[283] *Goode*, a.a.O. Rdnr. IC 23.141/461.

bindung zwischen der gewerblich und beruflichen Tätigkeit und der Tätigkeit, die in den Anwendungsbereich des Consumer Credit Act 1974 fällt, sondern aus der Regelmäßigkeit jener Tätigkeit. Ein „non-commercial agreement“ liegt außerdem vor, wenn es sich um eine völlig private Angelegenheit handelt[284].

*(3) Öffentliche Hand*

Eine Differenzierung zwischen Kreditgebern und dem Kreditgeber öffentliche Hand ist eigentlich nach englischem Recht nicht vorgesehen, da nach englischer Rechtstradition die öffentliche Hand keine gesonderte Behandlung erfahren sollte. So ergibt sich aus den „constitutional principles“ die „rule of law“, wonach alle nach dem gleichen Recht und durch die gleichen Gerichte gerichtet werden sollen[285]. Dies wurde aber später durch *Dicey* selber modifiziert und heute wird öffentliches Recht als gerecht und mit der „rule of law“ vereinbar angesehen[286].

Zu Immobiliarkrediten können sich aus dem Consumer Credit Act 1974 einige Sonderregelungen für die öffentliche Hand ergeben. Immobilienkredite durch eine „local authority“ an einen Verbraucher können nach S. 16 I, II CCA und Art. 2 und dem Anhang der Consumer Credit (Exempt Agreement) Order 1989 vom Anwendungsbereich des Consumer Credit Act 1974 ausgenommen sein. Durch S. 16 VI A CCA werden außerdem Verbraucherkreditverträge ausgeschlossen, wenn der Kreditgeber eine „housing authority“ ist und der Vertrag eine Sicherheit in Form von einer Grundstückshypothek bestimmt[287].

*II. Kreditvermittler*

Durch die Einbeziehung von Kreditvermittler, obwohl Kreditvermittler keine Erwähnung in der Verbraucherkreditrichtlinie finden, gehen beide nationale Bestimmungen wieder weit über den von der Verbraucherkreditrichtlinie geforderten Verbraucherschutz hinaus. Fraglich bleibt, ob dies dem Schutzgedanken der Verbraucherkreditrichtlinie dient oder nur aufgrund von Sachzwängen in den entsprechenden Gesetzen geschieht.

[284] *Goode*, a.a.O. Rdnr. IC 23.141/461.
[285] *Dicey*, Lectures Introductory to the study of the Law of the Constitution, S. 202-3.
[286] *Trupin*, British Government and the Constitution text, cases and materials, S. 65.
[287] Siehe Immobiliarkredit S. 119 ff.

### *1. Kreditvermittler im Sinne des deutschen Verbraucherkreditrechts*

#### *a) Entstehung*

Die Vorschriften des Verbraucherkreditgesetzes zu Kreditvermittlung entsprachen im Wesentlichen dem früheren, nicht umgesetzten Gesetzentwurf der Bundesregierung zu Maklerverträgen[288]. Nach der erfolglos verfolgten Reform des Maklerrecht[289], gingen diese Änderungen nicht wie geplant in das BGB ein, sondern wurden Teil des Verbrauchergesetzes. Dies wird mit dem Sachzusammenhang von Verbraucherkreditgeschäften und Kreditvermittlungsverträgen und vor allem dem engen persönlichen Anwendungsbereich dieser Regelungen zur Kreditvermittlung begründet[290]. Dies ist aber dennoch lediglich eine Übergangslösung gewesen, da die Zusammenfassung von Kreditvermittlung und Verbraucherkreditrecht durch die Schuldrechtsmodernisierung wieder aufgehoben worden ist. Die Regelungen zur Kreditvermittlung sind wie ursprünglich vorgesehen und systematisch richtig nun unter dem Titel „Darlehensvermittlungsvertrag zwischen einem Unternehmer und einem Verbraucher"[291] im Abschnitt zu Maklerverträgen zu finden.

#### *b) Umsetzung*

Ein Darlehensvermittler im Sinne des Verbraucherkreditrechts ist jeder Unternehmer, der einem Verbraucher[292] einen Kredit vermittelt oder nachweist[293]. Ein Unternehmer ist jede natürliche oder juristische Person oder rechtsfähige Personenvereinigung, die in Ausübung ihrer gewerblichen oder beruflichen Tätigkeit handelt[294]. Ein Nachweis liegt vor, wenn dem Auftraggeber ein bisher unbekannten Interessenten genannt hat, dem Auftraggeber aber überlassen bleibt, was mit dieser Information gemacht wird. Eine Vermittlung liegt vor, wenn die Abschlußbereitschaft bewußt und endgültig herbeigeführt wird. Dabei ist von Bedeutung, daß sich die Vermittlung gerade auf denjenigen Vertrag bezog, für dessen Abschluß der Kreditvermittler Provision verlangt[295]. Inhalt der Vermittlung konnten sowohl Geldkredite als auch Waren- und Dienstleistungskredite sein[296]. Obwohl die Formulierung nach der Schuldrechtsmodernisierung

---

[288] BT-Drucks. 10/1014 vom 16.2.1984.
[289] 11.5.1979, BT-Drucks. 8/3212; *Ulmer*, in: MünchKomm, Vor. § 1 VerbrKrG, Rdnr. 18, 3. Aufl.
[290] BT-Drucks. 11/5462, S. 15.
[291] §§ 655a ff. BGB.
[292] Im Sinne von §§ 13, 491 I BGB.
[293] § 655a BGB (§ 1 I VerbrKrG).
[294] § 14 I BGB.
[295] BGH Urt. v. 2.6.1976 IV ZR 101/75, II 2.
[296] *Bülow*, in: Heidelberger Kommentar, § 1 VerbrKrG, Rdnr. 22.

lediglich die Vermittlung von Verbraucherdarlehensverträgen[297], die nur Gelddarlehen sind, erfaßt, soll es aber zu keinen inhaltlichen Änderungen gekommen sein[298].

Die Abgrenzung zwischen einem Nachweis und einer Vermittlung im engeren Sinne ist für das Verbraucherkreditrecht nicht von Bedeutung. Die Unterscheidung ist aber in anderen Zivil- und Handelsrechtsvorschriften zu finden, da der gewerbsmäßige Vermittler den Vorschriften des HGB über den Handelsmakler[299] und der Nachweismakler hingegen lediglich den allgemeinen Vorschriften des BGB unterliegt[300]. Die sich daraus ergebenden Unterschiede werden aber durch §§ 655 b, 655c BGB[301] verdrängt[302]. In der Regel ist ein Kreditvermittler als Handelsmakler tätig[303].

Die Darstellungen zu Kreditgebern gelten in weiten Teilen auch für Darlehensvermittler[304]. Auf Darlehensvermittler sind §§ 655 b-e BGB anwendbar, in denen der Vermittlungsvertrag und seine Vergütung geregelt ist[305].

Kreditvermittler, die gewerblich Verträge über Darlehen vermitteln oder nachweisen, brauchen nach § 34 c I GewO[306] eine Erlaubnis der zuständigen Behörde[307]. Sie fallen zusätzlich unter die Makler- und Bauträgerverordnung[308]. Der Gewerbetreibende hat nach § 9 MaBV der zuständigen Behörde Personen, die für die Leitung des Betriebes oder einer Zweigstelle verantwortlich sind, anzugeben. Außerdem ergeben sich aus der Makler- und Bauträgerverordnung eigenständigen Buchführungs- und Informationspflichten[309]. Wer gegen diese Pflichten verstößt begeht eine Ordnungswidrigkeit gemäß § 18 Nr. 6, Nr. 7 MaBV i.V.m. § 144 II Nr. 1 GewO.

### 2. *Kreditvermittler im Sinne des Consumer Credit Act 1974*

Wie im deutschen Verbraucherkreditrecht ist der Kreditvermittler auch im Consumer Credit Act 1974 erwähnt. Er spielt allerdings eine untergeordnete Rolle. Im zehnten Abschnitt des Consumer Credit Act 1974 wird die Kreditvermittlung[310] zu den Ge-

[297] Verträge im Sinne von § 491 II BGB sind ausgenommen.
[298] Einführung in den Regierungsentwurf Schuldrechtsmodernisierung, S. 38.
[299] §§ 93 ff. HGB.
[300] §§ 652 ff. BGB; *Ulmer*, in: MünchKomm, § 1 VerbrKrG, Rdnr. 92, 3. Aufl.
[301] §§ 15, 16 VerbrKrG.
[302] I.d.R. treten Handels- und Dienstleistungsunternehmen, wie auch vereinzelt Rechtsanwälte, Steuerberater oder Notare als Kreditvermittler auf. *Ulmer*, a.a.O. Rdnr. 96 ff.
[303] *Ulmer*, a.a.O. Rdnr. 16.
[304] *Ulmer*, a.a.O. Rdnr. 16.
[305] §§ 15-17 VerbrKrG.
[306] GewO, RGBl. 1869, S. 245 v. 21.6.1869.
[307] Siehe Linzenzpflicht, S. 198.
[308] § 1 MaBV, BGBl. 1990 I, S. 2479 v. 7.11.1990; Ausgenommen sind Bausparkassen, die der Aufsicht des Bundesaufsichtsamt für Kreditwesen unterliegen.
[309] § 10 III 4. MaBV, § 11 2. i.V.m. § 10 II 2., III 4.-7. MaBV.
[310] Credit brokage.

schäften gezählt, die in Verbindung mit Krediten auftreten[311]. Wie der Kreditgeber braucht auch der Kreditvermittler eine Lizenz, obwohl diese Geschäfte nicht in den Mittelpunkt des Gesetzes gestellt wurden [312].

*a) Entstehung*

Bereits im Crowther Report werden Probleme mit den „Loan and Mortgage Brokers" beschrieben[313]. Außerdem wird vorgeschlagen, daß alle „brokers" und andere, die in irgendeiner Weise im Kreditgeschäft tätig sind, unter die Lizenzpflicht fallen sollen[314]. Dies wird im „White Paper" aufgenommen[315] und im Consumer Credit Act 1974 umgesetzt. Es handelt sich um dieselbe Lizenzpflicht, die auch den Kreditgebern auferlegt wird.

*b) Umsetzung*

Ein Kreditvermittler[316] im Sinne des Consumer Credit Act 1974 ist jede Person, die das Geschäft der Kreditvermittlung betreibt[317]. Kreditvermittlung ist die Veranlassung einer Zusammenführung von Individuen, die einen Kredit aufnehmen wollen, und gewerblichen Kreditgebern, Vermietern oder auch andere Kreditvermittlern[318]. Dabei sind Kreditgeber in diesem Sinne weiter gefaßt, als die Kreditgeber im Sinne der Consumer Credit Act 1974. Es fehlt an einer Unterscheidung von Vermittlung und Nachweis.

*III. Lizenzpflicht*

Sowohl im deutschen als auch im englischen Recht werden Kreditnehmer dadurch geschützt, daß ihre Geschäftspartner weiteren Auflagen unterliegen. Es besteht die Verpflichtung, eine Zulassung einzuholen oder sogar eine Lizenz oder Erlaubnis zu beantragen. Im BGB finden sich keine Regelungen zu Lizenzen oder einer notwendigen Erlaubnis. Entsprechende Regelungen sind aber im Gesetz über Kreditwesen und in der Gewerbeordnung enthalten. Vorschriften zu Zulassung und Lizenz sind im englischen Recht teilweise im Consumer Credit Act 1974, aber auch im Banking Act 1987 zu finden.

---

[311] Ancillary credit businesses, S. 145 I a CCA, S. 145 II CCA.
[312] S. 147 I CCA.
[313] Crowther Report, para. 6.4.22 ff.
[314] Crowther Report, para. 7.2.3.
[315] White Paper, Rdnr. 7 vi.
[316] Credit broker.
[317] S. 189 I CCA.
[318] S. 145 II, III, IV CCA.

Eine generelle Zulassungspflicht für Kreditinstitute ergibt sich in den Mitgliedsstaaten aus Gemeinschaftsrecht. Der Durchbruch kam mit der zweiten Bankrechtskoordinierungsrichtlinie[319], welche auf das Weißbuch der Kommission zur Vollendung des Binnenmarktes von 1985 zurückzuführen ist[320].

Mit dem im Consumer Credit Act 1974 enthaltenden Lizenzsystem erfüllt das Gesetz die Einrichtung von Kontroll- und Überwachungsinstitutionen, die in der Verbraucherkreditrichtlinie gefordert wird[321]. In Deutschland wird dieser Vorschrift auf verschiedene Weise entsprochen. Kreditvermittler brauchen nach der Gewerbeordnung eine Erlaubnis. Zusätzlich gibt es Beschwerdestellen von halb-staatlicher Seite, da die Verbraucherzentralen überwiegend aus öffentlichen Mitteln finanziert werden[322].

### *1. Lizenzpflicht der Kreditvermittler in Deutschland*

Nach dem Gesetz zum Kreditwesen[323] brauchen Kreditinstitute und Finanzdienstleistungsinstitute eine Erlaubnis des Bundesaufsichtsamtes[324]. Warenverkäufer und Dienstleister, die Kredite vermitteln, damit die Kunden das Entgelt bezahlen können, brauchen dagegen keine Erlaubnis, da der Verbraucher hier durch das Verbraucherkreditrecht geschützt werde[325].

Kreditvermittler brauchen nach der Gewerbeordnung eine Erlaubnis[326]. Die Gewerbeordnung hat in einer nationalen Initiative seine Wurzeln. Die Regelungen zu Kreditvermittlern sind seit dem 1.2.1973 in der Gewerbeordnung zu finden. Mit diesen Regelungen wurde die Erlaubnispflicht für Kreditvermittler eingeführt. Sie dienten also bereits der schärferen Kontrolle der Kreditvermittler[327], lange bevor das Verbraucherkreditgesetz oder das Gesetz zum Kreditwesen geschaffen wurde.

Kreditvermittler, die ohne die erforderliche Erlaubnis Verträge abschließen oder nachweisen, begehen eine Ordnungswidrigkeit, die zu einer Geldbuße von bis zu 10 000 DM führen kann[328]. Bei einer hartnäckigen Wiederholung kann sogar ein Straftat-

---

[319] *Rat der Europäischen Gemeinschaft*, Zweite (Allgemeine) Richtlinie (1989/646/EWG) v. 15.12.1989 zur Koordinierung der Rechts- und Verwaltungsvorschriften über die Aufnahme und Ausübung der Tätigkeit der Kreditinstitute, ABl. L 386 v. 30.12.1989, S. 1.

[320] *Kommission der Europäischen Gemeinschaft*, Weißbuch der Kommission zur Vollendung des Binnenmarktes von 1985, KOM (1985) 310 endg.

[321] Art. 12.

[322] Bericht der Kommission zur Richtlinie, para. 217.

[323] KWG, BGBl. 1961 I, S. 881 v. 10.7.1961.

[324] § 32 I S. 1 i.V.m. § 1 I KWG.

[325] § 34 c V GewO; *Tettinger / Wank / Sieg*, Gewerbeordnung, § 34 c Rdnr. 66 ff.

[326] § 34 c I GewO.

[327] *Hippel*, Verbraucherschutz, S. 222.

[328] §§ 144 I 1. h, 1. Alt. und IV 1. Alt. GewO.

bestand vorliegen[329]. Aber auch ohne Erlaubnis sind die geschlossenen zivilrechtlichen Verträge wirksam[330], es liegt allerdings ein Wettbewerbsverstoß nach § 1 UWG vor, eine Unterlassungsklage ist möglich[331]. Der Betrieb des Gewerbes ohne Erlaubnis kann von der zuständigen Behörde verhindert werden[332].

### *2. Lizenzpflicht der Kreditgeber und Kreditvermittler in Großbritannien*

Im Gegensatz zu Deutschland braucht jeder Kreditgeber, der unter den Consumer Credit Act 1974 fällt, zusätzlich zur Zulassung eine Lizenz. Deswegen hat die Zuordnung von Kreditgebern zum Consumer Credit Act 1974 eine besondere Bedeutung. Ohne Lizenz macht sich ein Kreditgeber in Großbritannien strafbar[333], und außerdem kann er sich im Gegensatz zum Kreditnehmer nicht auf den Vertrag berufen[334]. Diese Vorschriften gelten fast alle[335] auch für Personen, die Geschäfte führen, die in Verbindung mit Krediten auftreten[336].

#### *a) Entstehung*

Vorangegangen waren dem Consumer Contract Act 1974 die Hire-Purchase Acts[337], die Moneylenders Acts[338] und die Pawnbrokers Acts[339]. Durch diese Gesetze waren bereits verschiedene Kontrollsysteme begründet worden. Die Entstehung des Lizenzsystems des Consumer Credit Act 1974 ergab sich also bereits aus der Notwendigkeit, etwas an die Stelle der Systeme der Pawnbrokers und Moneylenders Acts zu setzen, da diese Gesetze außer Kraft gesetzt wurden[340].

Allein auf den Verbraucher zu setzen, daß er sich entsprechend zur Wehr setzt, hatte sich als unzureichend herausgestellt. Aus verschiedenen Gründen setzten Verbraucher nicht ihre Rechte durch. Einerseits weil sie oft ihre Rechte nicht kannten oder eingeschüchtert waren, andererseits weil sie die Kosten eines Prozesses nicht tragen

---

329 § 148 1. GewO, wenn eine mindestens zweimalige vorsätzliche Begehung, eine rechtsfeindliche Einstellung und besondere Umstände vorliegen, die die Unbelehrbarkeit des Täters darlegen, *Tettinger / Wank / Sieg*, a.a.O. §§ 143 ff. Rdnr. 9.

330 BGH Urt. GewArch 1991, S. 60; *Tettinger / Wank / Sieg*, a.a.O. § 34 c Rdnr. 74.

331 OLG Hamburg Beschl. v. 17.2.1982 3 W 1/82, BB 1983, S. 398.

332 § 15 II S. 1 GewO; wer gegen die gemachten Auflagen (§ 34 c I S. 2 GewO) verstößt, begeht eine Ordnungswidrigkeit nach § 144 II 3. GewO.

333 S. 39 CCA.

334 S. 40 CCA; *Office of Fair Trading* (OFT 147), Do you need a credit licence? February 2000, S. 2.

335 Nicht S. 40 CCA.

336 Ancillary credit business, S. 147 I CCA.

337 1964 cm 53, 1965.

338 1900-1927.

339 1872-1960.

340 Crowther Report, para. 7.2.2.

gen konnten[341]. Hohen Prozeßkosten sind in England seit langem ein zentrales und viel diskutiertes Thema. Der Preis des Rechtssystems wird oft kritisiert[342]. Gründe für die hohen Kosten sind im „adversary system“[343] und in der Beharrung auf die „oral evidence“[344] zu finden[345]. Die Prozeßkosten werden unabhängig vom Streitwert berechnet. Einige Initiativen versuchen dieses Problem zu kompensieren[346].

Die Crowther Committee schlug ein zweispuriges Schutzsystem vor. Nach diesem würden Verträge individuell nach ihrer Schutzbereichszugehörigkeit, wie in den Hire-Purchase Acts, beurteilt. Außerdem sollten Kreditgeber einem allgemeinen Lizenzzwang unterliegen, wie dies bereits in den Moneylenders Acts geregelt war[347]. Der Vorschlag der Crowther Committee ging aber weiter: Das Lizenzgebot sollte nicht nur für Kreditgeber, sondern auch für andere Personen, die in Verbindung mit der Kreditvergabe stehen, erlassen werden. Hierunter fällt der Personenkreis, der in Abschnitt X des Consumer Credit Act 1974 behandelt wird. Also Kreditvermittler, Schuldnerberater, Berater für Umschuldung, Inkassobeauftragte und Agenturen, die die Kreditwürdigkeit einer Person feststellen[348]. Ausgenommen sollten aber Einzelhändler sein, die Schecks und Kreditkarten lediglich annehmen[349]. Außerdem wurde eine Regelung vorgeschlagen, daß nur der Vertragspartner selber und nicht auch seine Vertreter oder Boten eine Lizenz benötigen[350]. Von einer weitergehenden Differenzierung der Kreditgeber wurde abgesehen. Ausnahmen sollten sich aus der Art der Verträge ergeben und nicht durch Kreditgeberkategorien. Hierfür gibt es praktische und prinzipielle Gründe. Praktische Probleme ergäben sich zum Beispiel beim Finden von geeignete Definitionen, die nicht mißbraucht werden können. Außerdem wollte die Crowther Committee alle Kreditgeber so gleich wie möglich behandeln[351].

---

[341] *Goode*, March 2000, Rdnr. IC 27.1/771.
[342] Bereits 1978 wurde in einer Studie festgestellt, daß die Kosten in Verbindung mit Gerichtsverfahren, die in den Bereich "tort“ (zivilrechtlich unerlaubte Handlung) fielen, 87 % des ausgezahlten Schadensersatzes ausmachten. *Zander*, Case & Materials on the English Legal System, S. 491.
[343] Kontradiktorisches System/Verfahren.
[344] Beweis durch Zeugenvernehmung.
[345] *Zander*, a.a.O. S. 488; Innerhalb Londons sind die Prozeßkosten in der Regel besonders hoch, da die Stundensätze der Anwälte in London mit zu den höchsten der Welt gehören. *Kessel*, Grundsätze des englischen Zivilprozeßrechts, ZVglRWiss 92 (1993) S. 395, 396.
[346] So wurde die Möglichkeit Prozeßkostenhilfe (legal aid) zu beantragen und eine „small claims procedure“ für Streitwerte bis zu £ 3 000 geschaffen. Diese sengt die Kosten, da der Verlierer nicht mehr alle Kosten zu tragen hat und deswegen in der Regel weniger Anwälte bei diesen Prozessen hinzugezogen werden. *Bailey / Gunn*, Smith and Bailey on the modern English legal system, S. 592 f.
[347] Crowther Report, para. 6.2.15.
[348] S. 145 I a-e CCA.
[349] Crowther Report, para. 7.2.3.
[350] Crowther Report, para. 6.4.
[351] Crowther Report, para. 7.2.5 f.

*b) Umsetzung*

Im Consumer Credit Act 1974 wurden diese Anregungen weitestgehend angenommen. Nach dem Consumer Credit Act 1974 braucht jeder, der ein Kreditvergabe- oder Mietgeschäft betreibt und die Verträge in den Schutzbereich des Consumer Credit Act 1974 fallen, eine Lizenz vom „Office of Fair Trading“[352].

Um zu bestimmen, ob eine Person eine Lizenz braucht oder nicht, sind dieselben Kategorien anzuwenden, wie bei der Bestimmung des persönlichen Anwendungsbereichs des Consumer Credit Act 1974. Ausgenommen sind „local authorities“ und juristische Personen, die durch einen „general public Act“[353] zum Geschäftsbetrieb bemächtigt worden sind[354]. Wie durch die Crowther Committee gefordert, benötigen auch Personen, die unter Abschnitt X des Consumer Credit Act 1974 fallen, eine Lizenz[355]. Dieser weite Anwendungsbereich wird von *Goode* kritisiert, da die Lizenzvergabe als Verwaltungsaufgabe eine zu große Belastung sei[356].

Während der letzten Beurteilung des Lizenzsystems durch das „Office of Fair Trading“, welcher eine öffentliche Befragung vorangegangen war, schloß der „commissioner“, daß das Lizenzsystem zwar Belastungen für die Kreditgeber mit sich bringen würde, daß diese aber auch für die Kreditindustrie durch die entstehenden Vorteile aufgewogen würden[357]. Der „commissioner“ schlägt allerdings vor, das Lizenzsystem zu vereinfachen. Momentan gibt es keine umfassende Lizenz, sondern Lizenzen für verschiedene Kategorien von Lizenznehmern. Anstatt die Antragsteller über die für sie notwendigen Lizenzen entscheiden zu lassen, sollte eine Lizenz geschaffen werden, die in der Regel für alle Teilgebiete gilt[358].

*IV. Zusammenfassung*

Beim Kreditgeschäft ergibt sich eine Ungleichgewichtslage in der Regel erst, wenn dem privaten Kreditnehmer ein professioneller Kreditgeber gegenüber steht. So finden sich Regelungen zu Kreditgebern und Kreditvermittlern sowohl im Verbraucherkreditrecht als auch im Consumer Credit Act 1974. Beide weichen bewußt von den vorangegangen Gesetzen in ihrem Land ab. Die heutige Gesetzgebung ist auf früher gemachte Erfahrungen zurückzuführen. Mit den Bestimmungen zu Kreditvermittlern gehen so-

---

352 „A licence is required to carry on a consumer credit business or consumer hire business“, S. 21 I CCA.

353 Gesetz, Gegenbegriff zu „private Act“.

354 S. 21 II, III CCA.

355 S. 147 I CCA.

356 *Goode*, March 2000, Rdnr. IC 27.5/774.

357 *Office of Fair Trading*, Consumer Credit Deregulation, para. 9.7.

358 *Office of Fair Trading*, Consumer Credit Deregulation, para. 9.26.

wohl das Verbraucherkreditrecht als auch der Consumer Credit Act 1974 über die Vorgaben der Verbraucherkreditrichtlinie hinaus.

In beiden Gesetzordnungen ergeben sich ähnliche Probleme. Beide setzen voraus, daß es sich um eine Person handeln muß, und beide wollen privat gegebene Kredite ausschließen. Um dies zu erreichen, kennen beide Gesetzordnungen die Voraussetzung, daß die Kreditvergabe an eine gewerbliche oder berufliche Tätigkeit gebunden sein muß. Das englische Gesetz ist weiter gefaßt als das Verbraucherkreditrecht, da im Consumer Credit Act 1974 jegliche berufliche oder gewerbliche Tätigkeit eingeschlossen ist, und so mehr Kredite in den Anwendungsbereich der Schutzgesetze fallen können. In Deutschland gibt es die Forderung nach der Sachgebundenheit; in England liegt der Schwerpunkt bei der Problematik, ob eine gewisse Regelmäßigkeit vorliegen muß.

Nicht der Richtlinie entspricht, daß in beiden nationalen Gesetzen die Kreditvermittlung thematisiert wird. In England ist der Kreditvermittler Teil der Gruppe von Personen, die mit abgedeckt werden sollen, um einen umfassenden Schutz des Verbrauchers zu garantieren. In Deutschland sind die Vorschriften zu Kreditvermittlern unabhängig vom Verbraucherkreditgesetz entwickelt worden, wurden dann aber wegen ihrer thematischen Zusammengehörigkeit in das Verbraucherkreditgesetz eingefügt.

Interessant ist bei der Betrachtung der deutschen und englischen Vorschriften zur Lizenzpflicht nicht nur die unterschiedliche Reichweite, sondern auch der unterschiedliche Regelungszusammenhang, in dem die Vorschriften zu finden sind. In England ist die Lizenzpflicht direkt im Consumer Credit Act 1974 zu finden und ist Zuständigkeitsbereich des „Office of Fair Trading“, dessen Hauptaufgabe die Betreuung des Consumer Credit Act 1974 und der sich daraus ergebenen Aufgaben ist. In Deutschland dagegen findet sich die Pflicht zur Erlaubniseinholung für Kreditvermittler in den allgemeinen Regelungen zur Gewerbeanmeldung und wird auch von der gleichen Stelle überwacht. Diese ist nicht mit dem „Office of Fair Trading" zu vergleichen, da sie nicht die gleichen Informations- und Betreuungspflichten erfüllt. Die unterschiedliche Einordnung der Regelungen in die Gesetzessystematik ist aber wohl nicht nur darauf zurückzuführen, daß es in England im Gegensatz zu Deutschland an einer umfassenden und systematischen Kodifizierung fehlt, sondern auch auf sich unterscheidende Lösungsstrategie von erkannten Problemen. In England wurde eine Lösung des gesamten Problembereichs gesucht, in Deutschland dagegen wurden die Vorschriften teilweise in bereits bestehende Gesetze eingebettet. Außerdem ging in Deutschland die Erlaubnispflicht für Kreditvermittler dem Verbraucherkreditgesetz voraus. In England war eine umfassende Lizenzpflicht nötig, um die vorangegangenen

Gesetze adäquat zu ersetzen. Außerdem hatte man die Erfahrung gemacht, daß die Initiative des Verbrauchers nicht ausreichend ist, das teilweise aus den hohen Prozeßkosten zu erklären ist.

## C. Verpflichtung Dritter

Untersuchungen haben ergeben, daß bei ungefähr jedem zweiten Verbraucherkredit Sicherheiten durch die Mithaftung Dritter gestellt werden[359]. Es stellt sich also die Frage, ob Schutzregelungen zu Verbraucherkrediten nicht auch Dritte betreffen sollten. In der Verbraucherkreditrichtlinie bleibt die Verpflichtung Dritter aber unerwähnt, und auch weder das Verbraucherkreditgesetz, noch das deutsche Verbraucherkreditrecht enthält Regelungen zu diesem Themenkreis. Allerdings kann gegebenenfalls eine analoge Anwendung möglich sein. Der Consumer Credit Act 1974 dagegen regelt die Verpflichtung Dritter in Teilbereichen ausführlich.

Im Regelfall handelt es sich bei einer Verpflichtung eines Dritten, um die Verpflichtung des Dritten, gegebenenfalls für die Schulden eines anderen einzutreten. Die verschiedenen möglichen Instrumente, die hierzu herangezogen werden können, sind in England und Deutschland in der Regel nicht deckungsgleich. Ausnahmen sind die Bürgschaft, die dem englischen Recht als „guarantee" zur Verfügung steht, und die Vertragsübernahme, die das englische Recht als „novation" kennt.

Nach deutschem Recht kann man sich üblicherweise zusätzlich des Schuldbeitritts oder der Schuldübernahme bedienen. Beide Rechtsinstitute sind in England als eigenständige Rechtsinstrumente unbekannt. Um sicherzustellen, daß eine Schuld durch eine weitere Person abgesichert ist, bedient sich das englische Recht in der Regel der „guarantee", der „indemnity" oder der „novation"[360]. Regelungen zu Vertragsübernahme sind im Consumer Credit Act 1974 nicht zu finden und ergeben sich aus dem Vertragsrecht, wobei es sich um nicht kodifiziertes Recht handelt.

Die Verpflichtung Dritter ist nach englischem Recht nur eine Art der möglichen Kreditsicherheiten im Sinne des Consumer Credit Act 1974. „Securities" im Sinne des Consumer Credit Act 1974 sind:

> „...mortgage, charge, pledge, bond, debenture, indemnity, guarantee, bill, note or other right provided by the debtor or hirer, or at his request, (express or implied), to secure the carrying out of the obligations of the debtor or hirer under the agreement."[361]

---

[359] *Ulmer*, in: MünchKomm, § 1 VerbrKrG, Rdnr. 31, 3. Aufl.
[360] *Shelden*, The Practice and Law of Banking, S. 345.
[361] S. 189 I CCA.

Die umfassenden Vorschriften zu Kreditsicherheiten werden im Folgenden behandelt. Dabei handelt es sich einerseits um allgemeine Vorschriften, und andererseits auch um Vorschriften, die sich lediglich auf „guarantees" und „indemnities" beziehen.

Bei der Beschreibung der Instrumente des deutschen und des englischen Rechts, die benutzt werden, um das Versprechen, die Schuld eines anderen zu begleichen, in vertragliche Form zu gießen, handelt es sich aber um keine abschließende Darstellung der möglichen Instrumente, sondern lediglich um die bekanntesten Instrumente des jeweiligen Rechtskreises.

### *I. Mitverpflichtung Dritter*

In den Bereich Mitverpflichtung Dritter fallen vor allem Bürgschaften und Schuldbeitritte. Beides wird von Kreditgebern gegebenenfalls als Sicherheit verlangt. Das Verbraucherkreditgesetz war nach herrschender Meinung auf Schuldbeitritte, auf Bürgschaften dagegen nicht entsprechend anwendbar. Die Schuldrechtsmodernisierung hat auch in diesem Bereich zu keinen inhaltlichen Änderungen geführt, und die Bestimmungen zum Verbraucherkredit im BGB gleichen denen des Verbraucherkreditgesetzes. Im Consumer Credit Act 1974 werden Bürgschaften und andere Sicherheiten ausdrücklich geregelt, nicht aber ein dem Schuldbeitritt äquivalentes Instrument.

### *1. Bürgschaft*

Die Bürgschaft ist kein Kreditvertrag im Sinne der Verbraucherkreditrichtlinie[362]. Sie unterfällt weder dem Wortlaut noch der Systematik nach der Richtlinie. Ziel der Richtlinie ist laut dem Europäischen Gerichtshof die Unterrichtung des Hauptschuldners über den Umfang seiner Verpflichtung. Die Richtlinie enthalte dagegen kaum Vorschriften, die den Bürgen schützen könnten und sei deshalb nicht auf Bürgschaften anwendbar[363].

### *a) Bürgschaft und das deutsche Verbraucherkreditrecht*

Die Bürgschaft im deutschen Recht ist ein Vertrag, durch den sich der Bürge gegenüber einem Gläubiger verpflichtet, für die Verbindlichkeiten eines Dritten einzustehen. Im Bürgerlichen Gesetzbuch fand sich bereits vor der Schuldrechtsmodernisierung eine eigenständige Regelung zu Bürgschaften[364].

---

362 EuGH Urt. v. 23.3.2000, C-208/98, *Berliner Kindl Brauerei AG/Andreas Siepert*; NJW 2000, S. 1323, 1324.

363 EuGH Urt. v. 23.3.2000, C-208/98, *Berliner Kindl Brauerei AG/Andreas Siepert*; NJW 2000, S. 1323, 1324.

364 § 765 I BGB.

Nach herrschender Meinung ist eine direkte Anwendung des Verbraucherkreditrechts auf Bürgschaften nicht möglich, und auch einer analogen Anwendung wird widersprochen[365]. In der Literatur wird diese Thematik unterschiedlich bewertet[366]. Die bestehenden Möglichkeiten diesen Meinungsstreit zu beenden, ließ der Gesetzgeber ungenutzt, und ein ausführliches und eindeutiges Urteil des Bundesgerichtshof betrifft nur Teilbereiche. Danach fallen Bürgschaften, die Kredite sichern, welche keine Verbraucherkredite im Sinne des Verbraucherkreditgesetzes sind, auf keinen Fall in den Schutzbereich des Verbraucherkreditgesetzes[367]. Nach dem Urteil des EuGH ist damit zu rechnen, daß der BGH die Anwendbarkeit des Verbraucherkreditrechts auf Bürgschaftsverträge in Zukunft auch generell verneinen wird[368].

Die direkte Anwendung des Verbraucherkreditrechts ist nicht möglich, da eine Bürgschaft keine sonstige Finanzierungshilfe und kein Kreditvertrag im Sinne des § 499 I BGB[369] ist. Eine Bürgschaft unterscheidet sich grundsätzlich von einem Kredit. Eine Bürgschaft begründet lediglich eine an die Hauptschuld angelehnte akzessorische Haftung. Es handelt sich um einen eigenständigen einseitig verpflichtenden Vertrag zur Absicherung einer fremden Schuld. Der Bürge wird nicht ein gleichrangiger selbständiger Schuldner. Im Entwurf zum Verbraucherkreditgesetz wird die Bürgschaft als eine „Eventualverbindlichkeit" beschrieben[370]. Die Pflichten des Bürgen stimmen deshalb nicht mit den Pflichten des Mitschuldners überein, und somit unterscheidet sich die Bürgschaft strukturell vom Kreditvertrag im Sinne des Verbraucherkreditrechts[371]. Außerdem erfährt der Bürge im Verhältnis zum Gläubiger bereits Schutz durch die Verteidigungsmittel, die sich aus dem BGB für die Bürgschaft ergeben[372]. So ist er durch die gesetzlichen Vorschriften und die gerade in den letzten Jahren weiterentwickelte Sittenwidrigkeitsrechtsprechung[373] zu Bürgschaften geschützt[374]. Vor allem durch die Formvorschriften zur Bürgschaftserklärung und die Einreden des Bürgen[375] ist der Bürge abgesichert.

---

365 *Habersack*, in: MünchKomm, Vor § 765 VerbrKrG, Rdnr. 8, 3. Aufl.
366 z.B. *Bülow*, in: Heidelberger Kommentar, § 1 VerbrKrG, Rdnr. 109.
367 BGH Urt. v. 21.4.1998 IX ZR 258/97, NJW 1998, S. 1939.
368 *Kessal-Wulf*, in: Staudinger, § 1 VerbrKrG, Rdnr. 23, 2001.
369 § 1 II VerbrKrG.
370 BT-Drucks. 11/5462, S. 18.
371 BGH Urt. v. 21.4.1998 IX ZR 258/97, NJW 1998, S. 1939, 1940.
372 §§ 766 ff. BGB; z.B. § 766 S. 1 BGB: Schriftformerfordernis.
373 *Dazert*, Mithaftung und Sukzession, S. 46 f.; z.B. Wucher, schutzbedürftige Angehörige etc.
374 Die Grundsätze, die durch die höchstrichterliche Rechtsprechung zur Sittenwidrigkeit von Haftungsübernahmen naher Angehöriger entwickelt worden sind, sind auch auf Kreditgeber i.S.d. VerbrKrG anwendbar; BGH Urt. v. 13.11. 2001 XI ZR 82/01.
375 §§ 766, 768, 770, 771, 776 BGB.

Da das Verbraucherkreditrecht auch eine Umsetzung der Verbraucherkreditrichtlinie ist, ist eine Untersuchung der Rechtslage nach der Verbraucherkreditrichtlinie sinnvoll. Aber auch die Verbraucherkreditrichtlinie bezieht sich nicht auf Bürgschaften. Die Richtlinie sei nicht auf Verbraucher, die eine Bürgschaft geben, sondern nur in Verbindung mit Kreditverträgen anwendbar. Unter die Definition von Kreditverträge fielen Bürgschaften nicht, da der Bürge vom Kreditgeber nichts empfange. Auch seien in den Erwägungsgründen zur Verbraucherkreditrichtlinie keine Anhaltspunkte zu finden, daß Bürgschaften unter Kreditverträge fallen sollten[376]. Im Bericht der EG-Kommission geht man davon aus, daß Bürgschaften bisher nicht unter die Richtlinie fielen, und schlägt vor, die Unterrichtungspflicht auf Bürgen auszudehnen[377], was allerdings nicht geschehen ist. Dies wird auch durch ein Urteil des Europäischen Gerichtshofes gestützt[378]. Bürgschaften fallen weder dem Wortlaut noch der Systematik nach unter die Richtlinie, da Ziel der Richtlinie die Unterrichtung des Hauptschuldners über den Umfang seiner Verpflichtung ist[379], was für die Beurteilung der Bürgschaft in Betracht gezogen werden müßte[380].

Da das Verbraucherkreditrecht nicht auf Bürgen anwendbar ist, weil ein Bürgschaftsvertrag dem Kreditvertrag nicht entspricht, bleibt die Frage, ob das Verbraucherkreditrecht vielleicht analog anwendbar sein könnte. Gegen eine analoge Anwendung spricht aber sowohl der ausdrückliche Wille des Gesetzgebers, als auch das Fehlen einer durch Gerichte ausfüllbaren Regelungslücke. Während der Schaffung des Verbraucherkreditgesetzes war eine Einbeziehung des Bürgen in den Schutzbereich des Verbraucherkreditgesetzes von niemanden ernsthaft erwogen worden. Laut BGH habe der Gesetzgeber es sogar bewußt unterlassen, den Bürgen in den Anwendungsbereich des Verbraucherkreditgesetzes aufzunehmen. So wurde diese Frage in der 86. Sitzung des Rechtsausschusses am 1.6.1990 ausführlich diskutiert[381]. Man war sich einig, daß Bürgschaften nicht unter den Gesetzesentwurf fielen, und es wurde angeregt, eine Formulierung zu finden, die Bürgschaften eingeschlossen hätte. Schließlich

[376] BGH Urt. v. 21.4.1998 IX ZR 258/97, NJW 1998, S. 1939, 1940.
[377] Bericht der Kommission zur Richtlinie, para. 345.
[378] EuGH Urt. v. 23.3.2000, C-208/98, *Berliner Kindl Brauerei AG/Andreas Siepert*; NJW 2000, S. 1323, 1324; Entscheidung begrüßt von *Rosenfeld*, Privatbürgschaft unterfällt nicht Verbraucherkreditrichtlinie, EuZW 2000, S. 341; *Fischer*, Bürgschaft und Verbraucherkreditgesetz, ZIP 2000, S. 828; a.A. *Steinbeck*, Anwendbarkeit der Verbraucherkreditrichtlinie auf Bürgschaftsverträge, WuB I E 2 Art 1 RL 1987/102/EWG 1.00; *Scherer*, Keine Anwendung der Verbraucherkreditrichtlinie auf Bürgschaften, die Verbraucherkredite absichern, DB 2000, S. 818.
[379] EuGH Urt. v. 23.3.2000, C-208/98, *Berliner Kindl Brauerei AG/Andreas Siepert*, NJW 2000, S. 1323, 1324.
[380] A.A. *Holznagel*, Die aktuelle Entscheidung EuGH, Bürgschaftsvertrag im Anwendungsbereich des Verbraucherkreditgesetzes? Jura 2000, S. 578.
[381] Prot. Nr. 86, S. 2-14.

wurde das Verbraucherkreditgesetz aber ohne diesbezügliche Änderungen verabschiedet. Es handelt sich bei Kreditsicherheiten also um eine bewußte Lücke des Gesetzgebers, die eventuellen späteren Regelungen vorbehalten bleiben solle[382]. Dies stimmt mit dem Urteil des BGHs zu grundpfandrechtlichen Absicherungen überein[383].

Schließlich kann ein Gericht auch wegen allgemeiner Gerechtigkeitserwägungen eine Ausweitung des Anwendungsbereichs auf Bürgschaften nicht zustimmen, wenn eine gegenteilige Entscheidung des Gesetzgebers vorliegt, da es sich um eine unerlaubte richterliche Rechtsfortbildung, eine „judikative Lösung ..., die so im Parlament nicht erreichbar war“[384], handeln würde. Zwar wäre bei den parlamentarischen Debatten übersehen worden, daß Schuldbeitrittserklärungen unter Umständen unter das Verbraucherkreditgesetz fallen können, aber es sei „kein unerträglicher, schlechthin sachfremd erscheinender Wertungswiderspruch im Verhältnis zur Bürgschaft entstanden“, da die Bürgschaft für Verbraucher nach § 766 S. 1 BGB formbedürftig sei[385]. Außerdem seien die vom Verbraucherkreditrecht geforderten Angaben lediglich für den Beitretenden und nicht für den Bürgen von Bedeutung, da die Haftung des Bürgen erst im Sicherungsfall eintritt. Die Angaben sollen dem Kreditnehmer die zu erbringenden Zahlungen bewußt machen und den Vergleich zu anderen Anbietern ermöglichen[386]. Auch das Widerrufsrecht sei für den Bürgen, der auf die Leistungsfähigkeit des Hauptschuldners vertraue, nicht notwendig[387].

Offen bleibt aber die Frage nach der Bewertung des häufigsten Fall von Bürgschaften, der selbstschuldnerischen Bürgschaft[388]. Eine selbstschuldnerische Bürgschaft ist eine Bürgschaft, bei der der Bürge auf die Einrede der Vorausklage[389] verzichtet hat[390]. In diesem Fall tritt die Haftung nicht erst im Sicherungsfall ein, sondern kann sich bereits durch die Zahlungsverweigerung des Schuldners ergeben. Aufgrund der Akzessorietät bleiben dem Bürgen aber die Einreden des Hauptschuldners erhalten[391]. *Westphalen* vertritt die Meinung, daß §§ 492 und 495 BGB[392] auf selbstschuld-

[382] BGH Urt. v. 21.4.1998 IX ZR 258/97, NJW 1998, S. 1939, 1941.
[383] BGH Urt. v. 28.1.1997 XI ZR 251/95, NJW 1997, S. 1442, 1443.
[384] BVerfG Beschl. v. 3.4.1990 1 BvR 1186/89, BVerfGE 82, S. 6, 12, NJW 1990, S. 1593.
[385] BGH Urt. v. 21.4.1998 IX ZR 258/97, NJW 1998, S. 1939, 1941.
[386] BT-Drucks. 11/5462, S. 21.
[387] BGH Urt. v. 21.4.1998 IX ZR 258/97, NJW 1998, S. 1939, 1941.
[388] *Schmidt*, Risikoaufklärung bei Jedermann-Bürgschaften auf erstes Anfordern, JuS 1998, S. 950.
[389] § 771 BGB.
[390] § 773 I Nr. 1 BGB.
[391] § 768 BGB; diese würde der Bürge nur aufgrund einer Bürgschaft auf erstes Anfordern verlieren. Mit dieser „gefährlichen Form der Bürgschaft“ sind aber verschiedene Voraussetzungen verbunden. BGH Urt. v. 2.4.1998 IX ZR 79/97, NJW 1998, S. 2280.
[392] Formvorschriften und Widerrufsrecht, (§§ 4 und 7 VerbrKrG).

nerische Bürgschaften uneingeschränkt angewendet werden sollten[393]. Die Rechtsprechung geht davon aus, daß für eine selbstschuldnerische Haftung im Sinne von § 773 I Nr. 1 BGB dasselbe gelten muß, wie für Bürgschaften, da sich an der Rechtsnatur der Verpflichtung nichts ändere[394]. Diese Entscheidung des BGH wird dahingegen kritisiert, daß sich die selbstschuldnerische Bürgschaft nicht genügend von einem Schuldbeitritt unterscheiden lasse[395].

Obwohl Bürgschaften nicht in den Anwendungsbereich des Verbraucherkreditrechts fallen, bestehen gegebenenfalls Aufklärungspflichten über den Hauptschuldner gegenüber dem Bürgen. Grundsätzlich besteht vor Abgabe der Bürgschaftserklärung aber keine Aufklärungspflicht. Ein Ausnahmetatbestand liegt vor, wenn ein Schuldner kurz vor dem wirtschaftlichen Zusammenbruch steht oder in der Person des Schuldners besondere Umstände vorliegen, zum Beispiel dem Gläubiger ist betrügerisches Verhalten bekannt. Auch wenn der Gläubiger erkennbar einen Irrtum des Bürgen über das eingegangene Risiko veranlaßt hat, besteht eine Aufklärungspflicht. Grundsätzlich müßte dem Bürgen aber bewußt sein, daß der Schuldner ohne eine Sicherung nicht weiter kreditwürdig ist[396]. Eine nachträgliche Auskunftspflicht besteht nicht.

*b) Bürgschaft im Consumer Credit Act 1974*

Der Bürgschaft im deutschen Recht entspricht im englischen Recht am ehesten die „guarantee". „Guarantees" fallen nach dem Consumer Credit Act 1974 unter Sicherheiten. Der Consumer Credit Act 1974 enthält umfassende Regelungen zu Sicherheiten. Sicherheiten fallen nicht in die Gruppe der „regulated agreements", die vom Consumer Credit Act 1974 betroffenen Geldkredite und sonstigen Finanzierungshilfen. Sie werden statt dessen im achten Abschnitt des Consumer Credit Act 1974 als eigene Vertragsart behandelt.

Da in diesem Bereich des englischen Rechts eine gewisse Systematisierung und Vereinheitlichung angestrebt wurde, sind die Vorschriften in der Regel auf alle Sicherheiten, sowohl auf Personal- als auch auf Realsicherheiten anwendbar. Abschnitt VIII regelt das Verhältnis zwischen Sicherheitengeber und Kreditgeber, nicht aber das Verhältnis der Sicherheitengeber untereinander und auch nicht das Verhältnis zwischen Sicherheitengeber und Kreditnehmer. SS. 105 bis 113 CCA behandeln allgemeine Regelungen zu Sicherheiten, und SS. 114 bis 126 CCA behandeln Regelungen zu einzelnen Sicherheiten.

---

[393] *Westphalen*, Bürgschaft und Verbraucherkreditgesetz, DB 1998, S. 295, 300.
[394] BGH Urt. v. 21.4.1998 IX ZR 258/97, NJW 1998, S. 1939, 1941.
[395] *Terlau*, Anmerkung zum BGH Urt. v. 21.4.1998 IX ZR 258/97, DB 1998, S. 824, 825.
[396] OLG Köln Urt. v. 14.03.1990 11 U 210/89, NJW-RR 1990, S. 755 f.

*(1) Entstehung*

Vor dem Inkrafttreten des Consumer Credit Act 1974 konnte man Regelungen zu Sicherheiten lediglich in den Bills of Sales Acts und einige vereinzelte Regelungen in den Moneylenders Acts und den Hire Purchase Acts finden. Die Interessen des Bürgen wurden durch diese Gesetze aber nur wenig geschützt[397].

So ist nicht verwunderlich, daß Sicherheiten im Bericht der Crowther Committee ein eigenes Thema sind. Neben einem „Consumer Sale and Loan Act“[398] wird auch die Verabschiedung eines „Lending and Security Act“ vorgeschlagen, der das Kreditwesen insgesamt neu geregelt hätte, wozu auch die dazugehörigen Sicherheiten zählen sollten[399]. Sicherheiten in diesem Sinne sind aber in erster Linie Realsicherheiten des Kreditnehmers, entweder der Kaufgegenstand selber oder ein anderer Gegenstand[400]. Grundsätzlich ging man von Sicherheiten in Form von „mortgage“[401], „charge“[402], „pledge“[403] und „trust receipt“[404] aus[405]. Die Begriffe „secured party“, „debtor“, „security agreement“ und „security interest“ werden im fünften Kapitel und im Appendix III[406] definiert[407]. Sie unterscheiden sich im Wesentlichen nicht von den später verwendeten Definitionen.

Die Behandlung von Sicherheiten bei Krediten fällt in zwei Kategorien, einerseits die Rechte der Vertragspartner untereinander, andererseits die Rechte zwischen Kreditgebern und Dritten[408]. Unter Dritte fallen im Crowther Report aber in der Regel Personen, die in den Besitz des Sicherheitsgegenstandes gelangen. Der Käufer bzw. Kreditnehmer oder ein von ihm unabhängiger Sicherheitengeber fallen nicht in diese Kategorie. Die Rechte dieser Dritten hängen vom Sicherheitstyp ab, von dem die Dritten in der Regel nichts wissen könnten. Von besonderem Interesse sei deswegen, wie man diese Dritte über die bestehenden Rechtsverhältnisse in Kenntnis setzen könne und außerdem, welche Rangfolge bei der Befriedigung verfolgt werden solle[409].

---

[397] *Goode*, March 2000, Rdnr. IC 37.61/1897.

[398] Entspricht heute dem CCA.

[399] Crowther Report, para. 1.3.12.

[400] Crowther Report, para. 1.2.4.

[401] Hypothek.

[402] Land Charges Act 1972.

[403] Faustpfand.

[404] Treuhandquittung, Hinterlegungsschein: Ein Faustpfand kann so bestehen bleiben, ohne daß ein physischer Besitz notwendig wäre.

[405] Crowther Report, para. 1.2.15; Die generell in dieser Zeit verwendeten Sicherheiten werden im vierten Kapitel des Berichts der Crowther Committee beschrieben. Hier findet sich auch eine Art Bestandsaufnahme über die bestehenden Regelungen, Crowther Report, para. 4.1.7.

[406] Crowther Report, S. 574 f.

[407] Crowther Report, para. 5.2.11.

[408] Crowther Report, para. 5.5.5.

[409] Crowther Report, para. 5.7.1 ff.

Der angestrebte „Lending and Security Act“ wurde nie verabschiedet. Die Regierung erklärt im „White Paper“[410] zum Consumer Credit Act 1974, daß zwar Schwierigkeiten beständen, daß aber keine Beweise zu finden seien, um eine radikale Umbildung dieses Rechtsgebietes zu rechtfertigen[411]. Einige Aspekte zu Sicherheiten in Bezug auf Verbraucherkredite sind aber trotzdem in das neue Gesetz eingegangen. Im Gesetzentwurf werden zum Beispiel Regelungen zu „pledges“ besprochen[412].

Ausführungen zu „Guarantees and Indemnities“ finden sich im Crowther Report unter der Überschrift „Ancillary Contracts“[413]. Die Rechtsstellung von Sicherheitengebern bei „guarantees“[414] und „indemnities“[415] wird ausdrücklich thematisiert. Es wird festgestellt, daß Sicherheitengeber bis zu den Hire Purchase Acts[416] keinen Schutz erfahren hätten. Es gäbe aber viele Indizien, die darauf hinwiesen, daß sie diesen Schutz dringend benötigten. So scheinen sich zum Beispiel auch englische Bürgen von Aussagen wie „it's just a formality“ einlullen zu lassen. Deswegen sollen Bürgen auf die bestehenden Gefahren durch detaillierte Formvorschriften aufmerksam gemacht werden. Außerdem sollte das Gesetz ausdrücklich klarstellen, daß ein „guarantor“ und „indemnifier“ nie zu mehr verpflichtet werden kann als der primäre Schuldner[417]. Auch daß dem Sicherheitengeber eine Mahnung[418] vor Eintritt vertraglicher Folgen zukommen muß, wird bereits im Crowther Report festgehalten[419].

Auch im Gesetzentwurf wird die Mitverpflichtung Dritter thematisiert. Wie im Crowther Report wird festgestellt, daß sowohl der „guarantor“ als auch der „indemnifier“ eventuell unwissentlich großen Belastungen ausgesetzt sei, eventuell sogar größeren Belastungen, als vom Kreditnehmer ursprünglich eingegangen. Der „indemnifier“ sei außerdem besonders gefährdet, da er die Schuld gegebenenfalls als Gesamtsumme und nicht in Raten, wie der Kreditnehmer, zu leisten hätte. Wie im Crowther Report gefordert, sollen „guarantor“ und „indemnifier“ keiner größeren Belastung ausgesetzt sein können als der Kreditnehmer, außerdem sollen sie denselben Schutz erhalten. Dies gilt auch in Bezug auf auszuhändigende Dokumente und Mahnungen[420]. Außerdem soll ein Vertrag, der nicht gegenüber dem Schuldner durchsetzbar sei, auch nicht

[410] *Department of Trade and Industry,* Reform of the Law on Consumer Credit, Her Majesty's Stationary Office, cm 5427, London September 1973 (zit. White Paper).
[411] White Paper, Rdnr. 14.
[412] White Paper, Rdnr. 79 ff.
[413] Crowther Report, para. 6.9.1 – 6.9.6.
[414] Bürgschaften.
[415] Garantieverträge.
[416] 1964, 1965.
[417] Crowther Report, para. 6.9.5.
[418] Notice of default.
[419] Crowther Report, para. 6.9.6.
[420] Notice of default.

gegen den „guarantor“ oder „indemnifier“ durchsetzbar sein. Die einzige mögliche Ausnahme soll bei minderjährigen Schuldner gemacht werden können, hier müßten sich „guarantor“ und „indemnifier“ als Erwachsene behandeln lassen[421]. Diese Ziele sind durch S. 113 CCA weitgehend umgesetzt worden. Diese Vorschrift ist aber grundsätzlich auf alle Formen von Sicherheiten anzuwenden.

Der Sicherheitengeber ist aber nicht nur durch den Consumer Credit Act 1974 geschützt, sondern in einem gewissen Maß auch durch Richterrecht und „equity“. Verschiedene Gründe, die es einem Richter ermöglichen, einen Vertrag in Verbindung mit Verbraucherkrediten unbeachtet zu lassen, waren bereits durch die Rechtsprechung entwickelt worden. Grundsätzlich kann ein Vertrag, bei dem sich der Kreditgeber durch Unwissenheit, Armut, Fehlen einer unabhängigen Beratung oder anderen ähnlichen Umständen des Kreditnehmers einen Vorteil verschafft hatte, nicht durchsetzbar sein. Diese Möglichkeit wird von Richtern aber nicht oft in Anspruch genommen[422]. Auch Nötigung und ungebührliche Beeinflussung einer weiteren Partei können gegen die Durchsetzbarkeit des Vertrages sprechen. Zu Hypotheken und Bürgschaften gab es aber auch noch nach Verabschiedung des Consumer Credit Act 1974 verschiedene Urteile in diesem Sinne[423]. Heute scheint der Consumer Credit Act 1974 den durch „equity“ gegebenen Schutz im englischen Verbraucherkreditrecht bei skrupellosen Kreditgebern umfassend abzudecken[424], und die alte Rechtsprechung muß in der Regel nicht mehr herangezogen werden. Bei Kreditgebern, die im guten Glauben handeln, ist die Rechtsprechung zu „equity“[425] aber noch heute relevant[426].

*(2) Umsetzung*

Der Consumer Credit Act 1974 ist die erste umfassenden Regelung zu Sicherheiten in Verbindung mit Verbraucherkrediten. Im Consumer Credit Act 1974 beschäftigt sich Abschnitt VIII ausschließlich mit Sicherheiten. Ziel dieser Vorschriften ist es, eine Umgehung der Vorschriften des Consumer Credit Act 1974 durch Sicherheiten zu verhindern. Sie bieten grundsätzlich also dem Sicherheitengeber Schutz. Im Gegensatz zu den Forderungen des Crowther Reports ergeben sich für das Verhältnis zwischen Gläubiger und Drittem, im Sinne vom Crowther Report, nur wenige Regelungen aus dem Consumer Credit Act 1974. Dritte im Sinne des Crowther Report waren nicht die Sicherheitengeber selber, sondern Dritte mit Ansprüchen auf den Sicherungsgegens-

[421] White Paper, Rdnr. 89.
[422] *Goode*, March 2000, Rdnr. IC 47.91/2479 f.
[423] *Kingsworth Trust Ltd. v. Bell* [1986] 1 All ER 423; *Lloyds Bank Ltd. v. Bundy* [1974] 3 All ER 757.
[424] *Castle Phillip Finance Co Ltd v. Kahn* [1980] CCLR 1.
[425] *Rae v. Joyce* (1892) 29 LR Ir 500, 519.
[426] *Goode*, a.a.O. Rdnr. IC 47.93/2491.

tand. Laut *Goode* ergeben sich die Ansprüche dieser Verhältnisse aus dem Richterrecht und aus anderen Gesetzen, wie den Bills of Sales Acts, der Mortgaging of Aircraft Order 1972 und verschiedenen Gesetzen zum Grundstücksrecht[427].

Der Consumer Credit Act 1974 nutzt den Begriff „surety"[428], der im englischen Recht normalerweise im Sinne von Bürge gebraucht wird, in einer viel weiteren Bedeutung[429]. Der Sicherheitengeber wird in S. 189 I CCA als die Person definiert, die die Sicherheit stellt oder die Rechte und Pflichten durch Abtretung oder kraft Gesetzes erlangt. Ein Sicherheitengeber kann also sowohl der Kreditnehmer als auch ein Dritter sein. Ein solcher Dritte kann sowohl eine natürliche als auch eine juristische Person sein, da es sich lediglich um eine „person" handeln muß.

Sicherheit wird in S. 189 I CCA so definiert, daß jede mögliche Form der Sicherung einer Forderung gegen den Kreditnehmer erfaßt ist. Damit eine Sicherheit eine Sicherheit im Sinne des Consumer Credit Act 1974 ist, muß sie durch den Kreditnehmer oder auf seinen ausdrücklichen oder konkludenten Wunsch hin gegeben werden[430]. Die Sicherheit durch einen Dritten, die auf Verlangen des Kreditgebers, ohne Bezugnahme auf den Kreditnehmer, gegeben wird, fällt nicht unter den Consumer Credit Act 1974. Der Dritte hat in einem solchen Fall auch keinen Anspruch auf eine Entschädigung durch den Kreditnehmer[431]. Außerdem muß es sich um eine Sicherheit für ein „regulated agreement"[432] oder für ein verbundenes Geschäft[433] handeln.

Sicherheiten sind im Consumer Credit Act 1974 danach zu unterscheiden, ob es sich um Real- und Personalsicherheiten handelt, und ob es sich um Sicherheiten durch den Kreditnehmer selber oder Sicherheiten durch Dritte handelt. Eine persönliche Sicherheit[434] ist eine Verpflichtung oder eine Leistung, die die ursprüngliche Leistung des Kreditnehmers unterstützt. Eine Realsicherheit gibt dem Kreditgeber Rechte über körperliche und unkörperliche Vermögenswerte des Kreditnehmers oder einer dritten Partei durch „pledge", „mortgage" oder „charge"[435]. Eine Sicherheit durch Dritte ist durch den Consumer Credit Act 1974 geregelt, dagegen unterliegen Sicherheiten durch den Schuldner selber kaum besonderen Auflagen. So müssen Sicherheiten für „mortgages" und „charges" lediglich im „regulated agreement" enthalten sein, und eine Ko-

---

[427] *Goode*, a.a.O. Rdnr. IC 37.1/1891.
[428] Sicherheitengeber.
[429] *Goode*, a.a.O. Rdnr. IC 37.18/1984.
[430] S. 189 I CCA.
[431] *Goode*, a.a.O. Rdnr. IC 37.14/1893.
[432] S. 105 I CCA.
[433] S. 113 VIII CCA; siehe verbundene Geschäfte, S. 88 ff.
[434] Personal security.
[435] *Goode*, a.a.O. Rdnr. IC 37.12/1892.

pie des Vertrages muß dem Kreditnehmer ausgehändigt werden[436]. Die Regelungen des Consumer Credit Act 1974, die auf Sicherheiten durch den Kreditnehmer anwendbar sind, müssen nicht auch auf Sicherheiten durch Dritte anwendbar sein[437].

Der Consumer Credit Act 1974 nutzt verschiedene Instrumente, um Sicherheiten durch Dritte zu regeln. So werden Form und Inhalt von Sicherheitsinstrumenten vorgegeben. Sicherheitengeber müssen verschiedene Informationen und Dokumente erhalten, damit die Sicherheit wirksam wird[438]. S. 105 CCA beschreibt die Voraussetzungen für eine wirksame Sicherheit. Die Voraussetzungen korrespondieren grundsätzlich mit denen für wirksame „regulated agreements" in SS. 60 bis 63 CCA[439]. Der Vertrag über die Sicherheit muß schriftlich vorliegen[440] und leserlich sein[441], es müssen alle ausdrücklichen Vertragsbestimmungen enthalten sein[442], er bedarf außerdem der Unterzeichnung durch den Sicherheitengeber. Es müssen zwei Ausführungen angefertigt werden, und die Abschrift muß dem Sicherheitengeber sofort oder innerhalb von sieben Tagen zukommen[443]. Weitere Vorgaben zur Form und zur Unterschrift des Vertrages über die Sicherheit sind durch Gesetz möglich, bestehen aber nur für „guarantees" und „indemnities" durch die Consumer Credit (Guarantees and Indemnities) Regulations 1983.

Die Rechtsfolgen eines Verstoßes gegen diese Regelungen sind in S. 105 VII und VIII CCA zu finden. Wenn es an der schriftlichen Form fehlt oder gegen eine andere Vorschrift verstoßen worden ist, dann kann ein Kreditgeber eine Sicherheit gegen einen Sicherheitengeber nur durch einen Gerichtsbeschluß geltend machen. Ohne einen positiven Gerichtsbeschluß ist die Sicherheit nach S. 106 CCA unwirksam. Das heißt, daß die Sicherheit als niemals abgegeben behandelt wird[444]. Alle Zahlungen, die der Kreditgeber aufgrund einer Realisierung der Sicherheit erhalten hat, müssen zurückgezahlt werden[445], und alle Eintragungen in Verbindung mit der nichtigen Sicherheit im Register müssen gelöscht werden[446]. Die Sicherheit wird „ex tunc" für unwirksam erklärt. Der Consumer Credit Act 1974 kann aber auch auf eine regelmäßige

---

[436] Consumer Credit (Cancellation Notices and Copies of Documents) Regulations 1983, S I 1983/1557.
[437] *Goode*, a.a.O. Rdnr. IC 37.64/1898 f.
[438] Z.B. S. 105 V CCA.
[439] Siehe Kreditvertrag, S. 74 ff.
[440] S. 105 I CCA.
[441] S. 105 IV c CCA.
[442] S. 105 IV b CCA.
[443] S. 105 V CCA.
[444] S. 106 a CCA.
[445] S. 106 d CCA.
[446] S. 106 c CCA.

Verwertung von Sicherheiten anwendbar sein[447]. So ist eine Sicherheit nicht durchsetzbar, wenn der Kreditgeber auf eine schriftliche Anfrage des Sicherheitengebers nicht angemessen Auskunft erteilt[448].

Ein Vertrag, der nicht gegenüber dem Kreditnehmer durchsetzbar ist, ist gemäß Art. 113 CCA auch nicht gegenüber dem Sicherheitengeber durchsetzbar. Diese wichtige Regelung[449] soll verhindern, daß die Schutzvorschriften des Consumer Credit Act 1974 umgangen werden, indem leichter durchsetzbare Sicherheiten herangezogen werden, oder der Sicherheitengeber zu höheren Zahlungen als der Kreditnehmer verpflichtet wird[450]. S. 113 I CCA besagt ausdrücklich, daß keine Sicherheit dem Kreditgeber einen größeren Nutzen bringen solle, als der zugrundeliegende Vertrag eingebracht hätte. Dies betrifft besonders den „indemnifier". Ein solcher Vertrag sei nur durch ein „order of court" durchsetzbar[451]. Die Ausnahme hierzu ist, wie im Crowther Report gefordert, der minderjährige Kreditnehmer und seine volljährigen Sicherheitengeber[452].

Im weiteren behandelt Abschnitt VIII die Auskunftspflichten, die der Kreditgeber gegenüber einem Sicherheitengeber hat. Neben den gesetzlichen Vorschriften gibt es auch eine ausführliche Rechtsprechungspraxis zu diesem Thema. Aufklärungspflichten über den Hauptschuldner werden bei Sicherheiten nach dem Stand der Sicherheitserklärung beurteilt. Die Informationspflichten vor und nach der Erklärung können sich unterscheiden. Aufklärungspflichten bestehen im englischen Recht vor Abgabe der Bürgschaftserklärung nur bedingt. Nach Abgabe der Bürgschaftserklärung ergibt sich nach dem englischen Recht für den Gläubiger eine Auskunftspflicht.

Nach englischen Recht besteht der Grundsatz, daß keine Aufklärungspflicht gegenüber dem Sicherheitengeber besteht. So ist zum Beispiel eine „guarantee" ausdrücklich kein „uberrimae fidei"[453], die eine Informationspflicht des Gläubigers gegenüber dem Bürgen bedeuten würde[454]. *Lord Campbell* sagt deutlich, daß eine solche Ungewißheit in Bezug auf eine Sicherheit, die sich aus einer Aufklärungspflicht über wichtige Vertragsumstände ergeben würde, einer Bank nicht zuzumuten sei[455]. Eine

---

[447] z.B. S. 113 CCA.
[448] SS. 107 – 109 CCA.
[449] *Goode*, a.a.O. Rdnr. IIB 5.223/549.
[450] *Backhaus*, Verbraucherkredite S. 442.
[451] S. 113 II CCA.
[452] S. 113 VII CCA.
[453] Vertrag, der den Versprechensempfänger dazu verpflichtet, dem Versprechensgeber alle Fakten mitzuteilen, die die Entscheidung den Vertrag zu schließen beeinflussen könnten. Unter diese Kategorie fallen zum Beispiel Versicherungsverträge. *Rutherford / Bone*, Concise Law Dictionary, S. 334.
[454] *Lord Chorley / Smart*, Leading Cases in the Law of Banking, S. 236.
[455] *Hamilton v. Watson* (1845) 12 Cl. & Fin. 109.

Informationspflicht besteht nach englischem Recht lediglich, wenn der Kreditgeber durch den Bürgen konkret gefragt worden ist, wenn er den Bürgen selber fehlgeleitet hat oder deutlich wird, daß der Bürge den Vertrag offensichtlich unter völlig falschen Annahmen eingeht[456]. Anders als im deutschen Recht[457] macht das englische Recht aber keine Ausnahme, für den Fall, daß der Bank bewußt war, daß die Zahlungsunfähigkeit des Hauptschuldners bevorsteht[458].

Informationspflichten nach dem Consumer Credit Act 1974 ergeben sich erst mit der Entstehung eines Vertragsverhältnisses[459]. Nach Abgabe der Bürgschaftserklärung ergibt sich bei Verbraucherkrediten eine ausdrückliche Auskunftspflicht aus dem Consumer Credit Act 1974. Der Bürge kann sich nach der wirtschaftlichen Situation des Schuldners erkundigen. Der Gläubiger hat bei einem Kreditvertrag über eine feststehende Summe nach S. 107 CCA bei einer schriftlichen Nachfrage durch den Sicherheitengebern die Pflicht, Abschriften vom Kreditvertrag, den Vertrag über die Sicherheit und alle damit verbundenen Dokumente, sowie Informationen über den durch den Kreditnehmer bereits gezahlten Betrag, den im Moment fälligen Betrag und den noch ausstehenden Beträgen, an den Sicherheitengeber zu schicken[460]. Auch eine wirksame Mahnung an den Schuldner kann lediglich erfolgen, wenn zur gleichen Zeit eine Kopie an den Sicherheitengeber gegangen ist[461]. Für die anderen Kreditarten, die unter den Consumer Credit Act 1974 fallen, gibt es entsprechende Regelungen[462].

Während einer Nichtbeachtung der Vorschriften, die die Auskunftspflicht über die Verpflichtungen des Schuldners betreffen, ist der Kreditgeber nicht berechtigt, die Sicherheit zu realisieren. Wenn er der Anfrage nicht innerhalb eines Monats nachkommt, begeht er ein „offence“[463]. Die Rechtsfolgen eines Vergehens nach S. 107 IV CCA werden in Sch. 1 CCA beschrieben. Hiernach ist die Strafe für eine Nichtbeantwortung einer Anfrage eine „Level 4“ Strafe auf der „standard scale“. Nach dem Criminal Justice Act 1991[464] bedeutet dies eine Geldstrafe von £ 2 500[465].

---

456 *Royal Bank of Scotland v. Greenshields* (1914) S.C. 259, 271.
457 OLG Köln Urt. v. 14.03.1990 11 U 210/89, NJW-RR 1990, S. 755 f.
458 *Hamilton v. Watson* (1845) 12 Cl. & Fin. 109.
459 Die Banknachfrage bestand bereits vor der Verabschiedung des Consumer Contract Act 1974. *Shelden*, The Practice and Law of Banking, S. 361.
460 S. 107 I CCA.
461 S. 111 CCA.
462 SS. 107 – 109 CCA.
463 Vergehen; S. 107 IV CCA.
464 S. 17 I.
465 Diese Summe kann aufgrund S. 143 Magistrates' Courts Act 1980 abgeändert werden.

Ein Widerrufsrecht für Sicherheiten besteht nicht. Das Widerrufsrecht des Consumer Credit Act 1974 entspricht eher dem des Haustürwiderrufsgesetzes. Es ist nur auf „cancellable agreements" anwendbar[466], worunter Sicherheiten nicht fallen.

*(3) Guarantee und indemnity*

In der Regel beziehen sich die Vorschriften des Consumer Contract Act 1974 auf „securities"[467]. Dies kann aber auch zu Problemen führen, da „security" viele Sicherheiten beinhaltet. Manche Regelungen betreffen aber lediglich „guarantees" und „indemnities", was zu Ungenauigkeiten führt[468]. Bei einer „guarantee" übernimmt ein „surety" oder „guarantor" eine zweitrangige Haftung, in erster Linie haftet aber der Schuldner. Der „guarantor" muß nicht haften, solange der Schuldner seine Verpflichtung erfüllt, oder der Vertrag des Schuldners unwirksam ist[469]. Ähnlich der Diskussion um Schuldbeitritt und Bürgschaft im deutschen Recht, gibt es im englischen Recht eine Diskussion um „guarantee" und „indemnity". Beide sind sich in der Praxis sehr ähnlich und daher nur schwer zu unterscheiden[470]. Es handelt sich aber um rechtlich ganz unterschiedliche Instrumente mit grundsätzlich verschiedenen rechtlichen Konsequenzen[471]. Bereits der Hire-Purchase Act 1965 hatte aber seine wenigen Regelungen zu „guarantees" und „indemnities" angeglichen. Durch den Consumer Credit Act 1974 wurden die bestehenden Unterschiede für Verbraucherkredite sogar weitestgehend eliminiert, denn nach dem Consumer Credit Act 1974[472] werden „guarantees" und „indemnities" gleich behandelt. Außerhalb des Consumer Credit Act 1974 bestehen aber immer noch wichtige Unterschiede zwischen „guarantees" und „indemnities".

„Indemnity" entspricht im deutschen Recht am ehesten dem nicht gesetzlich geregelten Garantievertrag[473]. Schwierig an diesem Begriff ist die vielseitige Anwendungsmöglichkeit im englischen Recht. Im weiteren Sinne ist der „contract of indemnity" ein Vertrag, um eine Partei vor Verlust zu schützen. Es ist in diesem Sinne dann

---

[466] SS. 67 bis 73 CCA.

[467] *Goode*, March 2000, Rdnr. IC 37.64/1898.

[468] *Goode*, March 2000, Rdnr. IC 37.64/1898.

[469] *Goode*, March 2000, Rdnr. IC 37.62/1897.

[470] „Supply goods to C and, if he does not pay you, I will." „Supply goods to C and I will see that you are paid." *Birkmyr v. Darnell* (1704) Salk 27.

[471] Außerhalb des Anwendungsbereichs muß im Einzelfall entschieden werden, ob es sich um eine „guarantee" oder eine „indemnity" handelt, *Moschi v. Lep Air Services Ltd.* [1972] 2 All ER 393, 402. So fällt ein „contract of guarantee" zum Beispiel unter die Statue of Frauds 1677 und ist so nur durchsetzbar, wenn er zu Beweiszwecken in schriftlicher Form entstanden ist. Die „indemnity" fällt dagegen in der Regel nicht unter die Statue of Frauds und bedarf deshalb keines schriftlichen Beweises.

[472] Consumer Credit (Guarantees and Indemnities) Regulations 1983, S I 1983/1556.

auch der Oberbegriff zu „contract of insurance" und „contract of guarantee"[474]. Im engeren Sinne handelt es sich um eine unbeschränkte Haftungsübernahme durch einen Dritten[475]. Eine „indemnity" bedeutet, daß der „surety" die Haftung selbständig übernimmt. Im Gegensatz zur Haftung aus einer „guarantee" ist die Haftung eines „indemnifiers", wie bei einer Garantie im deutschen Recht[476], nicht abhängig von der Nichterfüllung des Hauptschuldners oder der Gültigkeit des ursprünglichen Vertrages[477]. Im Gegensatz zum „contract of insurance" bezieht sich die Haftung einer „indemnity" in der Regel auf den spezifizierten Verlust, der sich aus den im Vertrag bestimmten Begebenheiten ergibt[478]. Anders als bei einer „guarantee" kann der „indemnifier" nicht nur für die sich aus dem ursprünglichen Vertrag ergebenden Pflichten aufkommen müssen, sondern prinzipiell für den gesamten entstandenen Schaden[479]. *Goode* beschreibt diesen Unterschied als rechtlich bedeutend, aber in den meisten Fällen als praxisfern, da in der Regel die Haftung des „indemnifiers" nicht eintreten wird, wenn der ursprüngliche Schuldner seinen Verpflichtungen nachkommt[480].

Aus dem Consumer Credit Act 1974 ergibt sich die Möglichkeit, weitere Vorgaben zur Form und zur Unterschrift des Vertrages über die Sicherheit zu schaffen. Sie bestehen aber, wie bereits erwähnt, nur für „guarantees" und „indemnities"[481]. Es handelt sich dabei um detaillierte Ausführungen zu Form und Inhalt. Neben vollständigen Namens- und Adressenangaben aller Beteiligten und einem zwingenden Absatz zu den Rechten eines „guarantors" oder „indemnifiers", die sich aus dem Consumer Credit Act 1974 ergeben, ist vor allem die Aufmachung des Vertrages wichtig. So gibt es im Anhang genaue Beispiele, wie das Unterschriftsfeld gestaltet sein sollte[482].

---

[473] Die Garantie (RG Urt. v. 29.6.1905 VI 531/04, RGZ 61, S. 157, 159) im deutschen Recht ist nicht im BGB geregelt und fällt so unter die allgemeinen Grundsätze über Verträge, *Lwowski / Scholz*, Das Recht der Kreditsicherung, Rdnr. 423.

[474] Halsbury's Laws of England, Vol. 20, Rdnr. 345.

[475] *Backhaus*, Verbraucherkredite, S. 443.

[476] Auch die Garantie im deutschen Recht ist eine selbständige Haftungsübernahme. RG Urt. v. 29.6.1905 VI 531/04, RGZ, S. 157, 159.

[477] *Birkmyr v. Darnell* (1704) 1 Salk 27; *Yeoman Credit Ltd. v. Latter* [1961] 2 All ER 294, 296.

[478] *Gutteridge / Megrah*, The Law of Bankers' Commercial Credits, S. 143.

[479] *Goulston Discount Co. Ltd. v. Clark* [1967] 1 All ER 61, 63.

[480] *Goode*, March 2000, Rdnr. IC 37.62/1897.

[481] Consumer Credit (Guarantees and Indemnities) Regulations 1983.

[482]

| |
|---|
| This is a guarantee subject to the Consumer Credit Act 1974. If the debtor fails to keep his agreement with the creditor, YOU MAY HAVE TO PAY INSTEAD and fulfil any other obligations under the guarantee. Sign only if you want to be legally bound by its terms.<br><br>Signature(s) of<br><br>Guarantor(s) |

*2. Schuldbeitritt*

Der Schuldbeitritt ist weder im deutschen noch im englischen Gesetz explizit erwähnt. Es scheint aber, daß gerade die sich im deutschen Recht ergebenden Probleme weitestgehend gelöst sind.

*a) Schuldbeitritt und das deutsche Verbraucherkreditrecht*

Ein Schuldbeitritt ist der Beitritt eines Schuldners zu einem Schuldverhältnis als Gesamtschuldner neben den Altschuldner. Der Gläubiger bekommt einen zusätzlichen Schuldner[483]. Es handelt sich um ein Rechtsinstitut, das von der Rechtsprechung erstmals durch das Reichsgericht anerkannt worden war[484] und nicht im BGB geregelt wird. Damals handelte es sich noch um ein Rechtsinstitut für eine „eigenartige Sachlage", und der Regelfall sollte die Bürgschaft bleiben[485].

Die Rechtsprechung zum Schuldbeitritt zu einem Kreditvertrag ist heute weitgehend eindeutig. Ein solcher Schuldbeitritt ist zwar kein Kreditvertrag im Sinne des Verbraucherkreditgesetzes[486], aber die Schutzbestimmungen werden analog auf das Verhältnis Beitretender und Kreditgeber angewandt.

*(1) Entstehung*

Der Schutz des deutschen Verbraucherkreditrechts für den Beitretenden ist teilweise aus der Rechtsprechung zum Anwendungsbereich des Abzahlungsgesetzes zu erklären. Unter den Schutzbereich des Abzahlungsgesetzes konnte der Beitretende bei einem finanzierten Abzahlungsgeschäft fallen[487], was zu einem eigenen Widerrufsrecht führen konnte[488]. Da das Verbraucherkreditgesetz den Verbraucherschutz erweitern sollte, mußten Beitretende durch das Verbraucherkreditgesetz geschützt werden[489].

Die Situation der Beitretenden hat sich durch das Verbraucherkreditgesetz aber noch entscheidend verbessert, da die Voraussetzungen für ihre Einbeziehung in den Schutzbereich des Abzahlungsgesetzes sehr eng waren. Die Schutzwirkung des Abzahlungsgesetzes konnte sich nur auf Schuldner des Kreditvertrages erstrecken, die dem *Kreditvertrag* ausschließlich im Interesse des Abzahlungskäufers beigetreten wa-

---

Part IV, 1.

483 *Schlechtriem*, Schuldrecht, allgemeiner Teil, Rdnr. 623.

484 RG Urt. v. 14.11.1904 VI 12/04, RGZ 59, S. 232, 233.

485 RG Urt. v. 14.11.1904 VI 12/04, RGZ 59, S. 232, 233.

486 §§ 491 I, 499 I BGB (§ 1 II VerbrKrG).

487 BGH Urt. v. 4.4.1984 VIII ZR 129/83, BGHZ 91, S. 37, NJW 1984, S. 1754; BGH Urt. v. 6.12.1989 IV a ZR 249/88, BGHZ 109, S. 314, 317 f.

488 BGH Urt. v. 6.12.1989 IVa ZR 249/88, BGHZ 109, S. 314, 317 f.

489 BGH Urt. v. 21.4.1998 IX ZR 258/97, NJW 1998, S. 1939, 1940.

ren[490]. Diesem fehlte es aber auch an einem eigenen Widerrufsrecht. Zum *Kreditgeschäft* Beitretende konnten in keinem Fall ein eigenes Widerrufsrecht für den Kaufvertrag erwerben, da sie nicht Partei des Kaufvertrages geworden waren[491]. Auf Schuldner, die dagegen dem *Kaufvertrag* beigetreten waren, erstreckte sich das Abzahlungsgesetz grundsätzlich[492]. Es sollte der Abzahlungskäufer selber geschützt werden, deshalb wurde die Anwendbarkeit der Schutzvorschriften an die Rechtsstellung des Käufers gebunden[493]. Ein Dritter, der dem *Kaufvertrag* beitrat, hatte dasselbe Schutzbedürfnis wie der ursprüngliche Schuldner. Für das Recht, den Schuldbeitritt zu widerrufen, war der Zeitpunkt der Belehrung des Beitretenden maßgeblich[494].

*(2) Umsetzung*

Das deutsche Verbraucherkreditrecht erfaßt grundsätzlich jede schuldrechtliche Vereinbarung einer entgeltlichen Kreditgewährung. Allerdings müssen die eingegangene Verpflichtung und die Person des Verpflichteten die entsprechenden Voraussetzungen erfüllen[495]. Der Schuldbeitritt zum Kreditvertrag im Sinne des Verbraucherkreditrechts ist selber aber kein Kreditvertrag[496] und auch keine sonstige Finanzierungshilfe im Sinne des § 499 I BGB[497], da der Beitretende keinen eigenen Anspruch gegen den Kreditgeber erlangt[498]. Zu Dritten finden sich keine Regelungen im Verbraucherkreditrecht. Der Schuldbeitritt zu einem Kreditvertrag ist dem Kreditvertrag im Sinne des Verbraucherkreditrechts trotzdem gleichzustellen. Eine analoge Anwendung der Regelungen auf den Schuldbeitritt wird vertreten, weil der Beitretende die volle vertragliche Verpflichtung eingeht und deshalb ebenso oder sogar noch schutzwürdiger ist als der Kreditnehmer. Auch die Rechtsstellung des Kreditgebers spricht nicht dagegen, da er einen zusätzlichen Schuldner gewinnt[499]. Die Problematik des Abzahlungsgesetzes, den Beitritt zu *Kreditgeschäften* nicht anzuerkennen, ergibt sich hier also nicht mehr[500].

---

[490] Im Gegensatz zu Beitretenden, die aus Eigeninteresse dem Kreditvertrag beitreten sind. BGH Urt. v. 4.4.1984 VIII ZR 129/83, BGHZ 91, S. 37, 44 f., NJW 1984, S. 1754.
[491] BGH Urt. v. 4.4.1984 VIII ZR 129/83, BGHZ 91, S. 37, 46, NJW 1984, S. 1754.
[492] Der BGH hat an dieser Rechtsprechung zum AbzG für die Zeit vor dem Inkrafttreten des VerbrKrG ausdrücklich festgehalten, BGH Urt. v. 26.4.1994 XI ZR 184/93, NJW 1994, S. 1726.
[493] *Kessal-Wulf*, in: Staudinger, § 1 VerbrKrG, Rdnr. 21.
[494] BGH Urt. v. 6.12.1989 IVa ZR 249/88, BGHZ 109, S. 314, 317 f.
[495] BGH Urt. v. 10.5.1995 VIII ZR 264/94, BGHZ 129, S. 371, 378 f., NJW 1995, S. 2290.
[496] A.A. *Bülow*, in: Heidelberger Kommentar, § 1 VerbrKrG, Rdnr. 108.
[497] § 1 I VerbrKrG.
[498] BGH Urt. v. 5.6.1996 VIII ZR 151/95, BGHZ 133, S. 71, 74 f., NJW 1996, S. 2156.
[499] Auch „erst-recht Schluß"; BGH Urt. v. 5.6.1996 VIII ZR 151/95, BGHZ 133, S. 71, NJW 1996, S. 2156.
[500] *Martis*, Die Anwendbarkeit des Verbraucherkreditgesetzes, MDR 1998, S. 1189, 1191.

Beim Schulbeitritt handelt es sich um ein selbständiges Rechtsverhältnis[501]. Das bedeutet einerseits, daß nicht der Kreditnehmer und der Kreditgeber, sondern der Beitretende und der Kreditgeber die persönlichen Voraussetzungen nach dem Verbraucherkreditrecht erfüllen müssen[502]. Dabei ist irrelevant, ob der ursprüngliche Kreditnehmer Verbraucher ist[503]. Auch der Verwendungszweck des Kredites ist unerheblich, da der Schuldbeitritt ein eigenständiges Schuldverhältnis darstellt. Somit ist lediglich der Zweck des Schuldbeitritts maßgeblich[504]. Daraus ergibt sich die Möglichkeit, daß ein Geschäftsführer die Schulden seiner GmbH mit übernimmt und den Schutzbestimmungen des Verbraucherkreditrechts unterfällt[505]. Daß der Schuldbeitritt eines Verbrauchers zu einem Kreditvertrag eines gewerblichen Kreditnehmers unter den Schutz des Verbraucherkreditrechts fällt, macht individuelle Vertragsgestaltungen in diesen atypischen Fallkonstellationen notwendig.

Die Beitrittserklärung ersetzt die Willenserklärung zum Abschluß des Kreditvertrages und begründet die Verpflichtung. Es besteht deshalb für die Beitrittserklärung ein eigenes Widerrufsrecht. Für den Beginn der Widerrufsfrist ist der Zeitpunkt der Beitrittserklärung maßgebend[506]. Dem Beitretenden gegenüber bestehen außerdem eigene Informationspflichten gemäß § 492 BGB[507]. Eine Heilung eines nichtigen Schuldbeitritts im Sinne von § 494 II S. 1 BGB[508] mit Empfang des Darlehens durch den Kreditnehmer gibt es aber nicht[509].

Das Verbraucherkreditrecht ist nicht auf die Bestellung eines Kredit sichernden Grundpfandrechts durch den Beitretenden oder einen Dritten entsprechend anwendbar. Die zur Verfügungstellung eines Grundpfandrechts als Sicherungsmittel ist kein Kreditvertrag im Sinne des Verbraucherkreditrechts[510] oder ein gleichzustellender Vertrag, da die grundpfandrechtliche Absicherung durch Dritte nicht vom Zweck des Verbraucherkreditvertrages erfaßt werde[511]. Es wird argumentiert, daß die grundpfandrechtliche Absicherung sich vom Schulbeitritt dadurch unterscheide, daß der Sicherheitenge-

---

[501] *Kessal-Wulf*, a.a.O. Rdnr. 21.
[502] § 1 I VerbrKrG.
[503] BGH Urt. v. 28.1.1997 XI ZR 251/95, NJW 1997, S. 1443; BGH Urt. v. 5.6.1996 VIII ZR 151/95, BGHZ 133, S. 71, NJW 1996, S. 2156.
[504] *Wiechers*, Die Rechtsprechung des Bundesgerichtshofs zum Verbraucherkreditgesetz, WM 2000, S. 1077, 1082.
[505] *Martis*, a.a.O. S. 1189, 1191 f.; BGH Urt. v. 5.6.1996 VIII ZR 151/95, BGHZ 133, S. 71, NJW 1996, S. 2156.
[506] BGH Urt. v. 10.7.1996 VIII ZR 213/95, NJW 1996, S. 2865.
[507] § 4 VerbrKrG, *Ulmer*, in: MünchKomm, § 1 VerbrKrG, Rdnr. 34, 3. Aufl.
[508] § 6 II S. 1 VerbrKrG.
[509] BGH Urt. v. 11.12.1996 XI ZR 202/95, NJW 1997, S. 654; BGH Urt. v. 28.1.1997 XI ZR 251/95, NJW 1997, S. 1442, 1443.
[510] §§ 491 I, 499 I BGB (§ 1 II VerbrKrG).

ber lediglich Gefahr laufe, im Sicherungsfall den Haftungsgegenstand zu verlieren und keiner unmittelbaren Zahlungsverpflichtung ausgesetzt sei[512].

Wenn der Wortlaut der Erklärung des Dritten nicht eindeutig ist, können Probleme bei der Unterscheidung einer Bürgschaft von einem Schuldbeitritt auftreten. Bei einer mehrdeutigen Erklärung ist nach den wirtschaftlichen und rechtlichen Interessen des Mitverpflichteten zu entscheiden. Für das Vorliegen eines Schuldbeitritts spricht „ein eigenes, unmittelbares sachliches bzw. wirtschaftliches Interesse des Beitretenden daran, daß der Gläubiger die Leistung erhält"[513]. Ist trotz dieser Auslegungshilfe keine unzweifelhafte Auslegung möglich, dann ist die Erklärung als Bürgschaft zu werten[514].

Eine Unterscheidung ist notwendig, da auf den Schuldbeitritt das Verbraucherkreditrecht analog anwendbar ist und auf die Bürgschaft nicht. Zwar wurden für das Verbraucherkreditrecht die Begriffsbestimmungen des Kreditvertrages aus der Verbraucherkreditrichtlinie übernommen. Daraus folgt, daß weder die Bürgschaft noch der Schuldbeitritt ein Kreditvertrag im Sinne des Verbraucherkreditrechts sein sollte. Auf den Schuldbeitritt wendet die Rechtsprechung aber, wie bereits ausgeführt, das Verbraucherkreditrecht trotzdem analog an[515]. Der Auffassung, daß Bürgen ebenso zu schützen sind, da auch Bürgschaften dem Kreditgeber in ähnlicher Weise eine Mitschuldverpflichtung sichern, wird widersprochen. Eine Übereinstimmung des wirtschaftlichen Zweckes könne eine Gleichbehandlung der Bürgschaft und des Schuldbeitritts nicht begründen. Für eine analoge Anwendung des Verbraucherkreditrechts auf den Schuldbeitritt und gegen eine analoge Anwendung des Verbraucherkreditrechts auf Bürgschaften spricht neben dem frühen Schutz des Schuldbeitrittes durch das Abzahlungsgesetz[516] auch das Fehlen von Schutzregelungen für den Beitretenden ähnlich denen, die den Bürgen schützen[517]. Daß Banken in Zukunft auf Bürgschaften hinwirken, um ein eigenes Widerrufsrecht des Schuldners auszuschließen, muß durch die Anwendung des Umgehungsverbots des Verbraucherkreditrechts[518] verhindert werden.

---

[511] BGH Urt. v. 28.1.1997 XI ZR 251/95, NJW 1997, S. 1442, 1443.

[512] *Kessal-Wulf*, a.a.O. Rdnr. 21.

[513] *Lwowski / Scholz*, Das Recht der Kreditsicherung, S. 379; BGH Urt. v. 25.9.1980 VII ZR 301/79, NJW 1981, S. 47.

[514] *Pape*, Die Entwicklung des Bürgschaftsrechts im Jahr 1995, NJW 1996, S. 887, 888.

[515] BGH Urt. v. 5.6.1996 VIII ZR 151/95, BGHZ 133, S. 71, NJW 1996, S. 2156.

[516] BGH Urt. v. 4.4.1984 VIII ZR 129/83, BGHZ 91, S. 37, NJW 1984, S. 1754; BGH Urt. v. 21.4.1998 IX ZR 258/97, NJW 1998, S. 1939, 1940.

[517] So könne der kumulative Schuldbeitritt z.B. deshalb grundsätzlich formfrei erklärt werden. Unter Umständen kann der Schuldbeitritt aber an die Formvorschriften des Hauptvertrages gebunden sein (BGH Urt. v. 8.12.1992 XI ZR 96/92, BGHZ 121, S. 1, 3), wie dies beim Verbraucherkreditvertrag gehandhabt wird.

[518] § 506 S. 2 BGB (§ 18 S. 2 VerbrKrG).

*b) Schuldbeitritt im englischen Recht*

Ein Schuldbeitritt im eigentlichen deutschen Sinne eine weitere Person verpflichtet sich für die Schuld eines anderen mit könnte im englischen Recht am Konzept der „consideration" scheitern. Und auch die Regelungen zu mehreren Vertragspartnern lassen Fragen offen.

„Consideration" ist das Instrument der englischen Rechtsordnung, um die Ernsthaftigkeit eines Versprechens zu überprüfen. Ein Leistungsversprechen ist danach nur verpflichtend, wenn ein Gegenopfer erbracht wird[519]. Ein Versprechen, das nicht durch „consideration" unterstützt wird oder die Form eines „deed"[520] hat, ist nicht durchsetzbar[521]. Die „doctrine of consideration" besagt, daß „something of value in the eye of the law"[522] gegeben werden muß, um ein Versprechen erzwingbar zu machen. Oder wie es *Goode* formuliert: „Consideration is an act or forbearance which is desired by the promisor, and is fixed by him as the price of his own undertaking"[523]. Ein informelles und freiwilliges Versprechen ist kein Vertrag[524]. Heute ist ein Vertrag oft ein Geschäft, das auf dem Austausch von Versprechen basiert[525].

Diese Abgrenzung von bindenden und nicht bindenden Versprechen ist auch in anderen Rechtssystemen vor allem bei Schenkungsversprechen bekannt[526]. Das Konzept „consideration" geht aber viel weiter und gerät so immer wieder in die Kritik. Die Problematik „consideration" betrifft alle unentgeltlichen Versprechen. Das hat unter anderem zur Folge, daß sich eine Haftung bei Schadensfällen gegebenenfalls aus „tort"[527] und nicht aus „contract"[528] ergibt. Laut *Treitel* steht und fällt die „doctrine of consideration" mit der Frage, ob man den Geber eines informellen und freiwilligen Versprechens grundsätzlich binden sollte.

Eine Gegenleistung ist dagegen nicht notwendig bei einem „deed". Das Versprechen ist in diesem Fall überhaupt nicht von einem Vertrag abhängig, da es sich beim „deed" um keinen Vertrag, sondern lediglich um eine Urkunde, ähnlich einer Schenkungsurkunde, handelt. Eine Schenkung ist im englischen Recht in Form eines „deeds" mit wenig Mehraufwand trotz der „doctrine of consideration" möglich. Ein

---

[519] *Zweigert / Kötz,* Einführung in die Rechtsvergleichung, § 29 II.

[520] Urkunde, die den Bestimmungen des Law of Property (Miscellaneous Provisions) Act 1989 S. 1 und dem Companies Act 1985 S. 36 (a) entspricht.

[521] *Treitel*, The Law of Contract, S. 63.

[522] *Thomas v. Thomas* (1842) 2 QB 851, 859.

[523] *Goode*, Commercial Law, S. 74.

[524] Re *Hudson* (1885) 54 LJCh 811.

[525] *Cheshire / Furmston, Cheshire, Fifoot and Furmston's* Law of Contract, S. 73.

[526] *Zweigert / Kötz*, a.a.O. § 29 I.

[527] Zivilrechtliches Delikt.

[528] Vertragsrecht.

„deed" muß als solches zu erkennen und vollzogen sein. Das beinhaltet, daß es vom Aussteller und von Zeugen unterschrieben sein muß und daß es den Vorschriften entsprechend überbracht wird[529]. Dieser Mehraufwand ist ein Schutz gegen übereilte Versprechen[530]. Auch im deutschen Recht bedarf der Schenkungsvertrag der notariellen Form[531], was ebenfalls einen Übereilungsschutz darstellt. Wie im deutschen Recht kann ein Versprechender nach englischem Recht nach der Übertragung des Gegenstandes keine Rückerstattung vom Empfänger verlangen, auch wenn kein „deed" vorliegt[532].

Ein Schuldbeitritt nach englischem Recht benötigt demnach eine Gegenleistung des Kreditgebers. Die Leistung des Kreditgebers, die Kreditgewährung gegenüber dem Kreditnehmer, ergibt sich bereits aus dem Kreditvertrag, da der Schuldbeitritt eine bestehende Schuld voraussetzt. Gegebenenfalls liegt also lediglich „past consideration" vor. „Past consideration" wird dann angenommen, wenn die Gegenleistung bereits erbracht worden ist. Eine Leistung, die bereits erbracht worden ist, kann keine Gegenleistung für ein neues Versprechen sein. Eine Leistung im Sinne von „consideration" gegenüber dem Beitretenden besteht dann nicht.

Diese Problematik könnte sich auch für „guarantees" ergeben: „Thus if a thing is guaranteed after it has been sold there is no consideration for the guarantee"[533]. Dabei ist aber nicht strikt die chronologische Reihenfolge bestimmend. Wenn Leistung und Vereinbarung eine Einheit bilden, liegt „consideration" vor[534]. Im Regelfall ist die „guarantee" aber ein Angebot, das der Kreditgeber mit der Auszahlung des Kredites annimmt. Die Auszahlung an den Kreditnehmer ist dann auch die Gegenleistung des Kreditgebers gegenüber dem Sicherheitengeber[535]. Ohne „consideration" ist eine „guarantee" in Form eins „deed" denkbar, welche allenfalls mit der Schriftform einer Bürgschaft im deutschen Recht zu vergleichen wäre[536].

Auf „public policy"[537]-Gründe ist zurückzuführen, daß in der Regel außerdem keine „consideration" vorliegt, wenn die Gegenleistung bereits geschuldet wird. Der klassische Fall hierzu sind die Seeleute, denen während der Fahrt zusätzliche Prämien

---

[529] S. 1 III (a), (b), IV Law of Property (Miscellaneous Provisions) Act 1989, cm 34.

[530] *Treitel*, a.a.O. S. 147 f.

[531] § 518 I S. 1 BGB.

[532] § 518 II BGB; *Zweigert / Kötz*, a.a.O. § 29 II.

[533] *Treitel*, a.a.O. S. 73; *Thorner v. Field* (1612) 1 Bulst. 120; a.A. *Goode* spricht lediglich von einer Schwächung des Anspruchs, wenn "past consideration" für eine Sicherheit vorliegt. *Goode*, Commercial Law, S. 687.

[534] *Treitel*, a.a.O. S. 73; *Thonton v. Jenkyns* (1840) 1 Man. & G. 166.

[535] *Goode*, Commercial Law, S. 831.

[536] Aus equity ergibt sich aber, daß eine Gegenleistung erbracht werden muß, diese Voraussetzung wird nicht dadurch aufgewogen, daß es sich um ein deed handelt. *Goode*, Commercial Law, S. 679n.

[537] Gemeinwohl.

versprochen wurden, wenn sie das Schiff, auf dem sie angeheuert hatten, vertragsgemäß in den Heimathafen bringen würden[538]. Bis heute zählt dieser Fall zu den Hauptbeispielen zu „consideration".

Im Ausnahmefall ist es heute möglich, daß die *Erfüllung eines bestehenden Versprechens gegenüber einem Dritten*, in unserem Fall den Kreditnehmer, „consideration" sein kann[539]. In einem solchen Fall könnte es sich um die Auszahlung eines Darlehen an einen Dritten handeln. Auch das *Versprechen* der Erfüllung einer bestehenden Verpflichtung gegenüber einem Dritten kann „consideration" sein[540]. Dazu müssen drei Bedingungen erfüllt sein: Die Leistung, die bestehende Verpflichtung, muß auf Veranlassung des Versprechenden erbracht worden sein. Es muß klar gewesen sein, daß eine Bezahlung erwartet wurde. Und schließlich hätte diese Bezahlung, wäre sie zu dem früheren Zeitpunkt vereinbart worden, „legally recoverable"[541] sein müssen. Diese Konstellation hat aber wenig praktische Relevanz, da sie voraussetzt, daß das Kreditversprechen zwischen Kreditgeber und Kreditnehmer ursprünglich vom Bürgen oder Beitretenden initiiert worden ist, was selten der Fall sein wird. In der Regel scheitert die späte Bürgschaft und der Schuldbeitritt also an einer fehlenden Gegenleistung durch den Kreditgeber gegenüber dem Bürgen oder Beitretenden.

Unabhängig vom Problem mit der „past-consideration" kennt auch das englische Recht die Möglichkeit, daß eine Vertragspartei aus mehr als einer Person besteht. Auch wenn im praktischen Sinne nur eine Person eine *Leistung* durch den Kreditgeber erfährt, kann diese *Leistung an einen Dritten* auch die Gegenleistung für die andere Person darstellen[542]. Bei der Verpflichtung eines „co-contractor" handelt es sich aber nicht um eine Form von Sicherheit, die durch die Regelungen zu „securities" abgedeckt ist. Auch in der Literatur scheint diese Form der Absicherung eher unproblematisch oder unbekannt zu sein, auf jeden Fall bleibt sie unerwähnt.

Bei einem „co-contractor" handelt es sich lediglich um einen weiteren Vertragspartner, ähnlich dem weiteren Gesamtschuldner des deutschen Rechts, der als Kreditnehmer den Rechten und Pflichten, die sich aus dem Consumer Credit Act 1974 ergeben, unterliegen kann. Im Hire-Purchase Act 1965 wurde die Möglichkeit, daß es mehrere Kreditnehmer oder Kreditgeber geben könnte, nicht angesprochen[543]. Im Consumer Credit Act 1974 sind dagegen zwei Generalklauseln zu dieser Thematik zu fin-

---

[538] *Stilk v. Myrick* (1809) 2 Camp. 317.
[539] *Treitel*, a.a.O. S. 92; *Shadwell v. Shadwell* (1860) 9 C.B. (N.S.) 159.
[540] *Treitel*, a.a.O. S. 93; *Pao On v. Lau Yiu Long* [1979] 3 All ER 65.
[541] Rechtlich einziehbar/durchsetzbar.
[542] *Treitel*, a.a.O. S. 77.
[543] *Goode*, March 2000, Rdnr. IC 44.1/2201.

den[544]. Durch ihren generellen Charakter lassen sie allerdings viele Fragen unbeantwortet.

Bei mehr als einem Kreditnehmer findet S. 185 CCA Anwendung, wenn eine „joint liability“[545] der Kreditnehmer vorliegt[546]. S. 185 CCA besagt klar, daß alles was in Verbindung mit oder für den einen Kreditnehmer zu tun ist, auch in Bezug auf den anderen zu geschehen hat[547]. Es ergeben sich allerdings einige Probleme aus dieser einfachen Lösung[548]. So ist zum Beispiel bei verbundenen Geschäften die Rückzahlung des bereits durch die Kreditnehmer Geleisteten nach S. 57 I oder S. 70 CCA bei einer Kündigung des Vertrages durch einen der Kreditnehmer an alle Kreditnehmer gemeinschaftlich zu zahlen[549]. Dies ist auch der Fall, wenn ursprünglich nur durch einen Kreditnehmer geleistet worden war.

Auch für das Widerrufsrecht[550] ergeben sich Probleme, die bis jetzt ungeklärt sind. Nach S. 185 I (b) CCA[551] ist jede Handlung eines Kreditnehmers nach dem Consumer Credit Act 1974 wie die gemeinsame Handlung aller Kreditnehmer zu behandeln[552]. Fraglich ist zum Beispiel, ob ein Verbraucherkredit durch einen Kreditnehmer widerrufen werden kann, auch wenn die anderen dies nicht wollen. Auch bleibt die Frage offen, ob ein Verbraucherkredit widerrufen werden kann, wenn der eine Verbraucher alle Voraussetzungen für einen Widerruf erfüllt, der andere aber nicht und dieser trotzdem widerruft[553].

*II. Sukzession: privative Schuldübernahme und Vertragsübernahme*

In der deutschen Rechtsprechung wird bei Verbraucherkrediten die Schutzwürdigkeit des Schuldbeitretenden mit der des Schuldübernehmers und des Vertragsübernehmers gleichgesetzt, auch wenn es sich in dem einen Fall um eine Mitverpflichtung eines Dritten handelt und die anderen beiden Fälle durch die Einsetzung eines neuen Schuldners und die Entlastung eines alten Schuldners gekennzeichnet sind. Im engli-

[544] SS. 185, 186 CCA.
[545] Im Gegensatz zu Fällen in denen eine „joint and severally liability“ vorliegt, wonach die Parteien sich nicht nur gemeinsam verpflichten, sondern auch jede einzeln, daß die gleiche Schuld von der einen oder der anderen Partei zu begleichen ist, Halsbury's Laws of England, Vol. 9 (1), Rdnr. 1079.
[546] *Goode*, March 2000, Rdnr. IC 44.21/2206.
[547] S. 185 I a&b CCA.
[548] *Goode*, a.a.O. Rdnr. IC 44.2-44.7/2201-2204.
[549] *Goode*, a.a.O. Rdnr. IC 44.2/2201.
[550] SS. 67 ff. CCA.
[551] „...anything done under this Act by or on behalf of one of them shall have effect as if done by or on behalf of all of them“.
[552] *Goode*, a.a.O. Rdnr. IC 44.6/2204.
[553] *Goode*, a.a.O. Rdnr. IC 44.7/2204 f.

schen Recht ist die Schuldübernahme nicht von der Vertragsübernahme zu unterscheiden.

### *1. Sukzession und das deutsche Verbraucherkreditrecht*

#### *a) Schuldübernahme*

Eine Schuldübernahme ist ein Vertrag, durch den ein Dritter als Neuschuldner an die Stelle des Altschuldners tritt[554]. Die Schuldübernahme ist keine Mitverpflichtung, das Schutzbedürfnis eines Schuldübernehmers ist aber mit dem eines Beitretenden vergleichbar. Eine analoge Anwendung des Verbraucherkreditrechts kommt deshalb hier unter Umständen in Betracht. Es ist allerdings zwischen einer Schuldübernahme, die zwischen dem Neuschuldner (Übernehmender) und dem Gläubiger, dem Kreditgeber, vereinbart wird[555] und einer Schuldübernahme, die zwischen dem Altschuldner und dem Neuschuldner vereinbart wird[556], zu unterscheiden.

Bei einer Schuldübernahme nach § 414 BGB[557] ist die Situation vergleichbar mit dem Abschluß eines Kreditvertrages. Das Schutzbedürfnis des Übernehmenden ähnelt dem des Kreditnehmers[558]. Hier ist eine analoge Anwendung möglich, wenn der Übernehmende schutzwürdig ist. Der Übernehmende muß also die Voraussetzungen des § 491 I BGB i.V.m. § 13 BGB erfüllen[559]. Der Kreditgeber hat dann gegenüber diesem Neuschuldner im Sinne des Verbraucherkreditrechts zu handeln.

Anders ist die Situation bei einer Schuldübernahme, die gemäß § 415 I BGB zwischen Altschuldner und Übernehmenden vereinbart wird. In diesem Fall scheidet eine analoge Anwendung des Verbraucherkreditrechts aus, weil es hier zu keinem Vertrag zwischen Kreditgeber und Übernehmenden kommt[560]. Die notwendige Genehmigung durch den Gläubiger ist kein Vertragsverhältnis, auf welches das Verbraucherkreditrecht angewandt werden könnte. Nach der Verfügungstheorie[561] kommt es zu keinem Vertragsverhältnis zwischen Neuschuldner und Kreditgeber, das dem Kreditvertrag zwischen Altschuldner und Kreditgeber gleichzusetzen ist[562]. Eine Genehmigung kann zum Beispiel durch schlüssige Handlung gegeben werden, eine konkluden-

---

[554] §§ 414 ff. BGB.
[555] § 414 BGB.
[556] § 415 I BGB.
[557] Vereinbarung zwischen Kreditgeber und Übernehmer.
[558] *Kessal-Wulf*, in: Staudinger, § 1 VerbrKrG, Rdnr. 22, 2001.
[559] BGH Urt. v. 5.6.1996 VIII ZR 151/95, BGHZ 133, S. 71; *Ulmer*, in: MünchKomm, § 1 VerbrKrG, Rdnr. 35, 3. Aufl.
[560] *Ulmer*, a.a.O. Rdnr. 36.
[561] BGH Urt. v. 8.12.1959 VIII ZR 134/58, BGHZ 31, S. 321, 325 f.; *Ulmer*, in: MünchKomm, § 1 VerbrKrG, Rdnr. 36, 3. Aufl.; *Möschel*, in: MünchKomm, § 415 BGB, Rdnr. 1, 3. Aufl.
[562] *Kessal-Wulf*, a.a.O. Rdnr. 22.

te Zustimmung muß aber in jeder Hinsicht zuverlässig ermittelbar sein[563]. Die Übernahme wird, wenn auch mit Mitwirkung des Gläubigers, alleine zwischen Alt- und Neuschuldner geschlossen. Es handelt sich dabei um eine Verfügung eines Nichtberechtigten, die durch den Kreditgeber genehmigt wird[564]. Sowohl Alt- als auch Neuschuldner sind Schuldner gegenüber dem Kreditgeber. Das Verbraucherkreditrecht kann aber lediglich auf das Verhältnis Kreditnehmer und Kreditgeber angewandt werden. Die von der herrschenden Meinung abgelehnte Vertragstheorie geht davon aus, daß ein Vertrag des Neuschuldners mit dem Kreditgeber auch bei einer Schuldübernahme nach § 415 BGB zustande kommt, nachdem das Angebot der Schuldübernahme vom Kreditgeber angenommen worden ist[565]. Auf eine solche Konstruktion könnte das Verbraucherkreditrecht unter Umstände anwendbar sein, da es hier zu einem Vertragsverhältnis Kreditnehmer und Kreditgeber käme. Der herrschenden Meinung ist zu folgen, da bei einer Genehmigung durch den Kreditgeber die Initiative von Kreditnehmer und Schuldübernehmer ausgegangen ist und es nicht dem Schutzzweck entspricht, daß dies eine Auswirkung auf die Rechtsposition des Kreditgebers haben sollte.

Probleme ergeben sich bei der Betrachtung der Sachlage im Sinne der Verfügungstheorie aus möglichen Umgehungsversuchen. Der Kreditgeber könnte auf eine Übernahme nach § 415 I BGB bestehen, um nicht gegenüber dem Übernehmenden unter die Bestimmungen des Verbraucherkreditgesetzes zu fallen. In diesem Fall sollte der Vertrag im Sinne von § 506 S. 2 BGB[566] so behandelt werden, als ob er nach § 414 BGB geschlossen worden wäre[567]. Das Umgehungsverbot ist dann anzuwenden, wenn die Übernahme auf die Initiative des Kreditgebers zurückgeht[568]. Nach *Kessal-Wulf* bedarf es nicht einmal der Initiative des Kreditgebers, es genügt, daß es eigentlich möglich wäre, daß der Sachverhalt dem Verbraucherkreditrecht entzogen werden könnte[569]. Eine Umgehungsabsicht sei nicht notwendig[570]. In der Praxis ist § 415 BGB aber der häufigere Fall[571], da der Gläubiger eher auf eine Schuldbeitritt drängen würde, um den Altschuldner nicht aus der Haftung entlassen zu müssen[572].

---

563 *Pöggeler*, Grundlagen und Probleme der Vertragsübernahme, JA 1995, S. 641, 645.
564 Gem. § 185 II BGB.
565 *Schlechtriem*, Schuldrecht, allgemeiner Teil, Rdnr. 613.
566 § 18 S. 2 VerbrKrG.
567 *Kessal-Wulf*, a.a.O. Rdnr. 22; *Ulmer*, a.a.O. Rdnr. 36.
568 *Martis*, a.a.O. S. 14.
569 BGH Urt. v. 3.7.1991 VIII ZR 201/90, NJW 1991, S. 2903.
570 *Kessal-Wulf*, a.a.O. Rdnr. 22.
571 *Möschel*, in: MünchKomm, Vor § 414 BGB, Rdnr. 2, 3. Aufl.
572 *Martinek*, Derivativer und orginärer Verbraucherschutz bei der Vertragsübernahme, JZ 2000, S. 551, 558.

*b) Vertragsübernahme*

Eine Vertragsübernahme ist im deutschen Recht ein Rechtsgeschäft, das die gesamte Rechtsstellung einer Partei aus einem Schuldverhältnis auf einen Dritten überträgt. Der Dritte tritt in das bisherige Rechtsverhältnis ein[573]. Auch bei der Vertragsübernahme ergibt sich ein ähnliches Schutzbedürfnis für den Übernehmenden, wie es bereits für die Schuldübernahme und den Schuldbeitritt beschrieben worden ist.

Grundsätzlich war die Übernahme eines Vertrages, der unter das Abzahlungsgesetz fiel, vom Schutzbereich des Abzahlungsgesetzes gedeckt. So fielen Bierlieferungsverträge unter § 1 c Nr. 2 AbzG, und auch ihre Übernahme konnte unter das Abzahlungsgesetz fallen, da sich das Schutzbedürfnis des Übernehmenden und des ursprünglichen Schuldners deckten[574]. Die Anwendung des Abzahlungsgesetzes hing nicht von der gewählten Vertragsform der Übernahme ab. So war es nicht von Bedeutung, ob es sich um einen dreiseitigen Vertrag gehandelt hat oder ob die Zustimmung des Kreditgebers erst später gegeben wurde[575].

Eine Vertragsübernahme ist das Ersetzen einer Vertragspartei eines wirksamen Vertrages durch eine neue Partei. Eine rechtsgeschäftliche Vertragsübernahme beinhaltet Abtretung und Schuldübernahme, ist aber auch mehr als die Summe beider Rechtsinstitute. Eine Vertragsübernahme bedarf im Gegensatz zur Schuldübernahme immer der Beteiligung aller drei Parteien. Übernehmende, ausscheidende und verbleibende Partei müssen an der Vertragsübernahme beteiligt sein. „Niemand braucht sich ohne sein Zutun einen anderen Vertragspartner aufdrängen lassen“[576]. Nach allgemeiner Auffassung der Rechtsprechung und der Literatur kann eine Vertragsübernahme sowohl durch einen dreiseitigen Vertrag als auch durch einen zweiseitigen Vertrag mit Zustimmung der Dritten Partei entstehen[577]. Eine rechtsgeschäftliche Vertragsübernahme kann als Rechtsnachfolge ohne Neuabschluß gestaltet werden. Gestaltungsrechte, die sich aus dem ursprünglichen Vertrag ergeben, können auf den Eintretenden übergehen[578]. Gestaltungsrechte, die sich aus der Vertragsübernahme ergeben, müssen aber in der Regel sowohl dem verbleibenden als auch dem ausscheidenden Vertragspartner gegenüber erklärt werden[579].

---

[573] *Creifelds / Kaufmann*, Rechtswörterbuch, S. 1384 f.
[574] BGH Urt. v. 3.7.1991 VIII ZR 201/90, BGH NJW 1991, S. 2903, 2904.
[575] BGH Urt. v. 3.7.1991 VIII ZR 201/90, BGH NJW 1991, S. 2903, 2904; BGH Urt. v. 20.6.1985 IX ZR 173/84, BGHZ 95, S. 88, 93 f.
[576] *Pieper*, Vertragsübernahme und Vertragsbeitritt: Zugleich ein Beitrag zur Lehre vom Vertragsverhältnis, S. 193.
[577] BGH Urt. v. 20.6.1985 IX ZR 173/84, BGHZ 95, S. 88, 93 f.
[578] *Pöggeler*, Grundlagen und Probleme der Vertragsübernahme, JA 1995, S. 641, 642 ff.
[579] BGH Urt. v. 27.11.1985 VIII ZR 316/84, BGHZ 96, S. 302, 310.

Das Verbraucherkreditgesetz und auch die Bestimmungen zum Verbraucherkreditrecht im BGB sind nach dem Bundesgerichtshof auf eine Vertragsübernahme anwendbar, wenn eine vertragliche Absprache zwischen allen drei Parteien vorliegt[580]. Stimmt der Kreditgeber lediglich zu und wird kein dreiseitiger Vertrag geschlossen, ist das Verbraucherkreditrecht nicht anwendbar[581]. Die Anforderungen an die Deutlichkeit einer eventuellen Zustimmung sind hoch[582].

Bei Vertragsübernahmen, für die das Verbraucherkreditrecht gilt, sind §§ § 492 I, 494 I, 495 I, 503 I BGB[583] auf das Verhältnis übernehmender Verbraucher und Kreditgeber anwendbar[584]. Nach der Rechtsprechung zur Vertragsübernahme von Verträgen, die unter das Abzahlungsgesetz[585] und das Verbraucherkreditgesetz[586] fallen, braucht das eigene Widerrufsrecht des Übernehmenden nicht beiden Parteien gegenüber erklärt zu werden, sondern lediglich dem Verkäufer/Kreditgeber[587]. Ein solches Widerrufsrecht hat der Übernehmenden auch, wenn er nicht Verbraucher im Sinne des Verbraucherkreditrechts ist[588]. Neben dem originären Widerrufsrecht in Verbindung mit der Vertragsübernahme kann aber auch ein bestehendes Widerrufsrecht des ursprünglichen Kreditnehmers auf den Übernehmenden übergehen[589]. Anders die Formvorschriften: Während ein originäres Formerfordernis bestehen kann[590], besteht kein derivatives Formerfordernis, da es sich nicht mit dem Hinweis auf die Formbedürftigkeit des übernommenen Vertrages begründen läßt[591].

### 2. *Sukzession im englischen Recht*

Eine Schuldübernahme ähnlich der §§ 414 ff. BGB gibt es im englischen Recht nicht. Dieser Sachverhalt wird über „novation", Vertragsübernahme, gelöst. Nach engli-

---

580 BGH Urt. v. 26.5.1999 VIII ZR 141/98, NJW 1999, S. 2664.

581 OLG Düsseldorf Urt. v. 20.12.1999 24 U 186/98, OLGR Düsseldorf 2001, 97, NJW-RR 2001, S. 641; a.A. *Martinek*, Derivativer und orginärer Verbraucherschutz bei der Vertragsübernahme, JZ 2000, S. 551, 559.

582 *Pöggeler*, a.a.O. S. 645.

583 §§ 4 I, 6 I, 7 I VerbrKrG.

584 *Dazert*, Mithaftung und Sukzession bei Verbraucherkreditverträgen, S. 180; *Martinek* geht von einer unmittelbaren und nicht von einer analogen Anwendung des VerbrKrG aus, *Martinek*, Derivativer und orginärer Verbraucherschutz bei der Vertragsübernahme, JZ 2000, S. 551, 556.

585 BGH Urt. v. 3.7.1991 VIII ZR 201/90, NJW 1991, S. 2903 f.

586 BGH Urt. v. 10.5.1995 VIII ZR 264/94, BGHZ 129, S. 371, NJW 1995, S. 2290, 2292.

587 *Dazert*, a.a.O. S. 166.

588 BGH Urt. v. 17.4.1996 VIII ZR 44/95, JZ 1997, S. 684, NJW 1996, S. 2094; a.A. *Martinek*, a.a.O. S. 559 f.

589 BGH Urt. v. 17.4.1996 VIII ZR 44/95, JZ 1997, S. 684, NJW 1996, S. 2094; a.A. *Dazert*, a.a.O. S. 181, *Ulmer / Mausch*, Entscheidungsbesprechung zu BGH Urt. v. 10.5.1995 VIII ZR 264/94 und BGH Urt. v. 17.4.1996 VIII ZR 44/95, JZ 1997, S. 654.

590 BGH Urt. v. 26.5.1999 VIII ZR 141/98, NJW 1999, S. 2664; *Martinek*, a.a.O. S. 555.

591 *Martinek*, a.a.O. S. 555.

schem Recht ist eine Schuldübernahme im Sinne von § 415 BGB aber auch mit Hilfe der „novation" nicht möglich, da Alt- und Neuschuldner sich nach § 415 BGB auf eine Schuldübernahme einigen können und lediglich die Zustimmung des Gläubigers brauchen. Im englischen Recht ist dies nicht möglich, „consent" muß von allen drei Parteien in einen dreiseitigen Vertrag eingebracht werden.

Durch einen Fehler im Gesetz scheint der Wortlaut des Consumer Credit Act 1974 eine Schuldabtretung zu berücksichtigen. Der Kreditnehmer wird in S. 189 I CCA als „individual"[592] definiert, das einen Kredit im Rahmen eines Verbraucherkreditvertrages oder die damit in Verbindung stehenden Rechte *und* Pflichten durch Abtretung[593] oder kraft Gesetzes erlangt. Rechten und Pflichten kraft Gesetzes kann zum Beispiel ein Insolvenzverwalter[594] oder ein Testamentsvollstrecker[595] erlangen. Diese Vorschrift widerspricht aber dem englischen Vertragsrecht, wonach eine Abtretung von Rechten *und* Pflichten durch „assignment"[596] nicht möglich ist, da es wie im deutschen Recht zu keiner Abtretung von Pflichten kommen kann. Der Schuldner kann nach englischem Recht nur durch den Abschluß eines neuen dreiseitigen Vertrages, einer „novation"[597], aus seinen Pflichten entlassen werden[598]. *Goode* schlägt deshalb vor, daß die Gerichte das *„and"* durch ein *„or"* ersetzen, was auch der Formulierung des Hire-Purchase Act 1965 nahe kommen würde[599]. Derselbe Fehler findet sich auch bei der Definition des Kreditgebers.

Eine „novation" ist die Auflösung eines Vertrages zwischen zwei Parteien und die Ersetzung durch einen neuen mit denselben Bedingungen zwischen einer der Parteien und einer dritten Partei[600]. Die Vertragsübernahme bedarf der Zustimmung des Schuldners, es muß sich um einen dreiseitigen Vertrag handeln. Im Gegensatz zum deutschen Recht ist eine Übertragung der ursprünglichen Rechte aber nicht möglich, sie werden ersetzt. Es liegt keine Sonderrechtsnachfolge unter Identitätsnachfolge, wie im deutschen Recht, vor. Die klare Trennung von alter und neuer Verpflichtung entspricht eher der Novation des römischen Rechts[601].

---

592 Schließt lediglich corporate bodies aus, *Goode*, March 2000, Rdnr. IC 23.48/442.
593 „To whom his rights and duties under the agreement have passed by assignment".
594 Trustee in bankruptcy.
595 Personal representative.
596 Abtretung.
597 Vertragsübernahme.
598 *Treitel*, The Law of Contract, S. 590 f.
599 *Goode*, March 2000, Rdnr. IC 23.21/426.
600 *Rutherford / Bone*, a.a.O. S. 232.
601 *Möschel*, in: MünchKomm, Vor § 414 BGB, Rdnr. 2, 3. Aufl.

Dieser neue Vertrag benötigt, wie alle Verträge nach englischen Recht, „consideration“[602]. In der Regel ist die Entlassung des Schuldners aus seinen Verpflichtungen, beziehungsweise die Auflösung des alten Vertrages, diese Gegenleistung[603]. Auch ein Schuldnachlaß[604] und die Bereitstellung eines neuen Schuldners[605] wurden als Gegenleistung gewertet. Zwischen der neuen und der alten Partei sind die vertraglichen Leistungen die „consideration“[606].

Die „novation“ ist von der „variation“ zu unterscheiden. Eine „variation“ ist die Veränderung der Vertragsbedingungen durch beide Parteien[607]. Bei einer „variation“ werden im Gegensatz zur „novation“ lediglich einige Bedingungen des alten Vertrages verändert, eine „novation“ bewirkt einen völligen Austausch der Verträge[608]. Eine „novation“ liegt zum Beispiel vor, wenn es zu einem Austausch der Vertragsparteien kommt. Eine einseitige Erklärung kann keine „variation“ darstellen[609], und auch eine „variation“ braucht „consideration“. In der Regel besteht die „consideration“ aus der Entlassung der jeweilig anderen Partei aus den bestehenden Verpflichtungen oder einer neuen Verpflichtung durch beide Seiten. Wenn lediglich eine Partei sich verpflichtet, eine zusätzliche Verbindlichkeit einzugehen und die andere Partei lediglich die bereits bestehenden Leistungspflichten zu erfüllen hat, liegt keine wirksame „variation“ vor[610]. „Variations“ in Bezug auf Verträge, die unter den Consumer Credit Act 1974 fallen, sind in S. 82 CCA geregelt.

Die „novation“, ein vollkommen eigenständiger Vertrag, muß ohne Rücksicht auf die vorher bestehende Vereinbarung auf die Anwendbarkeit des Consumer Credit Act 1974 überprüft werden. Der neue Vertrag muß in allen Aspekten den Vorschriften des Consumer Credit Act 1974 und den Zusatzregelungen entsprechen[611]. Die Anwendung des Consumer Credit Act 1974 ist also zum Beispiel unabhängig davon, ob der ursprüngliche Schuldner ein Verbraucher im Sinne des Consumer Credit Act 1974 war oder nicht.

---

[602] Gegenleistung; *Tatlock v. Harris* (1789) 3 T.R. 174, 180.
[603] *Scarf v. Jardine* (1882) 7 App. Cas. 3345, 351; *Chitty / Guest*, *Chitty* on Contracts, Rdnr. 1488.
[604] *Customs & Excise Commissioners v. Diners Club Ltd.* [1988] 2 All ER 1016, 1023.
[605] *Treitel*, a.a.O. S. 618.
[606] Halsbury's Laws of England, Vol. 9 (1), Rdnr. 1041.
[607] *Robinson v. Page* (1826) 3 Russ. 114.
[608] *Goode*, March 2000, Rdnr. IC 35.12/1712.
[609] *Cowey v. Liberian Operations Ltd.* [1966] Lloyd's Rep. 45.
[610] *Stilk v. Myrick* (1809) 2 Camp. 317; *Chitty / Guest*, a.a.O. Rdnr. 1492.
[611] *Chitty / Guest*, a.a.O. Rdnr. 3073.

### *III. Erbfolge*

Die Verpflichtung eines Dritten ist unter Umständen auch durch eine Erbschaft möglich. In Deutschland ähneln die rechtlichen Verhältnisse des Erben eher dem eines Vertragsübernehmers. Es finden sich keine Regelungen im Verbraucherkreditrecht, aber die Erbschaft wird selbständig im BGB behandelt. Dagegen finden sich im Consumer Credit Act 1974 eigene Regelungen zu diesem Themenkreis.

#### *1. Erbfolge im deutschen Recht*

Durch den Tod des Verbrauchers kann eine Rechtsnachfolge gem. § 1922 BGB eintreten. Seine Erben werden dann Gläubiger seiner Forderung gegen den Kreditgeber auf Leistung, das heißt Darlehensauszahlung, oder Lieferung[612]. Der Erbe oder die Erbengemeinschaft haftet außerdem für die Verbindlichkeiten des Verbrauchers[613]. Darunter fallen unter anderem die Rückzahlung des Darlehens, die Zahlung der Zinsen und des Kaufpreises[614]. Es liegt eine Gesamtrechtsnachfolge durch Erbfall und keine Einzelnachfolge durch Vertragsübernahme vor. So kann der Erbe das Widerrufsrecht und andere Gestaltungsrechte ausüben, unabhängig davon, ob er ein Verbraucher ist[615]. Nicht ausüben kann ein Erbe in der Regel höchstpersönliche Rechte des Erblassers[616].

#### *2. Erbfolge im Consumer Credit Act 1974*

Kreditnehmer kann nach der Definition des Consumer Credit Act 1974 von „individual"[617] auch der Testamentsvollstrecker[618] sein. Die Folgen, die sich speziell an den Tod des Kreditnehmers knüpfen, ergeben sich aus SS. 86, 90 VI, 128 und 176 VI, VII CCA. So kann ein vollständig abgesicherter Kredit nicht durch den Kreditgeber gekündigt werden, weil der Kreditnehmer verstorben ist. Teilweise abgesicherte Kredite bedürfen zur Kündigung ein „order of court"[619]. Auch die Wiederinbesitznahme von „hire-purchase goods" ist erschwert[620].

---

[612] § 1922 I BGB.
[613] § 1967 BGB.
[614] § 1967 II BGB.
[615] Die Ausübung des Widerrufsrechts im Zusammenhang mit einer Erbengemeinschaft richtet sich nach den Bestimmungen des BGB, §§ 2032, 2038 BGB.
[616] *Bülow*, in: Heidelberger Kommentar, § 1 VerbrKrG, Rdnr. 69.
[617] S. 189 I CCA.
[618] Personal representative.
[619] SS. 86, 87 CCA, S. 128 CCA.
[620] S. 90 VI CCA.

*IV. Zusammenfassung*

Obwohl Gründe für eine Berücksichtigung von Dritten bestehen, enthält die Richtlinie keine Regelung zu Dritten. Aus der Richtlinie ergibt sich also kein Anspruch auf Rechtsvereinheitlichung[621], und so machen die großen Unterschiede im Bereich der Verpflichtung Dritter einen Vergleich der einzelnen Instrumente schwierig. Trotzdem finden sich einige Gemeinsamkeiten. Sowohl in Deutschland als auch in England werden die Rechtsgeschäfte, die Dritte in einen Verbraucherkredit einbinden, in der Regel nicht unter den Kreditvertrag selber subsumiert, sondern werden als eigenständige Verträge behandelt. Ausnahmen hierzu bilden die Bürgschaften im deutschen Recht und die Sicherheiten, unter die die „guarantees" nach dem Consumer Credit Act 1974 fallen. Die Vertragsübernahme nach deutschem Recht wird ähnlich wie der Schuldbeitritt und die Schuldübernahme behandelt. In allen drei Fällen ist der Neuschuldner in der Regel schutzwürdig. Nach englischem Recht dagegen gibt es lediglich das Rechtsinstitut der Vertragsübernahme. In allen Fällen ist ein Schutz der Verbraucherschutzgesetzgebungen aber abhängig von den neu entstandenen Verträgen.

Nach deutschem Recht fallen Bürgschaften prinzipiell nicht unter den Schutz des Verbraucherkreditrechts. Auch eine analoge Anwendung wird abgelehnt. Dies ist möglich, da der Bürge bereits von Regelungen des Bürgerlichen Gesetzbuchs geschützt wird. Schwierig ist generell die Abgrenzung zum in wirtschaftlichen Gesichtspunkten ähnlichen Schuldbeitritt, der sich aber nach rechtlichen Gesichtspunkten grundlegend von der Bürgschaft unterscheidet. Auch sind die Regelungen des Verbraucherkreditrechts auf das eigenständige Schuldverhältnis, das sich aus dem Schuldbeitritt ergibt, anwendbar.

Bei der „guarantee" im englischen Recht fällt wiederum die Abgrenzung zur „indemnity" schwer. Auch hier liegt eine Ähnlichkeit nach äußerlichen Gesichtspunkten vor, aber es bestehen grundlegende Unterschiede in der rechtlichen Betrachtung. Sowohl die „guarantee", als auch die „indemnity" fallen unter den Sammelbegriff Sicherheiten des Consumer Credit Act 1974. Ziel des Consumer Credit Act 1974 war es, Unregelmäßigkeiten bei der Behandlung von ähnlichen Sachverhalten zu beseitigen. So wurden die Sicherheiten konsequent zusammengefaßt und erhalten nun unter dem Consumer Credit Act 1974 im Gegensatz zum Verbraucherkreditrecht den gleichen Schutz wie Verbraucherkreditverträge selber. Form- und Informationspflichten zu „guarantees" und „indemnities" sind allerdings weiter ausdifferenziert als bei den anderen Sicherheiten des Consumer Credit Act 1974. Sicherheiten sind im englischen

[621] Trotzdem beantwortete der EuGH die Frage zur Bürgschaft im Verbraucherkreditrecht.

Recht im Gegensatz zum deutschen Recht also gesetzlich geregelt, und es muß nicht auf Richterrecht zurückgegriffen werden.

Der Schuldbeitritt fällt nach der Einteilung durch den Consumer Credit Act 1974 nicht unter die Sicherheiten. Der Schuldbeitritt im deutschen Sinne scheitert in der Regel an fehlender „consideration". Bei Sachverhalten, bei denen es lediglich mehr als einen Schuldner gibt, sind die Regelungen des Consumer Credit Act 1974 entsprechend anwendbar. Dies entspricht der deutschen Lösung für Schuldbeitritte. Auch bei einer „guarantee" muß berücksichtigt werden, daß „consideration" vorliegen muß. Die Alternative ist eine „guarantee" in Form eines „deed", das in den Formvorschriften einer Bürgschaft ähnelt.

Von Bedeutung können für die Beteiligten vor allem die Informationspflichten sein. Bei Bürgschaften im deutschen Recht und „securities" im englischen können sich die Informationspflichten vor und nach der Erklärung unterscheiden. Aufklärungspflichten bestehen im englischen wie im deutschen Recht vor Abgabe der Bürgschaftserklärung nur in Ausnahmefällen, auch wenn es im deutschen Recht mehr Ausnahmefälle gibt. Nach Abgabe der Bürgschaftserklärung unterscheiden sich die Pflichten eines Gläubigers nach deutschem Recht von denen eines Gläubigers nach englischem Recht. Der Bürge hat nach englischem Recht ein Recht auf Auskunft, nach deutschem Recht nicht.

Es bleibt die Frage, warum sich die Sicherheiten im deutschen und englischen Rechtsraum so unterschiedlich entwickelt haben. Die verschiedenen Instrumente bringen auch unterschiedliche Vor- und Nachteile mit sich. Die Nachteile, Schriftform und Akzessorietät, die für die Bürgschaft gegeben sind, bestehen weder für den Schuldbeitritt noch für die Garantie, die beide nicht im BGB geregelt sind. Bei beiden ist ein wirtschaftliches Eigeninteresse Anhaltspunkt für die Unterscheidung von der Bürgschaft[622]. Andererseits ist die Verpflichtung aus der Garantie verschieden von der Hauptschuld, es entsteht keine Verpflichtung, gesamtschuldnerisch zu haften wie beim Schuldbeitritt. Es handelt sich um eine verschuldensunabhängige Erfüllungshaftung, ähnlich einer Risikohaftung[623]. So kann der Schuldner bei einer Garantie sich zu einer weitergehenden Haftung als der verkehrserforderlichen Sorgfalt verpflichten[624]. Wenn der Schuldbeitritt unter bestimmten Umständen vorteilhaft ist, ließe sich fragen, warum dieses Rechtsinstitut nicht von den sonst kreativen englischen Juristen entwickelt worden ist. Dies könnte aber mit den strengen englischen Regeln im Vertragsrecht zu-

---

622 BGH Urt. v. 15.11.1963 Ib ZR 206/62, WM 1964, S. 61, 62; BGH Urt. v. 25.9.1980 VII ZR 301/79, NJW 1981, S. 47.
623 RG Urt. v. 28.9.1917 III 150/17; RGZ 90, S. 415, 416.
624 *Schlechtriem*, Schuldrecht, allgemeiner Teil, Rdnr. 277.

sammenhängen, wie der oben erwähnte Notwendigkeit von „consideration". Heute sind die größten Unterschiede zwischen Bürgschaft und den Alternativen Beitritt in Deutschland und „indemnity" in England auf dem Gebiet der Verbraucherkredite beseitigt. In Deutschland müssen Bürgschaften durch die vom Verbraucherkreditrecht unabhängige Regelung im BGB ähnliche Formvorschriften erfüllen[625], aber dem Bürgen fehlt es weiterhin an einem Widerrufsrecht. Dies entspricht im Ergebnis der englischen Lösung, nach dem Consumer Credit Act 1974 besitzen die Sicherheitengeber prinzipiell kein Widerrufsrecht.

Nach dem deutschen Recht kann man sich üblicherweise des Schuldbeitritts oder der Schuldübernahme bedienen. Der Schuldbeitritt und Schuldübernahme fallen im englischen Recht aber weder unter „securities" im Sinne des Consumer Credit Act 1974 noch unter andere Regelungen. Beide Rechtsinstitute sind in England als eigenständige Rechtsinstrumente unbekannt und wohl am ehesten durch den Abschluß neuer Verträge nachzuempfinden. Zwar ist es möglich, Verträge zu variieren, aber eine „variation" kann in der Regel nur vorliegen, wenn es sich um gleichbleibende Parteien handelt. Man spricht heute bei einem Vertrag, dessen Verpflichtungen gleich bleiben, aber andere Parteien eingesetzt werden, von einer „novation"[626]. Da weder Schuldbeitritt noch Schuldübernahme im englischen Recht existieren, ist eine analoge Anwendung des Verbraucherschutzregelungen wie im deutschen Recht ausgeschlossen.

Dem Beitretendem im deutschen Recht ist am ehesten wohl der „co-contractor" gleichzusetzen. Allerdings sind die Vorschriften nicht vereinbar, da sich verschiedene Unterschiede ergeben. So widerspricht die Regelung zum Widerruf bei „co-contractors" den deutschen Regelungen zum Gesamtschuldner. Nach deutschem Recht hängt vom Schuldverhältnis ab, ob ein Schuldner alleine kündigen kann. Wenn eine solche Kündigung möglich ist, gilt sie in der Regel nur für und gegen den Schuldner, der gekündigt hat[627].

Bei der Schuldübernahme nach deutschem Recht ist zu differenzieren nach der Art der Schuldübernahme. Bei einer Schuldübernahme nach § 415 BGB ist eine analoge Anwendung des Verbraucherkreditrechts nicht möglich. Eine Schuldübernahme nach § 414 BGB, die durch den Gläubiger und den Neuschuldner geschlossen wird, kann aber durch die analoge Anwendung des Verbraucherkreditrechts unter den Schutz des Verbraucherkreditrechts fallen. Im englischen Recht ist dagegen eine Schuldübernahme im strikten Sinne unbekannt. Es muß ein neuer dreiseitiger Vertrag

[625] *Habersack*, in: MünchKomm, Vor § 765 BGB, Rdnr. 12.
[626] Halsbury's Laws of England, Vol. 9 (1), Rdnr. 1045; *Goode*, Commercial Law, S. 109; *Chatsworth Investments Ltd. v. Cussins (Contractors) Ltd.* [1969] 1 All ER 143.
[627] *Lwowski / Scholz*, Das Recht der Kreditsicherung, Rdnr. 423.

geschlossen werden, der ursprünglich Vertrag wird irrelevant. An diesem Vertrag muß dann die Anwendbarkeit des Consumer Credit Act 1974 überprüft werden.

Die Vertragsübernahme im deutschen Recht scheint der „novation" zu ähneln. Doch handelt es sich beim englischen Instrument um ein völlig eigenständigen Vertrag, der den alten Vertrag ersetzt. Es kommt zu keiner Sonderrechtsnachfolge unter Identitätsnachfolge, wie im deutschen Recht.

Obwohl weder das europäische Recht noch das deutsche Recht die Idee der „consideration" kennt, finden sich Anklänge in beiden Rechtsordnungen. Nach europäischem Recht zum Beispiel fallen Bürgschaften nicht unter Kreditverträge, da der Bürge vom Kreditgeber nichts empfange[628]. Für das Vorliegen eines Schuldbeitritts spricht nach deutschem Recht „ein eigenes, unmittelbares sachliches bzw. wirtschaftliches Interesse des Beitretenden daran, daß der Gläubiger die Leistung erhält"[629].

Der Consumer Credit Act 1974 ist insgesamt die viel umfassendere Regelung im Zusammenhang mit Dritten, auch wenn diese nicht alle der in Deutschland bekannten Instrumente betrifft. So auch bei der Erbfolge: Während sich im Consumer Credit Act 1974 auch Vorschriften zur Erbfolge finden, suchte man solche Regelungen im Verbraucherkreditgesetz vergeblich. Allerdings war dies auch nicht notwendig, da sich solche Sachverhalte unter Erbfolgen im Bürgerlichen Gesetzbuch fassen lassen.

---

[628] BGH Urt. v. 21.4.1998 IX ZR 258/97, NJW 1998, S. 1939, 1940.

[629] *Lwowski / Scholz*, a.a.O. S. 379; BGH Urt. v. 25.9.1980 VII ZR 301/79, NJW 1981, S. 47.

## Schlussbetrachtung

### A. Zusammenfassende Würdigung der wichtigsten Ergebnisse

Die eingehende Untersuchung des Anwendungsbereichs des deutschen Verbraucherkreditrechts und des Consumer Credit Act 1974 hat bedeutende Unterschiede bei den durch die Verbraucherkreditrichtlinie angeglichenen Gesetzen zu Tage treten lassen. Diese Unterschiede sind auf verschiedene Ursachen zurückzuführen.

#### *I. Zusammenfassung der wichtigsten Ergebnisse*

Zusammenfassend läßt sich sagen, daß eine Rechtsvereinheitlichung bei der Bestimmung der Kredite, auf die die nationalen Schutzgesetze anzuwenden sind, gescheitert ist. Auch von einer Rechtsharmonisierung kann in weiten Teilen der Regelungen zum Anwendungsbereich nicht gesprochen werden. Insgesamt unterscheiden sich die Regelungen so massiv, daß oft bereits der Vergleich schwer fällt.

Die beiden Gesetze teilen nur eine Schnittmenge von Verträgen, die sie beide regeln. So beziehen sich beide Gesetze auf Kreditverträge. Dies stimmt bei beiden Gesetzen grundsätzlich überein. Die Anwendungsbereiche unterscheiden sich aber vor allem durch die sonstigen Verträge, die auch geregelt werden. Bei der Einbeziehung von verbundenen Verträgen ist die Regelung im Consumer Credit Act 1974 viel weitreichender. Im Gegensatz zum deutschen Verbraucherkreditrecht können gegebenenfalls auch Verträge durch Verwandte berücksichtigt werden, und die Vertragspartei der „linked transaction“ muß nicht unbedingt vom Kreditvertrag wissen. Beide Gesetze enthalten Regelungen zur Kreditvermittlung. Im Consumer Credit Act 1974 ist die Kreditvermittlung aber nur eine der Vertragstypen im Umkreis von Kreditverträgen, die durch den Consumer Credit Act 1974 geregelt werden. Außerdem beziehen sich die Regelungen nicht nur auf Vergütung, sondern auch auf das Geschäftsgebaren. Während der Consumer Credit Act 1974 auch Mietverträge aufgrund ihrer Ähnlichkeit mit Kreditverträgen behandelt, finden die Vorschriften des deutschen Verbraucherkreditrechts lediglich auf Finanzierungsleasingverträge Anwendung. Einen völligen Sonderweg geht wiederum das deutsche Verbraucherkreditrecht mit seinen Vorschriften zu langfristigen Lieferverträgen.

Auch bei den Vorschriften zu den Verträgen, die vom Anwendungsbereich ausgeschlossen sind, finden sich Unterschiede: So scheint es Ziel beider Gesetzgeber gewesen zu sein, Immobiliarkredite auszuschließen. Allerdings nutzt man für die Definition des Ausschlußtatbestandes unterschiedliche Mittel, und somit werden auch nicht dieselben Verträge ausgeschlossen. Nach dem deutschen Verbraucherkreditrecht fallen nur Verträge mit der öffentlichen Hand nicht in ihren Anwendungsbereich. Bei Verträgen, für die ein Grundpfandrecht gewährt wurde, sind die Vorschriften reduziert. Nach dem Consumer Credit Act 1974 sind beide Kredittypen vom Anwendungsbereich der Regelungen, die auch im deutschen Verbraucherkreditrecht zu finden sind, ausgenommen. Zusätzlich ist nach dem Consumer Credit Act 1974 aber auch sicherzustellen, daß die Kredite für Immobilienzwecke genutzt werden. Überziehungskredite müssen nach beiden Gesetzen lediglich reduzierte Vorgaben erfüllen, bei Kreditkartengeschäften unterscheiden sich aber bereits die am häufigsten genutzten Mittel deutlich. Während beide Gesetze eine Kredituntergrenze enthalten, um Bagatellkredite auszuschließen, findet sich im Consumer Credit Act 1974 zusätzlich eine Obergrenze. Diese gibt es dagegen im deutschen Verbraucherkreditrecht nur für Existenzgründungsdarlehen. Beide Gesetze wollen nichtkomerzielle Kredite von ihrem Anwendungsbereich ausschließen. Deswegen behandeln sie lediglich entgeltliche Kredite. Zusätzlich enthält der Consumer Credit Act 1974, eine Regelung um besonders günstige Kredite von seinem Anwendungsbereich auszuschließen. Die entsprechende Regelung im deutschen Verbraucherkreditrecht ist dagegen auf Arbeitgeberdarlehen beschränkt. Nach dem deutschen Verbraucherkreditrecht können auch beurkundete Verträge nicht zum Anwendungsbereich gezählt werden. Diese Regelung findet keine Entsprechung in England, da es in England die Beurkundung nicht gibt.

Auch die Parteien eines Vertrages im Anwendungsbereich der Schutzgesetze stimmen nur bedingt überein. So verlangen zwar beide Gesetze einen professionellen Kreditgeber oder Kreditvermittler, und beide Gesetze lassen im weiteren Sinne nur natürliche Personen als Kreditnehmer zu. Letzteres wird aber im deutschen Verbraucherkreditrecht durch das Kriterium des privaten Zwecks auf den Verbraucher weiter eingeschränkt. Von dieser Einschränkung ist im Consumer Credit Act 1974 bewußt abgesehen worden, was auch Kredite für gewerbliche und berufliche Zwecke zuläßt und damit das Gesetz als „Verbraucherschutzgesetz“ in Frage stellt. Der Anwendungsbereich des deutschen Verbraucherkreditrechts ist wiederum auf Existenzgründer erweitert. Größere Unterschiede ergeben sich auch im Zusammenhang mit Sicherheitengebern. Aber ein Vergleich ist schwierig, da sich bereits die in den Rechtsordnungen genutzten Instrumente weitgehend unterschieden. Klar wird aber, daß der Gesetzgeber des Consumer Credit Act 1974 den ihm bekannten Sicherheitengeber bewußt berücksichtigt hat, der des deutschen Verbraucherkreditrechts hingegen nicht.

### *II. Würdigung der Ergebnisse*

Für die Unterschiede gibt es verschiedene Ursachen. Beide Gesetze haben Vorläufer, auf die bei der Schaffung der Gesetze Rücksicht genommen werden mußte. Es mußte eine Einpassung ins nationale Recht erfolgen. Außerdem waren im Zusammenhang mit diesen älteren Gesetzen bereits Erfahrungen gemacht worden, was zu Diskussionen führte, die die Vorgehensweise auch für die Folgegesetze bestimmte. Damit waren auch unterschiedliche Zielsetzungen der Gesetzgeber verbunden. Die jeweiligen Gesetzgeber fühlten und fühlen sich außerdem verschiedenen Rechtsfamilien verpflichtet. Aber nicht nur die Rechtstradition, sondern auch das Rechtsverständnis wurde dadurch geprägt und beeinflußte die Schutzregelungen. Schließlich mußte das Ziel einer Rechtsvereinheitlichung bereits an den europarechtlichen Vorgaben scheitern.

*1. Entwicklung*

Die auffälligsten Unterschiede sind auf eine völlig unabhängige Entwicklungsgeschichte beider Gesetze zurückzuführen. Beide Gesetze können auf eine Entstehungsgeschichte von mindestens einem Jahrhundert zurückblicken. Sie bauten also auf bereits gemachte Vorgaben und Erfahrungen auf.

Im Consumer Credit Act 1974 wird immer wieder deutlich, daß er von Erfahrungen mit dem Pawnbrokers Act, den Hire-Purchase Acts und den Moneylenders Acts geprägt ist, wohingegen beim Verbraucherkreditgesetz deutlich wird, daß auf Erfahrungen, die mit dem Abzahlungsgesetz gemacht worden sind, zurückgriffen wurde. Es ist also nicht verwunderlich, daß sich die „Gesetzestechniken" grundlegend unterscheiden. So wird im Consumer Credit Act 1974 zum Beispiel eine Zusatzqualifikation zur Bestimmung eines Verbrauchers, wie sie im Verbraucherkreditgesetz zu finden ist, bewußt abgelehnt.

Aber nicht nur das Bestehen der Gesetze grundsätzlich, sondern auch die Entwicklung, die das Recht des jeweiligen Landes bereits mit diesen Gesetzen gemacht hatte, unterscheidet sich elementar. Zwar war sowohl in England als auch in Deutschland das Abzahlungsgeschäft Ausgangspunkt der Entwicklung. Aber während man sich in England durch neue kleinere Gesetzesinitiativen den Entwicklungen anpaßte und es Ziel des Consumer Credit Act 1974 war, alle Kredittypen einheitlich zu regeln, konnte in Deutschland die Gesetzgebung nicht mit der Entwicklung mithalten. Dies wurde durch die Rechtsprechung ausgeglichen, und die entwickelten Lösungen wurden im Verbraucherkreditgesetz kodifiziert[1]. In England mußte dagegen die bereits ergangenen Gesetze berücksichtigt werden.

Eine neuere Entwicklung aufgrund von Erfahrungen mit bestehendem nationalem Verbraucherkreditrecht ist die Eingliederung des Verbraucherkreditgesetzes ins Bürgerliche Gesetzbuch. Das eigenständige Verbraucherkreditgesetz wurde aufgege-

[1] *Blaurock*, Verbraucherkredit und Verbraucherleitbild in der Europäischen Union, JZ 1999, S. 801, 808.

ben, um eine autonome Entwicklung des Verbraucherkreditrechts zu stoppen. Dies war allerdings nur mit wenigen inhaltlichen Veränderungen verbunden.

### *2. Ziele*

Die Unterschiede des Verbraucherkreditgesetzes, beziehungsweise der Bestimmungen im BGB, und des Consumer Credit Act 1974 ergeben sich auch aus den unterschiedlichen Zielen, die mit der Verabschiedung der Gesetze verfolgt wurden[2]. Dabei fällt aber weniger das in beiden Ländern zu dieser Zeit sehr unterschiedliche Verbraucherbild ins Gewicht, sondern vielmehr, daß beim Verbraucherkreditgesetz die Umsetzung der Verbraucherkreditrichtlinie ein klares Ziel war. Das konnte beim Consumer Credit Act 1974 gar nicht der Fall sein, da die Verbraucherkreditrichtlinie nach dem Consumer Credit Act 1974 geschaffen worden ist. Ziel des Consumer Credit Act 1974 war neben dem Schutz des Verbrauchers vor allem die Schaffung einer einheitlichen Regelung für den gesamten Verbraucherkreditbereich.

Der Gesetzgeber verfolgte mit der Verabschiedung des Verbraucherkreditgesetzes zwei Ziele: Auf der einen Seite sollte die Verbraucherkreditrichtlinie in das deutsche Recht umgesetzt werden. Auf der anderen Seite hatten sowohl der Bundesrat, als auch die Konferenz der Justizminister der Länder festgestellt, daß das die bestehende Gesetzgebung nicht der Lage der Ratenkreditnehmer gerecht würde, die nach Kündigung ihrer Kredite wegen Zahlungsverzug den fälligen Saldo nicht ausgleichen könnten, und daher Handlungsbedarf bestünde[3].

Der Regelungsbedarf angesichts der Verbraucherkreditrichtlinie war allerdings gering, da das bestehende deutsche Recht den Vorgaben der Richtlinie bereits überwiegend entsprach[4]. Nach den Zielen im Gesetzentwurf reichten das BGB und das AGBG aber nicht aus. Man strebte einen einheitlichen und effektiven Verbraucherschutz an, der wegen der zunehmend weiteren Typenpalette und den möglichen Fehleinschätzungen der Verbraucher in Bezug auf das bestehende Risiko, notwendig geworden war. Außerdem sollte ein allgemeiner Schutz vor nicht rechtfertigbaren Bedingungen geschaffen werden[5]. In Not geratene Kreditnehmer würden durch Gesetz und Rechtsprechung nicht ausreichend geschützt. Auch eine Untersuchung des Bundesministerium für Justiz ergab, daß die Gefahr eines „dauerndem Zwangskreditverhältnisses“ bestehe, wenn es nach ökonomischen Einbrüchen beim Kreditnehmer zur Kündigung des belastenden Ratenkredites komme und dann der Restsaldo sofort zu

---

[2] Ähnlich *Reich*, Europäisches Verbraucherrecht, Rdnr.157.
[3] BT Drucks. 11/5462, S. 1.
[4] *Canaris*, Hektik bei der Verabschiedung des Verbraucherkreditgesetzes und ihre Folgen, EuZW 1991, S. 257.

tilgen wäre. Laut einer Studie von 1985 würden etwa 2 % der Ratenkredite vorzeitig gekündigt. Hinzu käme wegen hohen Verzugszinsen, Zinseszinsen und der damals bestehenden Anrechnungsregel nach § 367 BGB, wonach Teilleistungen erst auf Kosten und Zinsen angerechnet wurden, ein schnelles Anwachsen der Schulden[6].

Durch das Verbraucherkreditgesetz wurde der bestehende Schutz des Abzahlungsgesetzes aufgenommen und ergänzt[7]. Das Verbraucherkreditgesetz richtet sich zwar grundsätzlich nach der Verbraucherkreditrichtlinie, sowohl im Aufbau als auch nach dem Inhalt. Aber es geht über die Vorgaben der Verbraucherkreditrichtlinie weit hinaus. Zusammenfassend läßt sich sagen, daß der Anstoß zur Verabschiedung des Verbraucherkreditgesetzes zwar durch die Verbraucherkreditrichtlinie gegeben worden war, andererseits aber die Gelegenheit genutzt wurde, lang erkannte Mißstände der veralteten Gesetzgebung zu beseitigen[8].

Beim Consumer Credit Act 1974 handelt es sich nicht um ein Gesetz, das zur Umsetzung der Verbraucherkreditrichtlinie geschaffen wurde, sondern um ein Gesetz, das nur noch leicht angepaßt wurde, um den Ansprüchen der Verbraucherkreditrichtlinie zu genügen. Dem Gesetzgeber fehlte es bei der Schaffung des Consumer Credit Act 1974 also an einem Umsetzungswillen. Statt dessen geht das Gesetz auf eine Untersuchung zurück. Nach einer langen Entwicklung im Kreditrecht wurde schließlich Ende der 60er Jahre die Crowther Committee mit einer Untersuchung des Status Quo beauftragt. Aus der Untersuchung ging hervor, daß der Grundsatz für Wirtschaftspolitik weitestgehend die Freiheit sein sollte, nur eingeschränkt durch Maßnahmen, die einen maximalen Wettbewerb sichern[9].

Einerseits sollte der Verbraucher mehr Information erhalten, andererseits sollte er im Umgang mit Kredit geschult werden[10]. Der Verbraucher sollte aber trotzdem als Erwachsener behandelt werden, der fähig sei, seine eigenen finanziellen Dinge zu regeln. Sein Zugang zu Kreditmitteln sollte nicht eingeschränkt werden um die kleine Minderheit, die Probleme hat, zu schützen. Andererseits sollten einige Regelungen getroffen werden um zu verhindern, daß Kreditnehmer in die Lage kommen ihren finanziellen Verpflichtungen nicht nachkommen zu können, und denen zu helfen, die

---

[5] BT Drucks. 11/5462, S. 1.
[6] BT Drucks. 11/5462, S. 13.
[7] Z.B. Widerrufsrecht und Versandhandel.
[8] *Blaurock*, Verbraucherkredit und Verbraucherleitbild in der Europäischen Union, JZ 1999, S. 801, 808.
[9] Crowther Report, para. 1.3.4, chapter 3.8.
[10] Crowther Report, para. 1.3.4, chapter 3.8.

sich in dieser Lage befinden[11]. Im Report wurde außerdem geschlossen, daß das bestehende Kreditrecht einer Rationalisierung bedürfe[12].

Der Gesetzentwurf zum Consumer Credit Act 1974 betont, daß die Nachfrage nach Verbraucherkrediten in den vorangegangenen 25 Jahren stark angewachsen und das alte Kreditsystem erweitert worden sei und sich deutlich verändert habe. Die Gesetzgebung, die Verbraucherkredite betrifft, könne nicht mit dem anwachsenden und sich verändernden Kreditsystem Schritt halten und sei bruchstückhaft („piecemeal")[13]. Die verschiedenen Gesetze würden dem Verbraucher im Ganzen keinen adäquaten Schutz bieten und würden einige Arten von Kredit behindern, was die Entwicklung der Kreditarten beeinflusse[14]. Mit dem Consumer Credit Act 1974 sollte also erstens die Kreditindustrie von veralteten Vorschriften entlastet werden, und zweitens sollte gleichbleibender und adäquater Verbraucherschutz im gesamten vereinheitlichten Kreditbereich geschaffen werden[15].

Zusammenfassend läßt sich also sagen, daß in England seit langem, aber in kleinen Schritten, auf die entstehenden Probleme der Kreditwirtschaft in Verbindung mit Verbrauchern reagiert wurde. Dies bewirkte, daß die Gesetze uneinheitlich und bruchstückhaft waren. Der Consumer Credit Act sollte diese Zerstückelung aufheben und eine einheitliche Regelung schaffen, die auch Bereiche abdecken sollte, die bis jetzt nicht zufriedenstellend geregelt waren[16].

Aus den Schutzregelungen, die der deutsche Gesetzgeber dem Verbraucher angedeihen ließ, kann man auf das dahinterstehende Verbraucherleitbild schließen. So ging der deutsche Gesetzgeber bei der Umsetzung der Verbraucherkreditrichtlinie häufig über die Mindestregelungen des Gemeinschaftsrechts hinaus. In der Regel wurden weder die durch die Verbraucherkreditrichtlinie möglichen Einschränkungen des Anwendungsbereichs wahrgenommen, noch wurden lediglich die vorgeschlagenen Schutzmechanismen genutzt, sondern es wurde dem Verbraucher zusätzlich der Widerruf ermöglicht. Dies läßt darauf schließen, daß der Verbraucher vom deutschen Gesetzgeber als schutzbedürftiger eingeschätzt wurde als von der Europäischen Kommission. Die Einschränkungen der Privatautonomie lassen auf eine Vorstellung des unmündigen Verbrauchers, der auf Schutz durch den Staat angewiesen ist, schließen.

---

[11] Crowther Report, para. 1.3.5, chapter 3.9.
[12] Crowther Report, para. 1.3.6.
[13] White Paper, Rdnr. 1.
[14] White Paper, Rdnr. 2.
[15] White Paper, Rdnr. 5.
[16] *Blaurock*, a.a.O. S. 808.

Dies entspricht auch der deutschen Rechtsprechung, zum Beispiel im Wettbewerbsrecht[17]. Die Wettbewerbsrecht geht sogar von einem „flüchtige“ Verbraucherbegriff aus[18]. Diese Einstellung würde laut *Dreher* aber nicht nur das Wettbewerbsrecht, sondern das gesamte Zivilrecht betreffen[19]. Dieser leichtgläubige und unkritische Verbraucher widerspricht nicht nur dem Verbraucherleitbild der Europäischen Gemeinschaft, sondern auch den anderen europäischen Ländern, die dem Verbraucher in der Regel wenigstens eine durchschnittliche Intelligenz zutrauen[20]. Allerdings wird der „flüchtige“ Verbraucher heute in der Regel nicht mehr favorisiert. *Reich* spricht bei diesen Wettbewerbsentscheidungen, davon, daß in diesem Bereich „gesündigt“ worden sei, und dies der heutigen Situation nicht mehr entsprechen würde[21].

Grundsätzlich zielen Gesetz und Rechtsprechung in Großbritannien auf den Durchschnittsverbraucher der jeweiligen Zielgruppe ab. Hierbei wird in der Regel zwischen „der Allgemeinheit, dem Fachhandel, dem sachkundigen Verbraucher und dem Verbraucher ohne Sachkunde unterschieden“[22]. Über den Consumer Credit Act 1974 läßt sich aber sagen, daß ein höheres Schutzniveau für den Verbraucher geschaffen worden ist, als es von der Verbraucherkreditrichtlinie verlangt worden war, was auf ein schutzbedürftigeres Verbraucherleitbild schließen läßt. Grundsätzlich ist dieser verstärkte Schutz sowohl aus der bereits bestehenden Gesetzgebung, als auch aus den Ergebnissen der Untersuchungen der Crowther Committee entstanden, allerdings fügt der Gesetzentwurf noch das Widerrufsrecht hinzu. Insgesamt wird der Consumer Credit Act 1974 aber nicht nur als ein Schutzinstrument des Verbrauchers dargestellt, sondern auch als Möglichkeit dieses Gebiet einheitlich zu regeln, und so auch Widersprüche, die die Industrie belastet hatten, zu beseitigen.

Obwohl das europäische Recht kein einheitliches Verbraucherbild kennt, haben beim Verbraucherkreditrecht Deutschland und Großbritannien ähnliche Vorstellungen über ein gesteigertes Schutzbedürfnis des Verbrauchers gehabt. Durch ihren erweiterten Anwendungsbereich schützen beide mehr Kreditnehmer. Außerdem sind die Schutzbestimmungen ähnlich weitgehend. Zum Beispiel besteht sowohl in England als auch in Deutschland ein Widerrufsrecht, das nicht durch die Richtlinie gefordert wird,

---

[17] *Dreher*, Der Verbraucher - Das Phantom in der Oper des europäischen und deutschen Rechts? JZ 1997, S. 167, 173.
[18] KG EuZW 1994, S. 541.
[19] *Dreher*, a.a.O. S. 174 f.; a.A. *Reich*, zu *Dreher*: Das Phantom „Verbraucherrecht“ – Erosion oder Evolution des Privatrechts? JZ 1997, S. 609, 610.
[20] *Blaurock*, a.a.O. S. 803.
[21] *Reich*, a.a.O. S. 609.
[22] *Blaurock*, a.a.O. S. 803.

was darauf schließen läßt, daß der Verbraucher hier als besonders schutzbedürftig eingeschätzt wurde. Es handelt sich nicht um einen deutschen Sonderweg[23].

### 3. *Rechtstradition*

Ein weiterer Grund für das Scheitern einer Rechtsvereinheitlichung durch die Verbraucherkreditrichtlinie liegt in ihrem Unvermögen, das unterschiedliche Vorverständnis der Rechtsanwender der Mitgliedstaaten auszugleichen[24]. So liegt eine völlig verschiedenartige Rechtstradition vor. Auch wenn es in beiden Rechtsfamilien zu einer Annäherung von Fallrecht und Gesetzesrecht durch eine zunehmende Gesetzestätigkeit in den Fallrechtsländern und der Bedeutung von Gerichtsentscheidungen in Gesetzrechtsländern gekommen ist, so ist diese doch weitgehend oberflächlich, da es grundlegende Unterschiede im Umgang mit Gesetzen gibt.

Der Aufbau und die Ansprüche an das Gesetz in Ausführlichkeit und Vollständigkeit der Regelung haben wenig Gemeinsames. So behandelt der Consumer Credit Act 1974 das Thema in 190 Paragraphen während das Verbraucherkreditgesetz mit 18 auszukommen scheint. Ein Grund hierfür liegt im Fehlen eines allgemeinen Zivilgesetzbuches, wie es in Deutschland in Form des Bürgerlichen Gesetzbuches zu finden ist. Dies ermöglicht es auf eine Erwähnung von Regelungen, die auch auf andere Zivilrechtsregelungen zutreffen, zu verzichten, da sie bereits im Zivilgesetzbuch geregelt sind.

Das Bürgerliche Gesetzbuch ist Ausdruck eines Anspruch auf Systematik. Im Gegensatz zum deutschen Recht besteht in England kein Anspruch auf eine Systematik der Gesetze. Der Consumer Credit Act 1974 stellt zwar bereits eine Systematisierung des Rechtsgebiets Konsumentenkredit im englischen Recht dar, allerdings ist das kein Vergleich zum deutschen Zivilrecht und dem Bürgerlichen Gesetzbuch. Es fehlt an einer umfassenden Kodifikation des Zivilrechts, in die neuere Gesetze eingepaßt werden müßten. Das Fehlen einer Kodifikation das Zivilrechts ist auf den Rechtsgrundsatz der „Parliamentary Sovereignty" des englischen Rechts zurückzuführen. Die „Parliamentary Sovereignty" verhindert, daß Gerichte wie in Deutschland die Möglichkeit haben Gesetze zu überprüfen. Das Parlament kann nachfolgende Parlamente nicht binden, und so überschreibt jedes spätere Gesetz ein vorangegangenes Gesetz, wenn es nicht in Einklang mit diesem zu bringen ist. Es gibt keine Hierarchie der Ge-

---

[23] Ähnlich *Blaurock*, a.a.O. S. 806.

[24] Die Situation ist beim Irreführungsbegriff ähnlich, *Reich*, Zur Theorie des Europäischen Verbraucherrechts, ZEuP 1994, S. 381, 390.

setze[25]. Grundsätzlich besteht die einzige Einschränkung in der Unfähigkeit des Parlaments, sich selber diese Rechte zu nehmen[26]. Aus diesem Rechtsgrundsatz ergeben sich verschiedene Probleme[27], aber er behält auch heute Gültigkeit[28]. Die Trennung von Judikative und Exekutive ist also absolut. Eine Überprüfung von Gesetzen durch ein Gericht würde der englischen Auffassung der Rolle der Judikative widersprechen:

> „But to a lawyer the boundaries of the law need not be obscure, and his conscience may be easy if, by observing them, he avoids attempting to give legal answers to political questions."[29]

Insgesamt verdeutlicht dies die Allmacht des jeweiligen Parlaments, der Volksvertretung. Die Politiker reagieren aber in der Regel auf akute Probleme, eine langwierige Diskussion über eine Systematisierung ist in der Regel nicht einer ihrer Prioritäten. Die ständige Überprüfung der Gesetze durch die Gerichte und die enge Verbindung von Wissenschaft und Praxis ermöglichen in Deutschland eine andersartige Entwicklung. In enger Zusammenarbeit mit den Juristen wurde das Bürgerliche Gesetzbuch geschaffen. Nun über 100 Jahre nach seiner Verabschiedungen, wird es modernisiert und die in der Zwischenzeit entstandenen Sondergesetze werden in das BGB integriert[30]. Das Ideal vom einen einzigen Gesetzestext für die meisten Fragen des Zivilrechts wird wieder angestrebt. Ein Aufwand und eine Diskussion, die sich eine britischen Regierung eher nicht stellen würde. Eine umständliche Einfügung von neuen Gesetzen in ein bestehendes System ist in England nicht unbedingt notwendig, und es wird häufig darauf verzichtet. Die Regelungen der Fernabsatzrichtlinie[31], die im deutschen Recht zu einer Veränderung des BGB geführt haben[32], finden sich in den separaten Consumer Protection (Distance Selling) Regulations 2000. Auch die europäischen Richtlinien, die nun umgesetzt werden und Anstoß für die Schuldrechtsmodernisie-

[25] Dies gilt auch für den Human Rights Act 1998, cm 293, der durch jedes Gesetz überschrieben werden kann (para. 2.13 White Paper, rights brought home, October 1997, cm 3782, dies gilt nicht für secondary legislation, para. 2.15). Der Human Rights Act 1998 soll aber den Gerichten als Interpretationshilfe dienen (para. 2.14, 2.17 rights brought home), und die Erklärung durch ein Gericht, daß ein Gesetz nicht mit dem Human Rights Act 1998 vereinbar ist, soll den Gesetzgeber zum Handeln zwingen (para. 2.10 rights brought home).

[26] *Wade*, The basis of legal sovereignty, CLJ 1955, S. 172, 174.

[27] Z.B. in Verbindung mit Verpflichtungen, die Großbritannien im Zusammenhang mit dem Eintritt in die Europäische Union eingegangen ist. *Jowell / Oliver / Jeffrey*, The changing constitution, S. 35 ff.

[28] *Wade*, a.aO. S. 172; Es kommt zu immer mehr Einschränkungen vor allem durch die Europäische Union, *Jowell / Oliver / Jeffrey*, a.a.O. S. 25 ff.

[29] *Wade*, a.a.O. S. 197.

[30] Regierungsentwurf Schuldrechtsmodernisierung, S. 170.

[31] *Rat der Europäischen Gemeinschaft*, Richtlinien (1997/7/EG) des Europäischen Parlaments und des Rates v. 20.5.1997 über den Verbraucherschutz bei Vertragsschlüssen im Fernabsatz, ABl. L 144 v. 4.6.1997, S. 19.

rungsdiskussion in Deutschland waren, werden in Großbritannien wohl in einzelnen Gesetzen umgesetzt. In Großbritannien gibt es bereits den Electronic Communications Act 2000 der die Regelungen der umzusetzenden E-Commerce Richtlinie[33] aufnehmen kann. Die Verbrauchsgüterkaufrichtlinie[34] soll in Großbritannien bis Januar 2002 umgesetzt werden[35]. Zur Umsetzung der Verzugsrichtlinie[36], die in Deutschland einerseits durch die Regelungen zur Beschleunigung fälliger Zahlungen[37] und durch die Schuldrechtsmodernisierung umgesetzt worden sind, fehlt es in Großbritannien noch an Gesetzesinitiativen.

Nach ihrer Verabschiedung werden Gesetze in Deutschland und Großbritannien unterschiedlich behandelt. So verliert zum Beispiel in England der Entwurf und das vorangegangene Gesetz völlig an Bedeutung. Sobald der Gesetzgeber seinen Willen in Form eines Gesetzes dargelegt hat, ist es die alleinige Aufgabe der Richter, diesen Willen zu interpretieren[38]. Dabei greift der Richter in der Regel auf den „klaren Wortlaut" zurück und nur ungern auf Grundsätze und Auslegungshilfen, wie die historischen Materialien, den Gesetzeszweck oder die Analogie. Im deutschen Recht werden die Entwürfe dagegen immer wieder für die historische Auslegung herangezogen. Dieser Unterschied ist auf die Rolle eines englischen Richters als Rechtssetzer des Allgemeinrechts zurückzuführen[39].

### *4. Rechtsverständnis*

Auch das sich in beiden Staaten erheblich unterscheidende Rechtsverständnis hat eine wirkliche Rechtsvereinheitlichung scheitern lassen. So gibt es in Großbritannien re-

---

32 BGBl. 2000 I, S. 897.

33 *Rat der Europäischen Gemeinschaft,* Richtlinie (2000/31/EG) des Europäischen Parlaments und des Rates v. 8.6.2000 über bestimmte rechtliche Aspekte der Dienste der Informationsgesellschaft insbesondere des elektronischen Geschäftsverkehrs, im Binnenmarkt („Richtlinie über den elektronischen Geschäftsverkehr"), ABl. L 178 v. 17.7.2000, S. 1.

34 *Rat der Europäischen Gemeinschaft,* Richtlinie (1999/44/EG) des Europäischen Parlaments und des Rates v. 25.5.1999 zu bestimmten Aspekten des Verbrauchsgüterkaufs und der Garantie für Verbrauchsgüter, ABl. L 171 v. 7.7.1999, S. 12.

35 *Department of Trade and Industry,* Modern markets: confident consumer, The Government's Consumer White Paper, London, Her Majesty's Stationary Office, July 1999, para. 5.29.

36 *Rat der Europäischen Gemeinschaft,* Richtlinie (2000/35/EG) des Europäischen Parlaments und des Rates v. 29.6.2000 zur Bekämpfung von Zahlungsverzug im Geschäftsverkehr, ABl. L 200 v. 8.8.2000, S. 35.

37 BGBl. 2000 I, S. 303 v. 30.3.2000.

38 *Dicey,* Lectures Introductory to the study of the Law of the Constitution, S. 413; *Allan, T. R. S.,* Legislative Supremacy and the Rule of Law: Democracy and Constitutionalism, (1985) CLJ, S. 111.

39 A.A. *Hartwieg,* Prozessuale Aspekte einheitlicher Anwendung der Wiener UN-Konvention über den Internationalen Warenkauf (CISG), ZVglRWiss 92 (1993) S. 282, 291, der die Unterschiede mit frühzeitig beamteten Berufsrichtern in Deutschland und den langjährig erfolgreichen Anwälten in England zu erklären versucht.

gelmäßig Studien und Befragungen zur Handhabung des Consumer Credit Act 1974 und den Kosten, die dabei verursacht werden. Eine *kundenorientierte* Maßnahme, die in Deutschland unbekannt ist.

Während in Deutschland lediglich die Belastung von Bund, Ländern und Gemeinden von Bedeutung zu sein scheint, wurden in Großbritannien die Folgekosten des Consumer Credit Act 1974 in einer Studie ermittelt und es wurde die Frage gestellt, ob der Nutzen die Kosten rechtfertigen würde[40]. In der Begründung zum Verbraucherkreditgesetz werden nicht einmal die Kosten, die sich für Bund, Länder und Gemeinden ergeben, realistisch eingeschätzt, da angeblich überhaupt keine Kosten entstehen sollen[41]. Dies ist unwahrscheinlich, da jedes neue Gesetz kommuniziert und wenigstens den Justizbeamten geläufig gemacht werden muß. Die Kosten, die den Rechtsanwendern entstehen, bleiben unerwähnt. In Großbritannien sind sogar die Lizenzgebühren, die Kreditgeber, Kreditvermittler und andere im Zusammenhang mit dem Consumer Credit Act 1974 entstehen, einer Rechtfertigungspflicht unterworfen. Die Gebühren sind für jedermann leicht erreichbar im Internet zu finden[42].

Ein weiteres Beispiel für ein in Deutschland eher unbekanntes Rechtsverständnis ist die im Juli 2001 in Großbritannien veröffentlichte Studie zum Thema Verbraucherverschuldung, die in Zusammenarbeit mit dem Department of Trade and Industry entstanden ist. Diese Studie macht 11 Vorschläge, wie das Thema weiter angegangen werden sollte, aber nur bei zwei dieser Vorschläge handelt es sich um Maßnahmen, die Gesetzänderungen notwendig machen[43].

### *5. Europarechtliche Probleme*

Einige Probleme mit der Rechtsvereinheitlichung ergeben sich aber aus den europarechtlichen Vorgaben selber. So begrenzt die Praxis der Mindeststandards, die auch bei der Verbraucherkreditrichtlinie angewandt wurde, die Harmonisierung von nationalem Recht. Außerdem verbinden sich mit einer Rechtsharmonisierung verschiedene Probleme, einerseits die Begründung und andererseits die Grenzen einer solchen Harmonisierung.

Bei einer verbraucherschutzrechtlichen Richtlinienpolitik, die Mindeststandards nutzt, ist eine vollständige Angleichung des Rechts der Handelspraktiken in den Mit-

---

[40] *Office of Fair Trading*, Consumer Credit Deregulation: A review by the Director General of Fair Trading of the scope and operation of the Consumer Credit Act 1974, June 1994.
[41] BT-Drucks. 11/5462, S. 16.
[42] http://www.oft.gov.uk; Eine Lizenz für fünf Jahre kostete im Oktober 2000 für einen „sole trader" £ 80 und für ein „partnership" oder eine „limited company" £ 175.
[43] *Consumer Affairs Directorate* (England), Report By The Task Force On Tackling Overindebtedness, July 2001.

gliedsstaaten nicht geplant und wäre wohl auch gar nicht möglich[44]. Die Nutzung von Mindeststandards in der Verbraucherkreditrichtlinie hat also eine Rechtsvereinheitlichung von Anfang an behindert.

Probleme ergeben sich auch aus der Begründung einer Rechtsharmonisierung. Aus Art. 3 h EGV und Kapitel 3 „Angleichung der Rechtsvorschriften" des Titel VI[45] EGV ergibt sich zwar für die Europäische Gemeinschaft eine umfangreiche Kompetenz zur Rechtsvereinheitlichung. Grundsätzlich richtet sich die Forderung nach Rechtsvereinheitlichung im Bereich des Privatrechts aber vor allem auf interventionistische, die Verkehrsfreiheiten gefährdende Regelungen. Einige der auf Art. 94 EGV oder auf Art. 95 EGV gestützte Richtlinien sind viel zu weit gefaßt. Die Europäische Kommission scheint immer wieder Richtlinien mit der unbewiesenen Voraussetzung zu begründen, daß jeder Unterschied zwischen den nationalen Rechtsordnungen innerhalb des angestrebten Regulierungsgebietes zu einer Wettbewerbsverzerrung des Binnenmarktes führen würde. Dies geschieht oft ohne eine Untersuchung, ob diese Unterschiede tatsächlich ein Problem darstellen[46].

Auch in der Begründung der Verbraucherkreditrichtlinie heißt es, daß „die unterschiedlichen Rechtsvorschriften zu Wettbewerbsverzerrungen zwischen den Kreditgebern auf dem Gemeinsamen Markt führen können" und „die Möglichkeiten für den Verbraucher begrenzen, in einem anderen Mitgliedstaat Kredit aufzunehmen". Diese Begründung könnte auch genutzt werden, um fast jede andere Regelung des Vertragsrechts mit der Grundlage des Art. 94 EGV zu harmonisieren[47]. Eine Rechtsvereinheitlichung zur Förderung des Binnenmarktes wurde als Gesetzgrundlage der Verbraucherkreditrichtlinie sehr weit ausgelegt[48].

Harmonisierungsgrenzen liegen beim Subsidiaritätsprinzip und bei der nationalen Identität. Zwar hat die Kommission für die gesamte Binnenmarktpolitik eine ausschließliche Kompetenz beansprucht, der zu Folge das Subsidiaritätsprinzip nicht greifen würde. Aber gleichzeitig wurde von der Kommission die konkurrierende Kompetenz zur Gewährleistung gleicher Bedingungen im Binnenmarkt anerkannt. Somit ist das Subsidiaritätsprinzip doch auf die Harmonisierung nationaler Rechtsordnungen anwendbar. Daraus ergibt sich, daß die Gemeinschaft nur tätig wird, wenn die „Ziele, der in Betracht gezogenen Maßnahmen auf der Ebene der Mitgliedsstaaten nicht er-

---

[44] *Reich*, Europäisches Verbraucherrecht, Rdnr. 143.

[45] Gemeinsame Regeln betreffend Wettbewerb, Steuerfragen und Angleichung der Rechtsvorschriften, Kapitel 3: Art. 94 ff. EGV.

[46] *Goode*, Reflections on the Harmonization of Commercial Law, in: *Cranston / Goode*, S. 5.

[47] *Dreher*, Wettbewerb oder Vereinheitlichung der Rechtsordnungen in Europa? JZ 1999, S. 105, 111.

[48] *Weatherill*, The Implementation and Repercussions of Consumer Protection Directives in Domestic Law: Country Report United Kingdom, in: *Heusel*, S. 125.

reicht werden"[49] können. Auch an einer solchen Rechtfertigung fehlt es für die Verbraucherkreditrichtlinie.

Nationale Identität hat dagegen, in der Regel in Form von kultureller Verschiedenheit der Mitgliedstaaten, eine eher geringe Bedeutung[50]. Sie kann, wenn sie nicht auf Rechtsverständnis und Rechtstradition bezogen wird, im untersuchten Sachverhalt vernachlässigt werden.

## B. Ausblick

Auch wenn die Rechtsvereinheitlichung gescheitert ist, ist damit die Verbraucherkreditrichtlinie nicht verfehlt. Eine bloße Vereinheitlichung kann nicht das einzige Ziel einer Gesetzesinitiative sein, es muß auch um Fortschritt gehen. Ein erster wichtiger Schritt wurde mit der Verbraucherkreditrichtlinie getan. Es ist jetzt sichergestellt, daß es auch in den Mitgliedsstaaten, in denen bislang keine Regelung zum Schutz von Verbraucherkreditnehmern vorhanden war, es in Zukunft eine gibt. Außerdem ist es zu einem gewissen Maß an Rechtsangleichung gekommen. Bestimmte Mindeststandards werden durch die Mitgliedsstaaten erfüllt, wobei weniger eine Rechtsvereinheitlichung als vielmehr eine Angleichung von Rechten gemeint ist, die jedem Verbraucher unabhängig davon, ob der Vertrag unter deutsches oder britisches Recht fällt, zustehen könnten.

Verordnungen schaffen unmittelbar geltendes Recht und wären eigentlich das geeignete Mittel zur Rechtsvereinheitlichung. Es ergeben sich aber Akzeptanz- und Umsetzungsprobleme. Die Verordnung paßt sich nicht in schon bestehendes nationales Recht ein, sondern ersetzt es einfach. Nach der Umsetzung einer Verordnung muß man immer wieder auf Regeln des nationalen Zivilrechts zurückgreifen, da nicht alle zivilrechtlichen Aspekte bedacht werden können. Das führt zu einer uneinheitlichen Anwendung[51]. Deswegen werden Verordnungen, im Gegensatz zu Richtlinien, besonders im Verbrauchervertragsrecht selten angewandt[52]. Eine Richtlinie hat aber mit denselben Problemen wie eine Verordnung zu kämpfen, wenn man mit ihr dasselbe erreichen möchte, wie mit einer Verordnung und das Ziel der Richtlinie die Rechtsvereinheitlichung ist. Ziel der Richtlinie sollte nicht die Rechtsvereinheitlichung, sondern die *Rechtevereinheitlichung* sein, so daß für den ursprünglichen Zweck einer Richtlinie

---

[49] Art. 5 EGV.

[50] *Dreher*, Wettbewerb oder Vereinheitlichung der Rechtsordnungen in Europa? JZ 1999, S. 105, 108.

[51] *Hoffmann*, Analyse der europäischen Rechtssetzungstechniken im Bereich des Vertragsrechts aus der Sicht der Europäischen Kommission, in: *Heusel*, S. 40 f.

[52] Beispiel einer Verordnung im Bereich des Verbrauchervertragsrecht: *Rat der Europäischen Gemeinschaft*, Verordnung (EWG) Nr. 295/91 v. 4.2.1991 über eine gemeinsame Regelung für ein Sys-

entsprechend lediglich Ziele vorgegeben werden, Wahl und Form der Mittel aber freigestellt bleiben. Dies ermöglicht auch eine wirkliche Einpassung der Maßnahmen in die verschiedenen Rechtssysteme, ohne dabei eine Schutzharmonisierung zu behindern.

Grundsätzlich läßt sich aber sagen, daß auch wenn es zu einer Rechtsvereinheitlichung gekommen wäre, sehr wahrscheinlich trotzdem keine Rechtsgleichheit in Deutschland und Großbritannien herrschen würde. So würden die verschiedenen Traditionen, Begrifflichkeiten und Praktiken des Vertragsrechtes der Mitgliedstaaten eine Angleichung der Rechtspraxis durch bloße Rechtsangleichung behindern[53]. Und auch die fehlenden gleichen Grundlagen und Standards für die Anwendung und Auslegung der harmonisierten Regelung würden eine wirkliche Rechtsgleichheit äußerst unwahrscheinlich erscheinen lassen[54].

Auf die begrenzte Harmonisierung ist auch die Initiative der Kommission zurückzuführen, die ein höheres Schutzniveau anstrebt[55]. Wenn es zu einer Überarbeitung der Verbraucherkreditrichtlinie kommen sollte, sollte sie auf die in der Zwischenzeit geschaffene richtige Grundlage gestellt werden. Nicht Rechtsharmonisierung, sondern Verbraucherschutz[56], der in allen Mitgliedsstaaten einen gewissen Mindeststandard erreicht, sollte Gesetzgrundlage sein. Diese Verbraucherkreditrichtlinie sollte auch wieder eine Mindestklausel enthalten, da es sich um, wie in der Untersuchung dargestellt, schwierig anzugleichendes Zivilrecht handelt[57]. Eine Mindestklausel ist, obwohl sie eine Rechtsvereinheitlichung von vorne herein verhindert, notwendig. Eine wirkliche Rechtsvereinheitlichung sollte nicht angestrebt werden, die Harmonisierung sollte lediglich den Rahmen vorgeben. Es sollte vereinheitlicht werden, was zu vereinheitlichen ist, was nicht stört, muß auch nicht vereinheitlicht werden, dazu zählen die Rechtsregelungen, solange ähnliche Schutzniveaus erreicht werden. Die sich aus der Umsetzung von Richtlinien ergebenden Systembrüche sind nicht „Schuld" des Verbraucherrechts, sondern das rechtswissenschaftliche Restrisiko der europäischen Integration[58].

---

tem von Ausgleichsleistungen bei Nichtbeförderung im Linienflugverkehr, ABl. L 36 v. 8.2.1991, S. 5.

[53] Ähnlich gestaltet sich die Situation bei mißbräuchliche Vertragsklauseln, *Reich*, Zur Theorie des Europäischen Verbraucherrechts, ZEuP 1994, S. 381, 391.

[54] *Del Duca*, Developing Transnational Harmonization Procedures for the twenty-first Century, in: *Cranston / Goode*, S. 40.

[55] *Blaurock*, Verbraucherkredit und Verbraucherleitbild in der Europäischen Union, JZ 1999, S. 801, 808.

[56] Art. 153 EGV.

[57] Ähnlich *Reich*, Zur Theorie des Europäischen Verbraucherrechts, ZEuP 1994, 381, 396.

[58] *Reich*, Verbraucherrechte als – unverzichtbare – subjektive Rechts passiver Marktbürger, in: *Grundmann*, S. 505.

Eine Verwirklichung des Harmonisierungsauftrages der Europäischen Gemeinschaft läßt sich grundsätzlich auf zwei Wegen erreichen. Einerseits durch den Erlaß von gemeinschaftsrechtlichen Rechtsakten zur Vereinheitlichung der nationalen Rechte. Auch wenn die Auslegung der Gesetze im europäischen Sinne auf eine weitergehende Integration hoffen läßt, ist dies sehr schwierig. Eine Rechtsvereinheitlichung paßt außerdem nicht zum Subsidiaritätsgrundsatz und dem wieder verstärkten Interesse an nationaler Identität. Andererseits ist eine Harmonisierung durch die Beibehaltung der nationalen Rechte und ihrer Anerkennung als gleichwertig möglich. Diese Anerkennung muß aber gegebenenfalls mit dem Erlaß von Mindestregelungen verbunden sein[59]. Eine Rechtsvereinheitlichung ist also im Grunde nicht notwendig, da auch ganz verschiedene Systeme zu gleichen Ergebnissen kommen können, auch wenn sie unterschiedliche Wege gehen.

Ein Austausch einzelner Regelungen führt nicht zu dem gewünschten Ergebnis. Dieses neue Puzzleteil könnte nicht in das bestehende Puzzle passen, die einzelnen Stücke sind nicht wirklich vergleichbar, so muß die bereits bestehende Lücke die Form des Puzzleteils beeinflussen, was zu völlig überraschenden Ergebnissen führen kann. Eine Rechtsvereinheitlichung ist nicht Schrittweise durch das Austauschen einzelner Regelungen zu erlangen. Die Grenze einer verbraucherrechtlichen Harmonisierung liegt bei einer wirklichen Harmonisierung der verbraucherrechtlichen Regelungen, die Möglichkeiten liegen in einer Harmonisierung der Rechte der Verbraucher.

---

[59] *Dreher*, Wettbewerb oder Vereinheitlichung der Rechtsordnungen in Europa? JZ 1999, S. 105, 111.

# Literaturverzeichnis


*Allan, T. R. S.*, Legislative Supremacy and the Rule of Law: Democracy and Constitutionalism, (1985) CLJ, S. 111

*Allison, John W. F.*, A continental distinction in the common law: A historical and comparative perspective on English public law, Oxford University Press Oxford 2000

*Backhaus, Beate*, Verbraucherkredite - Bestandsaufnahme, Möglichkeiten und Zielsetzungen einer Reform in der Bundesrepublik Deutschland im Vergleich mit der in Großbritannien nach Erlaß des Consumer Credit Act 1974 entstandenen Rechtslage, Dis., Hamburg 1983 (zit. *Backhaus*, Verbraucherkredite)

*Bailey, S.H. / Gunn, M.J.*, Smith and Bailey on the modern English legal system, 3. Aufl., Sweet & Maxwell London, 1996

*Balter, Joachim*, Das Abzahlungsgesetz in seinem sachlichen Anwendungsbereich als Verbraucherschutzgesetz, Frankfurt am Main, Bern, New York 1985 (Europäische Hochschulschriften, Reihe 2 Rechtswissenschaften, Bd. 460)

*Barendt, Eric*, An Introduction to Constitutional Law, Claredon law series, Oxford University Press, Oxford, New York, Bangkok, Buenos Aires, Hong Kong, Melbourne, Warsaw 1998

*Benöhr, Hans-Peter*, Konsumentenschutz vor 80 Jahren, ZHR 138 (1974) S. 492

*Beutler, Bengt*, Die Europäische Union: Rechtsordnung und Politik, 4. Aufl., Baden-Baden, 1993

*Blaurock, Uwe*, Verbraucherkredit und Verbraucherleitbild in der Europäischen Union, JZ 1999, S. 801

*Bradgate, Robert / Savage, Nigel*, Commercial Law, Butterworths London 1991

*Brox, Hans*, Handelsrecht und Wertpapierrecht, 14. Aufl., München, 1999

*Bülow, Peter*, Änderung des Verbraucherkreditgesetzes durch das Bauhandwerksicherungsgesetz, NJW 1993, S. 1617

- Das neue Verbraucherkreditgesetz, NJW 1991, S. 129

*Bülow, Peter / Arzt, Markus*, Fernabsatzverträge und Strukturen eines Verbraucherprivatrechts im BGB, NJW 2000, S. 2049

*Bundesministerium der Justiz*, Regierungsentwurf Schuldrechtsmodernisierung v. 9.5.2001 (auch BT.-Drucks. 14/6040 v. 14.5.2001) (zit. Regierungsentwurf Schuldrechtsmodernisierung)

- Einführung in den Entwurf der Bundesregierung und der Koalitionsfraktionen für ein Gesetz zur Modernisierung des Schuldrechts v. 15.6.2001 (zit. Einführung in den Regierungsentwurf Schuldrechtsmodernisierung)

*Canaris, Claus-Wilhelm*, Hektik bei der Verabschiedung des Verbraucherkreditgesetzes und ihre Folgen, EuZW 1991, S. 257

*Cane, Peter,* An Introduction to Administrative Law, 2. Aufl., Oxford University Press Oxford, New York, Athens, Auckland, Bangkok, Bogotá, Buenos Aires, Calcutta, Cape Town, Chennai, Dar es Salaam, Dehli, Florence, Hong Kong, Istanbul, Karachi, Kuala Lumpur, Madrid, Melbourne, Mexico City, Mumbai, Nairobi, Paris, Sao Paolo, Singapore, Taipei, Tokyo, Toronto, Warsaw 1992

*Cheshire, G. C. / Furmston, M. P., Cheshire, Fifoot and Furmston's* Law of Contract, 12. Aufl., Butterworths London 1991

*Chitty, Joseph / General Editor Guest, A. G., Chitty* on Contracts, The Common law library, Vol. 1, 25. Aufl., Sweet & Maxwell London 1983

*Lord Chorley / Smart, P.E.,* Leading Cases in the Law of Banking, 4. Aufl., Sweet & Maxwell London 1977

*Consumer Affairs Directorate (England),* Report By The Task Force On Tackling Overindebtedness, July 2001

*Creifelds, Carl / Kaufmann, Hans* (Hrsg.), Rechtswörterbuch, 13. Aufl., München 1996

*Dauner-Lieb, Barbara,* Die geplante Schuldrechtsmodernisierung – Durchbruch oder Schnellschuß? JZ 2001, S. 8, 16

*Dazert, Andreas,* Mithaftung und Sukzession bei Verbraucherkreditverträgen: unter Berücksichtigung der Mitvertragspartnerschaft, des Schuldbeitritts, der Bürgschaft, des Schlüsselgeschäfts, der Schuld- und Vertragsübernahme, Dis., Bonn 1998 (*Dazert,* Mithaftung und Sukzession bei Verbraucherkreditverträgen)

*Del Duca, Louis F.* Developing Transnational Harmonization Procedures for the twenty-first Century, in: Commercial and Consumer Law (National and International Dimension), hrsg. *Cranston, Ross / Goode, Roy,* Oxford University Press Oxford 1993

*Department of Trade and Industry,* A Guide to Help for Small Business, URN 99/1112, London January 2000

- DTI Department for Enterprise, *Lord Young*'s White Paper on the new role of the Department of Trade and Industry, cm 278, 12.1.1988

- Modern markets: confident consumer, The Government's Consumer White Paper, Her Majesty's Stationary Office, London July 1999

- Reform of the Law on Consumer Credit, Her Majesty's Stationary Office, cm 5427, London September 1973 (zit. White Paper)

*Departments of State and official Bodies (England), Department of Trade and Industry,* Committee on Consumer Credit, Consumer Credit, Report of the Committee, Chairman: *Lord Crowther,* cm 4596, Vol. 1, London 1971 (zit. Crowther Report)

*Departments of State and official Bodies (England), Board of Trade,* Company Law Committee, Report of the Company Law Committee, Chairman: *Lord Jenkins, David Llewelyn Baron,* cm 1749, London 1962

*Diamond, Aubrey L.,* Commercial and Consumer Credit: An introduction, Butterworths London 1982

*Dicey, Albert Venn*, Lectures Introductory to the study of the Law of the Constitution, Macmillan and Co. London 1885

*Director General of Fair Trading*, Annual Report 1987

*Dobson, Paul / Schmitthoff, Clive M.*, Charlesworth's Business Law, 15. Aufl., Sweet & Maxwell London 1991

*Dreher, Meinrad*, Der Verbraucher - Das Phantom in der Oper des europäischen und deutschen Rechts? JZ 1997, S. 167

- Wettbewerb oder Vereinheitlichung der Rechtsordnungen in Europa? JZ 1999, S. 105

*Drexel, Josef*, Die wirtschaftliche Selbstbestimmung des Verbrauchers: eine Studie zum Privat- und Wirtschaftsrecht unter Berücksichtigung gemeinschaftsrechtlicher Bezüge, Tübingen 1998 (zit. *Drexel*, Wirtschaftliche Selbstbestimmung des Verbrauchers)

*Ebert, Kurt Hans*, Rechtsvergleichung: Einführung in die Grundlagen, Verlag Stämpli & CIE AG Bern 1978

*Eisenhardt, Ulrich*, Gesellschaftsrecht, 8. Aufl., München 1999

*Ellinger, E. P. / Lomnicka, Eva Z.*, Modern Banking Law *E. P. Ellinger and Eva Lomnicka*, 2. Aufl., Claredon Press Oxford 1994

*Emmerich, Volker*, Der finanzierte Abzahlungskauf, JuS 1971, S. 273

- Das Verbraucherkreditgesetz, JuS 1991 S. 705, 706

- Verbraucherkreditrichtlinie und die nationalen Verbraucherkreditgesetze, FLF 38, 1991, S. 140

*Engel, Johanna*, Kfz-Leasing – Relevante Vorschriften des Verbraucherkreditgesetzes für die Vertragsabwicklung, MDR 2000, S. 797

*Faber, Wolfgang*, Elemente verschiedener Verbraucherbegriffe in EG-Richtlinien, zwischenstaatlichen Übereinkommen und nationalem Zivil- und Kollisionsrecht, ZEuP 1995, S. 854

*Fischer, Gero*, Bürgschaft und Verbraucherkreditgesetz, ZIP 2000, S. 828

*Flume, Werner*, Vom Beruf unserer Zeit für Gesetzgebung, ZIP 2000, S. 1427

*Fuchs, Andreas*, Das Fernabsatzgesetz im neuen System des Verbraucherschutzrechts, ZIP 2000, S. 1273

*Gaul, Björn / Wisskirchen, Gerlind*, Das letzte Gesetz zur Förderung der Selbständigkeit? DB 1999, S. 2466

*Geiger, Rudolf*, EG-Vertrag, 2. Aufl., München 1995

*Goode, Royston Miles*, Reflections on the Harmonization of Commercial Law, in: Commercial and Consumer Law (National and International Dimension), hrsg. *Cranston, Ross / Goode, Roy*, Oxford University Press Oxford 1993 (zit. *Goode*, Reflections on the Harmonization of Commercial Law, in: *Cranston / Goode*)

- Commercial Law, 2. Aufl., Penguin Books London, New York, Victoria, Toronto, Auckland 1995 (zit. *Goode*, Commercial Law)

- Equipment Leasing in England in: Leasingverträge im Handelsverkehr, hrsg. *Marschall, Wolfgang von*, Frankfurt am Main 1980

*Goode, Roy / Cremona, Marise / Patrick, P. J. / Pearson, Judith J. H. / Renton, John / Rosenthal, D. / Shute, Stephen / Warriner, N. / Worsley, Daniel / Yelland, . L., Goode:* Consumer Credit Law and Practice, 1. Aufl., Butterworths London, Hong Kong, Dublin, Charlottesville March 2000 (zit. *Goode*, March 2000)

*Goode, Roy / Cremona, Marise / Patrick, P. J. / Pearson, Judith J. H. / Renton, John / Rosenthal, D. / Shute, Stephen / Warriner, N. / Worsley, Daniel / Yelland, . L., Goode:* Consumer Credit Law and Practice, 1. Aufl., Butterworths London, Hong Kong, Dublin, Charlottesville June 2000 (zit. *Goode*, June 2000)

*Goode, Roy / Cremona, Marise / Patrick, P. J. / Pearson, Judith J. H. / Renton, John / Rosenthal, D. / Shute, Stephen / Warriner, N. / Worsley, Daniel / Yelland, . L., Goode:* Consumer Credit Law and Practice, 1. Aufl., Butterworths London, Hong Kong, Dublin, Charlottesville February 2001 (zit. *Goode*, February 2001)

*Gower, Laurence Cecil Bartlett / Prentice D. D. / Pettet B. G.*, Principles of Modern Company Law, 5. Aufl., Sweet & Maxwell London 1992

*Gutteridge, H.C. / Megrah, Maurice,* The Law of Bankers' Commercial Credits, Europa Publications Ltd. London 1976

*Habel, Wolfgang,* Der Eigentumsvorbehalt im englischen Handelsverkehr, eine rechtsvergleichende Untersuchung, Berlin 1981

*Hadding, Walther,* Welche Maßnahmen empfehlen sich zum Schutz des Verbrauchers auf dem Gebiet des Konsumentenkredits? Gutachten zum 53. Deutschen Juristentag, München 1980 (zit. *Hadding*, Gutachten zum 53. Deutschen Juristentag)

Halsbury's Laws of England, *Lord Hailsham of St. Marylebone / Lord Mackay of Clashfern*, 4. Aufl., Vol. 9 (1): *Halrey, Helen / Masson, Claire,* Butterworths London, Chatswood, Hong Kong, New Dehli, Charlottesville 1998; 4. Aufl., Vol. 20: Butterworths London, Chatswood, Hong Kong, New Dehli, Charlottesville 1993 (zit. Halsbury's Laws of England, Vol., para.)

*Haprum, Charles / Megarry, Robert / Wade, William, Megarry & Wade*, The Law of Real Property, 6. Aufl., Sweet & Maxwell London 2000

*Hartwieg, Oskar,* Prozessuale Aspekte einheitlicher Anwendung der Wiener UN-Konvention über den Internationalen Warenkauf (CISG): Eine komparative Fallstudie zur einheitlichen Rechtsanwendung, ZVglRWiss 92 (1993) S. 282

*Heermann, Peter W.*, Grundprobleme beim Finanzierungsleasing beweglicher Güter in Deutschland und den Vereinigten Staaten von Amerika, ZVglRWiss 92 (1993) S. 326

Heidelberger Kommentar zum Verbraucherkreditgesetz, *Bülow, Peter*, 3. Aufl., Heidelberg, 1998 (zit. *Bülow*, in: Heidelberger Kommentar)

*Heidrich, Jörn,* Verbraucherschutz in der Kreditwirtschaft, Frankfurt am Main, Berlin, Bern, Bruxelles, New York, Oxford, Wien 2000 (Europäische Hochschulschriften: Reihe 2 Rechtswissenschaft, Bd. 2915)

*Heusel, Wolfgang,* Neues europäisches Vertragsrecht und Verbraucherschutz, Köln 1999

*Hippel, Eike von,* Verbraucherschutz, 3. Aufl., Tübingen, 1986

*Hoffmann, Dieter,* Analyse der europäischen Rechtssetzungstechniken im Bereich des Vertragsrechts aus der Sicht der Europäischen Kommission, in: Neues europäisches Vertragsrecht und Verbraucherschutz, hrsg. *Heusel, Wolfgang,* Köln 1999 (Schriftenreihe der Europäischen Rechtsakademie Trier, Bd. 25) (zit. *Hoffmann,* Analyse the europäischen Rechtssetzungstechniken)

*Holznagel, Anke,* Die aktuelle Entscheidung EuGH, Bürgschaftsvertrag im Anwendungsbereich des Verbraucherkreditgesetzes? Jura 2000, S. 578

*Hottenbacher, Ulrich,* Die Abwicklung des fehlgeschlagenen Abzahlungsgeschäfts: Eine Darstellung des englischen Rechts, Dis., Hamburg 1975

*Heidrich, Jörn,* Verbraucherschutz in der Kreditwirtschaft, Frankfurt am Main 2000

*Jowell, Jeffrey / Oliver, Dawn / Lionel, Jeffrey,* The changing constitution, 2. Aufl., Claredon Press Oxford 1989

*Kainz, Martin,* Umsetzung der Verbraucherschutzrichtlinie: Länderbericht Deutschland, in: Neues europäisches Vertragsrecht und Verbraucherschutz, hrsg. *Heusel, Wolfgang,* Köln 1999 (Schriftenreihe der Europäischen Rechtsakademie Trier, Bd. 25)

*Kessel, Christian,* Grundsätze des englischen Zivilprozeßrechts, ZVglRWiss 92 (1993) S. 395

*Knippel, Siegmund,* Abzahlungsgeschäft ohne Übergabe, NJW 1971, S. 1117

Kohlhammer-Kommentar, *Soergel,* begr. *Soergel, Hs. Th.,* hrsg. *Siebert, W. / Bauer, Jürgen F.* ..., 13. Aufl., Bd. Bürgerliches Gesetzbuch Allgemeiner Teil 1, Stuttgart, Berlin, Köln 2000 (zit. Bearbeiter, in: Kohlhammer-Kommentar, §, Rdnr.)

*Kommission der Europäischen Gemeinschaft,* Bericht der Kommission über die Anwendung der Richtlinie 87/102/EGV, KOM (1995) 117 endg., 11.5.1995 (zit. Bericht der Kommission zur Richtlinie)

- Entschließung zum Weißbuch der Kommission der Europäischen Gemeinschaft an den Europäischen Rat (Mailand, 28.-29.6.1985) über die Vollendung des Binnenmarktes, ABl. C 36 v. 17.2.1986, S. 53

- Geänderter Vorschlag für eine Richtlinie des Rates zur Angleichung der Rechts- und Verwaltungsvorschriften der Mitgliedstaaten über des Verbraucherkredit, KOM (1984) 342 endg., ABl. C 183 v. 10.7.1984, S. 4

- Geänderter Vorschlag für eine Richtlinie des Europäischen Parlaments und des Rates über den Fernabsatz von Finanzdienstleistungen an Verbraucher und zur Änderung der Richtlinie 1997/7/EG und 1998/27/EG, KOM (1999) 385 endg., ABl. C 177 E v. 27.6.2000, S. 21

- Grünbuch, Finanzdienstleistungen: Wahrung der Verbraucherinteressen, KOM (1996) 209 endg. v. 22.5.1996

- Maßnahmen im Anschluß an das Grünbuch der Kommission, Finanzdienstleistungen: Wahrung der Verbraucherinteressen, KOM (1997) 309 endg. v. 26.6.1997

- „Studie 1996" über das Funktionieren des Binnenmarktes, KOM (1996) 520 endg. v. 30.10.1996

- Verbraucherpolitische Aktionsplan 1999-2000, KOM (1998) 696 endg. v. 6.12.1998

- Vollendung des Binnenmarktes: Weißbuch der Kommission an den Europäischen Rat, KOM (1985) 310 endg.

- Vorschlag für eine Richtlinie des Rates zur Angleichung der Rechts- und Verwaltungsvorschriften der Mitgliedstaaten über den Verbraucherkredit, KOM (1979) 69 endg., ABl. C 80 v. 27.3.1979, S. 4

- Vorschlag für eine Richtlinie des Europäischen Parlaments und des Rates über den Fernabsatz von Finanzdienstleistungen an Verbraucher zur Änderung der Richtlinien 1990/619/EWG des Rates und der Richtlinie 1997/7/EG und 1998/27/EG, KOM (1998) 468 endg., ABl. C 385 v. 11.12.1998, S. 10

*Kötz, Hein / Flessner, Axel,* Europäisches Vertragsrecht, Bd. 1, Tübingen 1996

*Kropholler, Jan / Marius Berenbrok,* Studienkommentar BGB, 3. Aufl., München 1998

*Kuhlmann, Eberhard,* Verbraucherpolitik: Grundzüge ihrer Theorie und Praxis, München 1990

*Lanzke, Gert Uwe,* Umsetzung und Anwendung der europäischen Bankrichtlinien durch die Mitgliedsstaaten, WM 1994, S. 2001

*Leuchten, Alexius / Zimmer, Mark,* Das neue Gesetz zur „Scheinselbständigkeit" – Probleme in der Praxis, DB 1999, S. 381

*Lieb, Manfred,* Grundlagen einer Schuldrechtsreform, AcP 183 (1983) S. 327

*Lwowski, Hans-Jürgen / Scholz, Helmut,* Das Recht der Kreditsicherung, 8. Aufl., Berlin 2000

*Marschall, Wolfgang von Bieberstein,* Gutachten zur Reform des finanzierten Abzahlungskaufs. Untersuchung von Möglichkeiten einer künftigen gesetzlichen Regelung des finanzierten Abzahlungskaufs und anderen Formen des Konsumentenkredits, Köln 1978 (zit. *Marschall von Bieberstein,* Gutachten zur Reform des finanzierten Abzahlungskaufs)

*Martinek, Michael,* Unsystematische Überregulierung und kontraintentionale Effekte im europäischen Verbraucherschutzrecht, oder: weniger wäre mehr, in: Systembildung und Systemlücken in Kerngebieten des Europäischen Privatrecht: Gesellschafts-, Arbeits- und Schuldvertragsrecht, hrsg. *Grundmann, Stefan,* Tübingen 2000

- Derivativer und orginärer Verbraucherschutz bei der Vertragsübernahme, JZ 2000, S. 551

*Martinek, Michael / Semler, Franz-Jörg,* Handbuch des Vertriebsrecht, München 1996

*Martis, Rüdiger,* Die Anwendbarkeit des Verbraucherkreditgesetzes, MDR 1998, S. 1189

- Verbraucherschutz: Verbraucherkredit- und Haustürwiderrufsgesetz; systematische Darstellung, München 1998 (Schriftenreihe der Neuen juristischen Wochenschrift)

*Molony, J. T.*, Final Report of the Committee on Consumer Protection, cm 1781, London 1962

*Morse, Geoffrey / Charlesworth, John (1893-1957) / Marshall, Enid Ann / Crabb, Letitia / Morris, Richard*, Company Law, 14. Aufl., Sweet & Maxwell / Stevens London 1991

*Mülbert, Peter O.*, Die 1. EG-Richtlinie über den Verbraucherkredit und ihre Umsetzung durch das geplante Verbraucherkreditgesetz, WM 1990, S. 1357

Münchner Kommentar zum Bürgerlichen Gesetzbuch, hrsg. von *Rebmann, Kurt / Säcker, Jürgen*, 3. Aufl. Bd. 1 AT §§ 1-240 AGB-Gesetz, 1993 München; 3. Aufl. Bd. 2: Schuldrecht, Allgemeiner Teil, München 1994; 2. Aufl. Bd. 3: Schuldrecht, Besonderer Teil I, München 1988; 3. Aufl. Bd. 3: Schuldrecht, Besonderer Teil I, München 1995; 3. Aufl. Bd. 5: Schuldrecht, Besonderer Teil III, München 1997 (zit.: Bearbeiter, in: MünchKomm, §, Aufl.)

*Office of Fair Trading*, Consumer Credit Deregulation: A review of the scope and operation of the Consumer Credit Act 1974, June 1994 (zit. *Office of Fair Trading*, Consumer Credit Deregualtion)

- Consultation Document on the Treatment of Business Consumers under the Consumer Credit Act 1974, September 1993 (zit. *Office of Fair Trading*, Treatment of Business Consumers)

- Consultation Document on the Working and Enforcement of the Consumer Credit Act 1974, August 1993

- (OFT 147), Do you need a credit licence? February 2000

- (OFT 140), Regulated and exempt agreements, Aufl. 10/00, 2000

*Palandt, Otto*, Bürgerliches Gesetzbuch, Kommentar, *Bassenge, Peter / Diederichsen, Uwe / Edenhofer, Wolfgang / Heinrichs, Helmut / Heldrich, Andreas / Putzo, Hans / Thomas, Heiz*, 50. Aufl., München 1991; *Bassene, Peter / Brudermüller, Gerd / Diederichsen, Uwe / Edenhofer, Wolfgang / Heinrichs, Helmut / Putzo, Hans / Sprau, Hartwig / Thomas, Heinz / Weidenkaff, Walter*, 60. Aufl., München 2001 (zit.: Bearbeiter in: Palandt, §, Aufl.)

*Pape, Gerhard*, Die Entwicklung des Bürgschaftsrechts im Jahr 1995, NJW 1996, S. 887

*Peters, Frank*, Das Abzahlungsgesetz und der private Verkäufer, JZ 1986, S. 409

*Pfeiffer, Thomas*, Bürgschaftsvertrag und Verbraucherkreditrichtlinie, EWiR 2000, S. 929

*Phillips, Jenny / Hawkins, Keith*, Some economic aspects of the settlement process: a study of personal injury claims, MLR (1976) S. 497, 500

*Pieper, Helmut*, Vertragsübernahme und Vertragsbeitritt: Zugleich ein Beitrag zur Lehre vom Vertragsverhältnis, Habilitationsschrift, Köln, Berlin 1963

*Pöggeler, Wolfgang*, Grundlagen und Probleme der Vertragsübernahme, JA 1995, S. 641

*Prölss, Jürgen / Martin, Anton*, Beck'sche Kurzkommentar: Versicherungsvertragsgesetz, 25. Aufl., München 1992 (zit.: Bearbeiter in: Beck'sche Kurzkommentar: Versicherungsvertragsgesetz, §)

*Rat der Europäischen Gemeinschaft*, Entschließung betreffend das erste Programm für eine Politik zum Schutz und zur Unterrichtung der Verbraucher, ABl. C 92 v. 14.4.1975, S. 1

- Entschließung betreffend eines zweiten Programmes der Europäischen Wirtschaftsgemeinschaft für Politik zum Schutz und zur Unterrichtung der Verbraucher, ABl. C 133 v. 3.6.1981, S. 1

- Entschließung über die Integration der Verbraucherpolitik in die anderen gemeinsamen Politiken, ABl. C 3 v. 7.1.1987, S. 1

- Erste Richtlinie (1977/780/EWG) v. 12.12.1977 zur Koordinierung der Rechts- und Verwaltungsvorschriften über die Aufnahme und Ausübung der Tätigkeit der Kreditinstitute, ABl. L 322 v.17.12.1977, S. 30

- Richtlinie (1984/450/EWG ) v. 10.9.1984 zur Angleichung der Rechtsvorschriften der Mitgliedstaaten über irreführende Werbung, ABl. L 250 v.19.9.1984, S. 17

- Richtlinie (1985/374/EWG) v. 25.7.1985 zur Angleichung der Rechts- und Verwaltungsvorschriften der Mitgliedstaaten über die Haftung für fehlerhafte Produkte, ABl. L 210 v. 7.8.1985, S. 29

- Richtlinie (1985/577/EWG) v. 20.12.1985 betreffend den Verbraucherschutz im Fall von außerhalb der Geschäftsräume geschlossenen Verträgen, ABl. L 372 v. 31.12.1985, S. 31

- Richtlinie (1987/102/EWG) v. 22.12.1986 zur Angleichung der Rechts- und Verwaltungsvorschriften der Mitgliedstaaten über den Verbraucherkredit, ABl. L 42 v. 12.2.1987, S.48 (zit. VerbrKrRL)

- Zweite (Allgemeine) Richtlinie (1989/646/EWG) v. 15.12.1989 zur Koordinierung der Rechts- und Verwaltungsvorschriften über die Aufnahme und Ausübung der Tätigkeit der Kreditinstitute, ABl. L 386 v. 30.12.1989, S. 1

- Zwölfte Richtlinie (1989/667/EWG) v. 21.12.1989 auf dem Gebiet des Gesellschaftsrechts betreffend Gesellschaften mit beschränkter Haftung mit einem einzigen Gesellschafter, ABl. L 395 v. 30.12.1989, S. 40

- Richtlinie (1990/88/EWG) v. 22.2.1990 zur Änderung der Richtlinie 87/102/EWG zur Angleichung der Rechts- und Verwaltungsvorschriften der Mitgliedstaaten über den Verbraucherkredit, ABl. Nr. L 61 v. 10.3.1990, S. 14

- Richtlinie (1994/47/EG) des Europäischen Parlaments und des Rates v. 26.10.1994 zum Schutz der Erwerber im Hinblick auf bestimmte Aspekte von Verträgen über den Erwerb von Teilzeitnutzungsrechten an Immobilien, ABl. L 280 v. 29.10.1994, S. 83

- Richtlinien (1997/7/EG) des Europäischen Parlaments und des Rates v. 20.5.1997 über den Verbraucherschutz bei Vertragsschlüssen im Fernabsatz, ABl. L 144 v. 4.6.1997, S. 19

- Richtlinien (1998/7/EGV) des Europäischen Parlaments und des Rates v. 16.2.1998 zur Änderung 87/102/EWG zur Angleichung der Rechts- und Verwaltungsvorschriften der Mitgliedstaaten zum Verbraucherkredit, ABl. L 101 v. 1.4.1998, S. 17

- Richtlinie (1999/44/EG) des Europäischen Parlaments und des Rates v. 25.5.1999 zu bestimmten Aspekten des Verbrauchsgüterkaufs und der Garantie für Verbrauchsgüter, ABl. L 171 v. 7.7.1999, S. 12

- Richtlinie (2000/31/EG) des Europäischen Parlaments und des Rates v. 8.6.2000 über bestimmte rechtliche Aspekte der Dienste der Informationsgesellschaft insbesondere des elektronischen Geschäftsverkehrs, im Binnenmarkt („Richtlinie über den elektronischen Geschäftsverkehr"), ABl. L 178 v. 17.7.2000, S. 1

- Richtlinie (2000/35/EG) des Europäischen Parlaments und des Rates v. 29.6.2000 zur Bekämpfung von Zahlungsverzug im Geschäftsverkehr, ABl. L 200 v. 8.8.2000, S. 35

- Verordnung (EWG) Nr. 295/91 v. 4.2.1991 über eine gemeinsame Regelung für ein System von Ausgleichsleistungen bei Nichtbeförderung im Linienflugverkehr, ABl. L 36 v. 8.2.1991, S. 5

*Reich, Norbert*, Europäisches Verbraucherrecht: Eine problemorientierte Einführung in das europäische Wirtschaftsrecht, 3. Aufl., Baden-Baden 1996 (zit. *Reich*, Europäisches Verbraucherrecht)

- zu *Dreher*: Das Phantom „Verbraucherrecht" – Erosion oder Evolution des Privatrechts? JZ 1997, S. 609

- Reform des Rechts des Konsumkredites, JZ 1980, S. 329

- Verbraucherpolitik und Verbraucherschutz im Vertrag von Amsterdam, VuR 1999, S. 3

- Verbraucherrechte als – unverzichtbare – subjektive Rechts passiver Marktbürger, in: Systembildung und Systemlücken in Kerngebieten des Europäischen Privatrecht: Gesellschafts-, Arbeits- und Schuldvertragsrecht, hrsg. *Grundmann, Stefan*, Tübingen 2000

- Zur Theorie des Europäischen Verbraucherrechts, ZEuP 1994, S. 381

*Reich, Norbert / Micklitz, Hans-Wolfgang*, Verbraucherschutzrecht in den EG-Staaten: Eine vergleichende Analyse: Eine Studie im Auftrag des EG-Kommission, Van Nostrand Reinhold Company New York, Cincinnati, Toronto, London, Melbourne 1980 (zit. *Reich/Micklitz*, Verbraucherschutzrecht in den EG-Staaten)

*Reifner, Udo*, Finanzdienstleistungen und Verbraucherschutz in der Europäischen Harmonisierung, in: Systembildung und Systemlücken in Kerngebieten des Europäischen Privatrecht: Gesellschafts-, Arbeits- und Schuldvertragsrecht, hrsg. *Grundmann, Stefan*, Tübingen 2000 (zit. *Reifner*, Finanzdienstleistungen und Verbraucherschutz in der Europäischen Harmonisierung, in: *Grundmann)*

*Rösler, Patrick*, Aktuelle Rechtsfragen zu Verbraucherkrediten, VuR 2000, S. 191

*Rosenthal, Dennis*, Consumer Credit: The Changing Face of Exemption, [1988] LS Gaz, 17.02. 30

*Rosenfeld, Andreas*, Privatbürgschaft unterfällt nicht Verbraucherkreditrichtlinie, EuZW 2000, S. 341

*Rutherford, Leslie / Bone, Sheila*, Concise Law Dictionary, 8. Aufl., Sweet & Maxwell London, Sydney, Ottowa 1993

*Schäfer, Hans-Bernd*, Grenzen des Verbraucherschutzes und adverse Effekte des Europäischen Verbraucherrechts, in: Systembildung und Systemlücken in Kerngebieten des Europäischen Privatrecht: Gesellschafts-, Arbeits- und Schuldvertragsrecht, hrsg. *Grundmann, Stefan*, Tübingen 2000 (zit. *Schäfer*, Grenzen des Verbraucherschutzes)

*Scherer, Josef*, Keine Anwendung der Verbraucherkreditrichtlinie auf Bürgschaften, die Verbraucherkredite absichern, DB 2000, S. 818

*Schirnding, Clemens Graf*, Zur Novellierung der EG-Verbraucherkreditrichtlinie, FLF 1996, S. 25

*Schlechtriem, Peter*, Schuldrecht, allgemeiner Teil, 4. Aufl., Tübingen 2000

*Schmidt, Christoph*, Der Einfluß der europäischen Richtlinie auf innerstaatliches Privatrecht am Beispiel des Einwendungsdurchgriffs bei verbundenen Geschäften: Auslegung der Richtlinie, richtlinienkonforme Auslegung und unmittelbare Wirkung der Richtlinie, Dis., Frankfurt am Main, Berlin, Bern, New York, Paris, Wien 1997 (Europäische Hochschulschriften: Reihe 2 Rechtswissenschaften, Bd. 2231) (zit. *Schmidt*, Einfluß der europäischen Richtlinie auf innerstaatlichs Privatrecht)

*Schmidt, Karsten*, Gesellschaftsrecht, 2. Aufl., Köln, Berlin, Bonn, München, 1991 (zit. *Schmidt*, Gesellschaftsrecht)

- Handelsrecht, 4. Aufl., Köln, Berlin, Bonn, München, 1994 (zit. *Schmidt*, Handelsrecht)

- Risikoaufklärung bei Jedermann-Bürgschaften auf erstes Anfordern, JuS 1998, S. 950

*Schmitthoff, Clive M.*, Der Zivilprozeß als Schlüssel zum englischen Rechtsdenken, JZ 1972, S. 38

*Scholz, Franz Josef*, (Fast) 100 Jahre Abzahlungsgesetz, FLF 1994, S. 148

- Fünf Jahre Verbraucherkreditgesetz: Eine Rechtsprechungsübersicht, WM 1996, S. 1425

- Selbständig-scheinselbständig-unselbständig? Zur (Nicht-) Anwendung des Verbraucherkreditgesetzes, FLF 2000, S. 53

*Shelden, H. P.*, The Practice and Law of Banking, 6. Aufl., Macdonald & Evans London 1951

*Silberstein, Dandra*, Consumer Law in a Nutshell, 2. Aufl., Sweet & Maxwell London 1997

*Sölter, Annette*, Kein Bürgenschutz durch VerbrKrG, NJW 1998, S. 2192

*Sonnenberger, Hans-Jürgen*, Leasing-Generalbericht, in: Leasingverträge im Handelsverkehr, hrsg. *Marschall von Bieberstein, Wolfgang*, Frankfurt am Main 1980 (zit. *Sonnenberger*, Leasing-Generalbericht, in: *Marschall von Bieberstein*)

*Staudinger, Julius von*, Kommentar zum Bürgerlichen Gesetzbuch mit Einführungsgesetz und Nebengesetzen, 13. Bearbeitung, Berlin 1998 (zit.: Bearbeiter, in: Staudinger, §); Neubearbeitung, Berlin 2001 (zit.: Bearbeiter, in: Staudinger, §, 2001)

*Steinbeck, Anja*, Anwendbarkeit der Verbraucherkreditrichtlinie auf Bürgschaftsverträge, WuB I E 2 Art. 1 RL 87/102/EWG 1.00

*Steindorff, Ernst*, EG-Vertrag und Privatrecht, 1. Aufl., Baden-Baden 1996

*Stephenson, Graham*, Consumer Credit, Collins Professional and Technical Books London 1987

*Terlau, Matthias*, Anmerkung zum BGH Urt. v. 21.4.1998 IX ZR 258/97, DB 1998, S. 824

*Tettinger, Peter J. / Wank, Rolf / Sieg, Harald*, Gewerbeordnung, 6. Aufl., München 1999

*Treitel, G. H.*, The Law of Contract, 9. Aufl., Sweet & Maxwell London 1995

*Trupin, Colin,* British Government and the Constitution text, cases and materials, Law in context, 2. Aufl., Weidenfeld and Nicolson London 1990

*Ulmer, Peter,* Unbeschränkte Gesellschafterhaftung in der Gesellschaft bürgerlichen Rechts, ZGR 2000, S. 339

*Ulmer, Peter / Mausch, Andreas,* Verbraucherkreditgesetz und Vertragsübernahme - Widerruf der Vertragsübernahme und/oder Übergang des Widerrufsrecht? Entscheidungsbesprechung zu BGH Urt. v. 10.5.1995 VIII ZR 264/94 und BGH Urt. v. 17.4.1996 VIII ZR 44/95, JZ 1997, S. 654

*Wade, H. W. R.,* The basis of legal sovereignty, CLJ 1955, S. 172

*Weatherill, Stephen,* The Implementation and Repercussions of Consumer Protection Directives in Domestic Law: Country Report United Kingdom, in: Neues europäisches Vertragsrecht und Verbraucherschutz, hrsg. *Heusel, Wolfgang,* Köln 1999

*Weber, Hansjörig,* Kreditsicherheiten, Recht der Sicherungsgeschäfte, 6. Aufl., München 1998 (Schriftenreihe der Juristenschulung)

*Westphalen, Friedrich von,* Bürgschaft und Verbraucherkreditgesetz, DB 1998, S. 295

- Verbraucherkreditverträge und die Beteiligung Dritter, MDR 1997, S. 307

*Westphalen, Friedrich von / Emmerich, Volker / Rottenburg, Franz von,* Kommentar zum Verbraucherkreditgesetz, 2. Aufl., Köln 1996

*Whinings, Michael H.,* Consumer Legislation in the United Kingdom and the Republic of Ireland: A study prepared for the EC Commission, Van Nostrand Reinhold Company New York, Cincinnati, Toronto, London, Melbourne 1980

*Wiechers, Ulrich,* Die Rechtsprechung des Bundesgerichtshofs zum Verbraucherkreditgesetz, WM 2000, S. 1077

*Wiemann, Herbert,* Anmerkung zu BGH Urt. v. 29.1.2001 II ZR 331/00, JZ 2001, S. 661

*Wirtschafts- und Sozialausschuß der Europäischen Gemeinschaft,* Stellungnahme zu dem Vorschlag für eine Richtlinie des Rates zur Angleichung des Rechts- und Verwaltungsvorschriften der Mitgliedstaaten über den Verbraucherkredit, ABl. C 113 v. 7.5.1980, S. 22

*Yelland, J. L.,* Case summary and comment, *Hare v. Schurek* [1999] GCCR, S. 1676

*Zweigert, Konrad / Kötz, Hein,* Einführung in die Rechtsvergleichung, 3. Aufl., Tübingen 1996

*Zander, Michael,* Case & Materials on the English Legal System, 6. Aufl., Butterworths, London, Dublin, Edinburgh 1993

- The Costs of Litigation, Guardian Gazette, 25.6.1975, S. 679

## Register der zitierten englischen und amerikanischen Entscheidungen

## -Table of Cases-


| | |
|---|---|
| *Bagnall v. Carlton* (1877) 6 Ch.D. 371 | S. 178 |
| *Beete v. Bidgood* (1827) 7 B & C 453 | S. 46, 106 |
| *Birkmyr v. Darnell* (1704) Salk 27 | S. 211, 212 |
| *Castle Phillip Finance Co Ltd v. Kahn* [1980] CCLR 1 | S. 206 |
| *Chatsworth Investments Ltd. v. Cussins (Contractors) Ltd.* [1969] 1 All ER 143 | S. 230 |
| *Cookson v. Swire* (1884) 9 App Cas 653 | S. 45 |
| *Cornelius v. Phillips* [1918] AC 199 | S. 188 |
| *Cowey v. Liberian Operations Ltd.* [1966] Lloyd's Rep. 45 | S. 226 |
| *Customs & Excise Commissioners v. Diners Club Ltd.* [1988] 2 All ER 1016 | S. 226 |
| *Davies v. Summer* [1984] 3 All ER 831 | S. 188 |
| *Dimond v. Lovell* [1999] 3 All ER 1 Court of Appeal, [2000] 2 All ER 897 House of Lords | S. 81 |
| *Duke v. GEC Reliance Ltd.* [1988] 1 All ER 626 | S. 38 |
| *Gerlach v. Allstate Insurance Co.* 338 F Supp 642 (SD Fla 1972) | S. 79 |
| *Goulston Discount Co. Ltd. v. Clark* [1967] 1 All ER 61 | S. 212 |
| *Hamilton v. Watson* (1845) 12 Cl. & Fin. 109 | S. 209, 210 |
| *Hare v. Schurek* [1999] GCCR 1669 | S. 188 |
| *Kingsworth Trust Ltd. v. Bell* [1986] 1 All ER 423 | S. 206 |
| *Lagunas Nitrate Co. v. Lagunas Syndicare* [1899] Ch.D. 392 | S. 178 |
| *Litster and others v. Forth Dry Dock and Engineering Co. Ltd. and another* [1989] 1 All ER 1134 | S. 24, 38 |
| *Lloydes and Scottish Finance Ltd. v. Cyril Lord Carpets Sales Ltd* (1979) 129 NLJ 366 | S. 127 |

*Lloyds Bank Ltd. v. Bundy* [1974] 3 All ER 757 S. 206

*Maynard v. Moseley* (1676) 3 Swan 651 S. 45

*McKinney v. Liberty Mutual Insurance Co.* 1 Mass App Ct 560, 303 NE 2d 853 (1973) S. 79

*McEntire v. Crossley Bros Ltd.* [1895] AC 457, [1999] GCCR 11 S. 46, 106

*Moschi v. Lep Air Services Ltd.* [1972] 2 All ER 393 S. 211

*Norton v. Ellam* (1837) 2 M & W 461 S. 80

*Olds Discount Co. Ltd. v. Cohen* [1938] 3 All ER, 281n S. 87

*Pao On v. Lau Yiu Long* [1979] 3 All ER 65 S. 219

*R v. Miller* [1977] 1 WLR 1129 S. 77, 79

*Rae v. Joyce* (1892) 29 LR Ir 500 S. 206

Re *Griffin, ex p Board of Trade* (1890) 60 LJQB 235 S. 188

Re *Hudson* (1885) 54 LJCh 811 S. 217

*Robinson v. Page* (1826) 3 Russ. 114 S. 226

*Royal Bank of Scotland v. Greenshields* (1914) S.C. 259 S. 210

*Scarf v. Jardine* (1882) 7 App. Cas. 3345, 351 S. 226

*Shadwell v. Shadwell* (1860) 9 C.B. (N.S.) 159 S. 219

*Stilk v. Myrick* (1809) 2 Camp. 317 S. 219, 226

*Tatlock v. Harris* (1789) 3 T.R. 174 S. 226

*Thomas v. Thomas* (1842) 2 QB 851 S. 217

*Thonton v. Jenkyns* (1840) 1 Man. & G. 166 S. 218

*Thorner v. Field* (1612) 1 Bulst. 120 S. 218

*Yeoman Credit Ltd. v. Latter* [1961] 2 All ER 294 S. 212

*Zwycross v. Grant* 46 LJQB 636 S. 178

**Saarbrücker Studien zum Privat- und Wirtschaftsrecht**

Herausgeber:
Johann Paul Bauer, Michael Martinek und Helmut Rüßmann

Band 1 Susanne Jaschinski: Die Haftung von Schwestergesellschaften im GmbH-Unterordnungskonzern. Ein Beitrag zum Konzernverfassungsrecht. 1997.

Band 2 Roman Sascha Ahnert: Die *actio individualis*. Ein Beitrag zur verfassungsrechtlichen Fundierung der Aktionärsklage bei sogenannten Aktien-Interessenverbänden. 1997.

Band 3 Torsten Peters: Der Cateringvertrag. Rechtstatsachen, Rechtsnatur und Rechtsprobleme eines modernen Dienstleistungsvertrags. 1998.

Band 4 Michael Meissner: Persönlichkeitsschutz juristischer Personen im deutschen und US-amerikanischen Recht. Eine rechtsvergleichende Untersuchung des allgemeinen Persönlichkeitsrechts juristischer Personen. 1998.

Band 5 Thomas Tegen: Joint Venture-Vertrag und Projektträgergesellschaft im amerikanischen und deutschen Recht. 1998.

Band 6 Gerhard Wolter: Treuhandrecht im Umbruch? Ein Blick nach Frankreich, Luxemburg, in die Schweiz und in den Libanon sowie auf das Haager Trust-Übereinkommen. 1999.

Band 7 Thomas Dehlfing: Das Recht der irreführenden Werbung in Deutschland, Großbritannien und Frankreich. 1999.

Band 8 Hanno Dornseifer: Börsentermingeschäfte und Börsentermingeschäftsfähigkeit. Zur börsengesetzlichen Behandlung von finanzwirtschaftlichen Festgeschäften, Options- und Optionsscheingeschäften. 1999.

Band 9 Patrick Lenz: Absatzförderung durch *zinssubventionierte* Darlehen. Eine wettbewerbs- und kartellrechtliche Studie zur Zulässigkeit von Niedrigzins-Kreditangeboten unter besonderer Berücksichtigung des Automobilmarktes. 1999.

Band 10 Mansur Pour Rafsendjani: Der Goodwill-Ausgleichsanspruch des Franchisenehmers. Ein Vergleich des deutschen, französischen und US-amerikanischen Franchiserechts. 1999.

Band 11 Jörg Hartmann: Juristische und ökonomische Regelungsprobleme des Insiderhandels. Eine rechtsvergleichende Darstellung USA – Deutschland. 1999.

Band 12 David Altmeier: Rückstellungsbilanzierung in Deutschland und Frankreich. Eine vergleichende Untersuchung der französischen Rückstellungsbilanzierung aus der Perspektive des deutschen Bilanzrechts. 1999.

Band 13 Barbara Günther: Aktivische Bilanzierungshilfen im deutschen und französischen Bilanzrecht. 1999.

Band 14 Bernhard Glasow: Vertikale Preisbindung, Wettbewerbstheorie und Wettbewerbsrecht in den USA, Deutschland und Europa. Bestandsaufnahmen, Kritik und Zukunftsperspektiven. 2000.

Band 15 Dorota Nowak-James: Der Börsenzugang für Anleger in Deutschland und Polen. Eine rechtsvergleichende Untersuchung zum deutschen Finanzkommissionsgeschäft und zum polnischen Brokerauftragsvertrag. 2000.

Band 16 Mathias Queck: Der Nießbrauch am Anteil einer offenen Handelsgesellschaft. Eine Form der (un-)mittelbaren Unternehmensbeteiligung. 2000.

Band 17 Ina Roth: Umweltbezogene Unternehmenskommunikation im deutschen und europäischen Wettbewerbsrecht. 2000.

Band 18 Jörg Preiss: Die Anwendung des markenrechtlichen Erschöpfungsgrundsatzes auf Dienstleistungsmarken. 2000.

Band 19 Kevin M. McDonald: Der Begriff der Dienstleistung im europäischen Binnemarkt und WTO-System (GATS). 2001.

Band 20 Carolin Opgenhoff: Die europäische Fusionskontrolle zwischen Wettbewerbsrecht und Industriepolitik. 2001.

Band 21 Susanne Schäfer: Die Deliktsfähigkeit juristischer Personen. Eine rechtsvergleichende Untersuchung zur Übertragbarkeit des englischen Modells. 2001.

Band 22 Kay Diedrich: Die Interventionswirkung – Ausprägung eines einheitlichen Konzepts zivilprozessualer Bindungswirkung. 2001.

Band 23 Michael Fröhlich: Zentrale Institutionen des deutschen Urheberrechts und des französischen Droit d'auteur auf dem Prüfstand der elektronischen Netzwerke. 2001.

Band 24 Joël Benjamin Münch: Abtretungsverbote im deutschen und französischen Recht. Rechtsvergleichende Untersuchung der Übertragungshindernisse im deutschen und französischen Forderungsverkehr als Beitrag zu einer weiteren Schuldrechtsvereinheitlichung in Europa. 2001.

Band 25 Monika Prieß: Der Begriff des Sachmangels im deutschen und englischen Kaufrecht. Reformbedarf aufgrund der Verbrauchsgüterkauf-Richtlinie 1999/44/EG. 2001.

Band 26 Katharina Siegel: Produkthaftung im polnischen, tschechischen und slowenischen Recht. 2001.

Band 27 Carolin Kühne: Die gesetzliche Form der Rechtsgeschäfte im deutschen und italienischen Recht. Eine rechtsvergleichende Untersuchung. 2002.

Band 28 Nina Scherf: Die Nachschußpflicht im Gesellschaftsrecht. Eine rechtsformübergreifende Bestandsaufnahme, Analyse und Kritik. 2002.

Band 29 Marc Laukemann: Fernsehwerbung im Programm. Die zunehmende Kommerzialisierung des Fernsehprogramms im Zeitalter einer Ökonomisierung der Aufmerksamkeit als verfassungs-, wettbewerbs- und rundfunkrechtliches Problem. 2002.

Band 30 Michael Bo Jaspers: Nachträgliche Rechtswahl im internationalen Schuldvertragsrecht. Unter besonderer Berücksichtigung der Rechtspraxis in England, Frankreich, Dänemark und Deutschland. 2002.

Band 31 Christina Pernice: Die Insolvenzverschleppung durch das Geschäftsführungsorgan der kleinen Kapitalgesellschaft im deutschen, französischen und englischen Recht. Eine rechtsvergleichende Untersuchung zur Entwicklung eines europäischen Lösungsansatzes. 2002.

Band 32 Anne Christine Janert: Der sachliche und persönliche Anwendgunsbereich des deutschen Verbraucherkeditrechts und des britischen Consumer Credit Act 1974. Ein Beitrag zu den Möglichkeiten und Grenzen verbraucherrechtlicher Harmonisierung in Europa. 2002.

Kolibri 360 GmbH
Ferdinand-Jühlke-Straße 7
99095 Erfurt, Deutschland
produktsicherheit@kolibri360.de

Druck:
CPI Druckdienstleistungen GmbH
im Auftrag der
Kolibri 360 GmbH
Ferdinand-Jühlke-Str. 7
99095 Erfurt